朱鸿林
明史研究系列

孔庙从祀与乡约

朱鸿林 著

生活·讀書·新知 三联书店

图书在版编目（CIP）数据

孔庙从祀与乡约 / 朱鸿林著. —北京：生活·读书·新知
三联书店，2015.6 （2025.7 重印）
（朱鸿林明史研究系列）
ISBN 978 – 7 – 108 – 05063 – 2

Ⅰ．①孔… Ⅱ．①朱… Ⅲ．①孔庙 – 祭祀 – 研究 –
中国 – 明代②乡村 – 管理 – 章程 – 研究 – 中国 – 明代
Ⅳ．①K892.98②D691

中国版本图书馆 CIP 数据核字（2014）第 123033 号

责任编辑　张　龙
装帧设计　蔡立国
责任印制　李思佳
出版发行　**生活·讀書·新知** 三联书店
　　　　　（北京市东城区美术馆东街 22 号 100010）
网　　址　www.sdxjpc.com
经　　销　新华书店
印　　刷　北京建宏印刷有限公司
版　　次　2015 年 6 月北京第 1 版
　　　　　2025 年 7 月北京第 2 次印刷
开　　本　880 毫米 × 1230 毫米　1/32　印张 12.375
字　　数　296 千字
印　　数　5,001 – 5,600 册
定　　价　68.00 元
（印装查询：01064002715；邮购查询：01084010542）

广州新凤凰村旧乡约所

2001 年 5 月

在香港孔子学院院长室

2012 年 11 月

总　序

三联书店出版的"朱鸿林明史研究系列"专题论文集五种，收录了我1984年至2013年三十年间出版的论文、讲稿、书评、序记、纪念性文字约八十篇，一百六十多万字，写的主要是明代人物、著作、学术、政治、社会之事，原刊多数载于境外刊物，其中约有二成原是英文。各集文章整体上新题多于老题，至少在原初发表时是这样；对于近世的君主与儒者、思想与制度、著作与版本的研究，多用未经人用的文献材料展开，或对众所利用的文献做出重新解读，以个案论析为基础，而以观察和提示个别事物的特色或同类事物的长期发展趋势为旨归。

我对明史研究情有独钟，与个人求学和工作经历有密切关系。在香港珠海书院念书时，罗香林先生（1905—1978）和王韶生先生（1904—1998）讲授的南明史事和明清广东学术，已经引起了我对明朝历史和岭南历史的兴趣，专心研究明史则是从1970年代末留学美国普林斯顿大学东亚学系时开始。当时的普大东亚系是北美中国近世历史文化的教研重镇，师资优良，环境理想，有著名汉学家和元明史专家牟复礼（Frederick W. Mote, 1922—2005）、宋史专家刘子健（James T. C. Liu, 1919—1993）、唐史专家杜希德（Denis C. Twitchett, 1925—2006）、学术思想史专家裴德生（Willard J. Peterson, 1938—　）等先生组成的历史文化专业的教师队伍，有众多资优的学生在学，各地著名的中国历史学者经常到访，《剑桥中国史·明史卷》正在那里编纂，还有葛斯德图书馆（Gest Library）的丰富藏书可供阅读参考。葛馆所藏，宋元明清原刻本书籍都有，而以明刻本种类居多，还有七百多种影印自日本内阁文库收藏的明人文集，其中不乏人间少见之书，都是研究明史的宝贵材料。

我有幸师从以上几位老师读书问学，并且在牟复礼先生主要指导下完成研究丘濬《大学衍义补》及15世纪经世思想的博士论文，随后又留校工作，阅读上述的日本内阁文库所藏明人文集，撰写提要。在普大读书和工作十年，早与明史结下不解之缘。之后我到台湾"中研院"历史语言研究所工作，接替黄彰健先生退休留下的职缺，做的仍是明史领域内的研究。在台多年，得以肆览史语所傅斯年图书馆以及台北市内"中央图书馆"的善本书藏，益感明史研究可以乐趣无穷，而且有很多资源和课题可以开发，所以在获选为美国威尔逊国际学者中心驻院学者的一年中，在美国国会图书馆阅读的书籍和收集的材料，也都与明史研究有关。到了新的千禧年开始时，我返回香港高校任教，明史研究便已是自己"无所逃于天地之间"之事，而讲授的课程多与明史有关，指导研究生选的主要是明史课题，自己继续研撰发表的论著也多在明史领域之内。年深岁久的累积，便是这个"系列"所收录的文字。

"系列"中各书的内容撮要如下：

（一）《明太祖与经筵》。收录论文11篇，主要研究明太祖的政治理想、治国理念及实践、文化素养，以及明代洪武、嘉靖、隆庆、万历等朝的帝王经筵讲学情形，由此显示帝王与士大夫在政治认识和文化传承上的同异情况，以及士大夫对于劝导君主接受儒家政治理念的思想上和制度上的努力。

（二）《孔庙从祀与乡约》。收录论文13篇，主要研究明朝孔庙从祀的情况，特别是元明两代儒者的从祀情况，以及明代南北各地方的乡约内容与实施状况。孔庙从祀诸篇论析此典礼所牵涉的学术与政治问题，及其所反映的文化价值取向。乡约研究各篇论析士大夫官员构思及展现其经世化俗、维持地方治安理想的情况。

（三）《儒者思想与出处》。收录论文 19 篇，主要透过对多种重要的传统论著及其不同版本的深入探讨，并结合细致的人物研究，论析南宋至清初、尤其是明代重要儒者的思想、学术、交游等所反映出来的个人或时代特色，重要论著的著述背景、缘起、影响及其思想文化史意义。这些论文也直接或间接地反映出思想文化史的研究取向和方法问题。

（四）《文献与书刻研究》。收录论文 19 篇与专书中两章，主要从明清文献、尤其明人文集的研究，包括书籍的刊行历史以及文本所呈现的情形，研究被忽略或被误解的历史人物、事件、著作等，以及解读文献的态度和方法问题；同时从书籍历史的角度，介绍宋元明清版刻书籍源流中明代书刻的特别情状，尤其是能够反映文化品位和价值取向的情状。

（五）《〈明儒学案〉研究及论学杂著》。收录研究《明儒学案》性质、该书所载人物的深入个案、该书的文本差异及其所带来的理解困难等问题的论文 7 篇、讲稿 2 篇；解释该书近代刊本在点校上的错误之处的"释误"专题数十条。此外收录评论近人所撰明代思想史、地方史、社会史、政治史的中英文专书之书评 5 篇。附录为反映作者为学历程的文字。

以上各书的具体内容，多少体现了我从事历史研究所关心的问题以及所守的原则和所取的途径。本着野人献曝的心意，以下不揣谫陋，依次略作说明，以志这些论集能与读者相见的因缘，并且聊当酬谢读者惠赐阅览的雅意。

我在阅读历史记载时，多数不会先存疑心，但过程中却会产生不少疑问。我的疑问往往又和我关心的现代问题有关，久而久之，便形成了一些主导性的研究课题，虽然以后的具体研究和结论并不针对缘起的问题而发。主导性课题的开展，往往又会延伸到其他的相关课题，研究于是逐渐形成范围和层次。例如，我想知道我作为读书人除了修身之外，应该做些什么事才能对国家和社会有益，因而就去研究古代读书人对此事怎样想和怎样做。我对近世经世之学的理论层面和应用层面的研究，便是这样开始的。对于旨在诱导帝王的经筵制度和旨在化民成俗的乡约制度的研究，也于是产生。而如上这些探究，辗转又引导我到深入研究明太祖治国理念及其实践、明代两广地方的民族问题和地方治安上去。

又如，我想知道儒学的实质究竟是什么？被历史肯定的儒者和他们的学术主张是怎样的？他们的学问是怎样做成和展现的？我想这得研究古代士大夫和读书人是怎样看待和讨论这些问题，他们的价值观和行为规范又是怎样的。这引起了我对朝廷承认真儒并且给予最高表彰的孔庙从祀制度、儒者对出处问题的论述和处理、理学对家庭礼仪及社区规范的作用等的一连串研究。再如，学者容易因为书籍的版本和文本的问题而被误导，产生偏颇。所以，我对重要而有影响的著作的文本及其现代刊本的句读，相当重视，见到其中的错误之处，都希望能够加以纠正，给予读者方便，并且有需要和可能时，还会略为解释致误的缘故所在，使读者增益新知。我研究传世经典《明儒学案》，纠正其坊本的错误句读，进而对此书的文本作全部整理，便是源于这个想法。

此外，还有一些课题是源于读书和研究中"方以类聚、物以群分"的习惯。在读了一定数量的同类书籍之后，或在通读某个人物的全部著作之后，往往会发现某人或某些人有一些经常性的议题或论述，这些议题和论述有的个性很强，有的共性很强，这便形成深入的个人传记研究以及同时或异代的比较研究。我从发展的角度看到个人的变化，从比较的角度看到同类的特色，本"系列"中很多思想文化史范围内的论文，其研究缘起便是这样的。

我的基本守则是：不在热闹场所争取表现，不论述他人已作研究而理据基本可取的事物，只求自己有所创新，或者能够订正前人之误、补充历来之阙，但不隐讳自己的错误，不作无根之谈，不作哗众夸张之言，不作条件尚未成熟的概论。历史论述本质上不同于媒体文章和作家的作品，不以迅速报道一时所见或披露惊世异闻为主，不以鼓动一时人心和争取读者为尚。论述着重的是根据充分可靠的资料和证据，重构情景，展示真相，客观地解释事情和现象的意义，以供读者参考。我本着这样的认识，要求自己谨慎从事。

在研究的工序上，我一般先从理解文献和文物资料下手，读通基本材料，旁及与问题相关的时地人情材料，再将这些材料依其形成或出现的先后，稍加编列，再度通读，然后形成基本的论析架构，开始撰写。在撰写过程中遇到所用材料本身出现问题，如文字形成的时间，文本的可靠性，前人的理解等，随即给予应有的考证辨明，决定作者之或真或伪，议论之可信可疑，然后据以理解古人所描写叙述的意义及其立言的原委和旨意，建立自己的观点，进行推理，阐释古人所寄寓的情思义理，导出结论，尽量做到真正的同情理解。在处理较长时段的事情和现象时，我认为没有足够的坚实个案研究，很难提出客观而周延的解释，所以我的研究都以个案为先，要在掌握一定数量的代表性个案之后，看到相同或不同的时空人情所呈现的各种状况，才做概括性的综论或定论。

总之，我的研究课题多数出于对现实的关注，对成说的质疑，对基础工作的重视。我着重基础和具有奠基意义的研究，尤其重视以文献研析为本的个案探索，而不急于成一家之言。我又因为参与教学之故，特别关心学生对专题研究是否能够看得明白，所以越是近期的文字越是相对比较浅易。知识要能普及才会有用，这个"系列"的出版，最终也是基于这个意义而来。

我出版过的文字，从前很少结集成书，直到2005年才由北京大学出版社出版《中国近世儒学实质的思辨与习学》一书，由广西师范大学出版社出版《明人著作与生平发微》一书，各收录论文13篇。不出文集的主要考虑是因为这些文字基本上是属于所谓"专家之学"，专家自会寻看，不必灾及枣梨，何况其中所考或欠周详，所论未必精当，贸然面世，于己于人都属无益。此外，我希望成书行世者是完整的研究专著。我规划过的专著课题，关于社会秩序更生的，有地方乡约制度、两广瑶族和朝廷及地方政府的关系、明太祖的治国理念及其实践情况等；关于思想文化的，有孔庙从祀制度、帝王经筵讲学制度、岭南儒学、明代前期儒学发展等；关于经典著作和文献的，有对真德秀《大学衍义》、丘濬《大学衍义补》、湛若水《圣学格物通》及黄宗羲《明儒学案》的研究，对稀见明人文集的叙录。很惭愧，因为才疏事冗，不能达到"用志不分，乃凝于神"的境界，原拟近世整体处理的课题，只能集中处理明代的，而且也还在累积个案，等待总结。求全备美的结果，极可能便是"头白可期而汗青无日"。这对个人而言其实并不重要，虽然对促进学术而言，或可另当别论。

三联书店出版的这一"系列"，出版的原动力其实来自我的研究生们。他们有的认为我的论著曾经启发过他们，而且因为很多论文只有英文原本或只刊登于境外刊物，国内同行学者和研究生多数未曾经见，如果能够在国内出版，说不定我提过的议题，做过的个案，也会引起他人注意，相关研究因而增加，学术因而有所推进云云。我虽然主张读书贵有心得，不随他人起舞，但想到能够方便学者参考，也是应有之义，所以也就同意他们的建议，由他们分工校读，编成专题论集。在英文原稿的中译上，从前我自己做的，由我重新再看；曾经 2006 年下半年在香港中文大学历史系开设的"中国古代及近世史专题研究：中国近世思想与制度"课程班上的同学初译和讨论过的，由陈健成君核对，然后由我详细订正甚至改写。当年参与初译的同学，有香港中文大学何伟杰、马增荣、郭锦洲、杨昑、刘勇、谢茂松，香港科技大学陈士诚，香港城市大学陈学然诸君。"系列"中《文献与书刻》取自《书法与古籍》一书第四、第五两章的文字，出自中国美术学院毕斐教授的译笔。"系列"初稿的校读，由新旧门人中山大学的洪国强、邓霆、龙伟明，香港理工大学的谭卫华、何威萱、陈冠华，香港中文大学的卢志虹、陈健成、吴兆丰、朱冶、杨昑、邓国亮、刘勇和解扬诸君分工完成。其中刘勇和解扬辛劳尤多；刘勇主导编辑，解扬联系出版，在我通读"系列"全部三校稿之前，二人又共同通读全稿，提出应予改善之处。我对他们充满感谢，希望他们的辛劳也给他们带来新的体会和领悟。

"系列"承蒙三联书店给予出版，我尤其要表示感谢。我希望这一系列的论著确能为研究中国近世尤其明代历史和文化的学者提供参考，能使我不辜负三联书店的错爱和我的学生们的热情，并借以纪念栽培和勉励我的先师们，致敬于关心和爱护我的长辈们、同情和帮助我的同学朋友们。

朱鸿林序于香港理工大学孔子学院
二〇一三年农历除夕

目次

儒者从祀孔庙的学术与政治问题

今天来到清华演讲，我感到非常荣幸，也非常高兴。（刚才李伯重教授介绍时提到的）牟复礼（Frederick W. Mote）先生是我在普林斯顿时的老师，此前，我在香港时的一位很重要的老师是罗香林先生，他是清华毕业生。所以，今天能够来到老师从前念书的校园活动，我真是感到非常高兴。今天要报告的是我长期的研究计划之一，跟孔庙（或称文庙）从祀的历史有关。我的研究习惯是从个案开始，累积到一定数量的个案之后，然后才提出一些比较宏观、概括的综述。现在的研究还没有到这个地步。但今天如果我讲一些太专的个案，大家也不一定会感兴趣，所以想要讲的虽然还是在那个范围之内，但也会比较集中一点，主要是讲在儒者从祀孔庙的事情上，学术如何与思想、政治联系在一起的问题。

儒者从祀孔庙，是国家重要的政教制度和典礼。这个制度和典礼，从唐太宗贞观二十一年（647）开始。最后一次是民国八年（1919），徐世昌当总统时举行的。这次活动在此地来讲是一件特大事情，因为被从祀的两名儒者，一个颜元，一个李塨，他们是躬行学派的领导人，都是北方的学者。今天我们去看一些完整的孔庙时，比如说看台南市的孔庙或台北市的孔庙，所有从祀儒者的木主牌位还是有的，两边长廊排在最后的那两个牌位，就是颜元和李塨的。孔庙从祀这个制度维持了大约一千三百年，时间很长。从祀颜元、李塨的北洋政府也没有说从此不再搞从祀，虽然此后实际上也没有再举行过。接下来的问题就是，读儒家书籍的人很多，儒者在学问上也各有其趣，那么儒者从祀孔庙就必定有个标准才行。

这里我得先交代一个事情。很抱歉我来不及绘一个孔庙的布局图，只能请您想象一下。您要想象您现在去了一处文庙，一进去看见的主建筑就是大成殿，有台阶可以上去。大成殿里面正中供奉了庙主的牌位，这便是孔子的木主。孔子大概除了曲阜的孔庙是用塑像来代表，其他文庙用来代表的都是木主。孔子两旁稍前，各有两个木主，它们是被称为"四配"的；四配两旁稍前各有六个木主，它们是被称为"十二哲"的。四配和十二哲都在大成殿内紧随着孔子接受祭品。典型的孔庙，大成殿门外两边各有走廊，叫做东庑和西庑，从祀的先贤和先儒的木主，都放在里面。在制度有效的时期，全国各级行政区里唯一官立学校所在地旁，都有一座文庙，都会按时举行春秋二祭，来祭祀庙里所有的人物，从孔子到所有的从祀儒者。今天我想讲的，就是围绕着谁的木主能够被放进孔庙或者会被请出孔庙的问题。

先讲一下孔庙祭祀的最高原则，也就是根据什么来认定一个人是值得从祀孔庙的儒者的原则。这个原则叫做"崇德报功"。崇德报功的意思很明显，就是尊崇你的德行而报答你的功劳。但重点在"功"，因为祭祀基本上就是"报功"之道。如果一个人没有功，他就不应该接受人家的祭祀。从祀的儒者之功，就是实践孔子之道之功，发明孔子之道之功，而且这功是明显的。从祀的关键问题，就是这功的认定。有功的儒者便是真儒，所以问题也就是真儒的标准之认定。真儒的标准，不同时代是有所改变的。这也是研究的意义所在。我们由从祀哪一类的儒者的事情之中，就可以发现某一个时代对儒学的解释和期待是怎么样的，当时所强调的是儒学的哪些方面，等等。

前面说过，历史上儒者从祀孔庙从唐朝贞观二十一年开始。稍需说明的是，此时还不称为从祀，而是称为"配享"。当时一口气就配享了二十二名从春秋末年一直到两汉魏晋的儒者。这些儒者都被称作"先师"，孔子则是"先圣"。在贞观二十一年之前，配享孔子，陪孔子一起接受祭礼的先师，只有颜回一人。这次新增的二十二名先师，到底有什么特点呢？分析起来可见，他们都是对《六经》等儒家经籍的传播、承传有功的，或者是对这些经籍的传注、笺释有功的。我的旧同事黄进兴先生在所著《优入圣域》书中指出，他们可以分为"存经"之儒和"传（zhuàn）经"之儒两类。[1]存经之儒有保存经典使之流传之功，传经之儒有解释和阐明经典之功，而存经之儒大多数也是传经之儒。

接下来的问题是，这些人可以和颜回一起配享，他们的功是根据什么原则来定的？当时配享他们的唯一理由，是所谓"代用其书，垂于国胄"。"国胄"是国子学的学生，就像诸位一样，是国家最高学府的学生。什么是"代用其书"？"代"字其实是避唐太宗名讳的字。唐太宗名李世民，"世"字讳作"代"字。所以"代用其书"是说世上、社会上都用他们所著之书。他们所著之书放在国学里，而读这些书的国学生都是要出来当官的。这些先师让他们能够读懂经典，从而为国家服务，因此有功，应该接受祭祀。由此可见，"释经"之作是当时评价儒学贡献的决定性指

---

[1] 黄进兴，《优入圣域：权力、信仰与正当性》（台北：允晨文化实业股份有限公司，1994），页231。

标。你要做个名儒，就至少要注释出一本经书来，让学者对经典有进一步的了解。换言之，在唐太宗配享先师的时代，朝廷表彰的是传经之儒。

孔庙祭祀实际上是一个多目的的礼仪，这礼仪有教育、学术、政治等成分。今天我会利用宋朝、明朝发生的一些事情来做例子，说明它实际涉及的几个问题。第一个问题是儒者身份的升降。这种提法意味着历代从祀的儒者，在其从祀之后不是永远地位不变的。比如最早配享的那二十二位，后来便变成了只是从祀，后来又有被罢黜出庙的。是什么理由，在什么背景之下，这些儒者的地位会有所升降？这升降又意味着什么事情？第二个问题我刚才已经提到了，那就是从祀的标准与时代学风的关系。第三个问题是所谓皇权与道统的关系。从祀是国家制度，从祀的儒者因为他们的书是会被当官的人念的，因此也必定与政治有关；这情况的升华就是皇权与道统的关系。如前所述，我希望用一些宋、明的事例来说明一下。

让我们先来简单看看孔庙从祀的历史。唐代在贞观二十一年从祀了二十二位先师，接下来还有几件大事发生。第一件是在玄宗开元八年（720）增祀孔门的十个高第弟子。记得刚才我讲的孔庙形制吗？孔子在大成殿靠后正中，旁边是四配，四配旁边是十二哲。十二哲是到清朝才定下来的，在康熙五十一年（1712）之前只有十哲。康熙五十一年增加了一哲，他是宋儒朱熹。朱熹不是亲炙的孔子门人，但康熙皇帝认为他的成就如同孔门高弟，所以将他升到十哲的行列，孔庙祀典中因而有了十一哲。孔子的门人中有个叫有子的，对于他的成就历来争论纷纭，有人认为他成就很大，有人认为他有问题，但到乾隆十二年（1747）时，他也获得提升到高弟的行列，所以今天我们看到的文庙便有十二哲。但以十哲作为一个祭祀的类别，是从唐玄宗时候开始的。开元二十七年时，孔门七十二弟子剩下的都被请进了文庙，称为两庑从祀的"先贤"。更早时候的高宗永徽年间（650—655），贞观时配享的二十二位先师，也和先贤们同样居于从祀的地位了。第二件大事是贞观二年孔子独称先圣的事情。这是什么意思呢？原来孔子开头并不是唯一被称作先圣的人，周公曾经是和他并称的。唐太宗改称之后，高宗永徽年间又改称周公为先圣而称孔子为先师，到了显庆二年（657），又恢复太宗时候的称号。从这一年起，孔子才又变成唯一的先圣，独尊的地位从此确立。第三件大事是孔子封王。孔子在汉代已有"素王"之称，北朝后周时被追封为邹国公，唐高宗时又被追封为隆道公，到了开元二十七年，再被追谥为"文宣王"。这个称号有很大的意涵。孔子作为王者之后，他的塑像就不能穿普通人的衣服。它穿戴的是要有冠有冕的王者袍服，十分讲究。因为孔子封王，孔门弟子也被给予封爵。颜回被封为公，十哲之中九人被封侯，七十二子中六十七人被封伯。他们有了这些封号，衣冠也不一样了。可以想象，整个孔庙充满了帝王殿廷的气派。

　　唐朝孔庙的从祀情形，总结起来有这样三个特点：首先是创立了传经之儒的袝祭项目；从左丘明开始到范宁这二十二个有成就的儒者，前此他们只在自己的家乡或某个特定的地方会有祠祀，从这时起，他们被合起来作为祭拜的对象。第二是恢复了孔门七十二弟子陪祭的地位，而从此有了两庑的从祀。同时又创立了十哲的地位，此后孔门及门弟子和后学之辈就分为两类。第三是周孔由并尊到分家，孔子独称先圣，周公只配享成王。这些特点有什么含义呢？如果用后代的语言来说，它们首先承认了传经之儒有"明道之功"。但七十二子并没有著作，为什么也要从祀他们？因为他们跟从孔子，有着"行道之功"。诸位看文献的时候，明道和行道这两个词是经常出现的。讲要从祀某人，就要讲他有明道之功，不然就有行道之功。周孔分家象征的是政教分离。分离以后，以孔子为中心的从祀制度因而成立。文庙祭祀是道统的象征，以周公和帝王为中心的祭祀是治统的象征。孔子的地位至少不会低于周公，因为他定于一尊，还有一群配享和从祀的人物，而周公却没有这些。

好，我们再来看一看唐代以后从祀的趋势是怎么样的。很明显，总的趋势就是增祀真儒，每个朝代都会增加。这个其实很好理解，时代越后，儒者越多嘛。但有时候也会出现"罢祀"情形。被罢祀的儒者，都是后来被认为不是真儒的，所以应该从孔庙踢出来。但这不是主要的趋势。我们先来看看北宋的情形。

北宋儒者从祀孔庙举行了四次。第一次在元丰七年（1084），当时以孟子配享，使他和颜子一起位于孔子两旁。同时从祀了先秦的荀子、汉朝的扬雄、唐朝的韩愈。荀子等三人都因发明先圣之道很有贡献而获从祀。孟子的地位为什么会被提得这么高呢？原因就是韩愈《原道》篇所讲的，孔子之后，只有孟子才是传承孔子之道的醇儒。荀子的儒学是"大醇而小疵"，因此只能从祀。韩愈因为著《原道》，在唐朝坚持儒家正统，宋人认为他对儒学之重获尊崇有贡献，所以也将他从祀孔庙。第二次举行于徽宗崇宁三年（1104），以王安石配享孔子，使他的地位和孟子一样。这是历史上第一次这么高规格地表彰本朝儒者的事情。王安石何以能够获得配享？因为他给《周礼》、《书经》、《诗经》作了注释，称为《三经新义》，还做了一本称为《字说》的哲学辞典。这些著作当时的太学生都要阅读并且用来准备考试，对于学术和政治都有极其重要的意义。当时配享王安石的颂词便说他的成就是"优入圣域，百世之师"。我们细心一看，其实配享王安石的理据，也便是前面提到的唐朝"代用其书，垂于国胄"的标准。

王安石的书在太学里面被众人念着，凭这一点他就成为了天下之师、百世之师。第三次举行于徽宗大观二年（1108），将孔子的孙子、孔鲤的儿子子思，也给予配享。这有一定道理。按照传统的说法，子思是《中庸》的作者；《中庸》和《大学》在北宋开始受重视，所以子思的地位也提高了。此外还有一个伦理方面的原因：孟子是子思的学生，学生都已配享，老师不宜屈居其下，所以也应给予配享。最后一次是政和三年（1113）从祀王雱。王雱是王安石的儿子。他获从祀的理由是"助父著书"。王安石著《三经新义》和《字说》，王雱确是出了很大气力。因此父亲配享，儿子至少也应从祀。

北宋一朝从祀（包括配享）的情形就是这样。如果大家从当时的政治环境来看，有一点便很清楚：配享、从祀这些先儒的时候，都是新党当政的时候——从元丰到政和。可以设想，如果当年是司马光当政的话，孟子就不会有配享这么高的地位，因为王安石尊孟，而司马光则写过《疑孟》。相反，扬雄的地位可能就会提高一点，因为司马光最欣赏扬雄，扬雄作了一本《太玄经》，司马光便仿照它作了一本《潜虚》。大家可以无疑的是，北宋的孔庙从祀和政治非常有关系。既然如此，一旦政治气候改变，被从祀的儒者的命运势必也会改变。果不其然，靖康年间（1126—1127），金兵来了，围在城下，有个叫杨时的官员学者就出来讲话，说学术影响政治，现在的失败是王安石学术的贻害，应予追究责任。杨时是旧党里面的二程（程颢、程颐）的高弟，后来把理学传到南方的也是他。他的批评马上产生效应，朝廷还没有南渡，王安石就被罢掉了配享，降入从祀的行列。这正是政治影响学术的例证。王安石的荆公新学在北宋后期是很流行的，影响很大，但它之所以能有这么大的势力，其实也便是因为背后有新党的力量在支持着。到了北宋末年，这个力量不在的时候，荆公新学也被拿了出来攻击。

南宋情形也一样。南宋初年，程学复兴，新学慢慢衰退，反对的力量越来越强。到了孝宗淳熙四年（1177），朝廷命令罢去王雱从祀。这是历史上第一次罢掉本朝从祀儒者的事情。理宗淳祐元年（1241），更是儒学发展史上很关键的一年。是年，王安石被罢从祀，相应地却从祀了周敦颐、程颢、程颐、张载、朱熹五人。这充分反映了一个理学的时代从此确立，荆公新学那一套从此消失，以至现在《三经新义》和《字说》都不存在。台湾有一位程元敏教授辑佚了一些此书中的《诗经》和《书经》内容，但《周礼》那部分便没有办法弄得较为理想。

淳祐元年在儒学发展史上，套用黄进兴先生的话，是一个"分水岭"。[1]与周程张朱五子从祀事情有关的，是四配的完成。因为到了这时候，《四书》的全部——《大学》、《中庸》、《论语》、《孟子》——都被公开表彰，科举考试都给予采用，成为真的"代用其书"了。既然如此，它们的作者也理应受到尊崇。颜回是没有著书的，但自古孔颜并称，《论语》里面最重要的孔子和门人的对话，就是孔子和颜子的对话，所以颜回是四配之首。接下来是曾子。朱子认为，《大学》此书由一经十传构成，"一经"（开头的二〇五字）是曾子口授而门人记录的，所以曾子相当于《大学》的作者。刚才讲过子思是《中庸》的作者，所以子思和孟子也各自成为四配之一。从这时候起，一直到民国增祀颜元、李塨时，孔庙里都有这四配的塑像或木主。宋理宗一朝还从祀了四名本朝儒者，他们是南宋的张栻和吕祖谦，北宋的司马光和邵雍。张栻和吕祖谦是朱子的讲学同志。朱子自己承认，他讲学之会有成就，应该多得这两位同志。司马光和邵雍都是朱子推

---

[1] 黄进兴，《优入圣域：权力、信仰与正当性》，页260。

重的先正。这四人之能获从祀，其实就是朝廷取信于朱子所致；因为朱子肯定他们，而朝廷又尊信朱子，所以把他们也请进了孔庙。到了此时，宋朝新的道统取代了旧的道统。新旧道统其实内容差不多，只是新的道统要延续到程朱为止。程朱理学的影响一直到什么时候才明显停止？到科举停罢之时。

接下来我们看元朝。元朝在皇庆二年（1313）时，重新从祀宋朝从祀的九名儒者——周敦颐、程颢、程颐、张载、朱熹、张栻、吕祖谦、司马光和邵雍，同时又增祀了一名本朝儒者，鼎鼎有名的许衡。元朝这样做既是肯定宋朝的决定，也是明白表示自己在道统上是成功地延续宋人的。许衡被认为有行道之功，尤其在做国子祭酒的时候，将理学教给很多蒙古学生。元末顺帝后期，又增祀了一批称作"伊洛后劲"的宋儒。伊洛之学就是二程之学。元朝要表彰的二程后学是杨时、李侗、蔡沈、真德秀、魏了翁等人。杨时是朱子的太老师，李侗是朱子的老师；蔡沈是朱子的高弟，他所著的《书经集传》后来也成为科举用书；真德秀、魏了翁是朱门的第三代人物，庆元党禁之后，恢复朱子之学就靠的是这两人。不过，由于元末政局非常不稳定，实际上并没有为他们举行入庙典礼。我们可以看到的是，元朝基本上承认了宋末所作的决定，程朱理学（或称道学）到此时就真正地占了绝对的优势，远非其竞争者的陆学所能比拟，荆公新学更加是没有了，儒学中的道学或者道学式的儒学成了正统之学。

以上唐、宋、元三朝增祀的情形让我们看出几个趋势。第一，经师的地位被确立了。唐朝配享的二十二名儒者基本上都是经师。传经之儒注释经书，被认为是发挥着明道之功。第二，和以后的明朝不一样，朝廷尊崇道学，但并不轻视经学（经学在此指注释经书的学问）；这两套儒学并行，传道之儒和传经之儒是并重的。第三，孔庙增祀渐多的是传道之儒，但像朱熹这样既传道也传经的儒者，并不多见。

接下来我们转入明朝。明代和孔庙从祀有关的事情非常多，我们就把几件影响重大的拿出来谈一谈。主要的事情都发生在这三个年份：洪武十四年（1381），嘉靖九年（1530），万历十二年（1584）。归纳起来有五件事情值得注意。

首先是孔子塑像的废除和木主的采用。元朝以前，孔庙里面代表孔子的是孔子塑像，穿着王者的冠冕袍服。到了洪武十四年，南京兴建新太学，因为凡学必定有庙，这新庙里面要怎么供奉孔子呢？明太祖做了个决定，以木主替代塑像。次年还通诏天下，所有学校都要拜孔子，而且文庙都用木主替代塑像。不过，实际执行的时候，因为天下太大，所以很多已有的塑像并不曾拆掉，现存文献可以显示这点。但此后新建或重修的文庙，供奉的一定是孔子的木主。这情形一直维持下去，到了清朝也没有改变。

第二件事情是孔子的称号。孔子从唐玄宗时开始被称为文宣王，以后称号不断增加，但明朝却见其减少。宋真宗时孔子加谥为"玄圣文宣王"；称"玄圣"而不称"至圣"是避真宗名讳之故。元仁宗时加谥为"大成至圣文宣王"。这个称号我们较为熟悉，因为它跟通称的"大成至圣先师"比较像。洪武三年的时候，明太祖诏正诸神祀典。之前祀典所载的天下诸神都是有封号的，封公封侯或者封王，比较杂乱。明太祖做了一个比较"理性"的决定，下令让诸神按照其实体性质、存在地方，或者生前职位等来称呼。例如城隍就称某府某州某县城隍之神，不要再有王侯封号。又如泰山从前叫"天齐大帝"，现在就叫"东岳泰山之神"。孔子照理也应该去掉王号，但明太祖却将之变成例外，说"惟孔子善明先王之要道，为天下师，以济后世，非有功于一方一时者可比"。所以，孔子依然称为文宣王，成祖迁都北京之后也没有改称。北京国子监更由于建于元朝，而且没有在徐达兵入大都时遭到破坏，所以连元朝的孔子塑像也被保留着，还穿着王者的冕服。明朝有的儒臣很有意思，他们认为孔子很伟大，其称号应再提高，应该超越文宣王的王号而加以帝号，塑像的冕旒要用十二条，袍服的龙要五爪，等等。这样的意见，到了成化中，祭酒周洪谟还诸奏疏，朝廷也讨论了半天，终于决定孔子还是只能称王，但做了折中，让祭祀孔子的牲品用全体，乐舞用八佾，笾豆各用十二，用的都是天子的规格。这些数目给了孔子是"帝"的象征。但是，所有这些光荣在嘉靖九年都被取消了。孔子的王号被去掉，"文宣王"这个名号从此不再出现，"至圣先师"的称号从此开始，祭祀所用的笾豆之数也减少了。嘉靖皇帝这个决定，当时士大夫有反对的，但也不乏支持者。

第三件事情是启圣祠的建立。这件事情与四配、十哲的分类有关，也与传统的伦理观念有关。其缘起可以追溯到南宋洪迈的质疑。洪迈引用《左传》"子虽齐圣，不先父食"之言，意思是尽管儿子的成就高似圣人，但在祭祀上，如同在家里用餐时一样，总不能越过父亲先获尊奉。问题一经提出，后人也就不能忽视。实际的情况是，颜回、曾参都是孔子的高弟，他们的父亲颜路、曾点也是孔子的学生。子思的父亲则是孔子的儿子孔鲤。这些父子以及孟子和他的父亲，都被祀于孔庙。但儿子们都在大成殿中，靠近孔子，接受丰盛的祭品，父亲们却被放在两庑，只能"分食冷肉一块"，还要一年四季受到风吹雨打，这是不符合伦理的。那么，这问题该如何解决呢？当年的争辩很厉害，问题的关键是，孔庙祭祀到底是重在伦理还是重在学术？伦理与学术成就究竟应该何者居先？如果论学术成就，当然儿子们应该居先，但如果根据伦理，自然便要"子虽齐圣，不先父食"，父亲们就不能被忽视于两庑。嘉靖九年决定的做法是，在全国各地文庙的大成殿后面兴建一座"启圣祠"，来给这些父辈安神。启圣祠以孔子的父亲叔梁纥为主，以四配之父配享，十哲以及周敦颐、二程、张载、朱熹的父亲从祀。这算是两方面都照顾到了。香港行的是"一国两制"，我就称这个做法作"一庙两制"好了。不过，这样做法到底是提高了还是降低了这些父辈的地位，在当时还有激烈的辩论。有人认为另行祭祀，父辈们就受到了很好的待遇；有些人则认为，让他们离开东西两庑就是降低了他们的身份，削弱了他们和孔子的关系。不管怎样说，启圣祠的建立，体现了中国传统社会尊重父权的伦理原则。为何把这个祠称作启圣祠呢？因为叔梁纥的封号是"启圣公"。清朝雍正元年（1723）追封孔子五代为王，启圣祠也改称为"崇圣祠"。祠中间供奉的五个木主，正中是孔子的始祖，左右依次先是孔子的高祖、曾祖，再是祖、父，五人都封王，所以民间也称之为"五王祠"或"五王庙"。各位以后看到五王祠，就知道是这个意思了，并且知道它的出现不会早于雍正朝。

第四件事情是前代从祀儒者的进退。此事在明朝发生了两次。第一次在洪武二十九年。有一名叫做杨砥的年轻行人司副，是个代表中央传达命令到地方的从七品官员，他提出要罢祀扬雄，从祀董仲舒。他的理由是，扬雄不忠于汉朝，做了新莽的大夫，而且学术上也不能与董仲舒相比。董仲舒有"正其谊而不谋其利，明其道而不计其功"的名言，证明他是真正的儒者，所以应该加入从祀行列。明太祖同意其所请。第二次发生于嘉靖九年，影响重大。此次一方面增祀了礼学家的汉儒后苍，隋唐之际讲学河汾的儒者王通，北宋儒者胡瑗、欧阳修，南宋儒者陆九渊；另一方面罢祀了唐代从祀二十二儒中的十三人。十三人之中，戴圣、刘向、马融、何休、王肃、王弼、杜预、贾逵八人被除名，不准祭祀；郑众、郑玄、卢植、服虔、范宁五人被降等，只能祭祀于各自的家乡。被除名的儒者，其罢黜的理由是这样的：唐朝人因为"代用其书，垂于国胄"之故，认为他们是有功于经典阐释的经师，但明朝人说他们所传的其实只是训诂之学，不能明道，根本不算儒学。而且这些人的行为都有问题，得罪名教，不能行道——大家去看他们的传记，确实也是这样。被降等的儒者，其行为虽然无过，但造诣则"未能以窥圣门"，著作未能发明圣人之道，没有明道之功。此后的从祀历史显示，政治和学术原因使这次决定有所改变。降等的儒者，如郑玄和服虔，清朝时候都恢复了从祀孔庙的地位，但被除名的八名却始终没有恢复。这也显示了明朝的决定自有其坚强理据在。嘉靖九年以后，唐朝从祀的存经之儒和传经之儒只剩下了左丘明、卜子夏、公羊高、穀梁赤、伏胜、高堂生、毛苌、孔安国、杜子春九人。他们在秦火之前之后传释和保存经典，有实在功劳。汉朝后的传经之儒所作的注释被认为无用，所以他们就被请出孔庙。

嘉靖九年还罢去了荀子和吴澄从祀。荀子罢祀是因为他的性恶论违背了儒家性善论的基本教义。吴澄是明朝宣德十年（1435）从祀的。罢祀他是因为他"忘君事仇"。为什么这样说呢？吴澄是江西人，南宋末年已经入学科举，取得功名。但蒙古人灭掉南宋之后，他又出去做了元朝的官，而且越做越大。元是宋的仇人，所以吴澄是"忘君事仇"。这样的罪过比起"莽大夫"扬雄的还要大。关涉新莽与汉的只是"忠"的问题，关涉元与宋的则是"夷夏"的问题，严重得多。吴澄罢祀其实并不是这么简单，它很大程度上也是政治斗争的结果；策动罢祀吴澄的浙江籍官员以及支持罢祀的河南籍官员，当时正是吴澄同乡的江西籍官员的政敌。吴澄的经典注释对明朝影响很大，尤其对于明朝初期的儒学。所以罢祀他是明朝子孙否定了自己祖先的决定的大事。不过，乾隆二年（1737）清高宗又恢复了吴澄的从祀地位。高宗自己还写了一篇文章，说《春秋》不是明朝人这样解释的；夷狄入中国则中国之，为什么不能接受蒙古人的统治呢？既然可以接受蒙古人的统治，那么"忘君事仇"的理由就不能成立，况且吴澄的经学成就如此之大。乾隆皇帝的用意，大概不用多说我们都能明白了。[1]

最后一件事情是明朝从祀本朝的儒者。整个明朝两百七十多年，只从祀了四名本朝儒者。他们是薛瑄（1389—1464）、胡居仁（1434—1484）、陈献章（1428—1500）和鼎鼎大名的王守仁（1472—1529）。明朝每个儒者获准从祀之前，都会先经过辩论，有时还是激烈的争论。每人都以个案提出，参与议论的官员先将意见用奏疏递上朝廷，然后由礼部尚书主持"廷议"来决定。薛瑄祀议最久，经过一百零六年和几次议论之后，至隆庆五年（1571），才在全无异议之下获准从祀。当时也许有人不喜欢他，但是没有吭声，所以能够顺利通过。王阳明祀议争辩最激烈，也最曲折，历时十八年，经过隆庆元年（1567）、隆庆六年至万历二年（1574）、万历十二年四回激辩，最后由首辅申时行代表内阁取得神宗皇帝支持，不管礼部的反对，与胡居仁、陈献章二人同时准予从祀。

对于王阳明的从祀问题，我做过了一些研究，所以今天不想多讲。王阳明从祀遭遇困难的原因，以及他的支持者的应对做法，我在《〈王文成公全书〉刊行与王阳明从祀争议的意义》和

---

[1] 关于吴澄从祀始末的研究，见朱鸿林，《元儒吴澄从祀孔庙的历程和时代意涵》，《亚洲研究》第 23 期（1997），页 269—320。已收入本书，详见后文。

《阳明从祀典礼的争议和挫折》[1]这两篇文字中有所论述，大家如果有兴趣，不妨一看。现在根据新的材料来看，这两篇文字也有认识错误和过度推论之处。主要是我对年代判断错误。《明实录》里面，有两条给予王阳明从祀的记载，一条在万历二年十月，一条在万历十二年十一月。当时我的研究认为，万历二年冬已经做出了从祀的决定，但是因为张居正的冷淡而没有举行典礼。后来发现，其实万历二年那一条是《实录》编误，不可采信。最近我做了一些新的研究，写了一篇《王阳明从祀孔庙的史料问题》，[2]检讨了自己从前错误的情形和致误的原因。

除了上述这个错误之外，还是有一些确定之事可以讲一讲。首先是隆庆六年（1572）和万历二年（1574）王阳明从祀失败的原因。当时阳明议案面对的第一个问题是著述问题。按照传经的标准，阳明并没有注释经典之作。他的《传习录》只是语录对话，不算著作。第二个问题是时人对王阳明行为的评价问题。在后代看来，王阳明是历史上少见的文武全才，诗文很好，既是哲学家，也是军事家，打仗从没输过，生时已经封爵。但是当时很多人却批评他的行为，包括挖掘他的闺门隐私，说王太太经常在学生面前骂王先生云云。这可不得了，儒者怎么能连家都齐不了？第三个问题是政治斗争问题。阳明祀议在隆庆年间失败，其实是因为高拱授意他

---

[1] 朱鸿林，《〈王文成公全书〉刊行与王阳明从祀争议的意义》，杨联陞、全汉昇、刘广京主编，《国史释论：陶希圣先生九秩荣庆祝寿论文集》下（台北：食货出版社，1988），页567—581。又见朱鸿林，《中国近世儒学实质的思辨与习学》（北京：北京大学出版社，2005），页312—333。Hung-Iam Chu, "The Debate Over Recognition of Wang Yang-ming." *Harvard Journal of Asiatic Studies* 48.1 (1988), pp. 47-70. 朱鸿林，《阳明从祀典礼的争议和挫折》，《中国文化研究所学报》新5期（1996），页167—181。两文均已收入本书，详见后文。

[2] 载《史学集刊》2008年第6期，页35—44。已收入本书，详见后文。

的门生上疏反对所致。之所以会这样，是因为提出从祀阳明的都可算是徐阶的人。诸位读明史，就知道高拱和徐阶是死对头。

但反对派也提出了很冠冕的理由，说阳明没有著作，怎么知道他的学术伟大。这是有力的质疑，所以当时就有人出来刻印王阳明的著作。最早的王阳明全集叫《王文成公全书》，就在这时候出现。我当年就是从此书第一个刻本的一个稀见传本，发现了问题。现存易见的明刊本《王文成公全书》，是收于张元济所编《四部丛刊》中的那一本。《四部丛刊》的题记说此本是明隆庆中刊本。这是错误的，此本其实是万历元年（1573）的刻本。万历元年之前一年，亦即隆庆六年，的确也有一个同名的刻本，而且这本的编者和《四部丛刊》本的编者还是同一个人——江西人谢廷杰。隆庆六年刊本非常稀见，全世界只发现了两本，一本在台湾的"中央图书馆"，却被错误著录为隆庆二年刊本；另一本是普林斯顿大学葛斯德东方图书馆1980年代的购藏本；国内和日本的图书馆都未见有同本的著录。谢廷杰隆庆六年任职浙江巡按御史，万历元年任职南畿督学御史。这样问题就来了：为什么在连续的两年之内，会在南京和杭州这两个距离很近的文化中心相继刻印王阳明的全集？我们可以假设，这是因为读者很多，销量大，出于实际需求所致。但想想不对。万历本因为《四部丛刊》复印了，大家还容易看到，隆庆六年刊本却是连明人也甚少能够见到的。谢廷杰其实是上疏支持王阳明从祀的官员，他编刻首次成编的王阳明全集，目的便是将阳明的文章、书信、语录等等集结起来证明阳明有重要的著述。谢廷杰因为和浙江的最高层行政官员不协，不能主导《王文成公全书》的刊行事情，所以才在南京督刻新的一版。《王文成公全书》是用作支持阳明有著作从而可以从祀这个论点的实物证据。所以，不要以为刻书是一件很简单的事情。

以上我所说明的事例并不是孤证。议论陈白沙从祀时也见到同样的情形，也有人仓促地给他刻文集，派上用场。[1] 但是刻书并不能解决问题。只要在议论时，有人跳出来力表反对，这便显示意见还不统一，公论尚未形成，事情也就只好不了了之。不过，在阳明从祀的事情上，谢廷杰的贡献还是很大的，他给阳明刻全书，并且论证了什么才是真儒的标准。阳明虽然没有释经之作，看来好像未能明道，但他既有事功，也有学术，就是真儒，此说却被多数人所接受。

万历二年阳明从祀失败，无可否认张居正是重要的因素。张居正对整个事情都很冷淡，还显露了政治家的狡猾。他虽然没有公开反对，但实际上并不支持。有人私下写信给他问情况，意思是要他以首辅的身份和权力支持其事，他却回答说，朝廷就是有人反对，真的没有办法，但公论自在人心云云。大家知道，万历朝廷下令毁天下书院，正是张居正当政时发出的，而书院讲的主要就是王阳明之学。

万历十二年阳明从祀议案的辩论情形，决议过程，抗争余波，我希望不久便可完成研究。当时的礼部尚书沈鲤上疏请开廷议。所谓廷议，是由六部尚书、侍郎，都察院都御史、御史，六科给事中，九卿中的通政使、大理寺卿等朝廷高官要员参加，公开发表意见的会议。廷议在是年农历十一月十五日召开，由沈鲤主持，有四十一名官员出席，二十五人当场表态，在纸条上写支持谁，或兼写反对谁；另外有人不表态，有人则说已经有奏疏呈上了。之所以会有已呈奏疏之说，是因为上一个月（十月）其实

---

[1] 见朱鸿林，《文集的史料意义问题举说：并论明儒陈白沙文集的文本差异问题》，《明人著作与生平发微》（桂林：广西师范大学出版社，2005），页270。

已经举行过一次同样的会议，只是由于议论情形恶劣，没有结果，万历皇帝才让官员们重新再议的。廷议之后，沈鲤上疏报告情形，并且要求只从祀胡居仁一人。沈鲤的结论其实隐藏了一个问题：他只点算了当场表态的二十五人的意见。从这二十五人的表决结果看，独祀胡居仁的请求是公道的。胡居仁有十之六七赞成，而且没有人反对。反过来，赞成也从祀王阳明和陈献章的只有十之三四，而且阳明还遭二人公开反对。但我进一步研究之后，却发现这其实是沈鲤用了只对胡居仁有利的点算方法所致。因为在九个声称已有奏疏而未再表态的与议官员当中，有七个人的奏疏是支持王阳明的，其中还有两人只举阳明一人。所以王阳明得票其实和胡居仁是差不多的，胡是百分之六十不到，王是百分之五十有多，相去并不太远。陈白沙的得票情形和王阳明差不多，所以胡、陈、王三人并举其实也无不可。按照当时的办事程序，礼部的覆疏皇帝会先给内阁看，内阁再拟一个意见给皇帝看，以便决定。当时首辅申时行看了沈鲤的奏疏之后，立即上疏指出沈鲤不对，主张三人都予从祀，并说这样做既可以表彰有实学至德之儒，也可以表彰像王阳明这样能经邦济世之儒，更可以反映皇帝圣明。神宗皇帝同意申时行所请，并且在批示中还给了这次从祀的决定一个说法。他说，他的祖父世宗皇帝说过，王守仁是"有用道学"，这样便自然应予从祀；至于陈献章和胡居仁，既然是"众议所在"，也一并从祀好了。王阳明一下子反而成了这次祀典的主角。大家可以看出，在此过程之中，分明是有政治力量在运作着，可见孔庙从祀并不是单纯的学术问题。

从明朝从祀儒者的历次议论之中，我们可以看到，孔庙从祀的真儒，其成就是由以释经著作为中心渐渐变成为以道德行为为中心的。明代从祀的四个本朝儒者，如果用传统的学派分别法来说，薛瑄和胡居仁都是公认的程朱学派儒者，王阳明和陈白沙则是批评朱熹的，尤其王阳明批评得更厉害，所以朱学一派对他很反感。但这四人都有不是经师的共同之处，他们没有一个有系统了然的释经之作，而都是所谓的实践之儒。儒学实质的认知改变，从重言教转为重身教的学术典范改变，都反映在孔庙从祀的问题上了。

从另一方面看，孔庙从祀虽然是一件学术性的事情，但因它是朝廷认定真儒的制度，与朝廷的政教有关，故此本质上也有很强的政治属性。之所以每次议论从祀都如聚讼，都会牵扯那么久，如薛瑄要超过一百年，王阳明要经过三次很不好看的辩论，就是因为在关系的网络里面，与议者考虑的并不止于纯粹的学术问题，而是与政治的实际利益有关系的问题。会议的结果又是控制不了的，政治手段往往可以改变形势，所以事情便更容易复杂化。

谈及孔庙从祀中的政治手段，也必须谈谈政治权力与孔庙祀典的关系。黄进兴先生认为，"究其实，廷议仍仅是从祀孔庙的程序而已，真正的裁量权仍握在皇帝手中"；像明太祖、明世宗之所为，"对象征道统的孔庙均有所挑衅"，而"明世宗藉改孔庙祀典以压制士人集团的意图十分明显"。[1]对于这些看法，我现在有了一些新的理会。通过今天我所说的事例，我们可以看到，至少在明朝，没有一件从祀事情是由皇帝策动的；各个等级的士大夫，哪怕是位阶低到如县学的训导，都可以上疏提议从祀某人。奏疏一到朝廷，朝廷就必须面对，作出处理。没有错，在"非天子不议礼"的帝制时代，制礼作乐是天子之事。但实际上皇帝通常并不主动提出这些礼乐问题。问题来了时，他便让臣下辩论去，最后他必须作决定，这是因为他是君主之故。所以我想

---

〔1〕《优入圣域》，页220、267、270。

问题的重点应该在皇权运用的依据上。我从很多事例观察到这样一个情形：当廷议一致的时候，皇帝不会挑战，只有顺从，仿佛像个橡皮图章。廷议不一致的时候，皇帝通常也不作靠边的决定，只会把事情搁置起来，不会立刻追究到底。王阳明能获从祀，归根到底靠的是申时行的力量。从这里，我们或许可以对明朝皇权的行使有一点新的认识。多少年来，人们都认为明朝是皇权专制的巅峰，明朝皇帝有东厂、西厂和锦衣卫等对付异己的机关，有廷杖之类的残酷刑罚，一言以蔽之，明朝皇帝就是大独裁者和大暴虐者。但如果从制度史方面来看，却主要并非这样。相反，明朝的皇帝实际上也是很可怜的。为什么？请问有多少个明朝皇帝能够随意走出紫禁城？很少。走出去后而不受到廷臣的各色指摘？更少。其实文官的力量是很大的。我举这个反例，表明我们对明朝皇权这个问题还可以有不同的看法。

接下来，我们来对明代孔庙从祀事情作一些新的认识和思考。第一点是，洪武十四年（1381）孔庙改用木主代替塑像的决定，其实原来主意并不是明太祖出的。早在洪武四年，大学问家和明太祖倚重的儒臣宋濂已经提出。宋濂的理由是："《开元礼》扫地而祭，设座于席。今则因之而抟土肖像，失神而明之之义。"这是理性的思维。请问你众多塑像之中哪一个是真正的孔子？胖的还是瘦的？这些后人都不知道。故此，合理的做法，便是将塑像改为木主。这个主张的理据，丘濬（1421—1495）在其成化二十三年（1487）进呈的《大学衍义补》中讲得更加详细。理由有二：一是失真。这也就是宋濂所提的理由。所有的塑像都是匠工创造出来的，谁知道哪一个才像孔子？塑像其实是亵渎神明。一是违伦。因为皇帝在祭拜孔子时，要下跪，要叩头。皇帝向孔夫子下跪叩头，没有问题，但从祀的那些先儒，只是臣下，天子怎么可以向他们跪拜？而且从祀的儒者之中还可能有本朝的臣下，要皇帝向本朝臣下跪拜，明显是违背君臣伦理的。[1]丘濬加多了一个理由来支持宋濂，却不是帮助皇权打压士人。

第二点，嘉靖九年改称"大成至圣文宣王"为"至圣先师"的决定，也是明初儒者就有此意了。明初大学者吴沉已经提出改称的主张。吴沉的父亲叫吴师道，是元代很有名的学者。作为经学家，吴沉提出，"先师"是最伟大的称号，封王没有意思，因为别人也可以封王，只有至圣先师是千古一人，变不得的。明代中叶的丘濬也这样主张，嘉靖之前同意者更多。

第三点，两庑从祀与启圣祠别祀的决定，源于元初儒者熊禾之说，明初宋濂、王袆也都提过。[2]以后和者数见，而弘治元年（1488）程敏政论说得更加详尽有力。程敏政，研究明史的都知道他，他是丘濬的晚辈友人，博学能文，善于考证。嘉靖九年所作决定其实就是根据他的意见来的。明世宗听他最信任的大学士张璁而作决定，张璁引为论据的正是程敏政的说法。无可否认，这个礼制决定和嘉靖皇帝的尊亲情结分不开，但这个决定的根源却是儒家固有的伦理观。

第四点，罢退前代从祀儒者的决定，也是洪武四年宋濂和王袆都主张过的。当时从祀的一百零五名儒者之中，王袆主张应去荀况、扬雄、何休、王弼，宋濂主张再罢贾逵、杜预和马融。[3]嘉靖九年大批进退前代儒者，直接采纳的是弘治元年程敏政的议

---

〔1〕 朱鸿林，《明太祖的孔子崇拜》，《中国近世儒学实质的思辨与习学》，页97—98。
〔2〕 朱鸿林，《元儒熊禾的学术思想问题及其从祀孔庙议案》，《中国近世儒学实质的思辨与习学》，页48—49。已收入本书，详见后文。
〔3〕 朱鸿林，《明太祖的孔子崇拜》，《中国近世儒学实质的思辨与习学》，页98—102。

论。嘉靖九年孔庙祀典唯一可争议之处是从祀欧阳修之事。欧阳修虽然对经学有贡献，但是批评者认为他是因为在"濮议"中的主张而获明廷垂青。宋仁宗和宋英宗的关系是伯父与侄儿，仁宗无子，以英宗入继。仁宗死后，朝臣对于英宗应该怎样称呼生父濮王和养父仁宗才算正当，意见不一；当时对于此事的议论，史家称为濮议。欧阳修主张英宗应该皇生父而伯仁宗，称濮王为皇考，称仁宗为皇伯。明代嘉靖朝中，大礼议的新贵张璁等人一样主张明世宗应尊生父兴献王为皇考，而称孝宗为皇伯考。张璁之所以要提出从祀欧阳修，可以说是投明世宗所好，也有为自己争取先贤权威的支持之意。但欧阳修之应予从祀，南宋已经有人提出，明初王祎也提过。[1]这些提议人都与大礼议无关，他们是认同欧阳修的经学成就而主张从祀他的。所以嘉靖年间欧阳修的从祀也并非唯有政治理由才能理解。

最后，我们来看王阳明的从祀议案。我讲以上这四点，也方便了回顾前面所提到的明朝皇权是不是干涉学术、打压士人打得那么厉害的问题。如果由从祀这个制度的运行上看，这些现象其实都看不出。事情都是由学官、文臣自己提出来的。这在王阳明从祀事例中体现得更加清楚。整个过程都是一些言官、礼官、内阁大学士等人在活动，皇帝都是静的。万历皇帝的说话，也还是因为廷议混乱、意见矛盾而发的。最重要的是，每一个个案，都不是皇帝授意某个官员去提议这个儒者或者讨论那个儒者，而都是臣下自己提出来的，然后朝廷再来对奏疏的意见进行讨论。我们也没有事例可以显示皇帝在暗中示意或策动某个从祀行动。王阳明被议从祀过程中，其失意之时是拜高拱、张居正所赐，其得

---

[1] 朱鸿林，《明太祖的孔子崇拜》，《中国近世儒学实质的思辨与习学》，页98—102。

意之时是拜申时行所赐。假如当时礼部尚书沈鲤独祀胡居仁的奏疏报上去后，首辅申时行没有说话，万历皇帝也不会提出我的爷爷世宗皇帝说过王阳明是有用道学的说法，王阳明也应该从祀不了。我们甚至还可以想想，万历皇帝所引的嘉靖皇帝的说法，是传自宫中的，还是源于内阁大学士的。总之，凡此种种，都让我们看不到皇权在刻意挑衅孔子道统和对士人集团加以压制。

所以，回过头来总结的时候，我想也许可以这样看：孔庙从祀的政治性太大，大到超出了皇帝个人的控制范围，皇帝个人不可能操控，所以会有廷议和整体官僚士大夫的关怀。一个已故人物被认定为真儒时，他说的话，他对经典的阐释，就成了正宗正统之学。现实中，他的经说便可以在科举考试中被引用作答，他的著作就会销量大增，甚至出现多种版本，考生和考官的学脉关系和人脉关系也更容易建立。这样看时，事情牵涉的实际利益便很广大，所以每一次廷议从祀事情时，与议者都会全力以赴，甚至会对其所支持者作出过分的称许，对其所反对者作出失实的指控。从祀事关学术，更关政治，在行科举的帝制时代，学术基本上是为政治所用的，因为读书人最后想要做的事情就是当官。但在攸关道统的事情上，或者说是攸关儒家意识形态的解释和标准的认定的事情上，皇权并不见得占了上风，儒臣也不见得受到压制，真正的决定力量，却是一种大多数人能够接受的传统文化力量。怎样才算是真儒，什么时候人们认为行为比起言论（著书）更加重要，这都是决定于问题被讨论时一种较强的文化力量，而不是皇帝一人能够打压成的。

元儒熊禾的传记问题

一、前　言

　　熊禾（1247—1312）是元代福建的著名儒者，他生于朱子的本邑建阳县，宋末登科入仕，宋亡隐居不出，长期在崇安、建阳二地讲学授徒。熊禾为学私淑朱子，以阐发朱子学术和尊崇朱子及其所代表的儒家道统为职志，卒后配祀于建阳朱子祠，传记见于《建阳县志》、《建宁府志》等书。熊禾有关儒家道统的议论和学校孔庙祀典的主张，在后代产生过很大的影响；他本人在明代成化年间也被请求从祀孔庙，只是没有成功而已。

　　熊禾著述甚多，门人也不少，但因他成熟于宋亡之时而又不仕新朝以终，门人也没有在政学两界显名的，以故他虽名列乡贤，却在《元史》没有传记。后来著作逐渐亡佚，他的学术也就没有引起乡邦以外的更多注意。像万历间冯从吾所著的《元儒考略》，便没有把他记载在内。但他对于朱子学术的致力，其实却为后代识者所一致承认。明代嘉靖中晚期朱衡著的《道南源委录》、杨应诏著的《闽南道学源流》，清康熙间黄宗羲著的《宋元学案》和乾隆间李清馥著的《闽中理学渊源考》等书，都有他的传记或学案。可是，这些传记所根据的文字，既伤于简略，也有明显的失误，对于熊禾的学术背景和重要主张，都不能提供正确而足够的资讯，也没有说出熊禾议论对后世的影响所在。近年的《福建朱子学》一书，虽然也为熊禾立了专节讨论，但主要处理的是熊禾的哲学思想和观念，对于他的传记和学术活动的叙述，仍是沿袭旧说的。[1]

本文将以熊禾传世的文集为素材，对熊禾的传记加以订正补充。[2]讨论还包括了熊禾传记资料本身的问题和熊禾的历史待遇。[3]

二、熊禾的传记资料检讨

熊禾《元史》无传，现存最早的成篇传记，是偰处约所撰的《勿轩先生传》和李让所撰的《题勿轩先生行状》，两篇都收在《熊勿轩先生文集》的附录之内。偰氏撰传也见于嘉靖《建阳县

---

〔1〕 高令印、陈其芳，《福建朱子学》（福州：福建人民出版社，1986），页179—194。

〔2〕 本文采用的熊禾文集为《丛书集成初编》据《正谊堂全书》本的六卷本《熊勿轩先生文集》（上海：商务印书馆，1936）；《景印文渊阁四库全书》本的八卷本《勿轩集》（台北：台湾商务印书馆，1985）。参考的传记出处主要包括：《天一阁藏明代方志选刊》（上海：上海古籍书店，1982）本，郝维岳修、汪佃纂，嘉靖《建宁府志》卷一八以及冯继科等纂修，嘉靖《建阳县志》卷一二；赵模修、王宝仁纂，民国《建阳县志》（台北：成文出版社，1975，影印本）卷十；朱衡，《道南源委录》（台南县：庄严文化事业公司，1996，《四库全书存目丛书》史部第92册影印明嘉靖刻本）卷九；以及杨应诏，《闽南道学源流》（《四库全书存目丛书》史部第92册影印明嘉靖四十三年建安杨氏华阳书院刻本）卷一六；黄宗羲，《宋元学案》（北京：中华书局，1982，点校本）卷六四；李清馥，《闽中理学渊源考》（《景印文渊阁四库全书》本）卷三七，各处的熊禾本传。其他考订的参考文献，随文见注。

〔3〕 熊禾的学术思想细节、师承问题辨正、文集的刊行情况和明人题名他从祀孔庙的始末，详见后文《元儒熊禾的学术思想问题及其从祀孔庙议案》。

志·艺文》卷中。此后明清两代福建省府县志以及学案体裁史书的熊禾传记，基本上都是这两篇的简化。按照传记体裁和具体的内容来看，这两篇文字应有更原始的行状及墓志铭为其依据，但这些都没有流传下来。

偰处约的《勿轩先生传》，看来应该作于永乐初年以前的明初时代。此传末段记熊禾生卒年份、殁后地位以及作者署名的文字如下：

> 先生生于宋理宗淳祐七年（1247）丁未，即元定宗之二年也，卒于元仁宗皇庆元年（1312）十月二十九日，葬于鳌峰之横历，寿六十〔有六〕。[1]从祀于文公之祠，而位尊先贤之列，非幸也，宜也。前翰林偰处约述。

这样的措辞，既特别著明宋历所当的元代年号，又却只白书元帝年号和前任官衔简称，最像出于明初的元代遗臣手笔。偰处约之名，也不见于黄佐（1490—1566）的《翰林记》，可见"前翰林"应是前朝亦即元朝翰林之意。

按偰处约，元明登科录、地方志和文集都无姓名可考，有可能是易代改名或隐名用字之故所致。偰氏本是西域高昌望族，世为回纥贵臣。元代有合剌普华，《元史·忠义传》有传。其人及子孙均华化甚深，曾为陈垣所表述。[2]合剌普华生二子，长曰偰文质，次曰越伦质。据元人欧阳玄《高昌偰氏家传》，偰文质"引年休致，家于豫章东湖之上"，有子五人，与越伦质之子一

---

〔1〕　此处明显错误。王德毅等编，《元人传记资料索引》（台北：新文丰出版公司，1982），页1664，"熊禾"条亦沿而未正。

〔2〕　陈垣，《元西域人华化考》卷二，《摩尼教世家之儒学·高昌偰氏》（北平：励耘书屋，1934），页32上—33下。

人，均成进士。这六人的登科年份及履任官职，欧阳玄文均有记载。[1]后此的偰氏子孙名字和仕历，元人黄溍的《合剌普华公神道碑》和清人屠寄的《蒙兀儿史记》也有所记。[2]其中偰文质孙一人，越伦质孙二人，亦登进士。这些人物的名字和世次，都见于钱大昕的《元史氏族表》；[3]陈垣也有"偰氏一门九进士图"，[4]据以得知他们的登科年份，始于延祐二年（1315），终于至正八年（1348）。

这九人之中，曾官翰林者四人。其一为偰玉立，字世玉，号止堂（或止庵），乃偰文质长子，延祐五年进士，曾官翰林待制兼国史院编修。[5]至正九年任泉州路总管府达鲁花赤，《闽中金石略》有石刻资料可证。[6]《泉州府志·职官表》列名元代达鲁花赤最后一名，[7]有传。其二为偰朝吾，偰文质第四子，至治元年（1321）进士，曾官翰林待制，历官至济州同知。其三为偰列篪，偰文质第五子，至顺元年（1330）进士，曾官翰林待制，至正中任河南路经历，红巾陷其城，投井死。最后为偰百僚，字公

---

〔1〕 欧阳玄，《圭斋文集》（《四部丛刊》本）卷一一，页3上—13下，《高昌偰氏家传》。

〔2〕 黄溍，《金华黄先生文集》（《四部丛刊》本）卷二五，《合剌普华公神道碑》；屠寄，《蒙兀儿史记》（台北：鼎文书局，1980，影印原刊本）卷四五《哈剌普华传》。

〔3〕 钱大昕，《元史氏族表》（《广雅书局丛书》）卷二。

〔4〕 陈垣所列图，见《元西域人华化考》页32上—33下。偰氏人物科名年份，也见于范涞修、章潢纂，万历《新修南昌府志》（北京：书目文献出版社，1990，《日本藏中国罕见地方志丛刊》影印日本内阁文库藏明万历十六年刻本）卷一七，页22上—24上，《科第》。

〔5〕 此段所叙偰氏各人传略，除别注出处者之外，均据上引欧阳玄、黄溍、屠寄三人所作。

〔6〕 陈棨仁辑《闽中金石略》，（台北：新文丰出版公司，1977，《石刻史料新编》第一辑影印《菽庄丛书》第二种本）卷一二，页16上—17下。

〔7〕 怀荫布修、黄任纂，同治《泉州府志》卷二六，页26上。

远，偰文质第三子偰哲笃之长子，至正五年进士，"官至翰林学士，红巾之乱，避地高丽，改名逊"，"遂留寓不归"。[1]

以上四人之中，与熊禾的活动地域和学术旨趣可能有关的，只有偰玉立其人。《泉州府志·名宦传》据《闽书》载：偰玉立监泉州时，"兴学校，修桥梁，赈贫乏，举废坠，考求图志，搜访旧闻，聘三山吴鉴成《清源续志》二十卷。郡人蔡元年十四，有神童称，玉立优礼之，驿置京师，朝授编修，郡人皆劝于文学。士民立祠祀之"。[2]显然他是一名留心文教的长官。他的诗作见录于顾嗣立《元诗选·癸集》，"具《金台》、《雁门》诸集风度"，[3]文采可观无疑。《勿轩先生传》如果说是偰玉立的作品，看来也无不可。况且"处约"二字的含义，与"止堂"或"止庵"这个别号的含义，也还有可配合之处。但若从生存年代来考虑，则偰玉立之为偰处约，却显得甚不可能。偰玉立延祐五年登科，至正九年任官泉州，至元亡之年（1368），年龄至少已在七十之上。府志既说"士民立祠祀之"，可见他曾离任他去，不以身终该地。

考偰氏人物之中，还有偰玉立的三弟偰哲笃的第三子偰帖该其人，是"乡贡进士"，至正九年时"为翰林国史院译史"。[4]以译史小官为名贤作传而自书"前翰林"，似乎不像，但这若和熊禾从祀朱子祠一事一并考虑，则又不无可能。嘉靖《建阳县志》关于朱子祠，有如下的记述：

> 至正八年，知县辛思谦因殿庑颓朽，重修复之。洪武二

［1］《蒙兀儿史记》卷四五，页5下—6上。
［2］《泉州府志》卷二九，页47下。
［3］《闽中金石略》卷一二，页17上。
［4］《金华黄先生文集》卷二五，页4上，《合剌普华公神道碑》。

十八年（1395），主簿丘松重新。……〔大成〕殿后建明伦堂。堂后为中堂；堂后立东西斋，曰进德、曰育才；又后为讲堂；左馔堂，右先贤祠，祀朱子，以蔡西山〔元定〕、黄勉斋〔榦〕、刘文简公〔钥〕、真西山〔德秀〕四先生配，为五贤堂。[1]

可见洪武二十八年时，熊禾还未从祀于建阳的朱子祠。傢传所说"位尊于先贤之列"之事，自然也在其后。同志《祀典·大儒祠》条记，此祠嘉靖十年立，"祀朱文公，游文肃公〔酢〕等七贤，……以黄勉斋、蔡西山、刘文简、蔡九峰、熊勿轩配"。[2]可见熊禾后来实有配祀朱子之事。大儒祠所给予熊禾的地位，应属相沿有自，可反见前此熊禾必已祀于朱子之祠。从傢氏人物的年代来看，曾官翰林国史院译史的傢帖该是最可能的了。他年纪较轻，"前翰林"属于他可署的官名，也有足够的家庭渊源和社会关系去做熊禾此传。据黄溍所记，傢帖该还有三个至正九年时为"国学生"的弟弟，名叫傢吉思、傢赉、傢弼。他们也有后来任官翰林院的可能，但于文献已无可稽。"处约"可能是傢帖该或其弟之一的别字，也可能是他（们）易代之际的改名，正如其兄傢百僚元亡之后避地高丽，改名傢逊一样。这样推算，熊禾之从祀于朱子祠而"位尊先贤之列"，其事当在洪武末年至永乐初年之间。

李让所作的《题勿轩先生行状》，只算是行状的补充，并非行状本身。此文末句署"建宁府儒学训导天台李让撰"。查《建宁府志》，李让名见《职官·训导表》中，该表录至嘉靖十六年任，共

---

〔1〕 嘉靖《建阳县志》卷五，页5上一下，《学校》。
〔2〕 同上书，页34上。

有四十六人，第三十六名起注"正德间任"，李让名列第十，名下注"永乐间任"。[1]看来他是永乐初年任官建宁府学训导的，他作题后文的时代，和偰处约作传文的时代，相距不会太远。

以上的考论，显示了现存的熊禾传记，都是明代的二手文字，作于熊禾卒后九十年以上，记述或有失实，亦属在所难免。像把熊禾的学术说成出于朱子之门人辅广，更属错误之大。偰处约撰传的用处，是提供了熊禾的生卒年份和家世、科第年份和任官职历、一二交游的情况以及他为世所称道的名句。李让题后的用处，是提供了熊禾著作的名称及其在明初的存世情况。二文此外的，都是以称引熊禾讲学著书成就的言辞为能事。

后此而作的熊禾传记，也都没有新意。只有《宋元学案》和《闽中理学渊源考》对熊禾的师承问题提出过质疑和错误的考误。[2]要了解熊禾的生平，固然还要利用偰处约和李让之作，但主要则须依靠熊禾自己的文字。下文便是根据内容可以互补的《熊勿轩先生文集》和《勿轩集》二种所载为主，来勾画出熊禾的生平大概。

三、熊禾的生平和历史待遇

熊禾，福建建宁府建阳县崇泰里人，初名鉄，以禾名登进士第，字位辛，一字去非，号勿轩，又号退斋，宋理宗淳祐七年（1247）生。父学显，[3]母同邑麻沙镇刘氏。熊、刘二族同于唐

---

〔1〕 嘉靖《建宁府志》卷五，页42下。
〔2〕 熊禾师承问题，清人考论未见其是，《元儒熊禾的学术思想问题及其从祀孔庙议案》文中有详细分析，本文只书其应予从信的。
〔3〕 《熊勿轩先生文集》卷六，偰处约撰，《勿轩先生传》。熊禾崇泰里人，见同书李让撰《题勿轩先生行状》。

末入闽，皆为建阳望族。[1]熊氏入闽之始祖为熊秘，因避黄巢之乱，由江西南昌徙建阳。熊秘之子熊衮，唐昭宗时官至兵部尚书，以孝友闻。[2]熊禾是他的十六世孙。[3]熊秘定居建阳崇泰里后，建有家塾，其地在乡之鳌峰，后代演成鳌峰书院。熊衮四世孙为熊知至，宋仁宗天圣年间五领乡举而不第，归隐于乡，以诗名，著有《鳌峰隐人集》。[4]

后人传至南宋，有熊庆胄，号竹谷，是为熊禾的从伯父。庆胄早年受学于朱子门人蔡渊，后又从朱子再传门人真德秀等问学。为人孝友，笃于乡党情义，捐其岁收之半，"创敬思斋，以训后进"，谨于礼节。"壮岁即弃科举，一意通经博史之学"。远方有来其家居处从游的，"必竭力馆谷之"。熊禾年六岁，就读于敬思斋，"已蒙公〔庆胄〕器许"。[5]

熊禾另有族叔父熊节，字端操，号复斋，是朱子的门人，登庆元五年（1199）进士，官至县丞。[6]宋度宗咸淳十年（1274），熊禾年二十八岁，登进士第。同年自杭州侍熊节归乡，论及熊庆胄遗事，"怃然兴念，求所以嗣成公志者"。[7]所谓公志，指的是博通经史的著述事业。熊节归里后，修理鳌峰

---

〔1〕《勿轩集》卷三，页21下—23上，《麻沙刘氏族谱序》；《熊勿轩先生文集》卷二，页15—17，《麻沙刘氏族谱》。

〔2〕民国《建阳县志》卷一一，页1上，《孝友传·熊衮》；《熊勿轩先生文集》卷二，页22—23，《熊竹谷文集跋》。

〔3〕傻处约撰《勿轩先生传》。

〔4〕民国《建阳县志》卷十，页59上，《独行传·熊知至》。

〔5〕《熊勿轩先生文集》卷二，页22—23，《熊竹谷文集跋》；民国《建阳县志》卷十，页24下—25上，《理学传·熊庆胄》。

〔6〕民国《建阳县志》卷十，页48下，《儒林传·熊节》；刘树勋，《闽学源流》（福州：福建教育出版社，1993），《朱熹门人录》，页563。

〔7〕《熊勿轩先生文集》卷二，页22—23，《熊竹谷文集跋》。

书院，以延师友，但不久逝世。[1]熊禾早年的学问，无疑曾受这两位从族伯叔父的影响，他和朱子的学术渊源，是起于家庭而渐于乡党的。

熊禾成进士之前，曾自言"少孤无似，从乡先生习举子业，未知学为何事也。年逮弱冠，读《大学》，玩索有得，始喟然叹曰：学在是矣。自此益穷研《四书》，以及诸经，务为明体适用之学"。后"因与计偕，游行都"，虽然应试下第，[2]却因得"游浙中，尝因受业于敬堂刘先生，得闻文公晚年所以与勉斋黄先生〔榦〕、潜室陈先生〔埴〕论学之要旨"。[3]这是熊禾深造于朱学之始。刘敬堂永嘉人，熊禾从他处得闻经济之学。熊禾的其他老师，还有精于《易》学的朱子再传门人徐幾。[4]

落第归乡之后，熊禾开始授徒讲学。二年之后，熊禾秋试举于乡。大概他的答卷直言无忌，无意得售，故中举后有书致谢举主，并论自己的学问兴趣和心得。此时他的学术事业有二：其一是"欲仿文忠公真西山先生《〔大学〕衍义》，只就学者分内事，辑为后传，以见明体适用之学"。另一是继续他二十一岁时已经开始"仿《〔通鉴〕纲目》例，以左氏书实其事，以公〔羊〕、穀〔梁〕、程〔颐〕、胡〔安国〕诸家之说足其义"的《春秋》传义工作。熊禾自觉"时事已矣，某自度必无所用于世"，已有

---

〔1〕《熊勿轩先生文集》卷六，页83—84，丘锡撰，《鳌峰书院记》。

〔2〕《熊勿轩先生文集》卷五，页67—68，《谢乡举论学》。

〔3〕《熊勿轩先生文集》卷一，页8—9，《送胡庭芳序》。

〔4〕刘敬堂有传见于《宋元学案》卷六四《潜庵学案》之内，所据即是熊禾文字，但系于辅广门下，是沿旧说之误。本文所据熊禾二师资料，出于《续修四库全书》（上海：上海古籍出版社，1995）第2册熊禾《勿轩易学启蒙图传通义》书前清人抄录的"元刻本董真卿《周易会通》引用诸书群贤姓氏"。详细考论，见《元儒熊禾的学术思想问题及其从祀孔庙议案》文。

脱去场屋之累，"沈潜古书，自求切己受用"之想。[1]但他仍然再出应试，且在元兵渡江前二年成为进士。

　　熊禾登第后，授邵武军司户参军，[2]但在官最多一年，元兵已于德祐二年（1276）一月攻陷临安，宋恭帝出降北去。此后端宗被立，改号景炎。是年建阳亦遭兵火，熊庆胄的著作多种和熊禾用功九年已经成稿的《春秋通解》一书，均遭焚毁。[3]此时熊禾年三十岁，自感"奈何太母、少帝、三宫俱已屈膝，己卯（帝昺祥兴二年［1279］）皇纲弗振，无策匡救，是乃天地间一罪人也"。[4]于是决志专心讲学待后。己卯之前二三年间，他是否仍然奔走在官，已不可考。此后数年，他曾住在崇安翁坋的洪源，并筑长林书院讲学。[5]

　　三十八岁起的十二年间，熊禾都住在武夷山读书讲学。[6]曾在武夷五曲晚对峰之左，筑洪源书堂，从游者数十人，有远自江左、东吴、漳、泉等地来的。[7]他的交游相好之中，包括著名的

----

[1]　《熊勿轩先生文集》卷五，页67—68，《谢乡举论学》。熊禾二十一岁开始《春秋》传义工作，参看《熊勿轩先生文集》卷一，页8—9，《送胡庭芳序》。

[2]　熊禾登第后，傀处约《勿轩先生传》说他"授宁武州司户参军"，李让《题勿轩先生行状》则作"任汀州司户"，吴高熊氏文集序（即依托为许衡所作该序）则作"授邵武司户参军"。按：宋元二代均无宁武州之置，汀州也只有宁化县，吴高所记为是。前引《续修四库全书》第2册熊禾《勿轩易学启蒙图传通义》附见资料正作"邵武军司户"，本文从之。邵武在宋为军，方位可参谭其骧主编《中国历史地图集》（北京：地图出版社，1982）第六册图67—68，南宋福建路图；第七册图27—28，元江浙行省图。

[3]　《熊勿轩先生文集》卷一，页9—10，《送胡庭芳序》；卷二，页22—23，《熊竹谷文集跋》。

[4]　《熊勿轩先生文集》卷二，页19，《蔡氏春秋后序》。

[5]　《熊勿轩先生文集》卷六，页83—84，丘锡撰，《鳌峰书院记》。

[6]　熊禾三十八岁起入武夷山，见《熊勿轩先生文集》卷一，页11，《送詹君履学正序》。

[7]　《熊勿轩先生文集》卷六，页79—81，史药房撰，《送勿轩先生归武夷序》，亦有提及。

谢枋得（号叠山）。谢氏曾自江西到访，共诉宋亡之恨。[1]和熊禾研讨经学的，则有婺源胡一桂（字庭芳）。胡一桂曾经三访熊禾，头二次都在熊氏居于武夷之时。第一次是熊氏三十九岁时，胡氏来居洪源书堂三月，二人相论胡氏所精的《易》学，熊氏并为胡氏之作做了评语。他们又论朱子学术，相约重新研究熊禾遭兵火所毁的《春秋》之学。第二次是熊氏四十三岁时，胡氏居于洪源，又同游建阳的云庄（书院），一共留了十个月。这次讨论了从事朱子学所最应做的事情以及熊氏自己的《春秋》传义之学。此时熊禾已经著有"《帝王大纪》一编，托始帝尧元载，下逮威烈王二十二年，以为古今一部通史"。胡一桂其时亦著《史纂通要》，熊禾曾以所著借他参考。[2]在武夷山十二年间，始终从学的，则有《翰墨全书》的编纂者刘应季（号省轩）。[3]同一时期内，熊禾又曾经"经理"（主要是翻新修筑）过武夷书院和建阳县学的事情。[4]

熊禾五十岁那年，返回故居，"归鳌峰书院聚徒"。[5]并"创小精舍，中为夫子燕居，配以颜、曾、思、孟，次以周、程、

---

〔1〕 偰处约撰，《勿轩先生传》。熊禾提及与谢叠山之徒交游文字，见《熊勿
　　　轩先生文集》卷一，页13，《赠地理吴竹涧序》；卷二，页17—18，《江氏
　　　族谱序》；卷二，页20，《跋交信录序》；卷六，页82，胡潜斋撰，《与退
　　　斋论学》。
〔2〕 《熊勿轩先生文集》卷一，页3—4，《史纂通要序》；页8—9，《送胡庭芳
　　　序》；页9—10，《送胡庭芳后序》。按：学者胡一桂，宋末元初有二人。
　　　和熊禾讲学的，是婺源人，字庭芳，精于《易》学，《宋元学案》卷八九
　　　《介轩学案》内有传。另一是永嘉人，字德夫，精研《周官》，同书卷六
　　　五《木钟学案》内有传，是陈埴的再传门人，在学脉上和熊禾也有渊源
　　　关系。
〔3〕 《熊勿轩先生文集》卷一，页6，《翰墨全书序》。
〔4〕 《勿轩集》卷八，页4上一下，《经理武夷书院》、《经理建阳县学》。
〔5〕 《熊勿轩先生文集》卷一，页12，《送夏思学归江东序》。

张、朱，濂溪、明道、伊川、横渠、晦庵五先生"。[1]孔子五十
一代孙元敬为之书额作"道源堂"。堂左为"朱文公道义之祠"，
右为"南昌熊氏忠孝之祠"。门外又建两坊，左曰"道学"，右曰
"忠孝"。[2]扩充后的书院，"以其门对云谷，而又以寓文公没而
道之传在于是"之意，改题门匾为"云谷书院"。[3]新构落成后，
熊禾自谓"远近士友咸集，行舍菜礼"，以对他自己所厘定的道
统表示隆重之意。[4]

　　熊禾归里后的讲学重心，有所谓"求仁约"者，目的是求
致可措诸行事的《大学》之道，主要讲究的是《三礼》之
学。[5]五十五岁那年，熊禾又为重建建阳书坊的同文书院一事
出力，既作建筑的募捐疏，又作书院的上梁文。[6]是年胡一桂
第三度来访，二人相约完成朱子及"门人三世未了之书"的
《三礼》之学。至此，熊禾与胡一桂论学前后已经十七年，他
们从论《易经》开始，"又复相与推究文公所论他经大旨"。结
果熊禾在《易》、《诗》、《书》三经均有"就绪"之作，国破
时被毁的《春秋通解》也得以"重纂"。熊禾晚年送别胡一桂
时，称胡氏是他的"斯文异姓昆弟"，[7]以友辅仁的意义和功
效，其大可知。

　　从五十五岁该年的冬天起，到五十八岁该年的秋冬，熊禾

[1]　《熊勿轩先生文集》卷三，页32—34，《三山郡泮五贤祠记》。
[2]　嘉靖《建阳县志》卷五，页14上，《学校·鳌峰书院》。
[3]　偰处约撰，《勿轩先生传》，丘锡撰，《鳌峰书院记》。
[4]　《熊勿轩先生文集》卷一，页12，《送夏思学归江东序》。舍菜礼所作祭文，
　　　见《熊勿轩先生文集》卷四，页65—67，《鳌峰祭先圣文》。
[5]　《熊勿轩先生文集》卷五，页74—75，《虞彦忱字说》；又，《熊勿轩先生
　　　文集》卷一，页12，《送夏思学归江东序》。
[6]　《熊勿轩先生文集》卷四，页57—58，《重建建阳书坊同文书院疏》；卷
　　　五，页64—45，《建同文书院上梁文》。
[7]　《熊勿轩先生文集》卷一，页9—10，《送胡庭芳后序》。

南游在外，历泉州、同安、福州、福清、永福、莆田等地。[1]
这三年之中，他曾为福州郡学的五贤祠作记，连带著论了影响
远大的学校《祀典议》。[2]他的议论要点是，道统的正传，只
应包括尧、舜、禹、汤、文、武、周公、孔子、颜子、曾子、子
思、孟子和宋代的周敦颐、程颢、程颐、张载、朱子，而朱子曾
推崇的邵雍和司马光不应算入其中；天子应该以孔子以上的圣人
为师，特别祀于太学，而以圣王的贤臣为配；学校通祀孔子，天
子应当春秋释奠于先师；孔庙的四配应该相对坐向，十哲应该考
虑调整，七十二子不必一定从祀，马融、杜预、王弼、扬雄、荀
况这五名唐宋时代从祀的儒者应该罢祀，董仲舒、杨时、李侗、
黄榦等汉宋儒者应予从祀；父子同在孔庙配祀之列者，应该分堂
而祀；各地学校只应一律祭祀孔庙所奉诸儒，地方有道德的乡贤
和对地方有贡献的官师，应该分别另祀。这些主张，除了十哲的
调动和七十二子的免祀两项外，都在明代先后获得采纳，成为制
度，并且为清代所继续遵行。[3]同时间内，熊禾又募刻朱子所创
始的《仪礼经传通解》，以"考亭诸名儒参校订定墨本，拟就书
坊版行，以便流布"。[4]

---

[1] 熊禾南游游踪，见熊勿轩先生文集，卷三，页35—36，《晋江县学记》；
卷二，页23—24，《跋谢春堂诗义后》；卷二，页25，《跋林氏兄弟遗事
后》；卷五，页75—76，《张以谦字说》；卷六，页81，陈蒙正撰，《送退
斋东归序》。《勿轩集》卷八，页3上，《别福清诸友》；卷八，页14下—
16上，《别永福诸友》。

[2] 《熊勿轩先生文集》卷三，页32—34，《三山郡泮五贤祠记》；卷四，页
48—55，《祀典议》。按：《祀典议》文，《勿轩集》卷二附《三山郡泮五
贤祠记》后，不另标题。

[3] 熊禾学校祀典议的后代体现，可参看《明史》卷五十《礼四》"圣师"、
"至圣先师孔子庙祀"及《清史稿》卷八四《礼》三"传心殿"、"至圣先
师孔子"、"启圣祠"各条。

[4] 《熊勿轩先生文集》卷四，页56—57，《刊仪礼经传通解疏》。

五十九岁该年元旦在鳌峰书院会拜时，与会的门人还有五十五人之多。[1]是年前建宁府判官、现南剑州同知毌逢辰（号梅庵）要为建阳的考亭书院增置祀田和设立义学，熊禾为他作募捐疏。[2]义学成立后，熊禾又应邀为其"小学师"。六十一岁该年，熊禾为整个建阳考亭书院的修复扩充事情，作了著名的《考亭书院记》，给朱子赋予了文化史上仅次于孔子的地位，并寄望于元朝大兴朱子学术之事。此文的开篇名句："周东迁而夫子出，宋南渡而文公生。"[3]据说曾大为吴澄所称服，认为"江南有人"之证。[4]熊禾此后的主要工作，是以《仪礼》为主的礼经修订著述，书未成而卒，[5]卒于元仁宗皇庆元年（1312），享年六十六岁，距临安沦陷三十六年，距崖山国灭三十三年。

熊禾博学能文，傀处约撰《传》说他"博通《五经》，遍览诸子百家之语，下逮医卜阴阳之秘，故下笔成文，追踵韩、柳"。又说"当时远近以书厨目之"。从熊氏文集的内容和文章艺术，以及他的著作名目和现存内容看来，这些言辞都属信而有征。熊禾一生著述丰富，而以儒家经典的训解为主。他的友人史药房曾述及他的著述形式和方法："如《易》、《诗》、《书》、《春秋》，皆为之集疏。集疏云者，每经取一家之说为主，而裒众说以为之疏。工夫浩博、义例明畅。……复为《小学》、《四书》集疏，以

〔1〕《勿轩集》卷八，页5下，《乙巳元旦鳌峰书院会拜五十五人》。

〔2〕《熊勿轩先生文集》卷四，页60—61，《代毌梅庵题考亭书院祀田疏》。题疏时间见同书卷三，页29—32，《考亭书院记》。按："毌梅庵"之姓，此集排印本皆误植为"母"字。

〔3〕《熊勿轩先生文集》卷三，页29—32，《考亭书院记》。

〔4〕傀处约撰，《勿轩先生传》。

〔5〕《福建朱子学》第194页，说熊禾有《三礼考略》二卷，"系未完稿，陈一方续完"。未知何据，也未见注明存佚藏收情况。《闽中理学渊源考》卷三七，作"修《仪礼》，未及成书卒，福宁陈益方足而成之，以为《礼编》"。比较可取。

羽翼之。"〔1〕这些"集疏"式的经学著述，包括了《四书标题》、《周易讲义》、《大学广义》、《三礼考异》、〔2〕《大学口义》、《尚书口义》、《书说》、《春秋通解》〔3〕等名称可知的。此外"《孝经》有序，《小学》有解"，则书名未详。〔4〕史学方面的著述，有《帝王大纪》和《通鉴广义》。〔5〕熊禾编纂的书籍，有《诗选正宗》〔6〕和"取文公诸书，择其精且要者为一编，而以邵（雍）、马（司马光）、张（栻）、吕（祖谦）及朱氏门人之说为附录"的《文公要语》。〔7〕

以上的各种著述和编纂，随时代而渐亡佚。明代嘉靖《建宁府志》列出"今行于世者"，只有五种。〔8〕民国《建阳县志》列名十六种，能注明卷数或指示可能存在的只有三种，包括文集在内。〔9〕现存有书可见的，除了明成化三年始编成刊行的文集《熊勿轩先生文集》之外，〔10〕只有四种。卷帙完整的，是《易经训解》和《勿轩易学启蒙图传通义》，已经收入《续修四库全书》之中。残存的有《文公先生小学集注大成》和《四书标题》，都

〔1〕《熊勿轩先生文集》卷六，页79—81，史药房撰，《送勿轩先生归武夷序》。
〔2〕同上书，页83—84，丘锡撰，《鳌峰书院记》。
〔3〕嘉靖《建阳县志》卷一二，页18上—下，《儒林传·熊禾》。按，此传所列书目，丘锡撰《鳌峰书院记》所列的，也包括在内。
〔4〕丘锡撰，《鳌峰书院记》，见魏时应修、田居中纂，万历《建阳县志》卷二，页46下—48上，《学校·鳌峰书院》。
〔5〕《熊勿轩先生文集》卷一，页3—4，《史纂通要序》；卷六，页83—84，丘锡撰，《鳌峰书院记》。
〔6〕见熊禾，《勿轩易学启蒙图传通义》附见资料。
〔7〕嘉靖《建阳县志》卷一二，页18上—下，《儒林传·熊禾》。
〔8〕嘉靖《建宁府志》卷一八，页15上—下，《熊禾传》。
〔9〕民国《建阳县志》卷九，页9下—10下、16下、23下，《艺文》。
〔10〕熊禾文集的版本流传情况，成化三年吴高所作序现存本伪为至正十七年许衡作序问题，以及此事和熊禾被提名从祀孔庙未获成功之事的关系，详见《元儒熊禾的学术思想问题及其从祀孔庙议案》。

是阙缺太甚而稀罕难见的。[1]

　　熊禾的经学著述，基本上都是补充和订正朱子经说之作。他这是有意地羽翼朱学，但其实正是他的学术思想的体现。熊禾主张的学术，是北宋胡瑷湖学设教的所谓明体适用之学和朱子所强调的所谓全体大用之学；[2]亦即一种准古酌今，有据于经而可见于行的社会属性学问。这种学问以儒家经典的道理为根基，以经史时务实学知识为内容，以礼制的建行为发用。宏观地看，它仍是通经致用和经术以经世的汉宋传统思想的延续体现。经学终归是治道的根源，也是儒学的基础。这在熊禾来说，是笃信无疑的。他有这样的名言：

　　　　秦汉以下，天下所以无善治者，儒者无正学也。儒者所以无正学者，《六经》无完书也。《六经》无完书，则学不可得而讲矣；儒者无正学，则道不可得而明矣。千五百年，牵补架漏，天地生民何望焉！[3]

可见，除非经学真的完备纯正，治道决无通明之理。反之，完整《六经》而为之讲明，正是儒者寿世的功行所在。在熊禾看来，朱子的真正伟大之处，也正是他对此理的真正识认和认真践履。但朱子其实未竟其业而卒：

──────────

[1]　《文公先生小学集注大成》原书六卷，北京图书馆藏有宣德九年梅隐精舍刊本，存首三卷。《四书标题》原书十九或二十卷，原北平图书馆善本书藏，今存《论语》卷三至卷四，《孟子》卷五卷七，共五卷。
[2]　熊禾早年已经提及胡瑷之教，见《熊勿轩先生文集》卷五，页67─68，《谢乡举论学》；晚年提及的，见同书卷三，页35─36，《晋江县学记》。
[3]　《熊勿轩先生文集》卷一，页9─10，《送胡庭芳后序》。

考亭夫子集正学大成，平生精力，在《易》、《四书》。《诗》仅完；《书》开端未及竟，虽付之门人九峰蔡氏，犹未大畅厥旨。《三礼》虽有《通解》，缺而未备者尚多，至门人勉斋黄氏、信斋杨氏，粗完《丧》、《祭》二书，而授受损益精意，竟无能续之者。若《春秋》，则不过发其大义而已，岂无所俟于来学乎？当吾世不完，则亦愧负师训多矣。[1]

熊禾认为最有意义而急切之事，便是继承朱子之志，疏通其已成之说而补备其未成之书。其结果便是如上所述的行事和著述。

熊禾对于朱子学尽心的意志和意义，以及其成就之所至，他自己的诗句便有很好的述评：

扶偏须忠臣，邪说可无距！同志此来游，兴言激余素。礼乐愧河汾，兴唐竟谁予？[2]

他要力作朱子的"忠臣"，并要私人聚徒、讲明朱学以兴盛世。就其所至而言，他只成就了前一事，虽则他的孔庙祀典议论曾经影响后世甚大。熊禾的门人陈蒙正曾以朱子的"孝子"来形容他。[3]清儒张伯行更说他是朱子的"功臣"，[4]这些都是善于形容的信辞。但孝无多少之别，功则有小大之分，熊禾以亡国不事新朝，形迹不免隐晦，身后著作渐失，知见者少，其经说因而没有像吴澄的一样，产生远大的影响。他获得的历史肯定，因而主要仍在乡邦之地。

---

[1]《熊勿轩先生文集》卷一，页9—10，《送胡庭芳后序》。
[2]《勿轩集》卷七，页9下—10上，《闻崇安县学立碑》。
[3]《熊勿轩先生文集》卷六，页81，陈蒙正撰《送退斋东归序》。
[4]《熊勿轩先生文集》卷首，张伯行撰《原序》。

熊禾殁后，他的书院仍称鳌峰书院，后来加建"传衷堂"以祀他本人。[1]明朝开始，"士子皆居泮宫，而各书院渐至寝废"。鳌峰书院也不例外，"为风雨侵凌，鞠为茂草"。到了永乐初年，更被势家侵占基址。直到正统十二年（1447），熊禾的六世孙诉于按察司官，次年才奉部命重建，又次年邑人丘锡为作书院记，冀望朝廷承认熊禾为"有功德于纲常"的"先贤"，而"免其子孙差徭"。[2]书院后来复圮。成化四年（1468），朝廷从博罗县儒学训导游宣之请，议熊禾从祀孔庙之事。结果以其经说"议论详密，造诣精深"未必能及吴澄等原因，没有通过，只命本属府县增祀熊禾于该处的先贤祠或别立祠堂致祭。[3]成化六年，书院遂有重建之事，也自此成了熊禾的专祠所在。此后成化十五年有重建门外二坊，[4]万历二十五年（1597）有重修书院等事。[5]

上文说过，洪武末年至永乐初年期间，熊禾已获祀于建阳的先贤祠，和黄榦、蔡元定、蔡沈、刘钥四人一起配享朱子。黄、刘、二蔡四人都是朱子的高第门人，蔡元定更兼朋友辈分，熊禾能以三传甚至四传门人之名、私淑后学之实，和他们并列享祀于朱子之祠，这是后人对他有功于朱子的明确承认。嘉靖十年（1531），建阳建大儒祠，祀朱子和游酢等七贤，仍以黄榦、蔡元定、刘钥、蔡沈和熊禾五人配享。[6]大儒祠万历二十五年前后扩建，从祀朱子者增为二十人，熊禾位于末位，显示了他被肯定为

〔1〕 嘉靖《建阳县志》卷五，页14上，《学校·鳌峰书院》。
〔2〕 《熊勿轩先生文集》卷六，页83—84，丘锡撰，《鳌峰书院记》。
〔3〕 《明宪宗实录》卷五四，页9上—10上，成化四年五月戊子条。
〔4〕 嘉靖《建阳县志》卷五，页14上，《学校·鳌峰书院》。又，嘉靖《建宁府志》卷一七，页57上—下，《学校·鳌山〔峰〕书院》条作嘉靖十五年重建，命建官员也非同人。
〔5〕 民国《建阳县志》卷八，页68上—下，《祠祀·鳌峰书院》。
〔6〕 嘉靖《建阳县志》卷五，页34上，《秩祀·大儒祠》。

朱子最后重要传人的地位不变。此祠康熙二十六年（1687）改为义学，但原来所奉的诸儒仍获祭祀。[1]

四、结　语

熊禾以朱子的三传乃至四传门人之名、私淑后学之实，自称要做朱子的忠臣，时人观其所行而称他为朱子的孝子，后人核其所得而称他为朱子的功臣。这所反映的，正是一个立志从事朱子学术者的言行一致表现。熊禾有功于朱子之处有二：其一是论成自尧舜至程朱的所谓道统正传，使朱子成为孔子之后最伟大的"正学"集大成者。其二是以经籍的训解具体地对朱子的经学体系加以整补充实。他毕心力于朱子之学，和他坚持朱子之学确实攸关世道的信念是分不开的。

熊禾以胜国进士而选择不仕新朝、隐居聚徒，理由是不能以利益之说解释的，因此他的"以道自任"，也就不能以学派门户或乡党情结说之。他的动力来源，其实是他那种只有经具完书才能讲学得正而治道得明的思想。在他的想法中，朱子的伟大贡献正在于使那些有缺憾的经典获得完整的文本和义训，因此唯有完成朱子未竟其功的经学事业而使之昌明于世，明道致治才有可能实现。这思想的实践，便是他笃志守先待后的讲学和著述事业。熊禾自身不仕元朝，却不因而望道之不明不行于当世。所以他能以忠于朱子之学为务，同时也能称赞仕于元朝的许衡之能倡明朱学，且因之而在政治上作出贡献。他的文化襟怀无疑是阔大的。

熊禾关于学校祀典的议论能够演成后代的制度，可见他的见解高明、厘然有当于人心。我们因此可以想象，他的经义训解也

----

[1] 民国《建阳县志》卷八，页75上，《祠祀·大儒祠》。

必多自得之说。刘思生举过《四书标题》内的一些例子，认为"皆有卓见"，[1]只可惜熊禾的著述因他隐居无位而已多失传。但他对朱子的尊崇和对所谓全体大用之学的反复强调，对于后代学术实仍有所影响。熊禾曾欲就"学者分内之事"补充真德秀的《大学衍义》而为其"后传"，此事未见其成。但明朝中叶的丘濬却真的著成了《大学衍义补》，为学者提供了治国平天下的知识，并且认为有此补足，才能使"大学"真正成为全体大用之学。熊禾的道统相传之说和"周东迁而夫子出、宋南渡而文公生"的名句，也都见于丘濬所辑《（朱子）学的》一书正文之前的图像上。[2]由此可见，熊禾对于后代善学朱子的学者的影响也还不少，而他所体现的补充朱子之学、使之体系趋于完整的学术，也一直延至明代中期还未断绝。

---

〔1〕 中国科学院图书馆整理，《续修四库全书总目提要·经部》（北京：中华书局，1993），页937，"四书标题十九卷"条。

〔2〕 丘濬《朱子学的》已经收入《四库全书存目丛书》（子部第6册）。有关此书的研究，见朱鸿林《丘濬〈朱子学的〉与宋元明初朱子学的相关问题》，林天蔚编，《岭南文化新探究论文集》（香港现代教育研究社，1996），页63—79；《〈朱子学的〉的流传与评价》，《史薮》第2卷（1996）。

元儒熊禾的学术思想问题及其从祀孔庙议案

一、前　言

　　熊禾，字去非，号勿轩，又号退斋，福建建阳县人，宋末登科出仕，入元隐居授徒，平生私淑朱子，博学能文，通于经说，是元代福建的主要学者和思想家。他的儒家道统正传之说和学校孔庙祀典议论，影响后世甚大。熊禾旧传简略有误，新近研究所及者少。笔者曾有《元儒熊禾的传记问题》一文考究他的传记和论说他尽心朱子学术的意义。[1]本文拟考论的则是他的师承问题、学术思想、议论和著述的大概，以及明人题请给他从祀孔庙事情的始末和意义。

---

〔1〕　本文原载《庆祝杨向奎先生科研教学六十周年论文集》，已收入本书上篇。本篇各节关于熊禾传记之说，均以该文所考述者为据，不另详注。近人研究熊禾之作，有高令印、陈其芳，《福建朱子学》（福州：福建人民出版社，1986），页179—194，《熊禾》专节，但主要讨论的是熊禾的哲学思想和观念。Igor Rachewiltz, Hok-Iam Chan, Hsiao Ch'i-ch'ing and Peter W. Geier 编著 *In the Service of the Khan*: *Eminent Personalities of the Early Mongol-Yüan Period（1200 – 1300）*（Wiesbaden：Harrassowitz Verlag, 1993）一书所撰蒙元时代人物传记，主要为开国至世祖一朝的文武名臣，宋臣入仕或隐居的，均未之及。

二、熊禾的师承问题

熊禾学绍朱子固然无疑，但承传的世次和师承问题，却没有一致的说法。据《元儒熊禾的传记问题》一文所考，熊禾的朱学渊源，本于家庭。族叔父熊节是朱子的门人，对他有影响，但不及朱子再传以至三传门人的从伯父熊庆胄，所以熊禾应算是朱子的三传或四传门人。旧传记作者却只说家学以外的师承，并且肯定熊禾和朱子高第门人辅广的师承关系。此说清代治学术史的学者开始怀疑，至李清馥更提出熊禾师承金华学派之说。[1]怀疑以至否定都是对的，但李清馥之说却是错的。

问题的起源，在于明初傻处约所撰的《勿轩先生传》。传文说熊禾"志宗濂洛之学，乃访文公之门人辅氏而从游焉"。[2]"辅氏"指的便是辅广。但这说法在熊禾现存的文字和时人的赠送文字中，都得不到印证。明代前期题他的行状的建宁府训导李让和作《鳌峰书院记》的邑人丘锡，[3]以至早期的《建阳县志》和《建宁府志》，也都没有重复此说。但成化三年（1467）吴高作熊禾文集序，却因此说而写成"师事文公高弟辅氏。"[4]弘治年间的许天锡，更

〔1〕 李清馥说，详见所著《闽中理学渊源考》（台北：台湾商务印书馆，1983，《景印文渊阁四库全书》本），卷三七，页15上—19下，《识熊勿轩先生传后》。本节下文讨论李氏所说，即据该篇，不复注出。
〔2〕 见熊禾，《熊勿轩先生文集》（上海：商务印书馆，1936，《丛书集成初编》据《正谊堂全书》本）卷六，页77。
〔3〕 李让和丘锡所作，见同上书，卷六，页78—79，页83—84。按，李让文在此书的，题作《题勿轩先生行状》，在隆武本《重刊熊勿轩先生文集》的，则作《叙勿轩先生》，并多署"景泰三年季冬之吉"文字。
〔4〕 见同上书，卷首页1，《许〔衡〕序》。按：此序实明人吴高所作而为后人改托于许衡，说详本文第六节论熊禾文集处。

说熊禾学问之"于辅氏，诚青于蓝而寒于水矣。"〔1〕此后的《元儒言行录》，更改传文为"访考亭之门人辅氏而从游焉"。〔2〕时代越后，熊禾和辅广的师徒关系越被确定。

但这是绝不可能之事。熊、辅二人的年代差距，已可断定。辅广的生卒年份虽然不详，但他是先从学于吕祖谦然后受业于朱子的，年代显然甚早。〔3〕康熙年间黄宗羲曾经考出魏了翁有"亡友汉卿（辅广字）端方而沈硕，文公深所许可"之言。〔4〕乾隆间李清馥又考出魏了翁"卒于嘉熙元年（1237），后十一年勿轩方生。"〔5〕可见熊禾并未从学于辅广。

熊禾家庭以外的朱学师承，据他自己的文字可考的，只有"受业"于浙中而因得闻朱子晚年和勉斋黄榦、潜室陈埴二人的论学要旨的"刘敬堂先生"。敬堂显然是个别号，刘氏名字已不可考。清代王梓材曾推测过刘敬堂和偰处约所说的"门人辅氏"的关系。他认为"门人辅氏"只应作"辅氏门人"解。〔6〕又说："敬堂先生盖亦辅氏所传者，辅氏之学在浙中，故勿轩从而受之，兼得黄、陈之论也。"〔7〕按，辅广是崇德人，崇德属嘉兴府而界临安府，正是浙中之地。王梓材说刘敬堂大概是辅广门人，是以地理因素作推论的。但辅氏学的刘敬堂又怎样能告诉熊禾朱子晚

---

〔1〕 见魏时应修、田居中纂，万历二十九年刻本《建阳县志》卷二，页46下—48上，《学校·鳌峰书院》条所引许天锡撰书院记。

〔2〕 黄宗羲、全祖望，《宋元学案》（北京：中华书局，1982年点校本），卷六四，页2068，（《潜庵学案》）《参军熊勿轩先生禾》传。

〔3〕 同上书，卷六四，页2053—2054，（《潜庵学案》）《朝奉辅传贻先生广》传。

〔4〕 同上书，卷六四，页2054；黄宗羲按语。

〔5〕 《闽中理学渊源考》，卷三七，页18下。

〔6〕 《宋元学案》卷六四，页2068，（《潜庵学案》）《参军熊勿轩先生禾》传；王梓材按语。

〔7〕 《宋元学案》卷六四，页2060—2061，（《潜庵学案》）《刘敬堂先生》传；王梓材按语。

年和黄榦、陈埴的论学要旨呢？

　　刘敬堂其实是永嘉学者而游寓于浙中的。现存清抄本熊禾《勿轩易学启蒙图传通义》序前一页有抄者所录熊氏著作的书目叙录数条，其中一条引"元刻董真卿《周易会通》引用诸书群贤姓氏"之说如下："（熊禾）其学得徐进斋及永嘉刘敬堂经济之学。有书四篇，曰农、礼、刑、兵，稿粗定而无传。今所行世者，《标题四书》及此《易说》数段。又有《诗选正宗》等编，杂文多见《翰墨全书》。"[1]按，董真卿，鄱阳人，是胡一桂的门人，曾随胡氏入闽访熊禾，熊氏且为序刻其父所著的《孝经大义》。[2]董氏之书所引注文，自属可信。熊禾是从刘敬堂处得闻朱子晚年和黄榦及陈埴论学的要旨的。陈埴正是永嘉人，[3]可见刘敬堂也是永嘉人无疑，而其学则是朱学之中兼有永嘉传统的经制之学的。黄榦曾监嘉兴府石门酒库，[4]石门正是浙中之地，敬堂既游于浙中，自然也有可能从黄榦问学而得闻文公晚年之旨。总之，熊禾固然在浙中受业于刘敬堂，但不等于刘敬堂之学即是行于浙中的辅氏之学。徐进斋则是崇安人徐幾。他和熊禾的从伯父熊庆胄一样，都是朱子门人蔡渊和再传门人真德秀的门人。徐幾景定（1260—1264）间曾以布衣被荐召，授建宁府教授。[5]熊禾从他问学，以时间和地理来考虑，是极有可能的。说他是辅广的门人或传人，都是理据不足的推测之辞。

　　有了以上的考论，李清馥《闽中理学渊源考》所提出刘敬堂

〔1〕　熊禾，《勿轩易学启蒙图传通义》，收入《续修四库全书》（上海：上海古籍出版社，1995）第二册。

〔2〕　《熊勿轩先生文集》卷一，页1—2，《孝经大义序》。

〔3〕　《宋元学案》卷六五，页2087—2088，（《木钟学案》）《通直陈潜室先生埴》传。

〔4〕　同上书，卷六三，页2020—2021，（《勉斋学案》）《文肃黄勉斋先生榦》传。

〔5〕　同上书，卷八一，页2714，（《西山真氏学案》）《通判徐进斋先生幾》传。

即金华学派的金履祥（1232—1303）之说，便更显得过度附会而不足信从了。李清馥也同样辨明了熊禾不可能受业于辅广之事。他提出刘敬堂应即金履祥这个创说，则是由下述二事据以推理的。

（一）他在乾隆壬午（二十七年，1762）路过浙江金华府兰溪县（金履祥本邑），在"书坊中购得金氏履祥先生文集钞本共三卷，卷一首帙书'后学喻良能香山校'，下列刊刻门人十人，首曰熊鈇，〔次〕熊瑞、林景熙、方逢辰、汪梦斗、陈淳、邓虎、张侃、许棐、罗愿"。李氏于此也起初有疑，因为金履祥全无提及熊禾的文字，而陈淳则"疑闽中北溪名氏，已是勉斋一辈人，年岁已久，不应在弟子之列"。七年之后，李氏"重阅仁山先生本传及张氏祖年《金华正学编》，乃知金公本姓刘，因避钱武肃王〔镠〕嫌，故以金易刘，遂恍然公（熊禾）所述闻之于师者，恐即金公也。且又述勉斋、潜室二公所以发明文公晚年所造，原原本本，自非金华的传，其能如此断制耶？"

（二）李氏认为，金履祥字吉甫，号仁山，又号次农，但也可能有人所不知的敬堂之号。因为金氏所师的王柏受业于北山先生何基，何基实"授以立志居敬之旨，遂著《敬斋箴》"。金氏祭何基文，又重说何氏所授之居敬之学。金氏祭王柏文，也重说"卒于北山，师资就正，有的其传，立志居敬"之语。可见"敬"为金氏为学用力之处无疑，故"纵未得敬堂为仁山称号确证"，但用力于敬者，则唯仁山莫属。言下之意，即金氏若有别号，当有"敬"之一字。由于熊禾提到"敬堂先生"名字的文字（即《送胡庭芳序》），其作时只在元兵渡江之后十年，亦即元朝大一统之后六年，"公宋代遗民，避榜名〔禾〕未定，书'鈇'字；或称其师，舍改姓〔金〕而从旧姓〔刘〕，抑亦寓胜国君臣之义云尔。"因此认为，熊禾或为有所忌讳，或为寓痛之故而将金氏的姓氏作了更改。

李清馥以上的推论，婉转细微，但其实却难以成立。首先，李氏所说王柏因何基之教而作《敬斋箴》的话是错的。王柏门人叶由庚所作王氏《圹志》和何基《北山集》所载，只有何基作《鲁斋箴》以勉王柏之事，而王柏《鲁斋集》中也没有《敬斋箴》其文。[1]李氏所引金履祥祭王柏文中"立志居敬"之言，李氏意思是当金氏受教于王氏的学术来说。但据金氏《仁山集》原文，这话其实是金氏说王柏所得于何基者。[2]李氏要曲证成"读此知公（金氏）于何、王二公反复授受于敬之一言，实溯洛、闽心法"等等，其实真正以敬为学的，是王柏而非金履祥。金履祥固然也会讲居敬，但那却是只具程朱学说的普遍意义而已。其次，金履祥出游杭州，在咸淳元年（1265）乙丑之前，是年之后，他首先讲学于属于浙西的淳安严陵书院，不久便入属于浙东的金华山中隐居。[3]熊禾游杭（浙中）至少后于金氏数年。即使他和金氏同时游于浙中，甚至有交往或受业之事，但在易代之后而要更改业师之姓而为之讳，却非必要之事。金氏在金华且不改名自讳，熊禾却要在武夷为他改易姓氏，其说实属牵强过当。

使李清馥之说不足采信的重要理由还有两个。其一是，现存的金氏文集，全无提及李氏所购抄本文集上所题的校刻门人十一

---

〔1〕 王柏，《鲁斋集》（上海：商务印书馆，1936；《丛书集成初编》据《金华丛书》本）附录，页189—195，叶由庚撰王柏《圹志》。王柏所作，只有《鲁斋记》，见同书，卷六，页117—118。何基所作《鲁斋箴》，见氏著，《何北山先生遗集》（上海：商务印书馆，1935，《丛书集成初编》据《金华丛书》本）卷一，页3—4。

〔2〕 金履祥，《仁山集》（《仁山先生金文安公文集》上海：商务印书馆，1935，《丛书集成初编》据《金华丛书》本）卷一，页10—11，《祭鲁斋先生文》。

〔3〕 同上书，卷五，页95—103，柳贯撰金履祥《行状》，尤其页97—98。

人姓名。这些人名之中，除了难以考究者之外，陈淳固然李氏也注意到他的年辈高而不称。其他如林景熙，温州平阳人，咸淳七年（1271）太学释褐，宋亡不仕，以收葬西僧杨琏真伽所发宋陵寝中高宗、孝宗二朝骸骨知名。[1]方逢辰，淳安人，淳祐九年（1249）进士第一时，金履祥只有十八岁，其后官至吏部侍郎，宋亡不仕，至元二十八年卒，比金氏前卒十二三年。[2]汪梦斗，绩溪人，景定二年（1261）已魁江东漕试，比金氏初入淳安讲学时早了四年。[3]这些人都不可能在金氏的门人之列，他们的传记也没有这样提及。此外，金氏的著名门人许谦也没有和熊禾互相提及的文字存在。要使熊禾和金履祥建立关系，文献实不足征。

其二是，金履祥的文集其实在元代并没有编刊过。金氏殁后，文稿多种藏于家，子孙不能保存而藏于他人，后来渐次失落无闻。到了明代中叶，才有邑人董遵从金家录得残稿，并另收集其他见于他人文集中的金氏自撰文字和传赞金氏的他人文字，首次编为《仁山先生金文安公文集》五卷，[4]其中头四卷为金氏作品，末卷为附录。金氏文集元代既无刊本，而董遵所编本今存，又没有任何关于前此编刻的文字存在，可见乾隆二十七年（1762）李清馥购自兰溪书坊的抄本《仁山集》，实出于董遵所编明本之后，其题名以名人列作金氏门人，实出于后来之无识者或射利者所为，均以高抬金氏身价为事，其作用和熊禾文集原刻本以后之有伪许衡序是一样的。

---

[1] 王德毅等编，《元人传记资料索引》（台北：新文丰出版公司，1982），页686，"林景熙"条。

[2] 《宋元学案》卷八二，页2744—2747，（《北山四先生学案》）《尚书方蛟峰先生逢辰》传。

[3] 《元人传记资料索引》，页590，"汪梦斗"条。

[4] 金履祥文集的编刊过程大概，见《仁山集》卷五，页91—94，徐用检《仁山先生文集序》、章品《题仁山先生文集后》、董遵《题仁山先生文集后》。

详辨李清馥刘敬堂即金履祥说之非，对于别白金履祥和熊禾二人各自的师友渊源和学术思想都是重要的。李说之非可以确定，熊禾学承金华之说自然也不能成立。李氏徒知金华之学绍自黄榦，得朱子的传之真，故以为熊禾在朱学上之能深造有得，亦必是源于金华所致。其实，金履祥固然是"明体达用之儒"，[1]但刘敬堂之为永嘉学者既知，可见熊禾所主张的所谓全体大用之学，实亦朱门善学者之所共唱，而非某一门派之所独专的了。熊禾以朱子"私淑"之实而主张此学，其近取之师，刘敬堂、徐幾之外，似当以熊庆胄和真德秀为主。

三、熊禾的学术思想和主张

熊禾的学术造诣，由于著作失传和残阙，难以具体评价，但他的学术思想和主张，却还能从他的文集得到清晰的轮廓。概括起来是这样的：熊禾主张所谓"明体适用"之学或"全体大用"之学；这种学术以完整的经学为基础，其对象则是国家与社会生活中的现实事情。他认为最能够体现这种学术的，是得道统正传的朱子，因此学者应以学朱子之学为能事，而以补朱子之所未备者为实功。这样的思想熊禾是终身以之的，而且随着年龄的增长而愈见笃信尊行。

所谓明体适用之学，指的是宋学开创者之一胡瑗著名的湖学教旨。湖学的原则性内容有如熊禾所说："以经术德行教人，至农田、礼乐、刑政、兵防之类，亦使之人治一事。"[2]此学以经术为体，以实事为用，学者以此为学，也以此为政，体现的便是

---

〔1〕《宋元学案》卷八二，页2725，《北山四先生学案序录》全祖望按语。
〔2〕《熊勿轩先生文集》卷三，页35—36，《晋江县学记》。

儒道与吏治的统一。这种思想本来是汉儒通经致用思想的延续和细致化，后来也成了王安石所倡经术以经世说的张本。朱子所谓的全体大用之学，则是它的高度概括。在熊禾的观念里，则又多了朱学影响下的具体主张。熊禾的主张的内涵和特点，从以下的三处言语清楚可见。其一是他二十八岁中进士之前说的：

> 年逮弱冠，读《大学》，玩索有得，始喟然叹曰：学在是矣。自此益穷研《四书》以及诸经，务为明体适用之学。每病今世之学者，议论徒多而践履益薄，词华虽工而事功益不竞，而又自恨资质晦钝，学力卑浅，不足以通达世务。……近看《大学》，欲仿文忠公真西山先生《衍义》，只就学者分内事，辑为后传，以见明体适用之学。[1]

其二是二十八岁中进士时说的：

> 壮而读书，颇识《大学》知行之要，益求实事，不竞虚文，勉焉自力于躬行。[2]

另一是五十岁时对门人所说的：

> 甚矣，《大学》之不可不明也。谈性命者入异端；谈事功者趋吏道；论文者工诗词，稍高者借古文之声响，以饰语言而已；论学者务记诵，稍异者剽先儒之绪余，以资讲说而已。大略不出此数端。或有见焉，则又安于小知，而欲以是

---

[1] 《熊勿轩先生文集》卷五，页67—68，《谢乡举论学》。
[2] 同上书，页69—70，《谢贡举启》。

言道。若是者亦未知其可也。《大学》何时而可行乎?[1]

这些二三十年的一贯说法,反映了熊禾的所谓明体适用之学或全体大用之学,实以《大学》为其理论架构,而其基本理念则是程朱一脉的知行并重、性命出事功的学旨。此学之所以异于科举记诵和语言剽窃的俗学,全在于它本于性命之真实而能见诸世务之践行。这种体用之说,是具有普遍意义的,所以熊禾想要补充真德秀以充实帝王之学为目的的《大学衍义》,而使之成为学者也可以致力的学问。熊禾的议论特点,则是在晚宋的尚议论、贵词华、高谈性命而庸俗事功的风气下,特别强调躬行实践之要。

体用之学概念上是整一不分的,但在程朱理先于气而寓于气的理学哲学理论下,却有离即先后之分。质言之,知体是先于行用的;因此治道既本于学术,为学也必先于施政。学术之基,亦即治道之源,在熊禾看来,正是完整的儒家经典学问。熊禾对此在五十五岁时有过如下的名言:

> 秦汉以下,天下所以无善治者,儒者无正学也。儒者所以无正学者,《六经》无完书也。《六经》无完书,则学不可得而讲矣;儒者无正学,则道不可得而明矣。千五百年,牵补架漏,天地生民何望焉![2]

这所说的经学与治道的直接关系,以及儒者当为世所重的意义,明切之至。但也带着莫大的遗憾:因为经书的缺遗,也正是治道本体的缺憾。熊禾之所以能对善治的可能性仍存希望,则是因世

---

[1] 《熊勿轩先生文集》卷一,页12,《送夏思学归江东序》。
[2] 同上书,页9—10,《送胡庭芳后序》。

有朱子之出之故。他认为朱子之学实具体用之全，只要善学而笃行之，便能明道而致治。

熊禾对于朱子在文化史上的地位以及朱子学术的内容的尊崇，实已到了无以上之的地步。以下所引他六十一岁时所作的《考亭书院记》文字，据说其开头二句曾为同时代的大儒吴澄所叹服，最能看出熊禾的尊朱学术主张。

> 周东迁而夫子出，南宋渡而文公生，世运升降之会，天必拟大圣大贤以当之者，三纲五常之道所寄也。……呜呼！微夫子《六经》，则五帝三王之道不传；微文公《四书》，则夫子之道不著，人心无所于主，利欲持世，庸有极乎！……重惟文公之学，圣人全体大用之学也。本之身心，则为德行，措之国家天下，则为事业。其体则有健顺、仁义、中正之性。其用则有治、教、农、礼、兵、刑之具。其文则有《小学》、《大学》、《语》、《孟》、《中庸》、《易》、《诗》、《书》、《春秋》、《三礼》、《孝经》、《太极图》、《通书》、《西铭》传义，及《通鉴纲目》、《近思录》等书。学者学此而已。……而敬贯动静之旨，圣人复起，不易斯言矣。[1]

在熊禾的认识之中，孔子之后一人的朱子其人，实与世运之升降攸关，而朱子之学，实本孔子所传，有经典所寓的天地人伦原理为原则，有可以经纪世道的制度为应用，更有可以施教出治的著述为传授工具，所以是圣人的全体大用之学，自然也是学者所当讲究而遵行的学术了。

---

[1]《熊勿轩先生文集》卷三，页29—32，《考亭书院记》。

但朱子虽集正学之大成，然平生所创学术大业，实至其卒而未竟其功，而且继之者也难得其人。熊禾有诗句形容他对朱子学流传的看法：

> 晚年制作心，门人未轻许。真实浸沉寥，枝叶漫夸诩。漂沦未百年，剽窃立门户。吾党固有怨，斯道自今古。扶偏须忠臣，邪说可无距？……〔1〕

他在其他地方，也认为朱子门人后学未能正确地补正朱子之所未备。就中晚年所构体大思精而意义重大的《仪礼经传通解》一书，门人所补有限，则尤属后学所应续修完成之业。

熊禾治经志在朱子，而尤重在《仪礼》（实兼《三礼》）和《春秋》二经。这和朱子的学术事业有关，也和熊禾自己的家学渊源有关。熊禾的从伯父熊庆胄是朱子高第弟子蔡渊的门人，又曾从游于朱子的再传门人真德秀和刘垓。熊禾自少便受他影响，二十八岁登科后还曾有"求所以嗣成公志者"的意念。他追记熊庆胄的学术说："公少以《礼记》决科，于《礼》学尤精博，尝谓国家设科，当以《仪礼》，不当以《礼记》。其著《三礼通义》一书，盖本文公先生义例，而《春秋约说》，亦本文公所论大旨。此二书于学者，盖不无小补也。"〔2〕可见熊禾对《春秋》及《礼》学的重视，其来甚早，而开始时便与朱子之学有了渊源关系。

熊禾在宋亡之前，已经花了九年的工夫，完成了《春秋通

---

〔1〕 熊禾，《勿轩集》（台北：台湾商务印书馆，1983，《景印文渊阁四库全书》本）卷七，页9下—10上，《闻崇安县学立碑》。
〔2〕 熊庆胄的师承及熊禾对他的追记，见《熊勿轩先生文集》卷二，页22—23，《熊竹谷文集跋》。

解》一书。此书因"苦传义文鲜有得其正者"而作，内容"仿《纲目》例，以左氏书实其事，以公〔羊〕、穀〔梁〕、程〔颐〕、胡〔安国〕诸家之说足其义"。[1]元兵渡江之年，此书书稿和熊庆胄的著作一并毁于兵火。后来因与胡一桂、刘应季长期讲论励志，得以重纂。[2]

但《三礼》之学，则是晚年才发愤从事的。《仪礼》本是《礼经》之一，至王安石以《小戴礼记》设科考试，与《五经》并行，自是学者鲜有知之。朱子认为当仍以《仪礼》为经，《礼记》为其传，晚年创修《仪礼经传通解》一书，以行其说，"自家乡以至邦国王朝，凡礼之大纲细目，靡不具载。"[3]但未成书而卒，卒前以"大纲小纪，详法略则，悉以属之门人黄氏榦，且曰：如用之，固当尽天地之变，酌古今之宜，而又通乎南北风气，损文就质，以求其中可也"。[4]但朱子所"缺而未备者尚多，至门人勉斋黄氏〔榦〕、信斋杨氏〔复〕粗完《丧》、《祭》二书，而授受损益精意，竟无能续之者"。[5]本文公初志而续补《仪礼经传通解》，便成了熊禾晚年的学业所在。"文公初志，欲将《通典》及诸史《志》、《会要》等书，与夫《开元》、《开宝》、《政和礼》，斟酌损益，以为百王不易之大法。"但此书"初本所纂注疏，语颇伤繁，后信斋杨氏为之图解，又复过略"。熊禾于是"仍于所补《仪礼》各卷篇目之下，参以历代沿革之制，及关、洛以来诸儒折中之说，酌古准今，损文就质，辑为

[1] 《熊勿轩先生文集》卷五，页67—68，《谢乡举论学》。
[2] 此书书名及用功九年、成而遭兵火所毁之事，见《熊勿轩先生文集》卷一，页8—9，《送胡庭芳序》；卷二，页19，《蔡氏春秋后序》；及卷二，页22—23，《熊竹谷文集跋》；卷五，页67—68，《谢乡举论学》。
[3] 《熊勿轩先生文集》卷四，页56—57，《刊仪礼经传通解疏》。
[4] 《熊勿轩先生文集》卷三，页29—32，《考亭书院记》。
[5] 《熊勿轩先生文集》卷一，页9—10，《送胡庭芳后序》。

《仪礼外传》，以附其后"。[1]熊禾欲以此"继先儒所未毕之志"，可惜书未成而身先殁，同样未能毕其所志。

综观熊禾的所言所事，他的明体适用或全体大用之学的学术思想，实是一种酌古准今，有据于经而可见于行的社会属性学问。这种学问以儒家经典的道理为根基，以经史时务实学知识为内容，以礼制的建行为发用。治道是学术的目的，经学则是学术的本源，熊禾对此深信不疑。他的特别学术主张，则是刻意地继承朱子的经说系统，为之整补其文和疏通其义。熊禾确实认为朱子之学是圣人全体大用之学，其倡明与否攸关世道，所以会有如上文所引的诗句，要自许为朱子的忠臣。熊禾的实践使他的门人称他为朱子的孝子，[2]他的成就则使后儒称他为朱子的功臣，[3]我认为这些言辞都是各得其当的。熊禾着重的不是个人的创意，尽管近代学者对其经说曾有"卓见"的称许；[4]他的眼光和心志所在，是一种他认为有自身意义的文化延续工作。

四、熊禾的学校祀典议论

熊禾的经学训解由于失传甚多，所以影响不大。但他的儒家道统和理学正宗统绪之说，以及对学校孔庙从祀等制度的主张，却在明清时代产生极大影响，形成制度。这些主张，详见于他的《三山郡泮五贤祠记》和所附的长篇《祀典议》。以下分项撮述，

[1] 以上引文，出《熊勿轩先生文集》卷四，页56—57，《刊仪礼经传通解疏》。
[2] 《熊勿轩先生文集》卷六，页81，陈蒙正《送退斋东归序》。
[3] 《熊勿轩先生文集》卷首，张伯行《原序》。
[4] 中国科学院图书馆整理，《续修四库全书总目提要·经部》（北京：中华书局，1993），页937，刘思生撰"四书标题十九卷"条。

并举说其影响所在。[1]

（一）道统正传之说

在学校的祀孔典礼中，熊禾认为从祀和配食（配享）二者应有严格的区分。区分的标准是，"从祀之典，凡先儒之有功德于圣门者咸在。若夫配食先圣，则非其道德功言足以得夫圣统之正传者，不足以与此也。"[2]这其中的理由则是，"古者建学立师，教学为先，而其所学则以道德功言为重。而道其总名也。太上立德，其次立功，其次立言。是三者皆非有得于道不可。立德者，道之本也；立功者，道之用也；立言者，所以载道之文也。言学而无见于道，则不足以为学；言道而无得乎道之全体，则亦不足以为道矣。是故一善之德，亦可以言立德；一时之功，亦可以言立功；一语之有关于世教，亦可以为立言。而皆无见乎道体之全，则亦不足与乎道统之正矣。"据此标准，孔庙四配颜、曾、思、孟之后，能得道体之全和道统之正的，只有宋儒周敦颐、程颢、程颐、张载和朱熹五人，而当时学者一般认为足以匹配这有宋五贤的邵雍和司马光，并不在内。

当时学者们的看法是根据朱子的。朱子作竹林精舍，以周、二程、张和邵、司马"六君子从祀先庙"，后又增祀了"延平先生"李侗。由于朱子之学受到朝廷表彰，晚宋以降的各级学校便多有这"六君子"的专祠。熊禾认为这不足为法。因为"文公赞

---

[1] 下文所引熊禾语，以《熊勿轩先生文集》卷四，页48—55，《祀典议》所见为主。出于该文的不注；出同书，卷三，页32—34，《三山郡泮五贤祠记》者，注出。熊禾议论的影响处，可参看《明史》卷五〇《礼四》"圣师"、"至圣先师孔子庙祀"；《清史稿》卷八四《礼三》"传心殿"、"至圣先师孔子"、"启圣祠"等处。

[2] 《熊勿轩先生文集》卷三，页32—34，《三山郡泮五贤祠记》。

六君子，乃其一时景行先哲之盛心，而竹林之祠增延平先生为七贤，又以致其平生尊敬师傅之意"，[1]并不算是严格的一定之制。他认为邵雍、司马光不算道统正传的理由是："康节之高明，涑水之平实，盖各具是道之一体"，唯以造诣而论，康节"《先天》一图，《皇极》一书，谓之无见于斯道则不可"，但"其出言制行，不免近于高旷，非可以为世常法者也"。涑水则"制行非不诚一"，但学问所见不纯，"如尊扬雄而疑孟子，黜汉统而帝曹魏，正自有不可掩者"。故此主张邵、司马二人可以仍从祀孔庙，却不当于专祠配食孔子。

熊禾这个体全统正、言行互检的主张影响所致，后世便有视周、二程、张、朱五贤为所谓理学正宗，而视邵、司马仅为德学可称的先儒的习惯。

（二）学校祀典的统一和孔庙从祀的损益

熊禾认为"道统于一，祀典亦当定于一"。故此学校除了孔庙之外，即使是崇祀有宋五贤的专祠，也是"伤于烦"而不必要的。更重要的则是，孔庙两庑的从祀儒者，应当有所损益。他指出，"孔庭之祀，按贞观二十一年，颜回以下，次以左丘明等二十二人，升侑尼父。开元八年，始塑十哲，绘七十弟子及二十二贤于壁。二十七年，又以曾参以下止六十七人，遂以杜佑《通典》所载，益以林放等五人，以足七十二人之数。此不过唐礼官一时建议云尔，宋仍唐制，不复更改，至今按为定式。"他认为这不妥当，因为学校祀典的纯正原则是体现学者的"报本之心"，祭祀者对于享祀者，"必其平时方寸之间，真有信慕服行之素，则斯道气脉相属"，否则精神岂易相通。据此，他隐然以为那些

[1]《熊勿轩先生文集》卷三，页32—34，《三山郡泮五贤祠记》。

"今也姓名昧昧，年代阔远，寻常方册之间，耳目尚有不接"的七十二子，实可不必从祀。更明白言之的则是，十哲中分别以昼寝短丧和聚敛具臣见责于孔子的宰予和冉求，应可议退；颜子升配享而十哲补以子张，理由并不足够。相反，应提升至等同十哲地位的孔子门人，则有南宫适、宓子贱、蘧伯玉、曾晳、漆雕开、澹台灭明、原宪、有若、公西赤等人。唐代所祀的左丘明及汉晋诸儒共二十二人，则当根据"学者言必根理，文必称行"的原则，将"诬陷忠良"的马融、"建短丧之议"的杜预、"尚老庄之学"的王弼这三名训诂之儒罢祀。在宋代所祀的，"扬雄美新投阁，不能掩《纲目》'莽大夫'之书；荀况以性为恶，以礼为伪，大本已失，更学何事"，也应予罢祀。相反，孟子之后，濂、洛之前，"学最正，行最醇"的董仲舒，应予从祀。宋儒之中，"载道而南"的杨时，"学行醇正"，直传朱子的李侗，和"独接"朱子之传的黄榦，也应考虑从祀。总之，"道无二统，不合不公。……决不可以唐开元一时礼官无识之轻议，遂以为千万世不刊之定典也"。

熊禾这个进退配享、从祀先儒的主张，在明代产生了很大的影响。据之以来的议论很多，据之以作的决定，延至民国不变。除了增损十哲和不祀七十二子之说没有具体的结果之外，他所提出的宜罢五人和宜祀四人，都在明代获得如议，而为清朝所守。他的"言必根理、文必称行"的原则，也正是明人所坚持甚力的。

（三）孔庙的父子别室分祀

孔庙的儒者配祀，向来重配享而次从祀。由于孔子的门人中有父子同列的情形，基于"不得以家庭之私妨学校之公"的缘故，亦即造诣优于伦理关系之故，庙制原来是颜子、曾子、子思

"以坐像配享堂上"，而颜子之父颜路、曾子之父曾晳、子思之父孔鲤"以立像从事庑下"，亦即以三子为配享而以三子之父为从祀的。熊禾认为这样不妥。因为"学莫大于明人伦，人伦莫先于父子，子坐堂上，父立庑下，非人道一日所可安也"。况且"子虽齐圣，不先父食"之礼，由来已久，故议"必仍今之制，则宜别设一室"，以孔子之父叔梁纥"居中南面"，而以颜路、曾晳、孔鲤及孟子之父孟孙氏"侑食西向"；春秋二祭孔子之时，"以齿德之尊者"行分献礼。"两庑更不设位，如此则亦可以示有尊而教民孝矣。"

这个以明伦为基础的重大建议，在明代嘉靖九年（1530）更正孔庙祀典时，得到落实。孔庙从此有"启圣祠"之设，以祀孔子及孔门贤儒的著名父辈；最后包括了周、程、张、朱四子之父。到了清代，"启圣祠"又改为"崇圣祠"，祀及孔子的父祖五代，成为民间俗称的"五王祠"。

（四）孔庙四配的坐向

直到元初时代，学校孔庙的四配座次都循旧例，"皆东坐西向"。熊禾认为这样不知"于义何居"。对于朱子作竹林精舍，增加了曾子、子思二神位，而仍旧一列坐向之事，他也表示不解。他认为应该"改为东坐西向北上，神道尊右"，以颜子西一、曾子东一、子思西二、孟子东二，分坐孔子两旁，而"周、程、张、朱五先生，又以次列东西行。"又据《仪礼》所言，"配位西向，主人位也；从祀南向，众宾位也"，认为开元末年孔子封王以后，主人"迁为南向"是错误的。熊禾的这组意见，并未全为后世所采，但后来孔庙四配十哲位次改为东西对向，却仍是他的主张，只是仍然尚左而非尚右而已。

（五）乡贤祠和名宦祠

熊禾认为学校所祭祀者，止宜为天下通祀的孔庙配享从祀诸先贤先儒，像福州郡学从前的并置先贤祠和乡牧祠，同时祭祀以文章问学、朝廷爵谥为名的乡人和官宦，是不对的。他认为"若以一国一乡论之，各有先贤乡先生，其节行足以师表后进，轨范薄俗者，固在乡国之所当祀。"同样，任官而有大功德于民者，也应"列之郡祀，咸秩无文"，各予祠祀不替。这意见，成了后来州县设置乡贤祠和名宦祠，傍于文庙而不属于学校祀典的制度张本。

（六）太学与郡国学的异制祀典

熊禾认为"京师首善之地"的天子太学和郡国之学，在祀礼上应有同中之异。同的是通祀孔子："若孔子实兼祖述宪章之任，集众圣大成，其为天下万世通祀，则首天子，下达夫乡学"，无以异，而"春秋释奠，天子必躬亲厥事"。异的是，"天子太学祀典，宜自伏羲、神农、黄帝、尧、舜、禹、汤、文、武"起，以次列祀，而以其贤臣配享。理由是，这些圣王"自前民开物，以至后天致用，其道德功言，载之《六经》，传在万世，诚后世天子公卿所宜取法者也"。而其贤臣，如"皋陶、伊尹、太公望，皆见而知者。周公则不惟为法于天下，而《易》、《诗》、《书》所载，与夫《周礼》、《仪礼》之书，皆可传于后世。至若稷之立极陈常，契之明伦敷教，夷之降典，益之赞德，傅说之论学，箕子之陈范"，皆"天子公卿所宜师式也"。将他们"秩祀天子之学，礼亦宜之"。

这些主张之中，孔子天下通祀，只是率由旧章；天子释奠于太学，明清则成了定制。春秋二祭，天子虽多不亲行事，但依制必遣官代表行礼。太学祀道统中的圣君而以贤臣为配，并未实行。但明世宗曾师此说，在宫中立圣师庙，祀熊禾所列的圣君，只是仅以周公和孔子配享。此制为清朝所继续，而祀所则改称传心殿。此外，明朝开始建立的帝王庙，以功臣配享，多少也可见到熊禾议论的影响。

熊禾对于以上的议论，颇具自信，如道统正传之说，更自谓"百世以俟，不易吾言矣"。它们之能见取于后世，也反映了熊禾的见解高明，自有厘然有当于人心之处。它们的实现，对于文化价值观的塑造和学术典范的建立，都有定义性的影响。这是熊禾对传统社会的信仰和礼制的真正影响所在。

五、熊禾的著述

熊禾一生著述丰富，尤以儒家经典的训解为主。除了前述的早年成书的《春秋通解》和晚年经始而未成的《仪礼》（或《三礼》）编注之外，他自己说过的，还有属于史部的《帝王大纪》。此书"托始于帝尧元载，下逮威烈王二十二年，以为古今一部通史"，成于四十三岁之前。[1]他在三十九至五十五岁期间，对《易》、《诗》、《书》三经也有著述，但"仅尔就绪"，名称未见明著。[2]但据熊禾友人史药房所述，这些著述都属"集疏"之作，其法是"每经取一家之说为主，而衰众说以为之疏"。据他所说，熊禾的"集疏"还及于《春秋》、《小学》、《四书》三书。[3]此外，熊禾早年曾有志从事的，还有《大学》和《孝经》

---

〔1〕 《熊勿轩先生文集》卷一，页3—4，《史纂通要序》。
〔2〕 同上书，页9—10，《送胡庭芳后序》。
〔3〕 《熊勿轩先生文集》卷六，页79—80，史药房《送勿轩先生归武夷序》。

二书。《大学》即前述欲仿真德秀《大学衍义》，但"只就学者分内事，辑为后传"的补充之作，这是二十八岁之前的志事。[1]《孝经》则"尝有志汇集诸家传注，以明一经，而未果"，这是四十三岁时所说的话。[2]这二部著述当时也未见明著书名。《孝经》有否成书，已不可考。

熊禾的这些著述，刊行时所采名称或有不同；实际的终身著述数量，还要多些。嘉靖《建宁府志》（据旧志）所记书目最详：

> 《易》、《春秋》、《四书》、《小学》皆为之《集疏》；及取文公诸书，择其至精且要者为一编，名曰《文公要语》，而以邵〔雍〕、马〔司马光〕、张〔栻〕、吕〔祖谦〕及朱氏门人之说为附录。又为《大学》、《尚书口义》，凡三十卷。今行于世者，有《春秋通解》、《大学广义》、《易讲义》、《书说》、《四书标题》诸书。[3]

据元人所记，熊禾编有《诗选正宗》，[4]据明正统末年人所记，熊禾的著述还有《通鉴广义》，而当时所存的，还有《三礼考异》一种。[5]

如上所记，熊禾的著述、编纂见于著录的，已有十五六种之多。这些编著，据熊禾的曾孙熊坑在至正十三年（1353）所说，

---

[1] 《熊勿轩先生文集》卷五，页67—68，《谢乡举论学》。

[2] 《熊勿轩先生文集》卷一，页1—2，《孝经大义序》。

[3] 郝维岳修、汪佃纂，嘉靖二十年刻本《建宁府志》（上海：上海古籍书店，1982，《天一阁藏明代方志选刊》本）卷一八，页15上—下，熊禾传。

[4] 熊禾，《勿轩易学启蒙图传通义》，收入《续修四库全书》第二册，《熊勿轩先生文集》吴高序（即伪许衡序）也有提到此书。

[5] 《熊勿轩先生文集》卷六，页83—84，丘锡《鳌峰书院记》。

在元代是已"多传于世"的。[1]但经元末兵火之后，存者日少。明代中叶能传于世而见著录的，只有五种。[2]清代乾隆中叶的《四库全书》只著录了熊禾的文集《勿轩集》一种。民国《建阳县志》虽然著录了十八种，但除了文集之外，能注明卷数及简单内容或辑刊情况的，只有三种而已。[3]现存有书可见的，除了文集之外，只有经解之类四种，卷帙完整与残阙的，各占其二。完整的是《易经训解》和《勿轩易学启蒙图传通义》，已经收入《续修四库全书》之中。[4]残阙的是《文公先生小学集注大成》和《四书标题》，仍属稀罕难见。各书的内容或著录情况，简述如下。

《易经训解》四卷，现存明崇祯十六年癸未（1643）刻本。书前有同年陈子龙序，序文没有具体阐发之语；目录前有程颐《周易序》。卷一训《乾》至《离》三十卦，卷二训《咸》至《未济》三十四卦，卷三训《系辞》上下传，卷四训《说卦》、《序卦》、《杂卦》三传。书版分上下二半。下半为《易经》原文，有旁注，字稍大者注读音，字稍小者为辞句义训。上半小字，为意义解释，或句解或节解不一。训解简洁清晰，确有助于明了义理。

《勿轩易学启蒙图传通义》七卷，现存清代影元代抄本。书前有至正十三年癸巳（1353）熊禾曾孙熊坑序，称"先祖著述，如《五经》、《四书》训释，固多传于世者，惟此篇未及。坑叨登

---

[1] 《勿轩易学启蒙图传通义》卷首，熊坑《序》。

[2] 郝维岳修、汪佃纂，嘉靖二十年刻本《建宁府志》卷一八，页15上一下，熊禾传。

[3] 赵模修、王宝仁纂，民国十八年铅印本《建阳县志》（台北：成文出版社，1975，影印本）卷九，页9下—10下、16下、23下，《艺文》。

[4] 两书均见《续修四库全书》（上海：上海古籍出版社，1995），第二册。下文叙述，以此为据。

第，任将乐令，恐其久而湮没，遂寿梓于鳌峰书院。"时为熊禾卒后四十一年。此书七卷，分作四篇。卷一为"本图书第一"及"原易卦第二"部分，卷二至卷五为"原易卦第二"之续，卷六为"明蓍策第三"，卷七为"考变占第四"。朱子合邵雍、程颐二家易学，作《易本义》及《易学启蒙》二书。熊禾谓其说渐失传，作此通义四篇，以承朱子统绪而为之发明，于《易学启蒙》所列河图、洛书、先天、后天、太极、卦气、纳甲、纳音、过揲等图，均作解说。

《文公先生小学集注大成》原书六卷，北京图书馆藏有宣德九年（1434）梅隐精舍刻本，存首三卷，即卷首及内篇《立教》、《明伦》二卷。卷首有宣德九年刘剡识，题作《题小学集注大成书后》；继为《文公先生小学集注大成凡例》，共七条，末有熊道轩识语；再为《文公先生小学渊源》，子目依次作《道学统宗之图》、《朱子传授支派》、《文公先生行状》、《家传》、《文公先生年谱》；再为《小学书纲领》，下有子目五，依次作《论小学之方》、《论小学大学之次第功夫》、《论学有大小其道则一》、《论学有先后皆当以敬为主》、《论朱子编次小学书之旨》；又再为《小学书图隐栝纂要》，计有《小学源流之图》、《入学次第之图》等凡七十三图；最后为《小学书目录》。[1]其中纲领之论，便是熊氏心得所在，而以图示旨，尤见匠心独运。可惜此本残阙太甚，正文只存原书三分之一。

《四书标题》旧存十九卷，原书或为二十卷。一九三一至一九四七年间，刘思生曾作此书提要说："凡《大学》一卷，《中

〔1〕 此书著录，见北京图书馆编，《北京图书馆古籍善本书目》（北京：书目文献出版社，1987，序），页1199—1200，"子部·儒家类"。此书笔者未亲阅，此处所记，系承中国社会科学院历史研究所陈祖武教授所抄示，谨此致谢。

庸》缺，存《或问》一卷，《论语》十卷，《孟子》七卷。全书刻朱〔熹〕注。……《学》、《庸》则分节以释之。《论》、《孟》则每章标出学与身心家国天下诸目，诸目中更分细目。又分事与义以释之。事则略举典故，义则以己意发明书旨。或引旧说，语简而该。如《论语》'山梁'节，引穆生以不设醴而去，诸葛待先主而后起。《孟子》'视君如寇雠'句，引《书》'虐我则雠'为证，皆有卓见。案：是书流传绝少，惟见《菉竹堂书目》胡氏《四书通》曾引及之，其余各家俱未著录。旧为汲古阁毛氏藏本，今则久归瞿氏。"[1]按：此书原属北平图书馆善本书藏，现存只有《论语》卷三卷四及《孟子》卷五至卷七，一共五卷。[2]从这五卷所存看来，刘氏所说良是。

熊禾的现存著作，还有版本和内容都不同的文集。此集所涉问题很多，且与熊禾被请从祀孔庙不遂的事情有关，将在下文专节考论。

六、熊禾的文集

熊禾之有文集行世，偰处约《勿轩先生传》、李让《题勿轩先生行状》和丘锡《鳌峰书院记》等明代中叶以前文字，均未提及。熊禾文集的首次刊行，是成化三年（1467）之事。现存常见的版本，则有《正谊堂全书》本的《熊勿轩先生文集》六卷（以下或但简称"正谊堂"本）和《文渊阁四库全书》本的《勿轩集》八卷（以下或但简称"文渊阁"本）。正谊堂本《熊勿轩

---

〔1〕 中国科学院图书馆整理，《续修四库全书总目提要·经部》（北京：中华书局，1993），页937，刘思生撰"四书标题十九卷"条。

〔2〕 王重民，《中国善本书提要》（上海：上海古籍出版社，1983），页40—41，亦有著录。笔者所阅，即该著录本。

先生文集》有文无诗,头五卷为熊禾文字,收序、跋、记、论、议、疏、文、启劄、说、铭各体文共六十七首;末卷为附录,收熊禾传记文字及题赠诗文共文六首诗四题九首。书前依次有"大元至元十七年三月吉旦,资善大夫、中书左丞、集贤大学士兼国子祭酒、教领太史院事河内许衡"序及"康熙四十八年己丑季春,仪封后学张伯行"序,正文前有目录。文渊阁本《勿轩集》前六卷为文,后二卷为诗,无附录;书前亦无目录。所据著录原本有许衡序,《四库全书·提要》考出它是依托的伪撰,削除不录。诗文分类成编,均于其前标明体裁。计有序、跋、记、族谱、文疏、上梁文、启劄、经籍、说、祭文、吊慰各体文共六十四首;诗五七言、长短句共六十四题九十九首;另词四阕。

两本对核,诗为正谊堂本所无,附录为文渊阁本所无,均可不论。文则正谊堂本有而文渊阁本无者共有九首,其中史论七首和经说一首,意义较大;文渊阁本有而正谊堂本无者,亦有七首,其中寺、观之记及莲社上梁文各一,可见熊禾与佛道二教关系。两本其余内容相同,唯正谊堂本卷三《三山郡泮五贤祠记》及卷四《祀典议》各为一文,文渊阁本卷二则以后文接于前文,并且不别标题。此外,正谊堂本各文之后,十九附有熊之璋、葛岊瞻、郭字山、熊熙胤四人评语,亦为文渊阁本所无。集中《考亭书院记》为极重要文字,而文渊阁本卷二所见此文,后半脱误太甚。以文而论,正谊堂本实较可靠和有用。

以上两本,其实都各有所本。但所牵涉的版本离合和内容差异问题颇多。《四库全书》所著录本,所涉尤其复杂。以现存的清代抄本和书目文献资料为据,可以肯定录本的原来书名也是《熊勿轩先生文集》。但同一的《勿轩集》,文渊阁本所著录的和《四库全书总目提要》所著录的,却是所据原本不同。它们除了同有伪托的许衡序之外,内容差别甚大。文渊阁本内容已如前述，此本《提要》叙述此集编刊原委和特色如下：

> （熊禾）平生诗文甚富，没后十七八九，其族孙孟秉类次成帙，厘为八卷，明天顺中禾六世孙斌为博罗主簿，始刊行之。其后板复散佚。近时张伯行重刻其集，有文无诗，颇为缺略。此犹孟秉所编之旧本也。……原本前有元许衡序，称禾"晚修《三礼通解》，将脱稿，竟以疾卒，嗣孙澍家藏遗稿，传诸二世孙斌，授梓以行，求予序之"云云。考至元为世祖年号，而禾卒于仁宗皇庆元年；自至元迄皇庆，相距三十余年，何以先称其疾卒？且斌为明天顺时人，尤非衡所及见，其为依托显然。盖其后人伪撰此文，借名炫俗。……

但《四库全书总目提要》所述的"福建巡抚采进本"的内容却不一样：

> 近时仪封张伯行尝刊是集，多所刊削，殊失其真。是书凡《易学图传》二卷、《春秋通义》一卷、《四书标题》一卷、诗文三卷、补遗一卷，盖明天顺中旧刻，犹为完帙。[1]

这篇《提要》接着考证许衡序之伪，直引序文一段，又指出序文"末署至元十七年"，比文渊阁本《提要》的撰述较为详细，但结论和其余的措辞都是一样的。《四库全书总目提要》著录本为何与文渊阁著录本有所不同，以及由两篇《提要》内容有因袭现象而引起的著录先后问题，属于《四库全书》编纂计划本身的问

---

[1] 永瑢、纪昀，《四库全书总目提要》（上海：商务印书馆，1931，《万有文库》本）第31册，页96（卷一六五，别集类十八），"勿轩集八卷"条。

题，这里不必追究。从《四库全书总目提要》所述和文渊阁本所见而可肯定的则是，熊禾文集明代至少有两个内容差别很大的版本，而馆臣所据以著录的，则只是它们的传本而非原刻本。

丁丙《善本书室藏书志》著录的二种抄本八卷本《熊勿轩先生文集》，为此书的明刻情况和上文所述的内容差异问题，提供了解决的线索。其中第一种是题作"鳌峰后人编梓"的"影写成化本"，与问题有关的书志记文如下：

> 此本亦八卷：一为序跋铭约，二、三为记为族谱，四为文疏、上梁文，五为启劄，六为经籍、说、祭文、吊慰，七为五言诗，八为七言诗及长短句，盖别一本也。前有吴高尚志序。目录后有成化二年六世孙博罗主簿熊斌识云："先祖勿轩先生遗稿，先君收辑类次，惜赍志而没，今幸族人孟（东）〔秉〕掇拾先祖序记诗赋并先君所藏编而未就者，厘为八卷。天顺间，斌因进秩，归埽松梓，遂同兄橡弟桢命工绣梓。"次列先生小像并赞，成化三年福建漳州府知府罗浮潘本愚后序。[1]

据此记载，成化本的内容、卷次以至文类标题，都和文渊阁本《勿轩集》的完全相同；没有附录的情形也一样。[2]所谓"别一

---

[1] 丁丙，《善本书室藏书志》（台北：广文书局，1967，《书目丛编》本影印光绪辛丑钱唐丁氏刊本）卷三二，页12下—13上。

[2] 文渊阁本和《四库全书总目提要》著录本所用的《勿轩集》原本，应该都有附录的。这从两篇《提要》说熊禾字号和生平大概处可见。文渊阁本没有附录，应是《四库全书》循例删除不载所致。两篇《提要》所说熊禾所任官职不同，反映了所据的传记不同。文渊阁本的说他"授汀州司户参军"，据的是李让《题勿轩先生行状》；《四库全书总目提要》说他"授宁武州司户参军"，据的是傻处约《勿轩先生传》。但既能采用这些传记文字，足见所据原本应有附录。

本也"，是相对于书志内也提及的《四库全书总目提要》的著录本而言。文渊阁本《提要》既能提及天顺中熊禾六世孙（伪许衡序讹作"二世孙"）熊斌刊行此集之事，可见所著录的原书本来也有成化二年的熊斌识语。由此可以推断，文渊阁本是源于这个"鳌峰后人编梓"本的。但它却不可能是直据此本的原刻"成化本"的。因为它没有熊禾的小像和像赞，吴高序也已变了伪许衡序，而《提要》也没有提到成化三年的潘本愚后序。《提要》既已提及熊斌刊书之事，而却只能说所据的该本犹是"旧本"，可见该本的熊斌识语的署年（成化二年）已被削去。文渊阁所据的，只能是成化本的后代删改本（删后序、像、赞，改原序等）。

丁丙书志著录的第二种是题作"六世孙将仕郎博罗县主簿熊斌捐俸绣梓"的"旧钞本"。书志记叙此本：

> 前有成化三年福建布政司右参政惠阳吴高尚志序云："宋社既屋，先生隐于云谷，创鳌峰书院，《四书》、《六经》皆有训释，著农、礼、兵、刑稿，晚年修《三礼通解》，将脱稿，竟以疾卒。平生著述厄于兵火，鳌峰裔孙熊澍家藏遗稿，存十一于千百，族孙孟秉类次成帙，厘为八卷，六世孙斌判惠之博罗，考订绣梓。"前为勿轩先生像，武夷邱锡、天台李让为赞；傅处约为传，李让又为行述。末附史药房、陈蒙正、胡潜斋、沈秋围、赵由烨、林若存、宋蜀翁、郑深劲、邱钧矶、林纯子、林天麟、王槐建、李养吾、陈大观、吴语溪、曹休斋、李德成题赠诗文。[1]

此文所载的吴高（字尚志）序中文字，也见于正谊堂本及其他清

---

[1]《善本书室藏书志》卷三二，页13上。

抄本所载的许衡序中。沈曾植手书题记清抄本《熊勿轩先生文集》，已据此正确地指出许衡序实即吴高序的伪改，[1]补充了《四库全书总目提要》知其为伪托而不知谁为作者的缺憾。伪许序看来只是窜改了作序时间和序者衔名。这个"熊斌捐俸绣梓"本自然也不是文渊阁所直据的原本。它和"鳌峰后人编梓"的成化本相异之处也很显然，它有附录而没有熊斌目录后识语和潘本愚后序，梓者题名也不同。可见成化时书名相同的熊禾文集已有二刻；二者时间很接近，但刊地或者不同。"熊斌捐俸绣梓"本原文，书志只说八卷，而未注明内容。我认为它的原文和"鳌峰后人编梓"本的是相同的。书志在著录于前的"后人"本已经详记了内容，正因接着的"熊斌"本内容无异，所以才不复记。这从上引沈曾植手书题记的清抄本《熊勿轩先生文集》可以得到援证。该本前有伪许衡序，内题"鳌峰后人编"，卷次和内容与文渊阁本《勿轩集》全同，也都没有熊斌识语、潘本愚后序和小像及像赞，但有附录，内容和上述"熊斌"本完全相同。由此可见二事：其一，上述成化二刻，除了附录的有无之外，内容是相同的。其二，《四库全书总目提要》所录本及文渊阁所录本，都是根据成化本以后的删改本，而前者更属于另编的一种。这些删改本或另编本为《四库全书》所采录的，是否刻本，二篇《提要》都没注明。现存的几部八卷附录一卷的《熊勿轩先生文集》，都是清代抄本。刻本则只有明隆武二年（1646）熊之璋所刻的《重刊熊勿轩先生文集》一种。

《重刊熊勿轩先生文集》（目录题作"洪源堂熊勿轩先生文

---

〔1〕 沈曾植手书题记，见台北"中央图书馆"藏清抄本《熊勿轩先生文集》许衡序末。题记共六十字，影印本见于《"中央图书馆"善本题跋真迹》（1982），页2350。其中"丁氏《藏书志》录成化本吴高尚序语"句，"尚"字后应有"志"字；尚志是吴高的别字。

集")正文四卷附一卷，卷首依次载前福建提学钱塘葛寅亮〔屺瞻〕、豫章熊人霖〔伯井〕、吉水郭之祥〔字山〕所撰重刊序三篇。葛、郭二序均未署年月，熊序署隆武二年三月，据序知道校订重刊此书的，是熊禾的后裔熊之璋。序后接着的，是校阅本刊的他姓名人和熊氏同宗各八人姓名字号，"开后俟镌"的熊禾著述十二种，末署"景泰三年季冬之吉"的李让撰《叙勿轩先生》、《游宣奏疏》、《翰林院覆疏》和傻处约撰《勿轩先生传》。正文卷一为序跋，卷二为记、论、议，卷三为疏、书、文、说、铭、赞、诗古风五言，卷四为七言绝律古诗及词。共各体文八十三首，诗一百又一首，词四阕；议论题文较《正谊堂全书》本及《四库全书》本多十余首。各卷诗文多载葛屺瞻、郭字山、熊之璋诸人评语。附卷辑载唐人逢行珪《鹭熊子序》，李让、丘锡各撰《赞退斋先生像》及其他诗文凡三十五首，卷前有熊之璋撰《附诸名公题赠杂韵小引》，署隆武元年七月。[1]

正谊堂本的《熊勿轩先生文集》和这个隆武刻本《重刊熊勿轩先生文集》有直接的依传关系，这从前者所载各文十九附有熊之璋等人的评语的现象可见。另一方面，正谊堂本的附录所收诗文，较沈曾植手书题记的清抄八卷本附录所收的，少诗四题九首、词一阕，而多文一首及抄本所无的诗一首，也可见它和成化本并不一样。《正谊堂全书》本虽为六卷，但卷六实为附录，正文只有五卷，其中第一、二卷为序跋，共有二十二首，文体原属同类。可能张伯行据以重梓时，出于篇幅的考虑，将隆武本原在一卷的序跋，分成了二卷，因而出现了二本卷数不同的情形。正谊堂本无疑曾以隆武重刻本为依据，但却收入该本原来没有的伪

---

〔1〕 此书著录，见《北京图书馆古籍善本书目》，页2236，"集部·宋别集类"。此段所述，资料亦系蒙陈祖武教授所示录，谨再致谢。

许衡序，而又删去该本原有的诗词不载，难怪文渊阁本《提要》要责张伯行重刻"颇为缺略"，《四库全书总目提要》要责其"多所刊削，殊失其真"了。

《四库全书总目提要》所著录本，我认为应是成化四年以后的后代另编本而不是简单的成化三年刊本的删改本。这和下节将予讨论的熊禾从祀孔庙未成之事有关。成化四年五月朝廷议熊禾祀事，不准其从祀的主要理由是："学术未造于精微，所立之言，虽间见于经书，然羽翼之功则亦未甚著也。"[1]这意思是熊禾的经说影响有限，所反映的则是其著述见知于世者实鲜。由于题请从祀熊禾者以熊禾的贡献和许衡的及吴澄的相提并论，而熊禾自己也有称颂许衡之言，[2]所以他的后人为了证明熊禾其实声望崇高而经说足取，初则篡改吴高甚致仰慕的原序为许衡之作，继而另编新本，加入熊禾著述《易学图传》、《春秋通（义）〔解〕》、《四书标题》中的训释文字，以见他实有羽翼经书之功，可以从祀无疑。文渊阁本《勿轩集》提要说，伪许衡序是熊禾的后人"借名炫俗"之事，"不知禾亦通儒，固不必假衡以为重"。其说固是，但却不知托名窜序和另编文集的用心所在。

七、熊禾从祀孔庙的议案及其意义

熊禾被题请从祀孔庙，大约发生于成化四年春熊禾文集刻成传世之时。当时的建议者是广东博罗县儒学训导游宣。[3]游宣传

---

〔1〕《明宪宗实录》（台北："中研院"历史语言研究所，1964）卷五四，页9上—10下，成化四年五月戊子条。

〔2〕《熊勿轩先生文集》卷三，页29—32，《考亭书院记》中，尤其页31。

〔3〕此事及下文相关引文，出处均为《明宪宗实录》卷五四，页9上—10下，成化四年五月戊子条。

记无可考，但据上文所考，成化三年始刊《熊勿轩先生文集》的熊禾六世孙熊斌，当时正是任官博罗县主簿；而为此集作序的吴高是惠阳人，作后序的潘本愚是"罗浮"人。罗浮即是博罗，和惠阳都是惠州府的属县。熊斌和游宣有着僚友关系，吴高和潘本愚则都是熊斌任官地方的乡邦名人。综合考虑这些时、地、人因素，可以推知游宣之请从祀熊禾，必在获见熊禾文集、知其学术传记情状之后。熊禾名不见于史传，但朝廷议论其从祀案时，都能简述他的字号和师承及生平大节，可见游宣已能提供相关资料。熊禾文集作为游宣陈说的重要依据，是不必怀疑的。

游宣的奏疏现已不在，所以没法知道他的详细说词。他所持的理由，只能从《明宪宗实录》所载成化四年五月朝廷议论熊禾从祀孔庙的决议中见其大概。至于只见录于隆武二年刻本《重刊熊勿轩先生文集》的所谓"游宣奏疏"和"翰林院覆疏"，其实都是后人的伪作，不足为据。这从两个疏文所见的时、地错误和说辞要点与《实录》所载的有截然相反之处，便足肯定。"游宣奏疏"题作"成化三年五月朔日，广东道惠州府儒学训导臣游宣"奏，"翰林院覆疏"也把游宣的官衔写作"惠州府训导"，这和"实录"明白写的日子和"博罗县儒学训导"官衔已经不合，以"广东道"称写"广东布政使司"，便更违反行政常识。更明显的含糊作伪，则是把"翰林院覆疏"题作是"翰林院编修柯潜"所作；当时的柯潜的官职，却是正五品的翰林院学士。同样篡改的是，《实录》所载游宣列举熊禾应考虑从祀的原因是，熊禾学问上和元儒许衡和吴澄不相伯仲而较汉儒马融和范宁为优胜，"游宣奏疏"却说的是，熊禾"盖视宋之蔡模、游酢，学问之功相为颉颃；若比汉之范宁、马融，著述之富远见腾骧，"完全不提许衡和吴澄两人。"翰林院覆疏"则完全不引游宣的原文或原意，这明显已经违反了覆疏的常规；而更加颠倒之处则是，径把游宣的意见变成了柯潜的意见，说"盖评禾之学问，果与宋之黄榦卿、陈北溪，元之许衡、吴澄，不相上下，若比汉之范宁、马融，更远过之"。《实录》所载的翰林院覆疏，建议熊禾可以祀于本乡，这个伪覆疏却增加了"优免其后"的强调。这点意在自重和夸人的强调，看来可能正是熊氏后人伪作原篇奏疏的原因所在。但刺取《实录》而颠倒其意，对于了解游宣的论点，毫无帮助。

从《明宪宗实录》所载可见，游宣至少提出以下两点理由来给熊禾支持。一、熊禾"受学于朱子之门人辅广，在宋而仕，入元而隐，其向道之心，出处之节"，实有可取。这是从学问渊源和人品操守来肯定熊禾之说。二、熊禾是朱子的传人，而"其学问与许衡、吴澄不相上下，而过于马融、范宁诸人，宜并升从祀之列"。这是从学术造诣来作肯定的。

但游宣所说两点，当时主持会议的文渊阁大学士彭时（1416—1475）和翰林院学士柯潜（1421—1471）等人，并不认为便是足够的从祀理由。这些儒臣领袖们的总的看法是，熊禾有可以考虑从祀的条件，但他的儒学成就和贡献并非突出到符合从祀的标准。他们所了解的从祀意义和所主张的从祀标准是这样的：

> 举祀典以崇有德、报有功，实治化之所关，人心风俗之所系，古今皆慎之。若孔庙从祀，必其人修行足以继往圣，明理足以启后人，著书立言足以羽翼圣经，传之万世而无弊，然后得与于斯，非止于一德一功之可称者比。

据此，崇德报功是从祀孔庙的原则。德指个人行品而言，功指个人经学而言。崇德报功的目的是双重的。既是对品行高尚、经学深造足为人师者作肯定报答，同时也是以这儒者的表现来为学者树立习学的典范。获从祀者的基本条件是修行、明理和著书立言都有当于儒学的流传。具体的要求则是可以师表后代的生平和著述。条件是绝对的，标准却是比较的。这些儒臣们所采的是高标准，要求的不只是被祀者兼备功德，而是兼备大功大德。

根据这个标准，他们认为熊禾的志节学行"盖亦有足取矣，然其姓名不载于史传，学术未造于精微；所立之言虽间见于经书，然羽翼之功则亦未甚著也。"这是从声名和著述的影响来作判断的。他们的思维是，经学成就大而贡献多者，必然能为后世确认而名登史传；熊禾的情况，只能反证他的学术造诣和影响不足、经学贡献有限。就熊禾的学问可比许衡、吴澄而高于汉晋儒者马融、范宁一点而言，儒臣们更认为是比拟不伦、未得其实的。他们的理由是：

> 盖汉晋之时，道统无传，所幸有专门之师，讲诵圣经，以诏学者，斯文赖以不坠。此融、宁诸人虽学行未纯，亦有取也。衡于经传子史、礼乐名物、星历兵刑、食货水利之类，无所不讲，遭时得君，道化大行。澄早以斯文自任，著书有《易〔纂言〕》、《书〔纂言〕》、《春秋〔纂言〕》、《礼记纂言》，议论详密，造诣精深，恐皆非禾所能及。

这却主要是以业绩高低来作决定的。业绩表现于行道和明道二方面。明道以阐经为主；行道者必然也有明道功夫，至少在理论上如此，故可不必只以经说为印证。熊禾博学行道之功不及许衡，说经明道之功不及吴澄，所以不能和他们一概而论。儒臣们于汉晋从祀儒者舍其德行不论，这和他们所说的原则性条件和标准，本身已不一致。在功德或言行的组合中，他们显然畸重了功和言的一方。

除了直驳游宣所持的两点理由外，儒臣们还基于公平的原则不能赞成熊禾从祀。这从他们发挥的下文清楚可见：

> 矧儒先君子讲学修德可与禾并、或优于禾者尚多。以其同邑言之，有若游酢、蔡元定及其子渊孙模；以其同郡言之，有若刘子翚、刘勉之、胡宪、胡寅、胡宏；以其同省言之，有若杨时、罗从彦、李侗、黄榦；以天下言之，有若吕大临、谢良佐、陆九渊、金履祥、许谦、刘因。诸贤皆不得列于从祀，奚宜独进禾哉！

他们的意思很明显：熊禾不仅在理学史上或在朱学的承传上，都是辈分疏晚而成就并不特出，所以没有道理独自超越那些关系比他密或影响比他大的。结论当然是熊禾不能从祀。但因熊禾其人为一乡之师表无疑，故请令"礼部行下本府县，如旧有先贤祠，则增入禾致祭，无则别立祠堂致祭"。这个建议为朝廷所接纳。

熊禾没有此后再被题请从祀的记录可考，也始终没有从祀于孔庙。这个情形颇为特殊。成化年间在他的议案之前，被题请予以从祀的宋元儒者，还有刘因、杨时、何基、王柏、金履祥、许谦、陈澔等人。他们除了杨时从祀于弘治八年（1495）之外，虽然都未能在明代获得从祀，但也都能在清代获得从祀。熊禾是唯一的例外，[1]他不能成功的原因因此值得进一步分析讨论。

---

〔1〕 李清馥对此颇表遗憾，认为熊禾以及胡一桂、胡炳文、陈栎、熊朋来、吕大圭、丘葵等"出处皆有本末，其纂述有关于名教，补苴有功于经学，似皆祀典不可缺之人，尚有待于表章之后贤云。"见《闽中理学渊源考》卷三七，页3下，《建宁熊勿轩先生禾学派》序。这些人始终未获从祀。

毫无疑问，熊禾当时不获从祀的关键，是缺少被认为有重大影响的经学著述。这对于熊禾的支持者来说，是无可奈何的遗憾，因为熊禾本来为数甚多的经著，都因其隐居不达和迭遭兵火久已失传。但对客观的议礼者而言，征信却是必不可无的。明代中叶以前的最高（甚至唯一）从祀条件，本来就是被祀者应有广行于世的释经之作。行品自然也重要，但因本具普遍性和当然性而不被强调。只有著述才是出类拔萃的指标。这从朝廷从祀宋元儒者的事例中清楚可见。宣德十年（1435）从祀元儒吴澄的最大理由是，吴澄经说众多，"皆所以启大道之堂奥，开来学之聪明。……凡澄所言，皆见采录"于朝廷敕纂、颁行于天下的《五经》、《四书大全》等书。[1]重点明显在于他有行世而具影响的著述。正统二年（1437）从祀宋儒胡安国、蔡沈、真德秀三人。请祀者的理由是：三人"皆有功道学，羽翼《六经》，其格言微意，扩先儒之未发；处己行事，又皆正大光明，足以绍承道统之绪"。予以从祀的理由是："安国作《春秋传》、沈作《书传》、德秀作《大学衍义》，学者宗之，诚有功于圣门。"[2]胡氏《春秋传》和蔡氏《书传》都是当时的科举定本，真氏《大学衍义》则是当时的经筵用书，可见祀事的着眼点也是在于行世而有影响的著述。

　　相反，成化元年（1465）元儒刘因不获从祀的原因是，客观上其"著述多残缺不备"，关键则是朝廷所颁行的"《五经》、

〔1〕　吴澄从祀决议，载《明英宗实录》（台北："中研院"历史语言研究所，1964）卷四，页5—6上，宣德十年四月壬戌条。本文此处所引语，见杨士奇，《东里文集》（《景印文渊阁四库全书》本）卷二三，页4上—5下，《吴文正公从祀议》。《实录》亦引此文，但有删节。有关吴澄从祀孔庙事情的始末以及此事所反映的明清二代学术思想及民族情感等的研究，见朱鸿林，《元儒吴澄从祀孔庙的历程与时代意涵》。

〔2〕　《明英宗实录》卷三一，页5上，正统二年六月乙亥条。

《四书》、《性理大全》……〔于〕因之说未有采者"。[1]着眼点是缺少有影响的著述足征。同年宋儒杨时不获从祀的理由是，他论《西铭》和解《中庸》之说，不为程、朱所肯定，"其学术有可议矣"。而"释经之言，虽已间见于《语》、《孟》，然亦未若胡安国之传《春秋》、蔡沈之传《尚书》，其功为尤多也"。[2]着眼点是没有完整而影响大的经说著述。成化三年（1467）宋元金华四子不获从祀的理由是，议者"欲攀援胡安国、蔡沈、真德秀、吴澄例"，有所不当。因为"何〔基〕、王〔柏〕、金〔履祥〕、许〔谦〕四子之所以为书，其用心恐未若是（胡、蔡、真三氏）专，其功恐未若是（三氏之书）伟"。[3]此说或者半属牵强，但金华四子著述未成为官方命定行世之书，因而影响有限，也是事实。与此不同的，则是同年请从祀元儒陈澔议案的顺利推进。陈澔所著《礼记集说》，颁于学校，用于场屋，与胡安国和蔡沈之作同功，所以朝廷愿意考虑其从祀之事而下令访其出处行实。[4]

以上这些事例，从正反两面都反映了著述，尤其因朝廷崇重而行世的释经之作，才是决定从祀的最后条件。从悠久的从祀史来看，这所反映的，其实还是唐代开始从祀制度时所采用的"代用其书、垂于国胄"的遗规，亦即是以书取人、人以书重的遗规。熊禾的确没有完整和影响巨大的释经之作传世，他的学问和学说主要只能见于他的文集。这情形和刘因的很相似，所以他们二人的从祀遭遇也很接近。刘因虽然最后在清亡之前获准从祀，

---

[1]《明宪宗实录》卷二四，页7下—9下，成化元年十二月庚子条。刘因祀议提出于同年一月，见同书，卷一三，页5下—6上，己巳条。
[2]《明宪宗实录》卷二一，页5下—6上，成化元年九月戊辰条。
[3]《明宪宗实录》卷三九，页11下—12下，成化三年二月丁巳条。
[4]《明宪宗实录》卷四三，页11上—12上，成化三年六月乙卯条。

但那时代的环境和学术风气，和明代中叶的都已截然不同，不能相提并论。

成化初期学派伦理观的集中表现，也是熊禾不获从祀的原因之一。在杨时和金华四子这些程朱一脉的道学之儒的议案中，提议者都强调这些儒者的师承和在道学传统中的重要性。杨时是"道南"之始，有首传程学于南而远开朱学的大功。金华四子则是亲炙于黄榦而成所谓的"朱子世嫡"。但驳议者却也都强调了不宜独尊的意见。以杨时而言，"同游程门有优于时者，曰吕大临、曰游酢；启教朱子有亲于时者，曰罗从彦、曰李侗。诸儒既皆不与，时似难独入。"[1]以金华四子而言，"作于朱子之先而贤贤相承、若朱子之曾祖祢者，杨中立〔时〕、罗仲素〔从彦〕、李愿中〔侗〕，既不得以是之故而列从祀矣，出于朱子之后而贤贤相承、若朱子之子孙曾玄者，何、王、金、许，尚安得以是〔嫡传〕之故而列从祀焉？"[2]这是亲疏关系中的行辈思想的表现。程朱理学就像一个大家族，大宗嫡传自然最居显要，嫡传之中的长辈，理当先受尊重。贤贤固然重要，但只贤贤而不亲亲，却可能是越祀犯分的违伦之举。一脉直传的金华诸子尚且应当待后，熊禾作为没有同样统绪可寻的朱子三传乃至四传门人，即使确实曾为朱子的"忠臣"、"孝子"，自然没有优先获得崇重之理。明人对这伦理观念甚为坚持，终明之世，只有朱子父师之辈的罗从彦和李侗在万历三十七年（1609）获准从祀，[3]金华四子等朱子门人后学，都未获得同样的殊荣，熊禾也不例外。熊禾和金华四子之首的何基都因著述湮没而没有大影响的经说传世，但何基最

〔1〕《明宪宗实录》卷二一，页5下—6上，成化元年九月戊辰条。
〔2〕《明宪宗实录》卷三九，页11下—12下，成化三年二月丁巳条。
〔3〕《（钦定）续文献通考》（《十通》本）卷四八，页3234，《学校》。按：《明史》（北京：中华书局，1974）卷五〇，页1301，《礼四》，但言"万历中"。

终还能从祀而熊禾不能，原因正在何基直承朱子首徒黄榦之传，关系亲密，理论上于道自有真深之得，而何基的传人数辈所造，也能作为此点的反证。熊禾于朱子为疏远，门人也没有以学术显者，更没有流传下来的学派，所以不能获得朱门高第或嫡传后学的地位认同。

孔庙从祀的历史显示，朝廷对于程朱理学或道学承传统系的认定，要到清雍正二年（1724）朱子的一传至四传门人都获从祀时才告完成。[1] 明朝只完成了朱子的父师辈的认定。从上述熊禾等人的遭遇来看，明朝虽然尊朱，但在是否即以朱学为新中心典范和终极典范的事情上，却还没有有意识的明确决定。道学固然为朝廷所尊，但以经学体现道学的思想，在中期时也仍居于主导地位。故此能"羽翼《六经》"，才算是"有功道学"；羽翼《六经》较之羽翼程朱尤为重要。胡安国、蔡沈、真德秀、金华四子以至熊禾等，都用程朱理学的观点和角度来治学说经，固然都有"羽翼程朱"之功，但在这个共同点之上，胡、蔡、真三氏却因有先成而流行的释经之作而具有"羽翼《六经》"之功，故得从祀"圣门"而人无间言。熊禾等后学，绍述道统之功诚有，超前起后的明经之功却无法多与，极其所致，只能算是羽翼朱子，作朱子的"功臣"，这在明代中期的标准中，还未算达到足以从祀的水平。

八、结　语

本文讨论所及，主要与熊禾的学术思想和业绩有关。首先考证了熊禾师承的旧说之误，指出熊禾学出辅广或其学派之不足采

----

[1] 《（皇朝）清朝文献通考》（《十通》本）卷七四，页5540—5541。

信，更非如李清馥所说的源于金履祥的金华学派。熊禾的学术，渊源其实本于家学，后受永嘉刘敬堂及崇安徐几的影响较大，终身私淑朱子而却近于真德秀。熊禾主张的是所谓明体适用之学或全体大用之学。此学以经学为基，以经史时务实学为事，而以礼制之建行为用。体现此学的实功能事，则是在于师法朱子的经说系统而补其未备。熊禾的经学著述，以时世之故，多已失传。但其学校祀典议论，实有当于人心，而能在后代产生制度性的影响，在文化史上有其重要地位。本文又考究了熊禾的著述大概，叙记其所存的释经之作，也深入论析了其传世文集的异同问题。

最后论述了熊禾因经著少闻和学派伦理之故而未获从祀孔庙之事。从而又讨论了明代中期评衡学术的原则和标准，以及朝廷对于道学和经学关系的看法，等等。所得还可申论如下：明代中叶以前，认定学术的标准比较客观，学术的表现是具体的著述，有成就有贡献的著述莫过于为世所用的系统性释经之作。这种著述的特点，是程朱理学的体现。程朱学术因其所代表的著述为朝廷所肯定而有官方权威的属性，但尊崇程朱之学的朝廷，却坚持只具程朱学统而没有著述影响于当世的儒者并不足以承传道统而从祀于孔庙。这样的学术标准是客观和高水平的，但同时也是趋于僵硬的，结果是新的学术典范无法出现。原来尊崇的程朱理学，只能达到统系完整、脉络一贯的境地，却不能得到新说的补充而更新壮大。

元儒吴澄从祀孔庙的历程与时代意涵

一、引　言

　　儒者从祀孔庙是唐代以来国家的重要典礼和制度，含有国家正式肯定孔子道统的存在和认定儒家道统的内容的双重意义。本着"崇德报功"的原则，这个兼备政治和文教特色的典制，一方面使朝廷表现了尊崇儒教、对阐扬儒道有贡献的前代或本朝儒者的报答，同时也使朝廷得以借着表彰它所认可的真儒，向天下昭示它所肯定和鼓励的学术主张、思想内容和行为模范。由于时代的不同，使这个制度得以运行的崇尚标准也不可能没有变化，而变化则反映于朝廷所从祀的儒者的类型之上。

　　决定儒者从祀之事，通常是经过朝廷儒臣会议推荐而由皇帝加以认可而成的。这样代表了公论的结果，通常有很大的认受性、鲜为后代所不纳。但在特殊的情境下，也会出现罢黜前代或本朝已列从祀的儒者的情形。宋明两朝都发生过这类事情：南宋罢黜了北宋从祀的王安石（1021—1086）、王雱（1044—1076）父子，明朝更罢黜了唐宋二朝所从祀的儒者多人以及本朝所从祀的元儒吴澄（1249—1333）。这些举动都反映了个别时代的重要政教思想趋向。

　　宋明两朝罢黜本朝所从祀的儒者，虽然同是一种自我否定的表现，但具体的情形和意涵并不完全相同。宋朝罢黜的是本朝儒者，明朝罢黜的却是前朝儒者。王安石父子的罢祀，是南宋对北宋亡国责任的一种追究，是对王氏新学的否定，同时也是程朱道学确立的结果。明朝尊崇程朱道学，却在中叶时否定了原先被肯定为有功于程朱之学的吴澄，事情之异于寻常，显而易见。而令吴澄的崇黜情状更形曲折的则是，同样尊崇程朱道学的清朝，在其鼎盛之时竟又恢复了吴澄的从祀地位。

吴澄身后遭遇之异常，在近世名儒中实属仅见。他卒后一百零四年获得从祀（明宣德十年，1435），从祀了九十五年而遭罢黜（明嘉靖九年，1530），罢黜了二百零七年获得恢复从祀（清乾隆二年，1737）。这样的遭遇，无疑牵涉了不同时代的从祀标准和认定真儒的尺度问题；而这些因时有异的标准和尺度，又是不同时代的士大夫以至君主的价值取向和情感诉求的反映。学界对于吴澄的从祀历史还没有独立的研究，本文故拟对其所遭遇的情形和原因作一较为完整而深入的考述，期能为了解近世儒家政治与学术思想相互作用之事，提供新例的个案参考。

二、元人从祀吴澄的示意

江西临川人吴澄是历史上七名获得从祀孔庙的元代儒者之一。其他六人是许衡（1209—1281）、刘因（1249—1293）、赵复（生卒年不详，活跃于1230—1240年代）、金履祥（1232—1303）、许谦（1270—1337）、陈澔（1263—1341）。他们都是《宋元学案》有案，而除陈澔之外，[1]也是《元史》有传的人物。但他们的从祀历程都不一样。

---

[1] 陈澔传记，见危素《危太朴文续集》（《吴兴嘉业堂丛书》本），卷五，页17上—18上，《元故都昌陈先生墓志铭》；陈氏经注《礼记集说》书前自序，亦可参考。

许衡早在元仁宗皇庆二年（1313）便获从祀；吴澄首先从祀于明宣宗宣德十年（1435）；赵复、金履祥、许谦、陈澔等四人同在清世宗雍正二年（1724）获祀；刘因最晚，在宣统二年（1910）才得以从祀。他们的背景和生平履历也不一样。许衡和刘因是北人。许衡成熟于金朝亡国之前，成为元朝世祖的开国功臣。刘因生于金亡之后十五年，成为元初名儒。赵复以下都是南人。赵复在元太宗七年（1235）蒙古兵下其家乡德安时，被俘北去，后来在燕京太极书院讲授程朱之学终身。金履祥等四人是正式的南宋遗民。金履祥入元隐居不出。许谦为其徒，宋亡时（1275 年临安失陷算）只有六岁，也以讲学终身，不入仕途。陈澔只在晚年当过二年地方书院的山长。

吴澄的遭遇和选择与他们不同。吴澄生于宋理宗淳祐九年（1249），宋度宗咸淳六年（1270）中乡贡、宋亡时年二十七岁。元世祖至元二十三年（1286）曾到燕京，成宗大德末年开始出仕，曾历江西儒学副提举，国子监丞、司业，官至翰林学士，参与泰定帝的经筵进讲和《英宗实录》的修纂。他的经学著述至少数量上惊人，文集后人辑成的也有一百卷。卒后获谥文正，追封临川郡公。其存其殁，在当时的政坛和学术界上，均享盛名。

吴澄应予从祀孔庙，元代已有等同官方的主张出现。吴澄卒于元文宗至顺四年（即顺帝元统元年，1333），隔不数年，大约在元顺帝元统三年（1335，即后至元元年）或以后不久，便有揭傒斯（1274—1344）奉诏撰写吴氏《神道碑》的事情。此碑内容的主要依据是吴澄门人虞集（1272—1348）所撰的吴氏《行状》。虞集在《行状》里已将吴氏形容尽美，揭傒斯又更甚之。[1]碑文

---

[1] 揭傒斯奉诏所撰吴澄《神道碑》及虞集所撰吴氏《行状》，均载于吴澄文集《吴文正集·附录》（《文渊阁四库全书》本）。以下所引揭傒斯语，即据此文，不再逐一注出。

首先清晰地将吴氏肯定为匹配许衡而无愧的一代真儒：

> 皇元受命，天降真儒，北有许衡、南有吴澄，所以恢宏
> 至道，润色鸿业，有以知斯文未丧，景运方兴也。

这样的开头，重点并不在于指出南北之各有代表性的应运真儒，而是在突出许衡、吴澄二人之为地位平等和贡献相同。揭氏的命意是，许、吴二人对元朝的统治大业和对儒道斯文之传的重要性是一样的。

但碑文继续所言，却反映了揭傒斯认为许、吴二氏成就的相对难易是不同的。照揭氏看，吴澄的成就其实较诸许衡的为尤难而更大。理由并不深奥：许衡早见知于元世祖（1215—1294），有佐命之功，故而早得大用于世；吴澄僻居江南而晚出，但亦卒能"为四方学者之依归，为圣天子致明道敷教之实"，可见尤为难得。故此，揭氏虽以"其用也弘"和"其及也深"来反映许、吴二人对儒道的贡献为各有千秋，但却意下认为吴氏的贡献有较恒久的价值，因而较许为优。

揭氏落笔即以许衡、吴澄并论，实有深意，而吴澄《神道碑》的要义，也只能在许衡的身后遭遇的背景下，才能显现。许衡卒后三十三年而得与宋代九儒同时从祀孔庙；[1] 又过二十三年，顺帝敕欧阳玄（1283—1357）撰其《神道碑》，[2] 然后又敕

---

[1] 《钦定续文献通考》（《十通》本），卷四八，页3225，《学校二》。此次从祀的宋代九儒为：邵雍（1011—1077）、周敦颐（1017—1073）、司马光（1019—1086）、张载（1020—1077）、程颢（1032—1085）、程颐（1033—1107）、朱熹（1130—1200）、张栻（1133—1180）、吕祖谦（1137—1184）。

[2] 欧阳玄受命撰许衡《神道碑》，事在顺帝元统三年（1335，同年改元至元元年），见欧阳玄，《圭斋文集》（《文渊阁四库全书》本），卷九，页10上—13上，《元中书左丞……谥文正许先生神道碑》。以下所引欧阳玄语，即据此文，不再逐一注出。

揭傒斯撰吴澄《神道碑》。这样的事情，不可能出于偶然的安排。正如揭傒斯所特别指出，朝廷虽无明言，但以此为表示许、吴同为太学二师之意，实甚明显。故此要知时人对吴澄的评价，便需并看时人对许衡的评价。欧阳玄所撰的许衡《神道碑》，词极夸张，虽或奉承旨意，不得不然，但立言之委过其实，亦甚明显。其言许衡之功业地位，竟至与元世祖直接并论。许氏《神道碑》开首即言：

> 洪惟圣元度越千古，世祖皇帝以天纵之资，得帝王不传之学，上接伏羲、神农、黄帝、尧、舜不传之统，而为不世之君。若鲁斋许先生以纯正之学，下接周公、孔子、曾、思、孟轲以来不传之道，而为不世之臣。君臣遇合之契，堂陛都俞之言，所以建皇极，立民命，继绝学，开太平者，万世犹一日也。猗欤盛哉！

这样的比并赞颂，实不啻说道统之定，至元始见，而治统与道统之结合，则见于元世祖与许衡君臣身上。其夸张近于诬汉唐之治不见而程朱之学不存，不免文人之词。但欧阳玄则认为朝廷对许氏的表彰为合理，而自己所作的形容为有故：

> 论世祖之为君，则见我元国家之初，当真元会合之气运，故善言先生，必以道统为先，而后及功业，则上可以称塞圣天子命臣作碑之初意，下可以厌服天下后世学者景慕之盛心也。

其实，欧阳玄所撰的碑文，明言是"按先生家乘及尝私淑父师者，序而铭之"的，离不了许氏家人门人之言。在论及从历史角度以定许氏的成就和地位时，欧阳玄则畅乎其言：

> 臣观三代而下，汉、唐君臣，未闻以道统系之者，当时儒宗，或知足与知，仁未足与居也。宋濂、洛数公，克续斯道，然未尝有得君者。世祖龙潜，诸儒请尚其号曰"儒教大宗师"。呜呼！汉、唐、宋创业之主，乌得而有是号哉！此天以道统而属之世祖也。先生出际斯运，一时君臣心以尧舜为心，学以孔孟为学，中外如一喙，号公"鲁斋先生"。呜呼！"鲁"者曾子传道之器，历代佐命之臣，虽欲为此号，岂可得也。非天以道统属之先生乎？

这样的昧实牵强比喻，如果不是文人弄墨之过，则只能是借故高抬儒者地位的伎俩了。但亦正因有此道统系于世祖、许衡一体之说，然后揭傒斯所表的吴澄的重要性，才能更趋明显。

吴澄《神道碑》的末段，同样以许衡、吴澄比论：

> 至若真儒之用，〔世祖〕时则有若许文正公，由朱子之言，圣人之学，列位台辅，施教国子，是以天启昌明之运也。乃若吴公，研磨《六经》，疏涤百氏，纲明目张，如禹治水，虽不获任君之政，而著书立言，师表百世，又岂一材一艺所得并哉！

揭傒斯之赞吴澄，比起欧阳玄之赞许衡，措辞上显得切实多了。意旨也清楚明白。照碑文所表，吴澄的学问有源有序，有深造极诣之处，而其最大贡献在于明经以明道，而由明道使人行道。碑末所系铭文，切要地发明了这个意思：

天地之大，《六籍》载焉。帝王之尊，《六籍》位焉。《六籍》之道，无内无外。《六籍》之义，有显有晦。匪伊求之，道何由明。匪伊明之，道何由行。昔岂弗求，求或未至。昔岂弗明，明或犹蔽。天监《六籍》，生此哲人。抉微阐幽，志气如神。其言汪汪，其书洋洋。其学之方，其国之光。天下儒师、国中通贵。永配孔庭，以式百世。

这不啻说，吴澄明经之功，自有永恒价值，其为师表，是否如许衡般的唯朱子之言是从，并不重要。儒道既由《六经》而为人所知见，所以明经自然有功于明道，而明道则又为行道的先决条件。吴澄之明经所得，从长久看，其功绝不亚于许衡，自然理应从祀孔庙。可以说，此碑铭文的结语，如果不是当日舆论的代表，至少也可视为制造舆论的基础。

三、明廷从祀吴澄的经过

吴澄未能在元时获得从祀，无疑与元末的动乱局势有关。但"北许南吴"之并称并重，则亦成为以后的主流意见。入了明朝，认为吴澄有功经学，应予从祀的看法和呼声，也就不断出现。明初文臣之首的宋濂（1310—1381），曾为许衡、刘因、吴澄这元代三儒各作赞语。其《吴草庐先生赞》于吴澄之自学得道，则说"笃生哲人，慎斯勤斯，绝乎等夷，于道早知"；于吴氏之深造于经学，则说"既心神明，操觚弗停，舆卫圣经"；于吴氏之作育太学英才，则说"施教成均，北许南吴，先后合符，人文之敷"。[1]对这样成

---

[1] 宋濂，《吴草庐先生赞》，见宋氏《文宪集》（《文渊阁四库全书》本），卷三〇，页8下。

就的理学家、经学家和教育家作这样赞词，虽则未言其宜于从祀，实亦不啻言之甚明。

与此同时，王祎（1323—1374）上《孔子庙庭从祀议》，则为明白提出。[1] 王祎认为迄其时为止，从祀孔庙之儒者凡百有五人，可以分为二类：

> 自澹台灭明至孔鲤七十一人，皆受业圣人之门，而承圣人之教者也。自左丘明至许衡三十四人，皆传注圣经，尊崇圣学，而有功于圣人之道者也。

后一类中，历代均有应祀而尚阙而未祀者：汉为董仲舒，唐为孔颖达，宋为范仲淹、欧阳修、真德秀、魏了翁，元则"吴澄是也"。吴澄居于历代有功圣人之道者之列，为近代成就最大的儒者。

吴澄之功，从历史背景而论，正与许衡相同，而再加分析，则或竟有过于许氏之处：

> 及元兴，许衡起于北方，尊用朱氏之学以教人，既有以任斯道之重，而其时吴澄起于南方，能有见于前儒之所未及。《孝经》、《大学》、《中庸》、《易》、《诗》、《书》、《春秋》、《礼》皆有传注，隐括古今诸儒之说而折中之。其于《礼经》尤多所删正，凡以补朱氏之未备。而其真修实践，盖无非圣贤正大之学，则其人又可谓有功圣人之道，固宜与许衡同列于从祀而不可以或遗也。

---

[1]　以下所引王祎，《孔子庙庭从祀议》，见王氏《王忠文集》（《文渊阁四库全书》本）卷一五，页1上—6上。

王祎之所论定，与揭傒斯所见相同。吴澄之成就，在于对经学有所发明而本身也有儒者的实践。以故许衡有任道之功而吴澄则有明道之功，虽则一以行为主，一以言为主，但均之有功于道，理应一并从祀。

王祎之议，一时并未得行。明初唯洪武二十九年（1396）增祀汉儒董仲舒（前176—前104）一人，[1]但吴澄的经注经说，却受重视不减。永乐中纂修《五经大全》，采用吴氏《五经纂言》之说颇多；此举即成日后申请从祀吴氏的重要根据。还有相关之处是，吴澄作为元代无可疵议的名臣，也成了时人的共见。永乐初胡粹中用《通鉴纲目》书法撰《元史续编》，凡与吴澄有关之事，皆以褒与笔法书之，[2]便是重要的一例。

明廷正式处理从祀吴澄之议，起于宣德末年。当时迅速论定，宣德十年四月（英宗已经即位）即获从祀之旨。此事起于湖广慈利县儒学署教谕事举人蒋明之奏，而决定则出于礼部尚书胡濙（1375—1463）及华盖殿大学士杨士奇（1365—1444）主持之会议。[3]蒋明奏说：

---

[1] 《钦定续文献通考》，卷四八，页3228，《学校二》。

[2] 胡粹中，《元史续编》（《文渊阁四库全书》本），卷九，页6下，页18下；卷一一，页8上。按，吴澄享年八十五岁，卒年《吴文正集》附录《圹记》作至顺四年六月、危素撰《年谱》作元统元年，其实均为公元1333年。盖是年顺帝继文宗即位而改元，故有二年号。《元史续编》误作至顺二年卒。至顺二年即《元史》卷七一《吴澄》本传所书之天历四年。盖《元史续编》据《元史》而误，《元史》之误，则殆以从虞集所撰吴氏《行状》作天历四年之误所致。《行状》盖误至顺为天历，而《元史》不觉。《续资治通鉴纲目》据《元史续编》，故亦误同。

[3] 此事记载及下文所引蒋明语（以及杨士奇语摘要），见见《明英宗实录》（台北："中研院"历史语言研究所，1964），卷四，页5上—6上，宣德十年四月壬戌条。

先儒有功于道学者，皆得从祀。近世之儒若临川吴澄，道尊孔子，学述《六经》，著书立言，师表当世，其功不下许衡，衡既从祀，澄当如之。

这是典型的同道同功应与同等褒崇的议论和意见。当时廷议从之，而主要意旨则实出于杨士奇。杨士奇以吴澄的著作和虞集所撰的吴氏《行状》为据，作《吴文正公从祀议》。此文为孔庙从祀之重要文献，《明英宗实录》稍有剪裁，其详见于杨氏《东里文集》，[1] 迻录要点如下：

盖澄自十岁得宋儒朱熹所注《大学》读之，即知为学之要，专勤诵读，次读《语》、《孟》、《中庸》亦然，遂大肆力于诸《经》。十五专务圣贤之学，致践履之实，以道自任。其所自励，有《勤》、《谨》、《敬》、《和》、《自新》、《自修》、《消人欲》、《长天理》、《克己》、《悔过》、《矫轻》、《警惰》、《颜冉》、《理一》等铭。其教学者，有《学基》、《学统》等篇。深究濂、洛、关、闽之旨。考正《孝经》，校定《易》、《书》、《诗》、《春秋》，修正《仪礼》、《小戴记》及邵雍、张载之书。有《易、书、春秋、礼记纂言》及《易纂言外翼》。皆所以启大道之堂奥，开来学之聪明，传之百

---

〔1〕 以下引文，见杨士奇，《东里文集》（《文渊阁四库全书》本）卷二三，页4上—5下，《吴文正公从祀议》；同文又见清高宗，《御选明臣奏议》（《文渊阁四库全书》本），卷二，页16上—17上，题作《元儒吴澄从祀议》，其题下注"正统八年"作，实误。又《明英宗实录》卷四所载杨士奇此奏摘要，雍正《江西通志》（《文渊阁四库全书》本）卷一一九，页27下—29上，题作《临川郡公吴澄从祀孔庙议》，题作者为伍福（临川人），亦误。该文首句有"宣德十年行在礼部为建言事行在礼科抄出"语。伍福或为原提供此钞文字之人，而《江西通志》编者误以为作者。

世而无弊也。

时朝廷屡起之，乃就国子监丞，稍进司业，一言不合，即自解去。后屡征复起，亦不久于位。进退之际，卓然君子。

盖元之正学大儒，许衡及澄二人。衡遭际世祖，功在朝廷。澄在朝之日虽浅，其职论思、教成均、劝讲经筵，咸积诚意；预大议、论大事，咸引古道，而功在学者尤多。故二人之没，皆谥"文正"。衡在当时已列从祀，澄既后出，又卒于元衰之际，当时已有建议宜列从祀者，属元纲日颓，未及举行。

今澄所著诸书具在，我国家崇儒重道，大明《四书》、《五经》及性理之旨，凡澄所言，皆见采录，以惠学者。盖澄问学之功，朱熹以来莫或过之，而从祀诸儒自荀况下至范宁，语其事功，皆未及澄。今若升澄从祀孔子庙庭，列诸许衡之次，允惬斯文之公议，昭国家之盛典。

按照杨士奇的说法，吴澄确实是程朱道学传统中的大儒。他既由读朱子之书而入道，又能自领悟而以道自任。他的学行和对儒道的贡献，均足称述。在学行方面，他有自励于道的为己之学，也有教授学者的为人之学，而所为则皆是濂、洛、关、闽的正宗理学。他对儒学的贡献是巨大而恒久的。具体的成绩，见于他对传统经籍和宋儒著作的校正，尤其他对传统儒家经籍的批注和阐释，功劳更大。他的品行，则见于其难进而易退的仕宦生涯。他的学术业绩，跨越了元明二代。在元朝，他立朝以正，而著述功在学者尤多，实足与许衡媲美并称。从道学的历史上看，他更是朱子之后的最大学问家。吴澄的经学既大大优于汉晋经师，其经说又为明朝所肯定而采用于朝廷敕纂的《五经、性理大全》之内，这些惠及二代的伟大成就和贡献，以及他的卓然君子行为，在元朝时已得肯定的事实下，明朝自应报以隆重之礼。简而言之，杨士奇之认为吴澄应予从祀孔庙，是因吴澄学行兼优而经学著述的贡献尤其卓越，明朝既重其书，自当旌异以报其功。

四、吴澄从祀后所获的评价

吴澄获得从祀，在当时是人无异议的。并且可以说，因吴澄之有功于经而获得最高的肯定，还带动了正统二年（1437）从祀宋儒胡安国（1074—1138）、蔡沈（1167—1230）、真德秀（1178—1235）之事。[1]当时的言者，便曾称明朝之"斥扬雄（前53—18）而进董仲舒、吴澄，诚百世不易之盛举也"。[2]吴澄其人其学是与许衡并为元代罕有的"道学之真儒"，[3]也是以后常见的意见。如景泰二年（1451）会稽韩阳序吴氏文集所称的，便是一例：

> 才智过人，默悟斯道，远沂洙泗之流而穷其源，近绍程朱之统而得其要。……先生之文，道德性理之文也；先生之学，周邵程朱之学也。[4]

论及吴澄的研究和实践，则为"有功于圣门，有功于来学"。总之，吴澄、许衡一并从祀，才能称上典礼无阙。

许衡和吴澄的成就，此后也成了要求从祀其他元代儒者的

---

〔1〕《钦定续文献通考》卷四八，页3228，《学校二》。
〔2〕《明英宗实录》卷三一，页5上，正统二年六月乙亥条。
〔3〕《吴文正集》卷首，韩阳序语。
〔4〕同上。

标准。例如，成化元年（1465）一月，国子监助教李伸请从祀元儒刘因，便说"与因同时若许衡、吴澄，其德学无以踰因"，[1]故不得只祀许、吴而独遗刘因。当时的与议者太常寺少卿兼翰林院侍读学士刘定之（1409—1469）提出反驳，应为"因之与衡、澄，其德学无大弗若也，其功则有弗若也。衡以其行道之功，澄以其明道之功"，均非刘因之能及，而刘因与吴澄尤不能相比：

> 至于澄所作诸经《纂言》，发挥洞达，自朱子以后，依经立说者，鲜克俪之，是以我朝太宗文皇帝命儒臣修辑《五经、四书、性理大全》，于澄之说多所采入，澄可谓能明是道者矣。而因之说未有采者，则是因既未若衡之道行于当时，又未若澄之道明于后世，其不从祀，未必为阙典也。[2]

同样，成化四年五月广东博罗县儒学训导游宣请从祀元儒熊禾（1253—1312），也称熊氏之"学问与许衡、吴澄不相上下，而过于马融、范宁诸人，宜并升从祀之列"。驳议者的大学士彭时（1416—1475）也一样认为比拟不当。就吴澄而言，理由是：

> 澄早以斯文自任，著书有《易、书、春秋、礼记纂言》，

---

〔1〕 请从祀刘因、许谦事，见《明宪宗实录》（台北："中研院"历史语言研究所，1964），卷一三，页5下—6，成化元年一月己巳条。李伸奏言较详之节录，见《钦定续文献通考》，卷四八，页3229，《学校二》。此处引文，见程敏政编《明文衡》（《文渊阁四库全书》本），卷八，页11下—14下，刘定之《议刘静修薛文清从祀》。
〔2〕 引文，均出上揭刘定之《议刘静修薛文清从祀》文。

议论详密，造诣精深，恐皆非禾所能及。[1]

从刘定之、彭时等翰林、内阁儒臣看来，吴澄的说经成就是人难比并，更遑论有所超越的。吴澄的精密经说，正是他自任斯文的最忠实反映。

作为一个道学真儒的元臣吴澄，其地位在明中叶的官方权威性文字中，是肯定无疑的。成化十二年成书的敕修《续资治通鉴纲目》，[2]便是全用褒予的书法来纲纪吴澄的事迹的。其后为这官纂史书作评论的私人著作，如周礼的《续资治通鉴纲目发明》和张时泰的《续资治通鉴纲目广义》，[3]也都指出吴澄的"著书立言、羽翼吾道"之功，或特别强调其"居乱世而未尝屈己"的德行。[4]一言以蔽之，在当时人的评断之中，吴澄是元代的大儒，道统的真儒，其著作有巨功，其行为有道德，其从祀孔庙，不但无愧于圣人之徒，仰且有光于明朝的文教政策。

但吴澄在明代的令誉，其高峰也便到此为止，继《续纲目》的褒予之辞之后，明人议论中的吴澄，渐渐出现了一个别异的形象；加于他的贬斥之声，愈后愈烈。对吴澄的学行表示不满而有影响力的言论，在成化朝的中期已经出现。成化十七年作序、国

---

[1] 请从祀熊禾事及此处所引游氏与彭时之言，见《明宪宗实录》，卷五四，页9上—10下，成化四年五月戊子条。

[2] 明宪宗御制《序》署成化十二年十一月十五日，见清圣祖《御批续资治通鉴纲目》（《文渊阁四库全书》本），卷首。

[3] 《资治通鉴纲目发明》作者周礼及《广义》作者张时泰活跃于成化至正德年代，《发明》及《广义》二书均附于通行本《续通考》内。此处分别所引周礼、张时泰评吴澄之言，见《御批续资治通鉴纲目》，卷二六，页6上，元文宗至顺二年"六月学士吴澄卒"条下。同书，卷二五，页28上，"吴澄为直学士"条，《发明》和《广义》也认为书法是与吴澄的。

[4] 吴澄卒年应为至顺四年或元统元年，参看本文前举脚注。

子监祭酒丘濬（1421—1495）所撰的编年体史书《世史正纲》，便是这种言论的有力代表。丘濬曾参与官修《续资治通鉴纲目》的编纂，但却因不满此书所著的意见和判断而别作己书。[1]《世史正纲》对于元代三大儒许衡、刘因和吴澄都有非议，而于吴澄言之尤显。《世史正纲》元文宗至顺二年（1331）"元翰林学士吴澄卒"条下书：

> 许衡之卒不书官，而澄书官，且加之以"元"，何也？衡生元人域中，不得已而为之用，其心尚有不慊焉者。澄宋朝乡贡进士，平昔所志者何道？仕元所得几何？而顿忘孔子《春秋》之教哉？[2]

照明代议论吴澄的发展来看，丘濬引《春秋》夷夏大防之义对吴澄仕元之事作出指责，实为以后抨击吴澄在道统中的地位的嚆矢和确论。丘濬是肯定吴澄的经说的；丘氏巨著、成化二十三年成书的《大学衍义补》所引吴澄之说，至少不下一百三十五次，[3]并且还曾明说"澄著诸经《纂言》，是皆有功于圣门者也"，"皆于经有发明之功"。[4]但对于吴澄之出身于汉人统治的

---

[1] 丘濬撰《世史正纲》的原委及此书的若干旨意，可参看 Hung-Lam Chu, "Ch'iu Chün（1421-1495）and the *Ta-hseh yen-i pu*: Statecraft Thought in Fifteenth-century China", Ph. D dissertation, Princeton University, 1984（Ann Arbor: University Microfilms International, 1984）, Chapter V, esp. pp. 246-284.

[2] 《世史正纲》（台北，《丘文庄公丛书》辑印委员会，1972，影印弘治元年刊本），卷三二，页 4 下。

[3] Hung-Lam Chu, "Ch'iu Chün（1421-1495）and the *Ta-hseh yen-i pu*: Statecraft Thought in Fifteenth-century China", pp. 420-426, "Appendix B".

[4] 丘濬，《大学衍义补》（台北，《丘文庄公丛书》辑印委员会，1972，影印弘治元年刊本），卷六六，页 10 下，《秋祭祀·释奠先师之礼》；卷八〇，页 15 下，《崇教化·崇师儒以重道》。

宋朝而入仕于异族政权的元朝，却是不予同情和肯定的。这个和朝廷定论及官史书法针对的意见，随着弘治元年（1488）《世史正纲》由国子监版行而广泛获得支持。[1]

但在此之前，则正反意见也仍往往并见。最有意义的例子，是一对由当时的江西人所提出的。成化二十年临川伍福序《临川吴文正公集》，还称吴澄为"一代真儒，……间气之英，岂吾邦山川所得而私哉"；对于吴澄之仕元，还视之为天使之明道以救世之事；对于吴澄的行业成就，还认为不让于许衡：

> 是时宋运垂息，胡元乱华，意者天使阐明斯道，以救世俗利欲之祸。大臣以布衣荐起，累阶三命，至内相之贵，与覃怀鲁斋许公齐名，而著述之功尤多。……所以羽翼经传，疏剔百氏，卓识妙契，博大精深，质诸圣贤而不悖，俟乎百世而不惑者。[2]

伍福所言，可见他对吴澄仕元根本不曾警觉其为问题。他对吴澄的称颂，主要仍只是沿杨士奇之词而重加美化而已。在他看来，吴澄的出仕与其文化意义，和许衡的一样无异，而其经学的贡献，则实非许衡可比。

同时的广昌何乔新（1427—1503）却有不同的识见。何氏撰宋元《史论》，在论"征刘因为赞善大夫，寻辞归"一事

---

[1] 成化二十三年十一月，丘濬以进《大学衍义补》由国子监祭酒升礼部尚书署詹事府事，明孝宗命《大学衍义补》下福建书坊刊印，发给地方学校。国子监的继任祭酒费闿，因请留《世史正纲》于太学板刻流传。事见《世史正纲》书末所载费闿《后序》。

[2] 《"国立中央图书馆"善本序跋集录》（台北："中央图书馆"，1994），集部第二册，页38—39，明成化二十年临川官刊本《临川吴文正公集》伍福序。

则曰：

> 有元一代，以儒名者多矣，然学行之醇且正者，（刘）
> 因之外，殆不多见焉。[1]

在论"兰溪处士金履祥卒"一事则曰：

> （金氏）不食元粟，不受元官，视彼身既屈而道不行者，
> 果孰优耶？元之世，以儒自命者多矣，洁身不污如履祥者，
> 乃无愧儒之名也。呜呼！贤哉！[2]

何氏史论没有论及吴澄之处，但据所论于刘因、金履祥二人者，则其对许衡、吴澄二人之不满，实属不言而喻。其说金履祥处，似尤可见吴澄仕元之非而有愧儒道之寓意。何乔新是丘濬的学问至交，二人意见相同，实非偶然。二人又是当代名臣，文章气节均为人所称重，故其所言，亦不能不为世人所重视。

丘濬《世史正纲》发论之后，吴澄以出处被贬之势益增。此后，除了弘治元年给事中张九功在请从祀明臣薛瑄（1389—1464）时，曾以薛之学行"无愧二子"（已在从祀之列的董仲舒和吴澄）为言之外，[3]吴澄在议论从祀的场合中，便再不成为"真儒"的指标了。

---

〔1〕 何乔新，《椒丘文集》（《文渊阁四库全书》本），卷八，页4下—5上。
〔2〕 同上书，页14上。
〔3〕 张九功请进退从祀先儒之事，见《明孝宗实录》（台北："中研院"历史语言研究所，1965），卷一七，页3上，弘治元年八月癸卯条，但所载只属撮要。其详细题奏由礼科抄出的，见于倪岳，《青溪漫稿》（《文渊阁四库全书》本），卷一一，页4下—7上，《祀典一》部分。

五、明廷罢祀吴澄始末

更甚的议论则认为，吴澄所为不配从祀孔庙，其从祀应予罢黜才能大明孔子之道。始终坚持此议的是国子监祭酒谢铎（1435—1510），后来向他抗争的则是礼部尚书傅瀚（1435—1502）。此事始由争伦理之义而起，后乃渗入朝臣倾轧成分，使其也反映了从祀超乎礼教范围而涉及政治权术。其事值得详细述析，以见与吴澄相关的祀典情事之复杂。弘治四年（1491）一月，谢铎任南京国子监祭酒，上《奏修明教化事》疏，请"正祀典以端教化之本"，提出孔庙从祀应当进宋儒杨时（1053—1135）而黜元儒吴澄。[1]吴澄应罢的理由如下：

> 临川郡公吴澄著述虽不为不多，行检则不无可议。生长于淳祐，贡举于咸淳，受宋之恩者已如此其久；为国子司业、为翰林学士，历元之官者乃如彼其荣。出处圣贤之大节，夷夏古今之大防；处中国而居然愚昧，忘君亲而不耻仇雠，迹其所为，曾不及洛邑之顽民，何敢望首阳之高士。昔人谓其专务圣贤之学，卓然进退之际。不识圣贤之于进退，果如是否乎？……（乞）斥澄以下从莽大夫之列。

谢铎以大违圣贤出处及《春秋》夷夏大防之义斥责吴澄，思想是与丘濬成一脉的。直接的，更是驳斥了杨士奇对吴澄行止的

---

[1] 谢铎的上疏时间及议论摘要，见《明孝宗实录》，卷四七，页6上—7上，弘治四年一月辛丑条。其议论之详文，见明黄训编《名臣经济录》（《文渊阁四库全书》本）卷二六，页27下—29上，《奏修明教化事》第三项。以下引文，即出此项。

判断和评价。"忘君事仇"从此便成了吴澄的大过，他因此应该"下从莽大夫"之列，亦即如扬雄一样的见黜于孔庙从祀之列。事实上这也正是后来的结果，虽则谢铎此次所请由于礼部不同意而不获准许。《明孝宗实录》载礼部覆奏言："但欲黜吴澄，升杨时从祀，前此已屡有陈奏，且难别议。"〔1〕这里说的"屡有陈奏"，其实只能指请祀杨时之事；礼部在此其实只是借势混为一谈而已。

事隔十年，到了弘治十四年春，谢铎署（北京）国子监祭酒事，又上《维持风教疏》，请"正祀典以究明伦之实"，再行旧事重提，请罢吴澄。〔2〕疏中要语如下：

> 人伦莫大于君臣，殷之顽民，犹不忍忘纣，奈何忘君事仇。若吴澄者，亲为有宋之遗臣，腼颜前元之官禄，名节扫地，复何言哉！后死之诛，止宜律以《春秋》大义，斥其不忠本朝之罪，罢黜从祀，以列于莽大夫之列，庶几不掩其恶，而人心惬服也。

谢铎此疏较之前疏，辞旨更为明白：吴澄不忠于本生君国，有违五伦之首项，儒教既以伦常之道为本，身违伦理，何能称为得道而予以从祀？

谢铎十年间前后二疏斥责吴澄，公然反对明朝自定并在生效

---

〔1〕《明孝宗实录》卷四七，页6上—7上，弘治四年一月辛丑条。
〔2〕《明孝宗实录》卷一七三，页2上—3下，系礼部议覆谢铎奏疏之事于弘治十四年四月壬午日，则其上疏当在是年春天。《实录》此条但载谢铎所请之事目及礼部尚书傅瀚与侍郎焦芳因此事而起之争辩；谢氏《维持风教疏》之"正祀典以究明伦之实"一项内容，见于《名臣经济录》卷二六，页35下—36上。此下引文即出该处。

中的典礼，是与他身为国子监祭酒之事有关的。在官有师责的时代，国子监是国家教化所从出和人伦所由明的最高教育机构。吴澄则尝为国学之师，其仕元一节，与国学所灌输的忠君国死社稷的伦理截然相反，不斥吴澄，便无以肯定国学亦即朝廷所树立的道德价值。"忘君事仇"在道德操守的要求中，是难以原恕的。谢铎第二疏末端，申说为何一再地要求罢祀吴澄：

> 特以每当奉祠对越之际，辄起顿顾不安之心；心所不安，又不得不发之言耳。[1]

这种心理负担，对强调读儒书以入仕途、当尽人臣名节的文教官员来说，无疑是真实存在而沉重的。

但谢铎这次奏请，却在朝廷中引起了礼官们的激烈争议。他们的争议牵涉了多个与从祀典礼相关的层面，所引发的问题既有针对性也有普遍性，很值得深入探讨。争议的过程《明孝宗实录》记载甚详：

> （谢铎）论吴澄不当从祀。时（礼部）尚书傅瀚力诋铎言为谬。侍郎焦芳曰："铎言诚有难行者，但草庐先生苦心著述，虽若有功，而出处大节，则真有可议，铎言不当从祀是已。"
>
> 瀚力称前人之请为有见，今不可遽易。芳曰："所谓前人者，盖杨士奇也。今天下方议其当柄用之际，虽从祀大事，犹能私庇其乡人，可又袭其非耶？"
>
> 瀚曰："薛文清学徒博而少著述，人犹曰能继道统，为之请列从（事）（祀），况草庐著述之多，可不祀乎？"芳

---

[1]《名臣经济录》卷二六，页35下—36上。

曰："不然。文清著述虽少于草庐，而出处之正则加草庐之上矣。况以尽心知性之学，达穷神知化之妙，其《读书》一录，皆写其身心之所得，盖在圣人所必与者，岂常人所能识也。然至今犹未跻之从祀。草庐著述，其何以加之？且道统者，谓深达往圣之域而身有之也。传圣门之道者，莫加于颜子，后世称未达一间，彼岂以著述为达耶？今欲尚言而不尚行，则取寻常士且不应如此，而况道统之大，顾谓能修辞立言者即是，而不复论其大节，岂不悖乎？"

瀚不能应。于是会集诸廷臣议，而芳不与。瀚竟引《礼》所谓"凡祭，有其举之，莫敢废"，《诗》、《书》所谓"率由旧章"，"监于成宪"，以文其说，而于澄忘宋事元之大节略不及。澄遂仍旧从祀，而铎议皆寝。

论者谓，士奇之以澄欺宣庙，非特私其乡人，而措意亦有在。瀚不悟此，则唯溺乡里之私，而不顾君臣之大伦正道统之攸系，乃据为旧章成宪，再不可议。然则杨时奏黜王安石之配享，当时安石岂无朝命而配享哉？特其命虽出于朝廷，而事实由臣下阿私所亲以误朝廷，而非天下之公议，所以易之，后世竟不以为过也。此岂横私意于胸中者所能与哉！[1]

傅瀚（1435—1502）和焦芳（1436—1517）的这场争辩，牵涉了从祀标准和从祀运作两大问题。就标准而言，傅瀚始终站在元明的官方一贯立场上，维护著述以明道才为有功于道统而适合于从祀孔庙的标准。焦芳则以出处行检为从祀的最高标准。就运

---

[1] 《明孝宗实录》卷一七三，页2下—3下，弘治十四年四月壬午条。《实录》之文，亦见俞汝楫纂，《礼部志稿》（《文渊阁四库全书》本），卷八五下，页14下—16上，题作《覆吴澄从祀议》。

作而言，傅瀚坚持守成宪，尊重朝廷已作之决定。焦芳则指吴澄之获从祀，初因杨士奇私其乡人所至，朝命并不等于公论，而傅瀚则更是双重的私其乡人。二人各言其所自是，结果则是傅瀚利用其主持会议的权力消除了焦芳支持谢铎之声，用纯粹的行政手段来把问题解决。

必须指出，《明孝宗实录》的修纂，焦芳是这场争辩的重要参与者。他是《明孝宗实录》的副总裁，有笔削的权力，事实上又有将之滥用之处，以致后人有称此录为秽史的。[1]所以此事的载笔，无疑是焦芳借史报复的表现。焦芳最深刻的指责是，杨士奇之所以乐于使吴澄获得从祀的肯定，是志在借之洗脱他自己的"忘君事仇"之罪，亦即他在明朝的靖难之变中背忘建文帝而臣事成祖的不光荣历史。[2]焦芳的意思是，杨士奇若能使吴澄之所为无碍于其成为从祀孔庙的真儒，则杨氏自己之所为，也自不算有违儒者的伦常和出处之道了。至于傅瀚的执持，只不过是顽固的地域和乡党观念的作用而已。焦芳之言，自然未必全面，但从他被禁止出席会议，也可见他所持的尚行重于尚言为真儒要求的论点，是有一定的说服力的。

弘治正德时代批评和称许吴澄的言论，除了随忠君和夷夏之防以及著述明道的意识之争而出现外，还渐因异朱学说之起而出现。正德十年（1515），王守仁（1472—1529）著《朱子晚年定论》，立论说朱子晚年后悔平生重于训诂讲说之道问学而不足于尊德性之学。又认为朱子之后，真德秀、许衡、吴澄等亦均有同样之悔，"而草庐见之尤真，悔之尤切"，因而抄录吴澄之说于己

<hr />

[1] 参看谢贵安，《明实录研究》（台北：文津出版社，1995），页377—378。

[2] 杨士奇在靖难之变中有负周是修同死建文之约，明代中叶时颇遭士论非议。嘉靖时廖道南曾为之表示不然，见谈迁，《国榷》（北京：古籍出版社，1958），卷二六，页1662—1663。

书之后为证。[1]吴澄因而被视为另类的朱子之后一人。正德十五年，罗钦顺（1465—1547）作《与王阳明书》，对此表示不然。罗氏引吴澄文字加以分析，指出即就吴澄所自说的而言，已可见"见道固难，而体道尤难"；至于吴氏晚年所说的尊德性，也不易解："若其用力之方，非言之可喻，亦昧于《中庸》首章，《订顽》终篇而自悟可也。"要之，则其所说为"端的与否，良未易知"。[2]整体上看，弘治朝之后，由于异朱反朱学者的借重，吴澄也渐不为尊朱学者所尊崇无间了。

吴澄从祀孔庙的地位，在嘉靖九年（1530）发生了决定性的变化。是年十一月，朝廷有更正孔庙祀典之举，对于孔庙的祭祀礼制产生了巨大而长久的影响。[3]其中最重要的一项，是进退已经从祀了的历代先儒。在大学士张璁（1475—1539）的主导下，吴澄和另外十一名先秦至魏晋的从祀儒者一起遭到罢祀。此举罢黜人数之多，在孔庙从祀史上是空前绝后的。张璁在处理吴澄事上，只先将谢铎弘治四年（1491）所上第一次请罢吴澄的奏疏要点照录于自己所上的《厘正孔庙从祀疏》内，然后在疏内的按语中，摘录了《明孝宗实录》所载上引傅瀚和焦芳争辩吴澄应罢应祀的主要论点。张璁并没有再加自己的说话，但用的却是以《实录》所载为权威定论的做法。[4]吴澄于是罢祀，原因可以综括言

〔1〕 王守仁，《王阳明全集》（上海：上海古籍出版社，1992）卷三，页141—142，《语录三》。

〔2〕 罗钦顺，《困知记》（北京：中华书局，1990），页111，《困知记附录》。

〔3〕 关于嘉靖九年正孔庙祀典的晚近研究，有黄进兴，《道统与治统之间：从明嘉靖九年孔庙改制论皇权与祭祀礼仪》，收于黄著论文集《优入圣域》（台北：允晨文化，1994）。

〔4〕 改正孔庙祀典之事，《明世宗实录》（台北："中研院"历史语言研究所，1965），卷一一九，嘉靖九年十一月内所载甚详。张璁，《厘正孔庙从祀疏》，见黄宗羲编，《明文海》（《文渊阁四库全书》本），卷五一，页7上—16上。

之：在个人则为行检实多可议，在典礼则为祀命原非出于公议。

六、吴澄罢祀后的明人观感

吴澄被罢祀之后，明人对他作为大儒或真儒的观感，仍然时有变化。称许他的说经学问的还不少，但在他的出处问题上，却是没有愿意为之辩护的。嘉靖十年（1531）刻完的罗钦顺《困知记续卷》便有如下的典型看法：

> 元之大儒，称许鲁斋、吴草庐二人。鲁斋始终尊信朱子，其学行皆平正笃实。……草庐早年笃信朱子，其进甚锐。晚年所见，乃与陆象山合。其出处一节，自难例之鲁斋。若夫一生惓惓焉羽翼圣经，终老不倦，其志亦可尚矣。[1]

罗钦顺虽然对吴澄尽心经学的表现表示赞赏，但却有意无意中以有否始终笃信朱子的事实来判断许衡和吴澄的高下。实际上，相对的许优吴劣也正是嘉靖厘革祀典后的明人主流观感。嘉靖十八年，朝廷议论明儒薛瑄应否从祀，与议的朱子学者黄佐（1490—1566）支持薛瑄从祀，而以许衡、吴澄二人作对比说：

> 吴澄，宋临川贡士也，异于（许）衡产北土者，为元学士，所著《纂言》，非直无裨圣经，而又乱之。[2]

---

〔1〕《困知记》，页74。
〔2〕 吴道镕编，《广东文征》（香港：珠海书院，1973—1978），卷一五，页56—57，黄佐，《拟薛文清公从祀孔子庙廷议》。

此说优许劣吴，除了以出处之正否为道德判定标准之外，还以著述之有否贡献为学术判定标准。黄佐是不以为吴澄经说有补经学的，这反映了吴澄的经学成就也开始受人质疑了。但这样的质疑在朱子学者之中是比较少见的。吴澄虽然被黜于从祀之列，得不到官方的"真儒"的承认，但他的经说所代表的道问学、博学而通贯的学术取向，却在明中叶以后学术渐趋空疏的潮流中，起了令人警觉反省的作用。渐而还有人提出应给已经罢祀的吴澄和汉晋经师重新肯定，以作鼓励学者之用。隆庆六年（1572）十二月，候选儒学训导侯贵上疏，说明朝所罢祀的荀况、扬雄至吴澄"诸儒，虽多可议，然传经释义，功不可泯。蔡沈注《书》得祀，陈澔注《礼》，亦宜准其例"。[1]侯贵疏中又有诋及王守仁从祀之语。他的奏疏，因而可视为是一种尊重传统经学以抗空疏的心学的学术呼吁。

侯贵的主张，在当时受到了一定的认同和支持。万历元年（1573）七月，有诏吴澄与吴与弼、陈献章三人各祀于其乡社。[2]吴澄得回部分的朝廷肯定，虽则仍然不能恢复从祀孔庙的地位。当时为吴澄争取这荣誉的人，是御史陈文燧。礼部对其奏疏复议如下：

> 再照元儒吴澄瘤麻程朱，钻研经史，倡绝学于将湮，振斯文于几坠，究其出处大节，迹亦可原，考其著述微言，功不可泯。即今从祀之典，奉有世宗皇帝明旨，已经议革，难以复议，所据崇祀其乡，亦属相应。合无照例一体遵行，庶

---

〔1〕《明神宗实录》（台北："中研院"历史语言研究所，1966），卷八，页11上一下，隆庆六年十二月甲戌条。
〔2〕《明神宗实录》卷一五，页6下，万历元年七月丁酉条。

后学建兴，而于风化亦有裨矣。[1]

礼部之议，不能为吴澄的出处强辩，只能以功远大于过作说。吴澄在与吴与弼和陈献章的学术取向大不相同的情形下，能以局部恢复地位，毕竟有赖于其经学之著述。

万历中期以后，认为吴澄是道统中之儒者的，仍有其人。王圻在其《续文献通考》中立"道统考"，有"翼统先儒"一目，吴澄便是位列其中，作为元代的代表。王圻为之立传，并在传后加上按语：

> 吴草庐、许鲁斋二先生纂遗文于既绝，阐正学于将湮，不独高步当年，亦且连衡孔室。近以出处之故而议其从祀，随黜随复，复之宣德，而又黜之嘉靖，何士论之先后舛杂哉！[2]

这是同情吴澄而不满于黜吴者的学者之言。对于吴澄，王圻看重的是其处艰难之世而有大作为的表现。这样的意见，吴澄恢复乡祀之后仍有，可见士风议论又与成弘正嘉之世有所不同了。

万历四十年（1612）苏宇庶刊临汝本《临川吴文正公集》，自为序文，深寓吴澄未能因从祀而为学术典范之慨。序文由世人疑吴澄与朱子异同而为陆氏之学说起，指出：

---

[1] 《礼部志稿》卷四六，页29下—30上，《覆崇祀疏》。

[2] 王圻，《续文献通考》（台北：文海出版社，1979，影万历刊本），卷二〇五，页12下。按，王圻说吴澄从祀为"复之宣德"，不确。宣德之祀是首次之事。

不知文正固所谓博洽群书，言如渊海者，……（其文）视之道器德艺之际，弘远深微，朱子之后一人也。……盖尝反复是书，而得公忧世之概矣。……（周、程有作）而科制程课之杂人道心者，猝未能去也。朱、陆起而始知为己有用之学，有不专在乎科制者。至文正公又得其说，而宣于浑敦决裂之时。大指归于正人心、格物理；近而伦纪日用之常，远而天地化机之顾，必使秩然有当，洞然无疑，会之身，通之心，于事无有不可，于世无有不能，而发端实指常在乎《四书》、《六经》，初非览记无益之书以矜博，雕藻无用之文以炫藻而已。[1]

此不啻于说，凡吴澄之所学而见于文者，皆为于今有用之事，足为学者之模范。苏氏故终其序说："志学者诚师其书，因而师其人"，则必自得师而受益多了。

但即便晚明士论有转趋肯定吴澄儒学贡献的趋势，吴氏仕元的出处问题，却始终仍不为士人所忘怀或原谅。崇祯年间黎景义作《文庙从祀议》，拟复从祀嘉靖九年（1530）所黜降的汉晋儒者刘向、郑众、卢植、郑玄、服虔、范宁六人，理由是他们传经有功之外，"况立身制行原无疵类，未尝得罪于名教，而实有功于圣门，非若扬雄美新、何休王鲁、吴澄仕元，为名教之罪人也。"[2]仕元的出处问题，实终明代为吴澄之贤者之累。

七、清廷恢复从祀吴澄的论据

清前期的九十多年对吴澄的认定，和明代中期以后的还是一

---

〔1〕《"国立中央图书馆"善本序跋集录》，集部第二册，页39—40，万历壬子苏宇庶临汝刊本，《临川吴文正公集》苏宇庶重刻序。
〔2〕《广东文征》，卷一七，页148—151，黎景义《文庙从祀议》。

样。据李绂（1675—1750）说："康熙九年（1670），顺天学臣蒋超（1624—1673）曾特疏请复公从祀，论张璁率意妄行之非，敕下部议"，但却"不知何以仍格于部议而不行"。[1]此事《清圣祖实录》没载，故此不知反对者的处理方法或所持的理由。雍正二年（1724），世宗诣太学行礼，事后认为足以从祀孔庙的"贤儒代不乏人，或有先罢而今宜复，有旧缺而今宜增"，于是"命九卿、翰林、国子监、詹事、科道会同详考定议"。经过朝臣一再议论之后，终于决定增祀先秦至清代儒者二十人，以及恢复从祀嘉靖九年被黜于庙祀的秦冉、颜何和被降为乡祀的林放、遽瑗、郑玄、范宁一共六人。[2]吴澄在这次由世宗引导的翻案检讨中，却没被人提及，以至李绂的同僚甘汝来不禁发出了"似属遗漏"的遗憾和不解之言。[3]这情况其实并不难明。世宗下令廷臣讨论复祀增祀儒者的前提是："祔享庙廷诸贤，皆有羽翼圣经、扶持名教之功，然历朝进退不一，而贤儒代不乏人。"[4]在这样的归一尺度要求之下，吴澄不被时人提及，反映的不是人们的无意遗漏，而是他们对于吴氏的学术或操守还是不能释然无疑。

吴澄终于在乾隆二年（1737）十月获准恢复从祀，"位在先儒赵复之次"。[5]这是朝廷顺从兵部尚书甘汝来所请的结果，[6]

---

〔1〕 李绂，《穆堂初稿》（日本九州大学图书馆藏雍正壬子序刊本），卷三四，页8上—11上，《吴文正公从祀论》。

〔2〕 此事及引文，见《清朝文献通考》（《十通》本），卷七四，页5540—5541，《学校十二》。

〔3〕 琴川居士辑，《皇清奏议》（台北：文海出版社，1967，影印原刻本），卷三四，页18上—20下，兵部尚书甘汝来《奏为请复先儒从祀以崇正学以裨圣化事》疏。

〔4〕《清朝文献通考》（《十通》本），卷七四，页5540—5541，《学校十二》。

〔5〕《清朝文献通考》，卷七五，页5545，《学校十三》。

〔6〕《大清高宗纯皇帝实录》（台北：华联出版社，1964），卷五四，页6上，乾隆二年十月丙戌条。

而积极促成其事的，正是吴澄的著名异代乡人临川李绂。李绂是清初的陆学巨子，[1]为学私淑于陆九渊和吴澄，故而给予吴澄的维护，尤见亲切有力。乾隆元年十二月至次年五月间，李绂任官三礼馆副总裁，[2]以不解于康熙九年蒋超请复吴澄从祀不获之事为由，作《吴文正公从祀论》一文，以当可被采用的"私论"。[3]

李绂此文极论张璁采谢铎之论而罢祀吴澄为"尤缪妄"之事。他认为谢铎指责吴澄之"受宋之恩者如此之久，……历元之官者乃如彼其崇，处中国而居然夷狄，忘君亲而不耻仇虏"，皆不能成立。谢氏之所以误，是因他"殆未考于文正公当日进退之详，又不知其仕元不足以为贬也"。为了给回吴澄公道，李氏首先指出：吴氏早厌科举，虽因祖父之命而应试，但在宋时中乡贡后一试不第，便已不再复出，因此没有年轻国在时不仕而迟暮国亡之后反而好进之理，因而他的出仕，并非原于个人的荣禄之想。吴氏多次不赴出仕召命，最后都是在朝廷"具礼督促"或"特起"的情况下，才一出应命，但也每出不久即便归返，并不贪恋荣位。详考吴澄的进退历史之后，李绂对吴氏"忘宋仕元"这个关键性的大是非，作了如下的说辞：

> 公之在宋也，虽膺乡荐，未沾一命，犹苇布士耳，身无文（天祥）谢（枋得）之官，不得责以（伯）夷（叔）齐

---

〔1〕 关于李绂与清代陆王学派的近刊专书，有 Chin-Shing Huang, *Philosophy, Philology and Politics in Eighteenth-century China*：*Li Fu and the Lu-Wang School under the Ch'ing*（Cambridge：Cambridge University Press，1995）.

〔2〕 杨向奎，《清儒学案》（济南：齐鲁书社，1994），页 557，冒怀辛撰《穆堂学案》。

〔3〕 以下所引李绂之论，见《穆堂初稿》（日本九州大学图书馆藏雍正壬子序刊本），卷三四，页 8 上—11 上，《吴文正公从祀论》。

之节。至于天下归元已久，率土皆臣，十召而不起，甫进而旋退，官止于师儒，职止于文学，有终日之介，无三年之淹，其于进退，夫复何憾！

旧无官而新出仕，吴澄原属自由之身，并无违反人臣之义。李绂又再举箕子为殷臣而受命于亡殷之周的故事，以证"盖君臣之义，无所逃于天地之间"之理。率土之滨固然莫非王臣，但易代时候之抗节与否，则实因位势而定，不可泥执一端。故此："疏远之分，既可以不死，敦促之势，又不容不出，必抗节不屈而后可，将箕子不得为仁人乎？"以吴澄而视箕子，其出仕于元根本不算不义。

同样重要的是，在出处的问题上，吴澄和许衡的情况其实并无二致。吴澄之在宋与许衡之在金，"其迹正同"，二人都是在国亡之后仕元的，而许衡所得之官位，较之吴澄尤为荣显，论者于许衡既"未闻以忘君亲、事仇虏责之者"，则以此责之吴澄，实不公平。李绂或许知道金与元同为异族政权而宋与元则否，将对吴、许二氏之比较增添复杂，故又强调："至中外之分，则尤未达于理"。他认为《春秋传》所说的内夏外夷，只有居中抚外的亲疏远近之意，并无直视四裔为非我族类之意；一君主"既为中国之共主，即中国矣"，如必绌而外之，不事其朝，则亦不合乎"圣人素位之学"。

李绂的另一辩论要项，是指斥焦芳所谓杨士奇以乡里私庇吴澄从祀之说为"其谬尤甚"。这是因为，请从祀吴澄的举人蒋明是湖广人（其实他是南直隶昆山人），[1]议其事的衙门是礼部和

---

〔1〕 蒋明传记，见明张大复撰、清方惟一编，《吴郡人物志》（台北：明文书局，1991，影抄本），页60上一下。

翰林院而非内阁，而主其议者为礼部尚书胡濙而胡氏又是南直隶人，故此事情不能说是出于乡人的私庇。相反，"焦芳为刘瑾私人，士流不齿，或公议倾傅（瀚），亦未可知"。

李绂的以上证论，有详审之处，也有牵强之处。在用相关人物的籍贯来作论断依据一处，他的辨证便显得浅而不周。他毫不考虑到杨士奇作为内阁首辅和顾命大臣在参与议论时的决定性影响力，便是避重就轻的表现。他用模拟的方法来推测焦芳的立说意旨，一样也不足够否定焦芳所论的可能性。但他的议论重点却是很明确的：在出处问题上，吴澄与许衡无异，亦即仕元无罪；在从祀事情上，杨士奇没有私庇乡人，亦即议论惟公。吴澄之罢祀，全出张璁妄听焦芳不足为据之言所致，因此应该复祀。

承李绂此一"私论"而将复祀吴澄之事形诸奏章的，是李绂的长官兵部尚书三礼馆总裁甘汝来。甘氏上《请复先儒从祀以崇正学以裨圣化疏》，[1] 其主要立说与李绂所论者无异，只是在奏疏开头综述吴澄学行成就之处，实际上用了杨士奇议论吴澄从祀文字的辞意，而在结尾处，又强调了吴澄于经学有如下的成就和贡献：

> 吴澄所著《礼经》诸书，援据精切，义理融贯，辟俗学之浅陋，发前贤所未发，实能羽翼经传，昭示来兹。

因而当依"有功于圣道者则祀之"的祀法予以从祀，才能不令"澄之真儒实学，终（禋）［湮］没而不彰"。此奏获准，吴

---

[1] 以下所引甘汝来之议论，见琴川居士辑，《皇清奏议》卷三四，页18上—20下，兵部尚书甘汝来《奏为请复先儒从祀以崇正学以裨圣化事》疏。

澄终于在罢祀二百零七年之后，重新得予从祀孔庙之列。

八、吴澄从祀崇黜的时代意涵

吴澄以上经历明清二朝五百多年的从祀崇黜历程，反映了不同时代对于有功儒道的标准的不同认定，亦即对于儒学内容重点与价值所在的不同认定。元末至明宣德末年吴澄获祀的一百年间，吴澄在儒学的传统上是被一致认为成就和许衡相等，故而应和许氏一样的获得从祀。许氏以其所得之儒道大用于世，有所谓的任道之功或行道之功，亦即使儒者之道在政治上得以施展作为。吴氏则以其所得之儒道深及于人，有所谓的明道之功。他所及的人指的是读儒书以入仕的一切士人，尤其是国家的各级官学学生。他的明道之功，是基源于他的明经贡献，而其明经表现，则是他的丰富而有所创新的经注著述。许、吴二氏并论，表现的正是一种仕学无分轩轾的理念。

但行道与明道同功的意涵其实有二。其浅者则为明经著述的本身成就，足以使学者成为真儒，其成就大者甚至可获从祀的报答。明人如杨士奇、刘定之、彭时等在赞扬吴澄时强调吴氏的问学之功和说经之作为朱子之后一人，目的正在论证此点。他们又同样地站在明朝的官方立场上，认为国家在法定有规范性的《五经大全》、《性理大全》等书里采用了吴氏的经说，正是吴氏的贡献受到国家肯定的客观表现，故此应予崇报。他们用的是最原始的从祀标准，亦即唐太宗贞观二十一年（647）所定的"代用其书，垂于国胄"的标准，[1]恰好显示了著述正是衡量儒者学术之真和学问之大的主要指标。

---

[1] 马端临，《文献通考》（《十通》本），卷四三，页406，《学校四》。

深刻一层的意涵则是，经说著述实为真儒大儒的不可或缺条件。著述本身就是一种实践，明道本身也就是一种行道。揭傒斯称吴澄有实践之功，杨士奇称吴澄"进退卓然君子"，其实都并非单纯地指吴澄的恬淡仕宦表现，而是并指他超乎仕宦行为的生命表现，亦即他的道问学以明经的具体表现。

但更大的问题则在于行道和明道之儒所须行须明之道究为何道。这便成了认定儒道内涵和真正意义的关键问题。这个问题出现在吴澄获得从祀三十多年后新的一代人物身上。丘濬、谢铎他们在承认吴澄的经说成就之余，却不遗余力地指责吴澄忘宋仕元或忘君仕仇为不可原宥的违道叛道之罪，正是他们对儒道含义的认识异于杨士奇等前人的表现。他们的立场反映了两个重要的学术思想转向。第一，言教不必能忠实反映身教，而身教则才是言教的真正价值所在。第二，儒道的最高或唯一的义理是明伦之教；无裨明伦之道的经说，只是粗浅的儒学，而不足明伦的行为，更非真儒之学。这两个思想转向的实际结果是：儒道既然无非五伦之道，而五伦则以君臣居首，不忠于本朝之君者的学问，便不可能是真的儒者之学。儒家《六经》最重要者，是孔子所作的《春秋》，而《春秋》之要义则为尊王攘夷和内夏外夷，臣事异族者的学问，也不可能是真正的儒者之学。身为宋臣而学绍朱子的吴澄，其仕元因此便是违反儒者伦理和不符儒者身教的表现，由此而可见，他的纯粹的释经之学并非真儒之学，他的个人也就不当见容于道统之中。

这种身教可以涵盖言教、尚行重于尚言的理念，在明代中叶开始变动的思潮中正是居于主流地位的理念。吴与弼（1391—1469）、胡居仁（1434—1484）、陈献章（1428—1500）、王守仁等的学术主张，都是这种潮流趋势的印证。新的潮流对像吴澄这类以说经著述见称的儒者是不利的。

但就吴澄的个案而言，对他不利的，则还有一层现实的、明代中期以来的扶忠政策和仇元情结的作用。明代这种政策和情结的出现，至晚在吴澄获得从祀的同时便已见端倪。洪武二十九年（1396）明太祖采行人司司副杨砥（？—1418?）建议，以汉儒扬雄身为汉臣而"臣事贼莽"罢其孔庙从祀，[1]在见诸天下的典制中强调了君臣之伦的忠节价值。正统元年（1436），亦即吴澄从祀后的次年，朝廷从河南布政使李昌祺（1376—1452）奏请，令江西吉安府春秋于庐陵祠堂官祭忠臣死义的文天祥（1236—1283），以为"千万世臣子之式"。[2]正统六年（1441），广东按察司金事彭琉（1391—1458）奏请，在宋亡之处的厓山立庙以祀为宋死节的陆秀夫（1236—1279），以慰忠魂以振士气。彭琉的陈情旨意和李昌祺的无异，但却强调了"昔宋之微，夷狄乱华，人纪将废"的背景，[3]来突出庙祀陆秀夫的重要性，因而成了用华夷之限来言气节之贵的滥觞。

仇元乃至反元的情感，自此也更日见明显。其中正统十三年（1448）四月南京翰林院侍读学士周叙（1392—1452）请重修《宋史》的事情，尤能引起士人阶层的注意和共鸣。《宋史》修于元代，但元廷却把它与同时修纂的《辽史》、《金史》并列，不以正统归宋。周叙奏疏即引《春秋》、《通鉴纲目》为言，以见宋朝之为贵而元廷之可非：

定名而正统，尊夏而外夷，不以势之强弱而殊分，不以地之偏全而异称。……（元修宋史）至今越百年，凡有志史

---

〔1〕《明太祖实录》（台北："中研院"历史语言研究所，1962），卷二四五，页2上，洪武二十九年三月壬申条。

〔2〕《明英宗实录》卷二一，页3上—下，正统元年八月庚午条。

〔3〕《明英宗实录》卷七九，页5下—6上，正统六年五月己酉条。

学、正纲常者，未尝不掩卷愤叹也。盖宋中华之统，礼乐教化之隆，衣冠文物之盛，仁义忠厚之风，三代以降之所仅见。不幸辽金二虏迭扰其间，后虽南渡，而天命人心实所归附，盛德弘纲，难以泯没。[1]

　　朝廷许可周叙所请，而命他负责重修。周叙隔不数年身殁，其事无所成，但却开了以后私家重修宋史以宋为正统的风气。[2]周叙所强调的中华衣冠文物之正，也是当时士论的同然。周氏上疏的次月，朝廷从山西绛县儒学训导张乾奏，命各府州县儒学元时所塑孔子像左衽悉各改右衽。[3]同年十二月，又从顺天府尹王贤（1385—1467）奏，命"顺天府将文天祥元时所塑的儒士像，改塑为衣宋时丞相冠服"。[4]明人否定元代所定的文化象征，至此见诸具体的实际行动。

　　明人的仇元情感，自正统十四年土木之变以后益见高张，蒙元一朝作为中华正统朝代的定论，大有非予否定不可之势。这从明朝肯定和否定元世祖的历程可以清楚看出。本来明代开国，实以直接元朝之治统自居，洪武初年诏修《元史》之事，即其明证。洪武六年八月，太祖纳御史答禄与权之请，为"五帝三王及汉唐宋创业之君，俱于京师立庙致祭"，建立历代帝王庙，元世祖即为获祀其中的最后亦即时代最近一位，置身于合乎礼部所说的"有功于生民者"之列。[5]洪武二十一年一月，诏以历代名臣

[1]　《明英宗实录》卷一六五，页3下—4上，正统十三年四月己巳条。
[2]　嘉靖中成书的王洙著《宋史质》（嘉靖二十九年序）和柯维骐著《宋史新编》（嘉靖三十四年序、三十六年后序），都是重要的成果。
[3]　《明英宗实录》卷一六六，页8上，正统十三年五月壬子条。
[4]　《明英宗实录》卷一七三，页4下，正统十三年十二月乙丑条。
[5]　《明太祖实录》卷八四，页2下—3下，洪武六年八月乙亥条；卷八四，页4下—5上，同月乙酉条。

三十七人从祀历代帝王庙，元臣占了六人。[1]可见太祖对于元代的贤君良臣的肯定，毫无纤芥之疑。同月，太祖遣官祀历代帝王，则又下诏撤去庙中之隋文帝神位。[2]此实开本朝自罢其所诏祀历史人物之先河，但其尤为重要的意义，则是在评价历代人君之事上，不以种族为是非畛域与去取标准。去隋文帝而存元世祖，在重礼虔祀和勇于更正的明太祖而言，不啻明确肯定元世祖之真为有功生民。元世祖之见重于明帝，至宣宗时还是一样。宣宗论元政有言：

> 世祖知人善任使，信任儒术，爱养民力，故能混一区宇，以成帝业。……使顺帝能恭俭长守世祖、仁宗之法，天下岂为我祖宗所有？[3]

这是吴澄获祀前三年的帝王之见。首先议论吴澄祀事的朝臣们之不以吴之仕元为非，正是此一时代普遍肯定元朝治统的正常反映。这样的历史观感，还要持续数十年才生决然大变。事实上，正统四年（1439）七月，朝廷还命顺天府修元世祖庙于京师。[4]

但对元朝之肯定，却随土木之变而生变。土木之变所带来的明人反外情绪，对明代历史影响深远。[5]而对以元世祖为代表的

---

[1]《明太祖实录》卷一八八，页5下—6上，洪武二十一年一月甲寅条。

[2]同上书，页6上—下，洪武二十一年一月戊午条。

[3]《明宣宗实录》（台北："中研院"历史语言研究所，1964），卷九三，页6下，宣德七年七月癸未条。

[4]《明英宗实录》卷五七，页3上，正统四年七月乙卯条。

[5]此点 F. W. Mote, "The T'u-mu Incident of 1449" 一文有所讨论，见 F. A. Kierman, Jr and F. K. Fairbank, eds, *Chinese Ways of Warfare* (Cambridge, Mass.: Harvard University Press, 1974), pp. 243-272.

元朝的公开反感，也首先发于身历土木之变的年轻士大夫一辈。丘濬《世史正纲》一书对元朝历史给以"无统"的处理，[1]乃至谢铎请罢吴澄从祀奏疏所言，均为反映成化中期以后此辈官负教化之责时的情意深结。弘治十五年（1502）十月，亦即谢铎再疏请罢吴澄之次年，广东布政使周孟中（1437—1502）奏请于江西庐陵为文天祥建忠义庙，又请以佐文起义的赵时赏等四十余人配祀于庙。朝廷从其所请，作为对文、赵等人在"胡元侵扰，君臣播迁"时所表现出的忠义节气的崇报。[2]可见，丘濬、谢铎等的言论并非孤立的个人之见，而是影响或反映一时代人的心情议论之言。

吴澄罢祀的次年，嘉靖十年（1531）九月，翰林院修撰姚涞（？—1537）上疏请黜元世祖于历代帝王庙，以正祀典。礼部奉命复议，主张宜从百余年所遵守之旧制。因为：

> 胡元受命九世，世祖最贤，其一代之治，有足称者。所谓夷狄而进于中国则中国之，亦《春秋》与言之法。且自古帝王常优崇胜国，以昭忠厚，太祖神谋睿断，必有见于此（祀元世祖之事）。

礼部从元世祖的个人成就和明太祖对他的肯定两方面来肯定他，结果"上从之"，姚涞所请不获通过。[3]但士论和朝议的主

---

〔1〕 丘濬在《世史正纲》所表现之史学种种，李焯然，《明史散论》（台北：允晨文化，1988），页58，《丘濬之史学——读丘濬〈世史正纲〉札记》一文有所讨论。
〔2〕 《明孝宗实录》卷一八六，页1下，弘治十五年四月乙巳条。
〔3〕 此事以及以上引文，见《明世宗实录》卷一三〇，页1下—2上，嘉靖十年九月癸丑条。

流，却仍是否定元朝的趋向。最后嘉靖二十四年二月，礼科给事中陈棐上言"元世祖以夷乱华，不宜庙祀"。这次廷臣奉命集议的结果，却是同意陈棐所请，世宗也如廷臣所议。于是元世祖在南北两京帝王庙的像设被撤，其庙祀碑文被改，元代君臣神主被毁。[1]明廷彻底地罢黜了元世祖的庙祀，也正式否定了元朝在历史上的正统朝代地位。

对于罢祀元世祖从而否定元朝正统地位的做法，明人也有不以为然的。万历时代的徐学谟（1532—1594）便不同意姚涞之说，认为"历数之传，虽有华夷之辨，要皆天命所属，即夷狄，自不能废之矣"。[2]史家谈迁（1594—1658）也不以嘉靖二十四年的决定为是，而认为明太祖念元世祖"平宋而遗安天下者殆百年"之功而祀之的做法是正确不过的。[3]但他们其实只代表了少数的意见。在仇元的主流思想的影响下，吴澄"忘君事仇"的罪名，较诸其"忘宋仕元"、助夷狄以乱华夏的罪名，可以说是相对轻了。他在这时期内被黜从祀，几乎成了自然之事，而为他复祀之说，一时也成了儒臣的忌讳。假如不是吴澄在经说上的成就确实卓越无比的话，恐怕他连被恢复乡祀的机会也不可能出现。

明人的仇元朝、反异族统治的情结，是吴澄被罢黜孔庙从祀的症结所在。明乎此点，则清廷之终于为他恢复地位之事，也就属于情理之内的事了。李绂为吴澄辩护仕元无罪的理据是，夷狄既主中国，则中国即当以之为君，而"君臣之义，（则）无所逃于天地之间"。这对多数明人而言，是不够说服力的。因为元人之入主中国，并非宋人有必不容诛的罪过所致；况且元人虽主中

---

〔1〕《明世宗实录》卷二九六，页2下，嘉靖二十四年二月庚子条。
〔2〕《国榷》卷五五，页3451。
〔3〕《国榷》卷五八，页3669。

国，却未化于中华之伦理礼义。故此，夷夏之限始终是应该存在的。但对异族主宰的清廷而言，李绂之说却正合乎情理；况且吴澄也确实未仕于宋，不能算是清高宗所鄙视的"贰臣"。其行无过而其学有功，吴澄之仕元既非儒者之玷，其从祀自然应予恢复。

九、余 论

本文有关吴澄从祀经过的考述及其崇黜原因的探讨，显示了在儒者从祀孔庙的标准上，一贯性的原则在不同时代里有其受到偏重之处。原则上，获得从祀的儒者，必是在事业和行为上对儒道有功，尤其对给予从祀的朝代有功。儒者的事业指的是其言行之实在。儒者必为学者之师，不管其职业是否直接与授徒之事有关，故其言行之表现，便是其言教亦即著述与其身教亦即道德行为的表现。身教和言教理论上和理想中是合一不分的一体两面。但在从祀历史开始的唐代，真儒的标准却是以言教为主。唐代所用的"代用其书，垂于国胄"的标准，明显只从儒者为朝廷所肯定和重视的著述着眼。故当时获准从祀的儒者，都是先秦至汉晋的著名经师。但这些经师之中却有史书明载有遗行甚至有恶行之徒。明儒承宋儒所强调的言行相符始为真儒之教，一般对这样有学无行的前代经师都持之甚严，不认为其释经之学即是儒学，乃至有将他们罢祀之事发生。时代越后，明朝的真儒标准越是强调身教多于言教，这点从吴澄的从祀历程正好得到反映。

吴澄获祀的年代，儒学的内涵相对强调的还是言教和释经的著述。吴澄的著述反映了他在各方面的成就和贡献，论者认为他因此能明道，亦即有功于行道，故而对其从祀孔庙，大都抱持乐观其成的态度。从祀过程中的近地相亲和乡党荣耀因素不是没有，但却不是决定性的。

吴澄的真儒地位开始受到批评时，也正是明代学术从相对重知转向相对重行的时代。一种形式的反智识主义，已在著名的儒者中开始传行。[1]所谓明道与否，已不再只从文字上便能判断；行为本身才是判断的标准。人而无行，则其所说亦绝不会有助于明道，于是身教、操守、以行视言的主张成了儒学内涵的新强调。吴澄的出处受到质疑，因此便不算是大违情理之事。其实许衡也受到一样的质疑，只是他的生平和吴澄毕竟有异，所以也不像吴澄般遭到黜祀。

明代政治上强调的忠节思想和内夏外夷思想，也影响了儒学的内涵。吴澄黜祀于嘉靖九年（1530），在时间上只可说是巧合，但在时代的趋势上却可说是近于必然。土木之变后种族思想抬头，导致夷夏畛域的重新厘定。元朝的正统地位，最终尚且遭到否定，吴澄作为宋之遗民，不隐居高尚而出仕于亡其国之异族，律以最高的道德标准，自然不可能为此期的儒者所见谅。明初尤其正统朝以来的扶忠政策和忠臣死节价值观的灌输，强调了儒者政治操守的重要性。这种思想在嘉靖朝早年的大礼议时代，尤其别有意义。[2]孤立的新君明世宗，在和旧派朝臣激争的议礼事件中，所需要的就是不怕死难而能向他克尽忠节的人臣。帮助他的新进之士如大学士张璁等，自然也刻意地使自己表现为忠节之臣。在厘正孔庙祀典的事情上，凸显吴澄忘宋仕元之为不忠，在

---

〔1〕 此点参看余英时，《历史与思想》（台北：联经出版事业公司，1976），页 87—119，《从宋明儒学的发展论清代思想史》一文。

〔2〕 关于"大礼议"事件的近年研究，有 Carney Fisher, *The Chosen One: Succession and Adoption in the Court of Ming Shizong* (Sydney: Allen and Unwin, 1990); Hung-Lam Chu 有持论不同的书评，见 *Harvard Journal of Asiatic Studies*, Vol. 54, No. 1 (1994.7), pp. 266-277。

一定意义上也便隐现了他们冒险犯难之为尽忠。议礼新贵们的心曲，李绂看来没有领会到，因而他会只顾斥责张璁采信焦芳之言为妄缪。

儒者从祀孔庙，本来是朝廷标示学术主张和表彰模范的事情，本质上是政治性多于其他的。但为吴澄恢复从祀请命的人，却多数以当时与吴澄经学不类的空疏学术为立论对象，认为表彰吴澄有助于改善学术风气。明廷终于给予吴澄地位部分的恢复，正是对这问题有所正视的表现。清廷之恢复从祀吴澄，自然是不同时代不同种族政权的不同作用的结果，但客观上也是盛清时代那种博学考据的道问学学术主张彰显于世的效应所致。促使吴澄从祀历程历其所历的，始终是一种实在而微妙的政治与学术互动。

《王文成公全书》刊行与王阳明从祀争议的意义

一、引　言

　　阳明学说在中国思想史上的特色和阳明事功在明代政治史上的突出地位，向来是学者周知和乐道之事。阳明在这两方面的成就，不仅使他个人光辉史册，也令学术与事功结合这一儒家理想，更为后人所称述向往。可是，当具体的个人成就变成了抽象的众人理想时，众人的理想，也便往往美化或简化了具体的个人。这即是说，后人认识及议论前人，往往只就其人的结局着眼，因而忽视甚至无视结局前的言行历程。以王守仁（1472—1529）而言，尽管明代人对他的言行看法不一，并且遗下为数可观的争议，现代一般人却只会或只能单纯地认识阳明是个伟大的人物。这种情形，显示了伟人们可以事指和可以名称的成就，往往能不期然而然地使人们造成伟人等于完人的偏差观感。自然这和伟人们本身无关，而是仰慕称述伟人们的后人之事。也可以说，这既是个历史的现象，也是个史学的问题。阳明学说和事功所给予后人的印象，正好为这个历史和史学的双重问题作说例。

　　"知行合一"和"致良知"是伟大的学说，平宁藩和平藤峡又是动人的功绩，阳明的结局既然如此不朽，后人对阳明的认识，便很容易走上公式化一途。近数十年来论述阳明的文字，除了适应政治要求而肆意攻击的一类外，大部分都可说是伟人即是完人这一公式的注脚。所谓此亦一公式，彼亦一公式，无怪说阳明学说的精粗或事功的优劣的不少，说阳明实际行事经过的不多，说明朝尚盛时士大夫对阳明的看法的更少。本文拟借隆庆、万历间明朝内外官员对阳明从祀孔庙一案所发的不同议论，以见时人对阳明个人学行的各种看法，同时检讨这些议论的含意，使历史的实相尽量得以还原。至于阳明学说的纯疵和阳明事功的高下，则非措意所在。

明廷从祀阳明的典礼，实际上到了万历十二年（1584）才正式举行，但在万历二年（1574）时，已大致决定了予以从祀。隆庆、万历之交的两年中（1572—1573），参与辩论阳明从祀的朝臣，为数甚多，他们所发的议论，各甚其词，赞成与反对其事的双方，形成明显的壁垒。在这两年中，杭州和南京二地先后又有刊刻《王文成公全书》之事，而编刊《全书》之人，又实际参与了朝中从祀的争议。可见阳明《全书》问世和阳明从祀庙议两者之间，存着了相当的关系。这个关系向来未受注意，所以不只当时议论的真相，不见于一般的研究文字，即使《王文成公全书》这一重要书籍的编刊者，也没有适当的传记可考，连带《全书》二次刊刻的年份，也未正确地著录于权威性的书目中。我们唯有把这一连串相关的问题解决，才能看出上述那个关系的真相，从而得以较全面地了解当时人们对阳明的实际看法。

二、从祀阳明历程的开端

万历十二年（1584）十一月，王阳明正式入祀学宫，成为朝廷敕定的真儒。[1]此时距离阳明逝世，已经超过半个世纪，而这项殊荣的获得，极不容易。尽管阳明在世时门徒众盛，勋业昭著，阳明一旦逝世，世宗入桂尊（1531年卒）等所奏，不但没有如例给予应有的追封赠谥等恤典，反而下诏停止已封的世袭新建伯爵位。直至穆宗即位，由于廷臣追颂他的功劳，才又诏赠新建侯，赐谥文成。到了隆庆二年（1568），又予世袭伯爵，并命其子正亿实袭，阳明身后的政治声誉，才全着实恢复。[2]

　　请求从祀阳明的努力，与恢复阳明爵禄的事一样，同在隆庆初年出现。可是进展并不顺利，即使王门名人徐阶（1503—1583）尚居首辅之时，也没生效。[3]事实上，直到隆庆元年五月高拱（1512—1578）罢相后，[4]若干朝臣所提出从祀明代名臣的建议，才能正式进行讨论。当时议请的情况，大致如下：首先有给事中赵轼（嘉靖二十三年［1544］进士）、御史周弘祖（嘉靖三十八年［1559］进士）请祀薛瑄（1389—1464），和御史耿定向（1524—1596）请祀王守仁。元年六月礼部奉命会议二疏，结果请求没有通过。薛瑄的情况，礼部回奏引世宗所言，"谓公论久而后明，宜俟将来"。至于阳明，礼部则说"世代稍近，恐众论不一"，因请翰林院詹事府左右春坊及国子监儒臣"广谘博讨，

---

〔1〕《明神宗实录》（台北："中研院"历史语言研究所，1966）卷一一五，页2865—2868，万历十二年十一月庚寅条。

〔2〕《明史》（北京：中华书局，1974）卷一九五，页5168—5169，王守仁本传。参看 L. Carrington Goodrich and Chaoying Fang, eds., *Dictionary of Ming Biography, 1368 -1644*（New York：Columbia University Press, 1976），p. 1415；《明穆宗实录》（台北："中研院"历史语言研究所，1966）卷七，页218，隆庆元年四月甲寅条；卷二五，页696，隆庆二年十月壬寅条。

〔3〕参看《明史》卷二一三，页5631—5637，徐阶本传；*Dictionary of Ming Biography*, p. 570.

〔4〕《明穆宗实录》卷八，页235，隆庆元年五月丁丑条。

撰议进览，仍下本部会官集议，以俟圣断，"穆宗"是之"。[1]是年十月，户科给事中魏时亮（嘉靖三十八年［1559］进士）请将薛瑄、陈献章（1428—1500）、王守仁并祀，"章下礼部议"。[2]《实录》没有记载这前后二事覆议的结果，而再请从祀的奏疏，要到三十三个月以后的隆庆四年中才再出现。在这段期间中，隆庆二年七月徐阶致仕，三年十二月高拱再度入阁为首辅。[3]

请祀阳明的事，徐阶致仕后，渐见不利，到了高拱再度回朝，情势更趋恶劣。高拱对于官员会聚讲学的事，向不赞成，对于阳明的学说，也不见得信服。在他再度执政的两年半中（到六年六月再度罢官为止），除了五年九月下诏从祀薛瑄一事外，[4]中外官员再没有请祀明臣的纪录。相反的，四年三月朝廷却从礼科给事中胡价（嘉靖四十一年［1562］进士）所请，禁止督学御史聚徒讲学。[5]此事史家谈迁（1594—1658）指出是因针对徐阶提倡讲学所造成的后果而发。由于官员群效置社讲学，导致"舍官守而语玄虚，薄事功而课名理"的现象，所以他认为这项特殊的禁讲学，实有"敦崇实行"的美意。[6]高拱不但禁止宪臣讲学，还借题禁止奏疏繁词。四年七月，"刑部右侍郎游居敬（1509—1571）请以宋罗从彦（1072—1135）、李侗（1093—1163）从祀孔庙，时方禁章奏繁词，而居敬累数百言，上以犯明

〔1〕《明穆宗实录》卷九，页261，隆庆元年六月丁未条。

〔2〕《明穆宗实录》卷一三，页358，隆庆元年十月丙申条。

〔3〕参看《明史》卷二一三，页5638，高拱本传。

〔4〕《明穆宗实录》卷六一，页1484，隆庆五年九月戊辰条。

〔5〕《明穆宗实录》卷四三，页1075，隆庆四年三月庚午条。

〔6〕谈迁，《国榷》（北京：古籍出版社，1958）卷六六，页4128。按：《国榷》胡价作胡槚，误。胡价，湖广宜城人，见朱保炯、谢沛霖编，《明清进士题名碑录索引》（上海：上海古籍出版社，1980），页1727。

禁，命夺俸三月"。[1]游居敬所奏请的，既是名贤从祀的大事，理必详陈名贤的功德学术，"繁词"势所难免，而且也是自然和必要的事，所以"犯明禁"，只是托词，禁请从祀才是底因。这个"禁章奏繁词"的命令，和此后二年中没有请祀的事实，明显有关，可说是王门中人或为阳明请命者的克星。游居敬事件发生后的第四个月，王门在廷的唯一大员，大学士署都察院事的赵贞吉（1508—1576），也在与高拱忿争不胜的局面中致仕，[2]可以赞议阳明从祀的实力，至此可说全部消失。

隆庆五年九月，有诏薛瑄从祀孔庙，成为真儒。"真儒"一词，是当时议请从祀的奏疏中的重要常用语，[3]真儒与从祀，有着直接的因果关系，所以朝廷这次从祀薛瑄的决定，不啻是说阳明及其他被举从祀的并非真儒。王门中人及崇拜王学的人的不满、不甘和不服，自是情理中事，但他们除了坐待时机，卷土重来之外，又做了些什么积极而有建设性的事呢？他们做的可能很多，甚至可能包括导致高拱垮台的事，但与从祀阳明最有关和最值得注意的，却是谢廷杰编刊《王文成公全书》一事。

三、《王文成公全书》编刊者谢廷杰事略

谢廷杰不只编辑《王文成公全书》，实际上还参与该书于隆庆六年（1572）在杭州和万历元年（1573）在南京的刊刻工作。

[1] 《明穆宗实录》卷四七，页1192，隆庆四年七月癸巳条。
[2] 《明穆宗实录》卷五一，页1279，隆庆四年十一月乙酉条。按：高拱、赵贞吉之争，与是年京察官员去留一事尤其有关，事见同书卷五〇，页1265，隆庆四年十月壬戌条。参看 Dictionary of Ming Biography, p.120，《赵贞吉传》。
[3] 上引《明穆宗实录》卷九，页261，隆庆元年六月丁未条，给事中魏时亮奏中所见，即其显例。

单凭这项会聚传播王学文献的贡献，他也理应在当时和后世的阳明学界中占有一席地位。然而有关他的事迹的记载，竟然意外地稀少，甚至连《明人传记资料索引》一书，[1]对他也不能有所引载。他是江西新建人，但明清两代的江西省府县志，却未见到他的传记。[2]明人所辑比较重要的本朝人物传记碑志集中，也没见到他的传记。《八十九种明代传记综合引得》所列及的唯一资料，[3]出于万历末年的《兰台法鉴录》，该录所载谢氏传记，只有六十三字。从这点资料，不但无法知道谢氏的生卒年份，连他的别字也举不出来。[4]其实《国朝列卿纪》也有关于他的记载，可惜只得三十七字，[5]所载也没有超过《兰台法鉴录》的范围。另外《嘉靖三十八年会试录》，记载他出身县学生，以《书经》中会试第一百零六名。[6]这些记载对于谢氏的学行宦业，均无发明。只有隆庆一朝（尤其五年起）的《明穆宗实录》和万历二年四月前的《明神宗实录》，还记录了不少关于他的任转迁调的情况，并节录了若干他所上的奏疏，使我们还可略见他在隆万之交四年中的在官活动。此外，徐阶《王文成公全书序》中，也有一些称扬他的概括性描述。下文便是参稽上列各种资料，略述谢氏的仕历和宦迹，至于他与疏请从祀阳明及编刊阳明《全书》直接

〔1〕 台北："中央图书馆"编印，1965—1966 年。

〔2〕 山根幸夫等编，《日本现存明代地方志传记索引稿》（东京：东洋文库，1964），不见其名。康熙十九年（1680）序刊杨周宪纂《新建县志》亦无传记。

〔3〕 哈佛燕京学社编印。北平：1935 年。

〔4〕 何出光（万历十一年〔1583〕进士）纂《兰台法鉴录》，（北京：国家图书馆藏万历四十年序刊原本微卷）卷一八，页 1 上。

〔5〕 雷礼（1505—1581）纂，《国朝列卿纪》（台北：成文出版社，1970，影印万历二十年后刻本）卷九七，页 7 下。按：此书雷礼始创，其子雷澂瀛、孙雷条续加补修。

〔6〕 李玑等编（台北：学生书局，1969，影印原刊本），页 20 下。

相关的事，也将在以下各节随文表见。

谢廷杰，字宗圣，江西新建人，县学生，嘉靖三十四年（1555）举人，[1]三十八年以《书经》会试中式，成进士。[2]隆庆元年考选科道，由工部主事改浙江道监察御史，[3]次年督理屯马，[4]五年七八月间，出任浙江巡按，明年七八月间回道，[5]九月奉差提调南直隶学政，[6]至万历二年三月，入升大理寺右寺丞，[7]本年六月降沂州判官。[8]此后任职情况《实录》再无记载。《沂州志》亦无有关记载，[9]可能根本没有上任。他的宦历从此结束。根据科试被他取录的万历二年状元无锡孙继皋（1550—1610）所说，谢廷杰"被谗下迁，又十五年而卒"，卒后未能及时成葬。可知他卒于万历十六年，家境落拓，不是巧宦之辈。[10]

谢廷杰外降之故，已无可考，但以《实录》所载看，他无疑

---

〔1〕谢氏中举年份，见清赵之谦等纂光绪七年刊《江西通志》卷三〇，页22下（选举表中）。谢氏别字，见徐阶所撰《王文成公全书序》中。

〔2〕李玘等编（台北：学生书局，1969，影印原刊本），页20下。

〔3〕《明穆宗实录》卷一四，页398—399，隆庆元年十一月癸酉条。

〔4〕《兰台法鉴录》卷一八，页1上。

〔5〕此职任命日期，《明穆宗实录》失载。按：明制御史出巡按，例一年回道，见《大明会典》（台北：东南书报社，1964，影印万历间刊本）卷二一〇，页2上。据《明神宗实录》（卷三，页102），下任浙江巡按命下于隆庆六年七月辛丑，故知谢氏出任浙，当约前此一年。徐阶撰《王文成公全书序》中，亦谓谢氏隆庆壬申（六年）在浙。

〔6〕《明神宗实录》卷五，页202，隆庆六年九月辛亥条。

〔7〕《明神宗实录》卷二三，页595，万历二年三月甲申条。

〔8〕此事《明神宗实录》失载。文见上引《兰台法鉴录》。《国朝列卿纪》载事在六月，唯不注降调地为沂州。

〔9〕徐汝冀等纂，《沂州志》，万历四十七年（1619）序刊本。按此志载州判官甚悉，唯万历四年（1676）前任者，均未见到，未审何故。

〔10〕孙继皋，《宗伯集》（上海：上海古籍出版社，1987，《文渊阁四库全书》本）卷六，页83上一下，《与徐泰和惺勿》。

是个能干和肯任事的巡按御史。隆庆五年冬至六年春间，朝廷曾批准过他三个有所请求的奏疏。第一件批准于五年十二月，所请的是旌表余姚烈妇李氏。原疏中并说："天下贞烈之妇，如此类者不少，只因近来有司拘守簿书，反视风教为末务，以故闺阃懿行，在在沦没，宜申明旧例，令各处搜举以闻。"礼部覆议后，上奏从其所请。[1]第二件批准于六年二月，所请的是"罢客兵以恤疲省，练主兵以济实用"，说的是蓟镇征调浙兵，引起北边他镇效尤，也请浙兵，造成浙江地方经济及治安上的不良后果，因请他省不得借口蓟镇，对浙兵再作征调。结果兵部认为所言合理，圣旨也同意所请。[2]第三件同年闰二月批下，所疏"勘报嘉靖三十四年（1555）以来御倭失事指挥张大本等，义士沈宏、沈惟明，及死贼节妇章氏等八人功罪死事状"。有诏罚赠俱行，"章氏等俱如拟旌表"。[3]廷杰在浙江巡按任上，又曾为被诬夺职的故刑部尚书毛恺申请宽恤复官，所请在六年十一月获准。[4]任期满时，又荐浙江境内人才十人。[5]同时又劾台金严道参将何自然柔懦，导致他被革职。[6]并论劾浙江大员左布政使姚世熙和右布政使郭斗奸贪无能，导致前者被勒闲住，后者调简。还有一些府州县官，也因被他劾奏而"调改闲住降革"不等。[7]

对于请求崇祀地方先贤硕德等事，看来他也不遗余力，如巡按浙江时，便曾疏祀成化弘治正德三朝的著名儒臣章懋（1437—

---

〔1〕《明穆宗实录》卷六四，页1530，隆庆五年十二月壬辰条。

〔2〕《明穆宗实录》卷六六，页1590，隆庆六年二月庚子条。

〔3〕《明穆宗实录》卷六七，页1619，隆庆六年闰二月丙子条。

〔4〕《明神宗实录》卷七，页256，隆庆六年十一月乙未条。

〔5〕《明神宗实录》卷八，页295，隆庆六年十二月壬申条。

〔6〕同上书，页310，隆庆六年十二月己卯条。

〔7〕同上书，页310，隆庆六年十二月庚辰条。

1522）于金华府正学祠。该疏隆庆六年十二月下礼部议，[1]万历元年三月覆议从请，[2]次月批准正式入祀。[3]更重要的，自然是他在同年五月疏请阳明从祀孔庙的行动。[4]此疏所言，下文将有引述。谢氏从政事实，我们所能知的，大抵便只如此。

从政之外，他也曾刊印过一些书籍。除了《王文成公全书》外，他曾刊行过刘宗岱（嘉靖三十八年进士）所编的《两浙海防类编》。他本人的著作情况已不清楚，唯一知道的，是他曾补雷礼（1505—1581）所编的《国朝列卿年表》，并加以刊印。[5]

从他编刻《王文成公全书》到疏请阳明从祀一事看来，谢廷杰不独是阳明学说的信徒，也是衷心仰慕阳明成就的后学。这样一个与阳明从祀极具关系的人物，竟然事迹学行未为时人所道，以至后世湮没无闻，这与其说是一种遗憾，毋宁说是一种讽刺。

四、有关杭州本与应天本《王文成公全书》的问题

据权威性书目所载，现存《王文成公全书》最早的两个本子是隆庆二年（1568）的郭朝宾杭州刊本和隆庆六年的谢廷杰应天

---

[1]《明神宗实录》卷八，页296，隆庆六年十二月癸酉条。

[2]《明神宗实录》卷一一，页366，万历元年三月乙酉条。

[3]《明神宗实录》卷一二，页385，万历元年四月癸丑条。

[4]《明神宗实录》卷一三，页425，万历元年五月戊戌条。

[5] 谢氏与《两浙海防类编》、《国朝列卿年表》二书刊刻事，分见 Wolfgang Franke, *An Introduction to the Sources of Ming History*（Kuala Lumpur：University of Malaya Press，1968），pp. 225, 84. 按：中国国家图书馆藏善本《国朝列卿年表》，但题谢廷杰校，不云其补。日本内阁文库藏同书（编号9179），所补处有如 Franke 所述，但亦不题谢为编者，Franke 所记本，笔者未及见，信其必有所据而言。

府刊本，前者不题编者，后者题谢廷杰编辑。[1]两本当中，杭州本流传甚少，应天本流传较广，《四部丛刊》据以缩印而成现在通行善本的"明隆庆刊本"（刊书印记所题），便是这个本子。但事实上这两个年份都不正确。

把杭州和应天两本切实比看后，[2]我们不难得出如下的结论：隆庆二年杭州根本没有刻印《王文成公全书》的事，杭州本其实刊于隆庆六年。应天本不可能刻于隆庆六年，而只能刻于万历元年（1573）。谢廷杰固然是应天本的编者，其实也是杭州本的编者。他不但直接负责应天本的刊刻工作，也参与了杭州本的刊印工作。这些结论，可从以下的考辨获得证实。

杭州和应天两本相同之处，十分明显。第一，二者同为三十八卷，所收诗文的内容相同，其分集分卷以至目录也一样。第二，两本正文前均依次冠以隆庆二年十月十七日赠新建侯谥文成的制诰、同样造型的阳明官服小像和文字相同的像赞五首。第三，在此之后，又接以同样次序排列的旧序五篇和《刻文录叙说》十三则。从这些相同之处，可见两本有依据关系，编辑同出一手。

两本相异之处，也十分明显。除了板式字体不同之外，重要的别异，也有三处。第一，杭州本每册的首页，均列该册（各卷）原编次、辑录（或并有增辑）、校正（或作校阅）、考订（或并有增订）者人名，而应天本则但把这些人名分属"编辑文

---

[1] 《"中央图书馆"善本书目》（台北：中华丛书委员会，1958），中册，甲编，4：页123。王重民，《中国善本书提要》（上海：上海古籍出版社，1983），页582。

[2] 本文所用《王文成公全书》杭州本系据美国普林斯顿大学葛斯德东方图书馆所藏原刊本，应天本则据《四部丛刊》缩印明原刊本。台北"中央图书馆"所藏二本原书概况，荷"中研院"张彬村博士代查惠告，谨此致谢。

录姓氏"和"校阅文录姓氏"二类，列于"序说"之后。第二，应天本书前冠有写刻不署年月的徐阶撰《王文成公全书序》，而杭州本没有此序。第三，杭州本目录前有"刻王文成公全书姓氏总目"一表，共列浙江一省及杭州一府各级官员三十五名，而应天本目录前只有"汇集全书姓氏"一人和"督刻全书姓氏"三人。

这些带有职衔的官员姓名，便是断定这两本刻印时间的关键。由于应天本书前有序，又有"汇集全书"的编者题名，线索比较分明，我们可先予查究。此本所题编刻者衔名如下：

> 汇集全书姓氏：提督学校巡按直隶监察御史豫章谢廷杰。督刻全书姓氏：应天府推官太平周恪，上元县知县莆田林大黼，江宁县知县长阳李爵。

从该表上所题各官的职阶关系看，谢廷杰无疑也是下令刻印的人。谢廷杰出任南畿督学的命令，下于隆庆六年九月，上文已经提及；把赴任前的例行准备和赴任旅途所花的时间算上，他最早也要是年十月才能到南京履任，从而有编刻（其实只是发刻，原故详下）《全书》的事。但表中督刻者之一的林大黼，是次年万历元年才任官应天的，[1]所以隆庆六年根本便没有刊行此书的可能。表中三个督刻官员的职位任期何时结束，我们不得而知，从

---

[1] 林大黼、周恪、李爵三名，分见万历二十年前后补刊王一化等纂《应天府志》（日本内阁文库藏明刊本）"职官表"，卷七，页3下；卷六，页12上；卷七，页6下。据表林大黼系万历朝上元县首任知县，余二人均隆庆朝最后各该任官。姚珅等纂《重刊江宁府志》（光绪六年刊本）卷二六，页4上，及宋若霖等纂《兴化府莆田县志》（光绪五年刊本）卷二四，页52下，二书林大黼传均明注其知上元县为万历元年事。

而无法确定此书至迟可在何时刊出。但廷议阳明从祀的事，既在隆庆六年已经开始，而谢廷杰却一直迟到万历元年五月才能正式疏请从祀阳明，可见他有重要的等待，应天本因此极可能在他上疏前后不久刻成，以作奏疏所说的印证之用。

书目把应天本误作隆庆六年刻本，极可能由于粗看书前徐阶撰序所致。徐阶序中与此书编刻年代及编者有关的文字如下：

> 隆庆壬申（六年）侍御史新建谢君奉命按浙，首修公祠，置田以供岁祀。已而阅公文，见所谓录（指《传习录》）若集（指《阳明文录、别录、外集、续编、年谱、世德纪》等），各自为书，惧夫四方之学者，或弗克尽读也，遂汇而寿诸梓，名曰《全书》，属阶序。……谢君名廷杰，字宗圣，其为政，崇节义，育人才，立保甲，厚风俗，动以公为师，盖非徒读公书者。

可见谢廷杰是首次汇编梓行《全书》的人，而编梓之事，最早只能发生于隆庆六年的浙江。序中没提及谢氏任官南畿的事，也没有提及隆庆六年六月神宗登基的事，可见序作隆庆六年的上半年，原为浙江（杭州）刊本而作，非为万历元年始能面世的应天本而作。书目作者可能只看到序中有隆庆六年汇梓之文，没有同时详看书内已题谢氏南畿新职而序中只提谢氏浙江旧任的不协，因而便把应天本订为隆庆六年所刊。

杭州本不刊于隆庆二年而刊于隆庆六年，最重要的直接根据还是该本所载的"刻王文成公全书姓氏总目"一表。此表共题三十五人，其中最醒目的，自然是"巡按浙江监察御史谢廷杰"一名。正如上文所考，谢氏隆庆五年秋始任浙江巡按，只凭这点，已足否定杭州本刊于隆庆二年之说。谢氏在这表上，排名第三，其前的是"钦差提督军务巡抚浙江等处地方都察院右副都御史户部左侍郎汶上郭朝宾",和"钦差提督军务巡抚浙江等处地方都察院右副都御史新昌邬琏"。据《明穆宗实录》所载,郭朝宾(嘉靖十四年进士)由顺天府府尹升任浙江巡抚,是隆庆五年三月的事,[1]升户部左侍郎,是同年十一月的事。[2]邬琏(嘉靖二十三年进士)由应天府府尹升浙江巡抚,是同月郭朝宾新命下后五日的事。[3]表中二人俱列,可见杭州本的刻刊,始于郭氏任中,成于邬氏任内,而谢廷杰曾与二人先后共事,二人列名于谢氏前,只是长官首衔的官场习惯,可知实际主持其事的,还是谢氏。杭州本刻成,最可能是隆庆六年秋天谢氏离浙前不久的事。这可从下列两点看出:表中有几个官员要晚到该年四月始有官浙的任命,其中最重要的是"浙江等处提刑按察使德化劳堪";据《实录》所载,劳堪这个任命,是六年七月才下的。[4]他能身抵任所,列名梓书者之中,至早也得是八月的事。从另一方面看,《实录》所载同年八月及九月任命的浙江大员,[5]姓名却不见于表中,可见《全书》刻成面世,最有可能的时间,便是隆庆六年的秋天。

书目把杭州本刊年误订之故,也不难推知。首先,此本未载徐阶的原序(其故下文分析),所以看不到隆庆六年的线索。其次,书首有隆庆二年十月十七日的制诰,书末所载的数篇奏请阳明复爵的疏议,又没有后于隆庆二年十月二十七日的,再加上对

---

[1]《明穆宗实录》卷五五,页1369,隆庆五年三月壬午条。

[2]《明穆宗实录》卷六三,页1521,隆庆五年十一月丙子条。

[3]同上书,页1524,隆庆五年五月辛巳条。

[4]《明神宗实录》卷三,页77,隆庆六年四月己丑条。

[5]《明神宗实录》卷四,页182,载隆庆六年八月癸未升山东兖州府知府程学博为浙江副使;及卷五,页185,载同年九月甲申升刑部陕西司郎中华汝砺为浙江副使。二人姓名均未见于刻书姓氏表中。

刻书姓氏表的失究，隆庆二年便顺理成章地被当作刊书之年。还有一个足以贻误之处，便是此本和应天本不一样，没有明题汇集者的姓名，以致谢廷杰被疏忽了，书目作者因而也没想到把此本和应天本进行比勘。至于书目把杭州本题作郭朝宾所刊，那只是循官刊书籍题名的惯例而已。

徐阶应谢廷杰所请而写的序，不见于杭州本而见于后出的应天本，其故颇耐寻味。第一个可能是，《全书》刻成和谢氏离浙时，徐序还未到达，以故不及刊出。但这个可能性极微，因为正如前述，徐序对神宗继位这件大事，连丝毫暗示也没有，可见序作于隆庆六年六月以前，亦即谢氏离浙数月之前，况且序文既为杭州本而作，即使谢氏已去，照理和照例也应刊登。另一个可能是，由于该序只提谢廷杰一人对此书汇梓的功劳以及他在任的其他美绩，引起与事的浙江大员们的反感，因而反对以至不令杭州本把徐序刊出。又一个可能则是，谢氏没有把该序授予杭州本的刻者。[1] 揆诸当日时情，最后这个原因可能最近情理，其故留在下段分析。但不管真正的原因怎样，正因此序不见刊于杭州本，谢氏另刻一本，便几乎成了不可避免之事。因为若非如此，则他汇辑此书的贡献，便无法为世所知。他可能辜负了徐阶赐序的雅意。他也可能错过了把大人物序中对他的称许公诸于世的机会。至于下刻出于应天，那只能算是事有巧合而已。

谢廷杰把徐阶为杭州本而写的序改置于应天本前的关键原因，其实牵涉到一些当时官场上的矛盾。谢氏与出现于杭州本刻书官员姓氏表上的三个浙江地方最高级官员的关系，为我们提供了线索。这三个官员，第一个是巡抚新昌邹珣，在浙任期由隆庆

---

[1] 尚一可能，则原刻本载此序而本文所据本脱去，故不见。但"中央图书馆"所藏本亦无此序，故此可能不大。

五年十一月至六年八月。[1]第二个是左布政使新添姚世熙（嘉靖二十九年进士），在浙任期由隆庆五年二月至六年四月（升太仆寺卿）。[2]第三个是右布政使升左布政使封丘郭斗（嘉靖三十二年进士），在浙任期由隆庆五年三月（六年四月升左）至六年十二月。[3]这三人都是谢廷杰巡按浙江任上的本省大员，但事实上姚世熙和郭斗却因被谢氏论劾而遭贬斥。姚氏先为谢所论而由已升的太仆寺卿降调外任，继以吏部所劾"奸贪无忌"被勒闲住。郭氏罪名未详，因论调简。[4]邬琏也因被南京科道所劾，六年八月内被旨调南京别衙听用。[5]杭州本的刻成，大约也在此时。邬琏被南京言路纠劾，是否也与谢廷杰有关，我们不得而知。但谢氏不愿把弘扬阳明著作的盛事，和这些贪污无能的官吏有所瓜葛，却是大有可能的事。退一步说，即使他刻书意不在公，而纯为个人的宦程着想，和这些人联名也是大为不智的事。何况他汇辑此书的事实，刻本内也没有题称，和徐阶序中对他的肯定与称道，并不配合。所以他有意持徐序不发的可能性最大，而他的用意也十分明白。

至于谢氏这样迅速地开刻应天本，是否出于寻求个人声誉之意，却是不易肯定的事。表彰往哲名贤，是在官者乐于从事的美政之一，第一部阳明全书在浙江刻刊，浙江藩臬的官员，也算与

---

[1] 邬琏任期始末，见《明穆宗实录》卷六三，页1524，隆庆五年十一月辛巳条及《明神宗实录》卷四，页173，隆庆六年八月乙亥条。

[2] 姚世熙初任及升转日期，见《明穆宗实录》卷五四，页1349，隆庆五年二月庚戌条；卷六九，页1659，隆庆六年四月辛酉条。

[3] 郭斗初任升任及调简日期，见《明穆宗实录》卷五五，页1355，隆庆五年三月癸亥条；卷六九，页1659，隆庆六年四月癸亥条；《明神宗实录》卷八，页310，隆庆六年十二月庚辰条。

[4] 《明神宗实录》卷八，页310，隆庆六年十二月庚辰条。

[5] 《明神宗实录》卷四，页173，隆庆六年八月乙亥条。

有荣焉。那么，何以应天本虽也由官费所刻，而任事的却只有三个地方小官？从上述谢氏任官的事略看来，个人虚荣似非应天本刻刊的动机。作为南畿督学御史，运用职权来使此书成刻，无疑只属小事，但此书之刻，竟没得到南京当地任何同级或高级的官员的参与或赞助，却是值得深思的大事。这点我们只得从各方时人对阳明的认识评价以致对阳明从祀问题所持态度等处去理解。

五、阳明从祀的再议

请以真儒从祀阳明的奏疏，直到隆庆六年六月神宗即位，高拱再罢后，才再出现。第一道在该年十二月由礼科都给事中宗弘暹（嘉靖四十一年进士）所上，[1] 是杭州本《王文成公全书》刊后数月的事。宗疏上后二日，上文提过的谢廷杰请祀章懋于金华府正学祠的奏疏，也到达朝廷。[2] 但次日又有候选训导侯贵疏提异议，说王守仁"学术不无醇庛，故词多诋伪学，而又以王安石《三经正义》比孔颖达《九经正义》，则议论不无差谬"。[3]三日之后，又有兵科给事中蔡汝贤（隆庆二年进士）请从祀宋儒罗从彦和李侗，所疏亦下礼部议。[4] 可见阳明并非唯一被认为可以或应予从祀的真儒。

万历改元后，群贤从祀的争议更形激烈，与议诸臣的壁垒也更分明，以故一切有关奏疏虽循例下礼部议，而终此年却都没有产生决议。当时群议情形，大致如下：正月先有御史李颐（隆庆

---

〔1〕《明神宗实录》卷八，页294，隆庆六年十二月辛未条。
〔2〕 同上书，页296，隆庆六年十二月癸酉条。
〔3〕 同上书，页297—300，隆庆六年十二月甲戌条。
〔4〕 同上书，页305，隆庆六年十二月丁丑条。

二年进士）请从祀胡居仁（1434—1484）；[1]二月有江西巡抚徐栻（1519—1581）请祀阳明；[2]三月有兵科给事中赵思诚（嘉靖四十四年进士）请罢议阳明从祀，措辞激烈，至有阳明"叛道宣淫"之语；[3]五月有浙江道御史谢廷杰请从祀阳明[4]（谢氏此时尚在南畿，似应天本《全书》亦在此时刊成）；同时南京福建道御史则请罢从祀之议。[5]众意不一，礼部只得"请翰林院等衙门撰进王守仁应否从祀孔庙议"，[6]但争论却仍不息。七月，首先有南京福建道御史石槚（隆庆二年进士）上疏言阳明不当从祀，[7]此疏入后九日，有诏"祀吴与弼、陈献章、胡居仁及元儒吴澄（1249—1333）于各乡社"。[8]阳明一案，仍无着落，于是再过五日，又有户科给事中赵参鲁（隆庆五年进士）争祀阳明之疏。[9]双方针锋相对不已，显然易见。八月有兵科给事中萧崇业（隆庆五年〔1571〕进士）条陈救时五事，第一事题曰"崇正学"，[10]具体内容，《实录》未载，但与从祀之争有关，甚为明显。同月又有礼科给事中石应岳（隆庆五年进士）请从祀布衣陈真晟（1410—1473）；礼部议决，只准"建祠原籍祀之"。[11]万历元年

---

〔1〕《明神宗实录》卷九，页319，万历元年一月己丑条。

〔2〕《明神宗实录》卷一〇，页348，万历元年二月乙丑条。

〔3〕《明神宗实录》卷一一，页366，万历元年三月乙酉条。

〔4〕《明神宗实录》卷一三，页425，万历元年五月戊戌条。

〔5〕同上书，页426，万历元年五月戊戌条。按：《实录》此条引谢廷杰请祀阳明议后，接言"已南京福建道御史又言，疏下礼部"。不但失载御史之名，其所言属赞成抑或反对亦不明。查《实录》七月戊子条所载，此御史当为石槚，如其不然，亦当为其南京同官，所言系反对之议。

〔6〕同上书，页432，万历元年五月庚子条。

〔7〕《明神宗实录》卷一五，页458，万历元年七月戊子条。

〔8〕同上书，页464，万历元年七月丁酉条。

〔9〕同上书，页469，万历元年七月壬寅条。

〔10〕《明神宗实录》卷一六，页473，万历元年八月壬子条。

〔11〕同上书，页485，万历元年八月辛酉条。

争议从祀的最后一疏，是工部办事进士邹德涵（1538—1581）于该年十一月所上，主从祀阳明。疏中并说："求无一诋訾之人，然后议祀，则当首乡原次孔子矣。"[1]此疏虽照例下礼部议，疏中虽对阳明有可訾一点，默作让步，但所请仍无结果。

这场持续进行的争议，显示了争阳明从祀这一问题的政治性。从前述及上列事情中，可以发现直接上疏请从请罢的两京官员，几乎全是御史、给事中之类的言官，比言官地位高的廷臣，全部没有公开表态，而表态的言官们，却又显然壁垒分明。这种让言官率先发难的方式，正是明代中期后在朝政争的典型手段。[2]从上列各官员所持的异议看，似乎高拱派下的官员得势时，便有意借从祀阳明一事，显示他们的能力，到了稍觉失势时，又想借此以示他们抵抗的意志。由于万历元年高拱派和反高拱派双方的势力还能保持一定程度上的均衡，从祀阳明一事也就自然不能有决定性的结果。至于不属两派的官员，自然也不愿公开参与这场内含派系斗争意味的议论了。这个情况，加上南京御史石槚公开反对阳明从祀，也正解释了何以谢廷杰在应天刻刊《王文成公全书》时，只有三员在他直接按部内的地方小官出名负责其事。这个看来不可思议的现象，和这场进行得有如上述的从祀争议，也使我们看出当时的学术之争，不可能也不会与当时的政治之争截然分开。

---

[1] 《明神宗实录》卷一九，页534—535，万历元年十一月甲申条。按：邹德涵系阳明高弟邹守益（1491—1562）之孙，亦为耿定向弟定理之好友。其事略可参看 *Dictionary of Ming Biography*, p. 1310。

[2] 明代言官监察巡按等职责外之在官活动，可参 Charles O. Hucker, *The Censorial System in Ming China*（Stanford：Stanford University Press, 1966），pp. 235 – 254 所述。但本文所述此事及此种政争手段，Hucker 书中，均未言及。

六、隆万间人对阳明的认识及其意义

这场从祀的争议，让我们看出时人对阳明的学术事功看法不一，各自使用不同的手段支持或反对阳明的从祀，对儒者从祀孔庙的标准也有不同的认识。具体的情形，可透过与议的重要奏疏的分析而知。掀动争议的第一个奏疏，即隆庆元年（1567）耿定向所上的，最为重要。此疏先肯定了阳明在政治上的成就，用如下的夸张之词来强调他的政治功绩：

> （武宗末年）天下骚动、江藩宸濠由此乘机窃发，谋危宗社，时非守仁在赣倡义擒灭，今日之域中，殆有不忍言者矣。此其功在国论，章章较著，人所共明也。及宸濠既擒，太监张忠及许泰等，复又诱惑武宗，以亲征为名，巡幸南都，其实阴怀异志，欲逞不轨，时宗社之危，益如累卵矣。全赖守仁握兵上游，随机运变，各恶潜自震慑，武宗因得还京厚终，于以启先皇帝逮我皇上今日万世无疆之业。此其功甚巨而为力尤难，其迹则甚隐矣。[1]

这等于是说，没有阳明，宸濠之乱必不能平，宪宗一脉必断，明室可能分裂，甚至可能易代。没有阳明，武宗必不善终北京，世必别生一局，而世宗未必能入继大统。总之，穆宗所以克继世宗，实因阳明之能奠定宗社。疏文接着才肯定阳明的学术贡献，说：

---

[1] 此疏文载耿氏《耿天台先生文集》（万历二十六年刊本）卷二，页11上。万历十二年（1584）祀事最后集议时，耿氏复上一疏，见同书，卷二，页39上。

至其倡明道术，默赞化理，未易言述。即据所著拔本塞源一论，开示人心，尤为明切。如使中外大小臣工实是体究，则所以翊我皇上太平无疆之治者，尤非浅小。此其功则百千世可颂者也。[1]

照耿氏的看法，阳明的军功，既已挽救明室免于崩溃，阳明的学术，又将有助明室的无边盛治，则从祀阳明，对明朝的统治者，只能有益无害。总而言之，阳明再造明室，理合从祀。

其实耿疏所举事迹，与史实甚有距离。耿对阳明在平定宸濠之乱中所占的重要性的估计，未免轻率。他说武宗在南京且有个人生命危险之事，尤属臆度；如果当时太监与佞幸们真的"欲逞不轨"，握疲兵于千里上游的阳明，也只能遥叹奈何而已。至说世宗之能入继，系于武宗之能厚终京师，更涉附会。其实他这样的夸张，无非意谓阳明对穆宗之能在位，也有大功，故穆宗理应有所崇报。耿疏所论，未见为众人所信服，但却为阳明以至其他儒臣从祀之事提出了一个明显的标准：即事功与学术的结合，才是足称"真儒"的根据。

值得注意的是，耿疏下礼部议，而礼部覆言所议中，竟只字不提阳明平乱的功绩，却只集中评议他的学术成就。说阳明"质本超凡，理由妙悟，学以致良知为本，独观性命之原，教以勤讲习为功，善发圣贤之旨"，[2]刻意把他突出为圣学名贤。议礼诸臣，是否以耿疏中所言阳明功绩无疑而不复申说，抑或认为武功无关从祀，故可不议，我们都不得而知。但离开有实迹可按的事

---

[1] 此疏文载耿氏《耿天台先生文集》（万历二十六年刊本）卷二，页11上。万历十二年（1584）祀事最后集议时，耿氏复上一疏，见同书，卷二，页39上。

[2] 《明穆宗实录》卷九，页261—262，隆庆元年六月丁未条。

功不谈，而特论只能以主观准则决定的学术优劣，诸臣便免不了议礼有如聚讼的结果。所以覆奏最终必说"若守仁则世代稍近，恐众论不一"，也是意料中事。

礼部所恐不一的"众论"究指何事，覆奏中只是引而不发。但以奏中议论薛瑄处反观，可知不一者，并不专指阳明的学说而言，而实指当日诸臣对作为儒者的阳明的个人行品修为而言。覆奏开章明义即说："孔庙从祀，国家所以崇德报功，垂世立教，其典甚重"。其议薛瑄处指出：

> 〔薛瑄〕潜心理道，励志修为，言虽不专于著述，而片言只简，动示楷模，心虽不系于事功，而伟绩恢猷，皆可师法。[1]

又特别提到"儒臣献议，与瑄者十居八九，世宗皇帝亦嘉瑄能自振起"等事。类此"修为"、"楷模"、"师法"等要点，在议阳明之处，全不道及。细推疏意，似谓薛、王二臣虽"皆百年之豪杰，一代之儒宗"，但薛无著述，未建学说，王则事功学说均有可言，而修为未见足称，故云从祀，均需后议。

这种对阳明人品的默疑，到了隆庆六年及万历元年（1573）祀议再起时，更浮于言，成为反对阳明从祀者持以争辩的问题。其中万历元年三月给事中赵思诚所上罢议阳明从祀之请一疏所言，尤为耸听。《实录》载赵氏指责之词如下：

> 守仁党众立异，非圣毁朱，有权谋之智功，备奸贪之丑状。……因列守仁异言叛道者八款。又言其宣淫无度，侍女

---

〔1〕《明穆宗实录》卷九，页261—262，隆庆元年六月丁未条。

数十，其妻每对众发其秽行。守仁死后，其徒籍有余党，说事关通，无所不至。擒定宁贼，可谓有功，然欺取所收金宝，半输其家。贪计莫测，实非纯臣。(章下该部)[1]

总之，就像同年七月南京御史石槚疏中所言："王守仁谓之才智之士则可，谓之道德之儒则未也"[2]的结论一样。赵思诚所言，《实录》载笔明有轻重之别，值得细味。如赵所列阳明"异言叛道者八款"，概不引载，而偏载其攻击阳明行事之语。可见以《实录》史臣之见，当日争点所在，实以品格为主，学说为从。赵疏中以阳明本人与从学门徒并论并疵，尤见其立言有政治的含意。赵氏上疏，正值高拱被挤去位不久，王门徐阶所荫徒众卷土重来之时，故其政治用心，尤为显见。但更值得注意的是，赵疏既下礼部，而继至的主祀阳明诸疏中，竟无一为阳明辩护赵氏所责有关品行各点。疏者们之所以不驳，是由于不能，抑出于不屑，均难断定，但这样的沉默，本身便是极不寻常之事了。

南京御史石槚反对阳明从祀之疏，也是针对事功与学术两者并论。其批评学术处说：

> 致良知非守仁独得之蕴，乃先圣先贤之余论，守仁不过诡异其说，玄远其词，以惑众耳。朱子注疏经书，衍明圣道，守仁辄妄加诋辱，实名教罪人。[3]

接着批评阳明的事功说：

---

〔1〕《明神宗实录》卷一一，页366—267，万历元年三月乙酉条。
〔2〕《明神宗实录》卷一五，页458，万历元年七月戊子条。
〔3〕 同上。

方宸濠未叛，书札往来，密如胶漆，后伍文定等擒宸濠
于黄石矶，守仁尚遥制军中。始则养虎贻患，终则因人成
功，朦胧复爵，报以隆重，若又祀之，不免崇报太滥。[1]

石槚夸张描绘下的阳明，竟成了个不择手段的机会主义者，为了
个人荣耀，不惜攫取圣贤的智慧和兵将的血汗为己有。所说阳明
"养虎贻患"，既昧情事，又伤刻薄。但此疏又下礼部，可见道德
人品仍是阳明从祀的难关。

赞拥阳明从祀的议者，虽未对如上的各种攻击加以驳斥，却
能运用新法，集中为从祀之举，定下不能否定的准则。万历元年
请祀诸疏所揭的从祀标准，其实也只是重申隆庆元年秋耿定向疏
中所寓学术与事功结合之意。特别值得注意的，却是这一回合的
议论中，赞议者把丘濬引为立说权威的事。如五月谢廷杰所
疏说：

学圣人之学者，其所表树，不过学术事功两端。……昔
先臣丘濬有言曰："有国家者，以先儒从祀孔子庙庭，非但
以崇德，盖以报功也。"议从祀者，此其律令。[2]

谢氏所举丘濬语，出丘著《大学衍义补》一书。崇德报功为从祀
应遵的准则，虽是丘氏本意，但谢氏在此却过解丘语，甚或有意
附会，因为丘氏所说的"功"，指的本是"有功于经"者"阐释
经义之功"。[3]无独有偶，与谢氏同意的江西巡抚徐栻在同年二

---

〔1〕《明神宗实录》卷一五，页458，万历元年七月戊子条。
〔2〕《明神宗实录》卷一三，页425—426，万历元年五月戊戌条。
〔3〕《大学衍义补》（弘治元年原刊本）卷六六，页9上。丘氏其他有关从祀之
议论，见同书，卷八〇，页12下—15下。

月的请疏中，亦以"王守仁学窥圣域、勋在王室"为言。[1]徐氏又曾节丘氏书为《大学衍义补纂要》，并先后在福建江西两地刊行。[2]看来拥护阳明从祀的人，为了替自家主张提供论据和为了抵消反对者的压力，调整对策，合力利用本朝至其时为止最号博通和讲究经世实学的名臣的意见，以增强议论的力量。

从争议双方的言论中，我们还可得到另一启发。双方都企图以"功业"之有无作为决定从祀的要项，但当主张阳明从祀的人强调他的在官功业时，反对阳明从祀的人却集中批评他没有儒者修身正心等的"功"和"业"。由此可见，在这场有政治性的争辩中，逻辑性的正名原则并不为识者所恪守：批评心学的人，现在为了批评阳明，却反而大大强调了"正心"的问题。

谢廷杰等所采以学术与事功结合为从祀标准的策略，终于还是成功的。万历二年六月，浙江巡按萧廪（嘉靖四十四年〔1565〕进士）题请从祀阳明。[3]但仍无结果。[4]结果要到万历十二年冬，才在另一场全面议论之后，和陈献章及胡居仁同获祀典。值得指出的是，在这个场合中，神宗引了世宗说阳明为"有用道学"一语，[5]来肯定阳明从祀的合理。世宗所说的"有用"，指的当然是阳明的历次军功。我们知道明代从祀孔庙的四儒中，薛瑄、胡居仁和陈献章的道德人品是无人加以非难过的，唯独阳明不然，訾议特多。神宗所引世宗的话，无形中便也反映了时人

---

〔1〕《明神宗实录》卷一〇，页348，万历元年二月乙丑条。

〔2〕见 Hung-lam Chu（朱鸿林），"The Influence of Ch'iu Chün's Ta-hseh Yen-i Pu in the Sixteenth and Seventeenth Centuries," *Ming Studies* Number 22（Fall 1986），pp. 1 -32，esp. pp. 8 -10。

〔3〕《明神宗实录》卷二六，页659，万历二年六月辛未条。

〔4〕按，《明神宗实录》卷三二，页758，万历二年十二月癸丑条载："以新建伯王守仁从祀孔子庙庭。"所载其实错误，详见本书后两文。

〔5〕《明神宗实录》卷一一五，页2865—2868，万历十二年十一月庚寅条。

并不认为学术本身便足构成"真儒"的意识。推而言之，儒家传统的文武合一的理想，也还没有消失。

从这场从祀争议中，我们甚至可以看出阳明支持者的现实应对策略。当从祀阳明之议尚未认真进行时，从祀薛瑄之议所遭受的阻力，是源于薛瑄没有著作的一类批评。此论出后，阳明著作的系统性编刊工作，也告出现。此事不似巧合，而像有意免使阳明遭遇类似阻力的先期行动。当一些议者提出世宗称许薛瑄的说法以打击阳明时，另一些却又提出了丘濬有关从祀标准的言论以支持阳明，有意识地运用一本朝廷推重的名臣著作里的言论来抗衡一种出于帝王之口的意见。总的说，阳明的支持者，懂得避重就轻，懂得集中于表彰他那不容否认和不可磨灭的事功，以实事来证明他的实学。这点也是我们考论这段史事时所不能错过的。

七、结　语

隆庆六年（1572）和万历元年二年（1574）中，由于从祀孔庙一事的争议，已故的王阳明成为政坛上无比重要的人物。我们需要知道的，是当时的人用什么观点和角度来看阳明的重要性。当时出现了一种多人的努力，企求使阳明成为朝廷公认的真儒，然而这努力的趋向，却是政治性多于学术性的。在这两年内，阳明著述的总结集，曾在两个相距不远的文化重心区先后刻行。但从该集本身刊布的历史看，这个纪录与其说是原于众多读者的需求，毋宁说是某一个人刻意效忠阳明的结果，而这结果部分又因意料之外的政治因素所致。《王文成公全书》编刊者谢廷杰其人的隐晦，无疑是阳明学界的一大讽刺。如果谢氏请祀阳明和推广阳明学说的努力在当时更广泛地受人珍视，照理他便不可能如此无闻于世。如果谢氏本来是个品行不足称的人，他编刊阳明《全书》只是出于个人的私利，而他居然又能从心所欲，那么当其时的阳明信徒，如果不是人数太少，便是太过漫不经意了。杭州本《王文成公全书》刊刻过程中出现的矛盾，显示了浙江官员对传扬阳明著述之事，并不主动热心。同书应天本的刊刻，竟连南京地区众多号称王门中人的最低程度的公开支持也得不到，可见"阳明学派"或王学信徒事实上欠缺了团结精神。整体上看，当时大部分的王学之徒，对于把阳明变成教主式的象征的兴趣，远多于认真追求他的学说或仿效他的行事的兴趣。总括来说，当时人看阳明的重要性，从他的事功着眼的多于从他的学说真义着眼的。也可以说，当时并不单纯地把他看成只是心学的一代宗师。

阳明从祀典礼的争议和挫折

一、绪 言

朝廷简选儒者从祀孔庙，从唐代贞观二十一年（647）开始，成了历代沿袭不断的独特政教制度，宋元以降，尤其备受重视。这个制度的重要性，不独在于法令肯定了获得从祀的儒者是儒学道统的正宗真儒，更在于朝廷向天下昭示了它所认可、支持和鼓励的学术和信仰的方向和内容。该制度关系所及的，不只是身后或者毁誉不一的个别儒者的历史地位，也不只是所有生存着的从学待仕的读书人的学术和价值取向，还有所谓"天下后世"无数未来的知识分子的思想形式和理想行为规范。一言以蔽之，它与统治者和被统治者都有不可分离的密切关系。[1]

这个传统中国的文化大特色，在朝廷来说，是无比庄严和影响重大之事。用明朝关心和运作这个制度的人的看法和措辞来说，这是"裨补名教"、"以隆圣治"、"以励世风"、"以昭

---

[1] 近人讨论包括从祀制度在内的孔庙制度，和与它相关的政治及文化问题的专著，有黄进兴《优入圣域：权力、信仰与正当性》（台北：允晨文化实业股份有限公司，1994）可以参考。

圣化以振士风"、"以成昭代旷典"的事情。[1]正因这样，明代和风纪文教有关的官员，除了不遗余力地疏请朝廷从祀历代及本朝的名儒之外，还极其认真用力地论辩每一个经由奏疏而提出的从祀议案。有明一代，首次获准从祀孔庙的历代"真儒"，只有十人。[2]其中属于明朝本朝的，只有活跃于十五世纪中后期的薛瑄、胡居仁、陈献章和活跃于十六世纪前期的王守仁，一共四人，甄选极其慎重严谨。

明代从祀的四儒，论事功成就和学术影响之大，自然以王阳明为最。但他同时也是在从祀的议论过程中，受到最大质疑、訾议和阻碍的人。从隆庆元年（1567）他被首次疏请予以从祀开始，到万历十二年（1584）正式获准入庙从祀为止，前后历时十八年，争论纷纭，中间还有万历二年已获诏令从祀而竟不获落实执行的异常挫折，[3]最终又有万历十三年定案之后再遭疏论抗争的余波。这段历史曲折异常，牵涉到从祀标准和真儒本质的认定、阳明个人学行的认识和评价、不同学术取向的竞争、不同政治立场官员的对抗，等等。这些都是和了解明代以至传统中国政治及文化情状关系深切的课题，值得现代历史学者的注意处理。本文限于篇幅，只拟述论隆庆元年至万历二年期间阳明从祀典礼所起的争议，和分析议案所以受挫的原因所在。万历十二年另一回阳明从祀争议的论定及其余波，将在另文讨论。

---

〔1〕 这些措辞均出《薛瑄全集》，（太原：山西人民出版社，1990），《行实录》卷二所载各个奏请从祀薛瑄的疏题，页1628—1646。

〔2〕 除了下文所述的明儒四人之外，还有汉代的后苍、隋代的王通、宋代的胡瑗、欧阳修、罗从彦和陆九渊。元代的吴澄，先祀后罢，不算在内。各人从祀的时间，《优入圣域》一书中的《孔庙从祀表》所载（页303—311），甚便观看。

〔3〕 按，此句因资料错误而不确。详见下文。

二、隆庆元年至万历二年的请祀过程和争议

王阳明从祀孔庙的议论，随着平反他本人的政治地位之举而起，也随着重新要求薛瑄从祀孔庙之事而起。隆庆元年（1567）五月，朝廷诏赠王守仁新建侯，赐谥文成。[1]在此稍前，御史耿定向便已上疏请予阳明从祀。[2]次月给事中赵铣和御史周弘祖则疏请从祀薛瑄。从耿定向上疏时算起，直到万历二年（1574）十二月朝廷有诏从祀王守仁为止[3]，历时七年半，前后请祀阳明的，共有隆庆元年五月御史耿定向、同年十月给事中魏时亮，隆庆六年十二月给事中宗弘暹、万历元年二月江西巡抚徐栻、同年五月浙江巡按谢廷杰、同年七月给事中赵参鲁、同年十一月工部办事进士邹德涵和万历二年六月浙江巡按萧廪所上八疏，相应反对阳明从祀的，也有隆庆六年十二月候选训导侯贵、万历元年三月给事中赵思诚和同年七月南京御史石槚所上三疏，形成了一个以言官为主的争议局面。

在这七年半期间之内，魏时亮隆庆元年十月的奏疏，是拟请薛瑄、陈献章和王守仁三人并祀的，而薛瑄也终于在隆庆五

---

[1] 吴光、钱明等编校，《王阳明全集》，（上海：上海古籍出版社，1992），卷三六，《年谱附录一》，页1353。

[2] 耿定向疏文载耿氏《耿天台先生文集》，万历二十六年刊本，卷二；也见《四部丛刊》本《王文成公全书》卷三八。《王阳明全集》题此疏作者为薛侃（页1494），误。按，耿疏既为阳明题请"复爵赠谥，从祀孔庙"，可见是上于隆庆元年五月诏下赠爵赐谥之前的。又，以下所举各官请疏，均见各该年月《明神宗实录》（台北："中研院"历史语言研究所，1966）卷内。

[3] 按：此句亦因同一资料之错误而不确，并且影响了本文应该合理涵盖的时间。

年九月间另一轮的三个请祀疏之后获准从祀。[1]此外，还有隆庆六年十二月谢廷杰请祀章懋于乡，[2]万历元年一月御史李颐请从祀胡居仁，[3]同年七月御史陈文燧请并祀吴与弼、陈献章及元儒吴澄各于其乡社，[4]以及同年八月给事中石应岳请从祀陈真晟等事。[5]这些疏请，都是接着和因为薛瑄和王守仁从祀的提议而来的，但在获致决定时，却都没有经过值得特别记载的争议。明臣议请从祀薛瑄之事，早在成化初年（1465）已见端倪，直到隆庆五年获准从祀，历时共计一百零六年，充分符合了事久论定的原则。[6]薛瑄从祀问题到了论定阶段，更没异议可见。这样的从源头一路看下来，王阳明从祀问题所引起的争议，便显得格外的不寻常了。

阳明从祀问题的激烈争议，集中在隆庆六年十二月至万历元年七月之间。这段时期的争议，其实是隆庆元年请并祀薛瑄和王守仁议论结果的延续，只是这回的议论性质有了改变，内容和态度均没有上次的来得客观和温和。隆庆元年耿定向请祀阳明的奏疏，先从阳明平定宁藩的殊功说起，接着要紧的一段如下：

---

〔1〕 详见《薛瑄全集·崇祀真儒以成昭代旷典疏》，页1638—1646。三个请疏的作者，是都给事中韩楫、左给事中雒遵和御史马三乐。主持会议并作覆请的，是礼部尚书潘晟。
〔2〕《明神宗实录》卷八，隆庆六年十二月癸酉条，页296。
〔3〕 俞汝楫，《礼部志稿》，《文渊阁四库全书》本，卷四六，《覆崇祀疏》，页28下—30上。按，《明神宗实录》万历十八年二月丁亥条，载陕西道御史请祀胡居仁，礼部议允，措辞和《礼部志稿》所载同。胡居仁已于万历十二年十一月与王守仁、陈献章同时获准从祀，《实录》该条，明是误系。
〔4〕 俞汝楫，《礼部志稿》卷四六，《覆崇祀疏》，页28下—30上。又《明神宗实录》卷一五，万历元年七月丁酉条，页464。
〔5〕《明神宗实录》卷一六，万历元年八月辛酉条，页485。
〔6〕《礼部志稿》卷八五下，《议从祀进黜》，页12上—14下。

及宸濠既擒，太监张忠及许泰等复又诱惑武宗，以亲征为名，巡幸南都，其实阴怀异志，欲逞不轨，时宗社之危，益如累卵矣。全赖守仁握兵上游，随机运变，各恶潜自震慑，武宗因得还京厚终，于以启先皇帝（世宗）逮我皇上（穆宗）今日万世无疆之业。此其功甚巨，而为力尤难，其迹则甚隐矣。至其倡明道术，默赞化理，未易言述。即据其所著拔本塞源一论，开示人心，犹为明切。如使中外大小臣工实是体究，则所以翊我皇上太平无疆之治者，尤非浅小。此其功则百千世可颂者也。[1]

耿定向所陈的辞理，不啻把明皇朝的存在、嘉靖朝的建立和明朝的延续，都系于阳明一人的事功和学术贡献之上，其牵连过实，是不待辨而明的。但就从祀孔庙的事情而言，耿氏却不言而喻的指示出了，伟大的事功和学术的相互发用，才是阳明应予从祀的原因所在。

稍后赵锐和周弘祖请祀薛瑄的奏疏，现已无考，但当时的礼部复议，却仍存在可稽。这是一段与明代从祀标准有关的重要文字，值得详引：

侍郎薛瑄潜心理道，励志修为，言虽不专于著述，而片言只简，动示楷模，心虽不系于事功，而伟节恢猷，皆可师法。尚书王守仁质本超凡，理由妙悟，学以致良知为本，独观性命之源，教以谨讲习为功，善发圣贤之旨。此二臣者，皆百年之豪杰，一代之儒宗，确乎能翼赞圣学之传矣。但瑄则相去百年，舆论共服，先朝科道诸臣建言上请，累十余

〔1〕《耿天台先生文集》卷二，页11上。

疏，而儒臣献议，与瑄者十居八九，世宗皇帝亦嘉瑄能振起，然犹谓公而后明，宜俟将来。若守仁则世代稍近，犹恐众论不一。请敕翰林院、詹事府、左右春坊、国子监儒臣，令其广谘博讨，撰议进览，仍下本部会官集议，以俟圣断。上是之。[1]

礼部的复议，整体看来，还算是持平的。它所持的重要准则是，从祀者要在著述、事功、学理、教法各方面有公论认为他"确乎能翼赞圣学之传"，而时间则是个人成就和公论的最佳和最后考验。但从这准则看，这道复议又不免是隐然的右薛左王了。薛瑄的"著述"，是他长期以来在从祀议论上的大弱点，而"事功"则是阳明人所共知而人少能及的大优点。二者相对的优劣，本来是易见易定的。但薛瑄长期以来得到绝大多数议者的肯定，却又是不争的事实，所以复议决定二不支持，又还是公平的。但复议所建议的命令有关文教衙门儒臣各撰议论，然后由礼部会官集议，循的虽是惯例，却又是"作舍道旁，久延岁月，至使一朝盛典，又徒托诸空言"的不明快决定了。[2]事实上，这礼部复议所期待的会官集议，是没有下文的。到了隆庆五年九月礼部真的做到"会同六部、都察院、通政司、大理寺、詹事府、左右春坊、翰林院、国子监、科道等官"集议时，他们也就能够达成推荐薛瑄从祀的共识了。[3]

隆庆元年六月这次礼部复议之后，从祀阳明的疏请，沉寂了五年多。笔者曾撰文指出，这是高拱当政不喜讲学标榜的政策结

---

〔1〕 详见《礼部志稿》，卷八五下，《慎重从祀议》，页 17 下—18 下。
〔2〕 语出《薛瑄全集》，礼部《崇祀真儒以成昭代旷典疏》，题请会议部分，页 1644。
〔3〕 《薛瑄全集》，礼部覆题会议薛瑄从祀结果疏，页 1644—1645。

果。隆庆六年十二月阳明从祀奏请的再见，已是高拱罢官离朝半年以后的事情。而此后至万历元年秋阳明从祀问题的激烈争论，也和高拱失势后其支持者的抗争行动有关。同文又考订了这时期内对于阳明从祀事情作出实际努力的，有谢廷杰隆庆六年秋在杭州刻刊第一次结集、由高拱的政敌徐阶作序的《王文成公全书》之事，和万历元年春天他在南京再次刻刊该书之事。这给阳明从祀问题上有关"著述"方面提供了有利的条件。谢氏且于万历元年五月正式上疏请祀阳明。由此显示了孔庙从祀之事，尤其阳明从祀一事，并非单纯的学术或典礼的问题，而是牵涉多方的现实政治和官场斗争问题。[1]

万历元年反对阳明从祀者的措辞是极其激烈的。《明神宗实录》所载，给事中赵思诚有请罢议阳明从祀疏说：

> 守仁党众立异，非圣毁朱，有权谋之智功，备奸贪之丑状。……因列守仁异言叛道者八款。又言其宣淫无度，侍女数十，其妻每对众发其秽行。守仁死后，其徒籍有余党，说事关通，无所不至。擒定宁贼，可谓有功，然欺取所收金宝，半输其家。贪计莫测，实非纯臣。[2]

赵氏所斥，实是骇人听闻。与赵氏同时入科的给事中李乐，便认为此疏是君子"一言以为不智"之证，"可无进也"。[3]王门传人宋仪望则直斥之为"近来好事之徒，又生〔的〕一种异

---

〔1〕 此段所论，系据 Hung-lam Chu（朱鸿林），"The Debate over Recognition of Wang Yang-ming"，*Harvard Journal of Asiatic Studies*，48.1（June 1988），pp. 47 – 70.

〔2〕 《明神宗实录》卷一一，万历元年三月乙酉条，页366—367。

〔3〕 李乐，《见闻杂纪》，万历刊本，卷九，第一〇一条，页85。

论，……不足置辨"，因为它"不反观于事理之有无也"。[1]南京
御史石槚的反对阳明从祀疏则说：

> 致良知非守仁独得之蕴，乃先圣先贤之余论，守仁不过
> 诡异其说，玄远其词，以惑众耳。朱子注疏经书，衍明圣
> 道，守仁辄妄加诋辱，实名教罪人。方宸濠未叛，书札往
> 来，密如胶漆，后伍文定等擒宸濠于黄石矶，守仁尚遥制军
> 中。始则养虎贻患，终则因人成功，朦胧复爵，报以隆重，
> 若又祀之，不免崇报太滥。[2]

石槚还总括的认为，"王守仁谓之才智之士则可，谓之道德
之儒则未也"。他把阳明刻意描绘成一个机会主义者。但他质疑
和要否定阳明的军功一节，就连张居正也认为"则亦过矣"。[3]
赵思诚、石槚两疏的过情诋毁和刻薄，是显而易见的。这样
的对阳明事功和学术的肆意攻击，是具有政治目的的。言其小，
则可以是言者个人的立异市名，寻求依附。言其大，则又可以是
借批判阳明学来倾倒以服膺王学为名的政敌。但赵、石二疏在组
织上却有一个不可忽略的共同处：二者都以指责阳明的道德人品
为聚焦。这和薛瑄在超过百年的从祀议论中，从未被人訾毁过他
的道德品行的现象比较起来，尤其可以突出从祀阳明的不宜——
身教和言教不相反映的人，是配不上称为真儒的。万历元年十一
月邹德涵请祀阳明疏中有言："求无一诋訾之人然后议祀，则当

〔1〕 黄宗羲，《明儒学案》（北京：中华书局，2008），卷二四，宋仪望《阳明
先生从祀或问》中语，页562。
〔2〕 《明神宗实录》卷一五，万历元年七月戊子条，页458—459。
〔3〕 张舜徽主编，《张居正集》（武汉：湖北人民出版社，1994），第2册，《答
南学院谢虬峰》书，页411。

首乡原次孔子矣", 正异曲同工地反映了质疑阳明人品对于从祀阳明事情所起的破坏力。[1]

但是, 耿定向和谢廷杰等所强调的学术与事功合一的从祀标准论, 却也一样地有力。谢廷杰万历元年五月请予阳明从祀疏中说:

> 学圣人之学者, 其所表树, 不过学术事功两端。……昔先臣丘濬有言曰: "有国家者, 以先儒从祀孔子庙庭, 非但以崇德, 盖以报功也。"议从祀者, 此其律令。[2]

这和耿定向隆庆元年疏的论点是相同的, 只是耿氏没有明言, 而谢氏却引用了名臣丘濬之语, 来增加意见的权威性而已。谢氏其实是误解或有意曲解丘濬的说话的。"崇德报功"中的"功", 在丘氏原意只是指"有功于经"者的"阐释圣经之功", 而不是经书注疏以外的其他事功。[3]但不管是否曲解和附会, "事功"反映学术的看法, 在当时确是多数人所能服从之说。这也可以解释为何就阳明事功一点而言, 支持和反对他的双方都免不了过甚其辞之失。

万历二年十二月诏祀阳明于孔庙之前,[4]除了疏请者和疏否者的言论外, 还有在朝奉命参与有关议论者的言论, 也可以反映评判者的角度。当时不予阳明的意见, 多不完整。以下用以示例的赵用贤所撰《王文成从祀议》, 是为阳明张目的, 但从中也还

---

〔1〕 《明神宗实录》卷一九, 万历元年十一月甲申条, 页535。
〔2〕 《明神宗实录》卷一三, 万历元年五月戊戌条, 页425—426。
〔3〕 丘濬, 《大学衍义补》, 弘治元年原刊本, 卷六六, 页9上。丘氏有关从祀的议论, 又见同书, 卷八○, 页12下—15下。
〔4〕 按, 此句错误, 如前述。

可以看到反对者所持的理由。[1] 赵用贤认为，从祀者要能"绍明世，翼正统，光昭邦家之令德，而启后学之师承"，才可居之无愧。阳明"良知一言，直挈千圣心传之统而阐其秘，他如所论动静互乘之机，博约相该之体"，以及他的操守志气，使他已经达到了"真能上接不传之统，而下启来学之宗"的成就。再与历代从祀名贤比较起来，则"郑玄、服虔，不过训诂小儒"，王通、韩愈，"其言之不诡于经者，十才得三四耳"，阳明优之"奚啻十百"。在宋儒之中，则唯周敦颐、程颢为"醇儒无疑，下是独九渊最得领要，而其他皋比以杂失，永嘉以粗失，东莱以博失，即方之文成，瞠乎后矣"。元代吴澄、许衡，分别"专心考订与北面虏廷，……使其一当文成，或不免腼颜于座右"。至于明代的薛瑄，固是正学，但究极所谓道统与言论二者而论，都"未必若"阳明的"融会通彻"和"明白痛快"。故此以成就而言，阳明当予从祀无疑。

赵氏也指出议论反对阳明者的缘故，在学术方面，主要是指他"学主理性，或近于禅，至执其徒之哓哓者，遂以病师授之非"。在事功方面，则因阳明曾经抚平的南赣地方发生新乱，遂"指以为訾"。在功赏方面，则认为封爵锡土已足酬其劳绩，过此则为恩滥。这三者赵氏均不同意。他认为阳明学术的这种表现，正符合了孔子"多学一贯之旨"；而事功方面，则不能以"数十百年后"的时势来指责当初的成功，况且江西平藩之功，实在其大无比。至于"进之于从祀者，又圣王崇儒之盛心也，亦何害其为恩之滥哉"。结论是，他认为从祀阳明，正可以"彰我昭代之有人，而翼斯文之统于不坠也"。赵用贤议论的重点，是从造诣

---

[1] 以下引论赵用贤意见，均据赵氏《松石斋文集》，光绪丙申重刊常熟赵氏承启堂本，卷二，《王文成从祀议》全文，页 2 下—5 下。

的比较，来说阳明优于古今，自当从祀无疑。但限于文字的体制，其说不能详细，故此未必能够服众。

疏议的体裁，确使言者在文字上受了无形的约束，往往不能详细析述，尽所欲言，形成论据不足、方面不周等等弱点。故此真正能够具体深广地为阳明从祀理据陈说的，还是私下的论著。万历二年诏祀阳明之前，[1]这种论著最可称引的，便是隆庆五年朝廷诏令独祀薛瑄后，宋仪望所著的《阳明先生从祀或问》。宋仪望从学于聂豹，是阳明的江右再传弟子。他作此文，是因"当时任〔礼〕部事者不能素知此学，又安能知先生"所致，故要旨在于解时之惑。此文长近七千字，极详尽地论辩了阳明心学之为正宗儒学，重复地集中阐析了"知行合一"和"致良知"这两个阳明学术的中心论说，也附带比较了阳明、薛瑄和陈献章三人的学术造诣，以及解释阳明事功所以招致訾议的缘故。与当时其他支持阳明从祀的文字比较起来，宋氏此文无疑是最能深入攻坚之作。它受到黄宗羲的高度重视，是合理和应得的。[2]

宋仪望是在心学即性理之学这个大前提下来为阳明学术作辩护的。他认为：尧舜以来相传而力行的学术之原，只是天地所生，人人俱同而生生不息的"此心生理而已"。孔子"求仁"之学，"己欲立而立人，己欲达而达人"之训，即是"仁体之说也"。孟子"集义"之说，即使"此心天理充满，而仁体全矣"。孔子门人达此义者，唯有颜子。孔子称其"有不善未尝不知，知之未尝复行"，正因这是"知行合一之功，孔门求仁宗旨也"。这也即是"致良知一语，盖孔门传心要诀也"。这样，宋氏便将知

---

〔1〕　按，此句错误，如前述。
〔2〕　以下引论宋仪望意见，均据《明儒学案》卷二四，《江右王门学案九》所载《阳明先生从祀或问》全文，页551—562。

行合一、致良知、心学和仁义之学等同起来，连成一贯，把阳明最重要的学说，视作孔孟正传之学了。

宋氏接着论辩阳明知行合一说的伟大之处。他说，"《大学》之书，乃孔门传授心法，析之则条目有八，合之则功夫一敬"，皆自"人心只有此个生理"的本旨而来，都是知行合一之教。朱子释《大学》，"以致知格物专为穷理，……不免析心与理而二之。当时象山陆氏，尝与反复辩论，谓其求理于物，梏心于外，非知行合一之旨。……至我朝敬斋（应为敬轩）薛氏、白沙陈氏起，而知行合一之说，稍稍复明。世宗始以陆氏从祀孔庭，甚大惠也"。而阳明之功，则在于"与海内大夫学士讲寻知行合一之旨"。可见阳明之学，实接已为朝廷所肯定的陆学而来，而精深之处，优于朱学。

阳明学说为世所疑，理由之一是，它新奇立异，于经无据。宋氏则说，致良知虽阳明"自谓得千古圣人不传之秘，然参互考订，又却是《学》《庸》相传紧语，非是悬空杜撰，自开一门户，自生一意见，而欲为是以立异也"。为了确定阳明由知行合一到致良知的"学脉宗旨"是于经有据的孔门正学，宋氏先后辨析了经书所见的"人心道心"，"以礼制心、以义制事"，"缉熙、敬止"，"敬以直内、义以方外"，"求仁、集义"等要旨，都不是二分之学，而实为统一于心的"体用合一之说也"；经书所见的"非知之艰、行之维艰"，"乾以易知、坤以简能"，"已发、未发"，"生知、学知"，"安行、利行"，"物有本末，事有终始，知所先后，则近道矣"等可示知行原有先后和等级之分的说话，其实均无别二之义存在。相反，所谓知，即孟子所言不待虑而知的良知；所谓行，即孟子所言不待学而能的良能。循知而率能，"则无所不知，亦无所不能"。故此孟子所言"'大人者不失其赤子之心'，此知行合一之原也"，《易·系》所言"'易简而天下之理得矣'，此又知行合一之旨"，而《大学》归结在"知所先后，则近道矣"一言，则为"但当循吾本然之良知"，亦即《中庸》"率性"之意。由此可见，"致良知之传，阳明先生所以吃紧言之"，正是圣学的大旨所在。

阳明为世所议的理由是，他对《大学》的解释，与程朱的相异，而且"致良知功夫，未免专求于内，将古人读书穷理，礼乐名物，古今事变，都不讲求"。宋氏则从《大学》最基本的格致要义说起，为阳明之说作辩。朱子以即物穷理释格物，宋氏认为其义原于《易经》"穷理尽性以至于命"之言，但"穷字非言考索，即穷尽吾心天理之穷"，故朱子之说，其实未得经旨。宋氏从朱子《大学或问》找出六例，举证以穷理来释格物，"便觉有未通处"，不及阳明以"知之所在则谓之物，物者其事也；格，正也，至也；格其不正，以归于正，则知致矣，故致知在于格物"之说为得经旨。况且《大学》所教，乃是"大人之学，以天地万物为一体者也，故言物则知有所察，意有所用，心有所主，是不可以先后彼此分也"。这个本体功夫统一之说，阳明《大学（或）问》一篇，发明殆尽。既然"晦翁晚年定论，亦悔其向来所著亦有未到，且深以误己误人为罪"，而"伊川门人，亦疑格物之说非程子定论"，可见"其说在当时已未免异同之议，非至今日始相抵牾也"。故此，阳明格物说之与程朱有异，并非立心求异所致。而其致良知功夫，不过要人知道，学问"有体有要，不先于体要，而欲从事于学，谬矣"。所谓体要，即是人之"独知"，亦即"吾人是非之本心也"。致良知即《大学》所谓诚意，《中庸》所谓慎独"，也正是孔子所说的"仁道"。由此可见，阳明之学，正"自圣门正脉"；而其造诣，就像程子称孟子一样，"未敢便道他是圣人，然学已到至处"了。

宋氏又再比较阳明和薛瑄、陈献章的学脉异同和造诣高低。

他认为，薛瑄"祖宋儒居敬穷理之说"，"人品盖司马君实之流"，但所学于"真性一脉，尚涉测度"。献章之学，"已见性体，但其力量气魄，尚欠开拓。盖其学祖于濂溪，而所造近于康节也。若夫阳明之学，从仁体处开发生机，而良知一语，直造无前，其气魄力量似孟子，其斩截似陆象山，其学问脉络盖直接濂溪、明道也"。三儒造诣，无疑以阳明为最高，献章次之。从理学的统宗而言，亦以阳明最纯正，献章次之。由此可见，称许薛氏而诋议王、陈，并不公允。

论及阳明事功所以招受訾议方面，宋氏总括地以"忌功妒成"作了解释。论到阳明的最大事功，宋氏则认为"盖先生苦心费力，不难于逆濠之擒，而难于调护乘舆之轻出。其后逆濠伏诛，乘舆还京，此其功劳，谁则知之"。在解释何以阳明以讲学为众所訾一处，宋氏同意并且引用了郑晓的说法："盖公功名昭揭，不可盖覆，惟学术邪正未易诠测，以是指斥，则诐说易行，媚心称快耳。"

郑晓之说，也正可用来解释何以在支持阳明从祀的议论中，宋仪望的《阳明先生从祀或问》是最着重阳明学术的一篇。因为唯有剖白难知的学术，才能显示阳明的真正伟大贡献。宋仪望此文，创见甚多。除了在论断阳明延续明朝国祚的殊功之处，和耿定向的说法是相同的之外，其他多是自得之言。像《易经·系辞》所见的"有不善未尝不知，知之未尝复行"之语，在阳明和黄佐辩论知行合一观念时，黄佐曾引之以证知先于行，而使阳明一时无以作答，宋氏却能前后引用它来作"知行合一"和"致良知"的证据。[1]他对薛瑄和陈献章的论断，黄宗羲也认为他人同

---

[1] 对王阳明与黄佐（泰泉）的会面和辩论知行合一之旨的讨论，见朱鸿林，《黄佐与王阳明之会》，《燕京学报》新 21 期，2006 年 11 月，页 69—84。

类之论，"亦未有如先生之亲切者也"。[1]无疑，他给阳明学说所赋予的经典渊源和权威，也有断章取义、流于牵强之嫌。他指的"晦翁晚年定论"，明显也只是沿袭阳明之说而与事实大相径庭。但是，也只有在像他此文那般详尽而深入的学理辨析出现后，阳明作为可配从祀的真儒的理据，才能全面地呈现出来给人们仔细考虑。可惜的是，宋氏此文曾有多少的影响力，我们还未知道。

三、万历二年从祀定议的挫折[2]

万历二年（1574）十二月明廷诏祀阳明于孔庙。但稽诸载籍，入庙的典礼其实并没随着举行，并且久而久之，这个诏令也在实质上丧失了效力。这是一件极不寻常而又未为时人及后人注意和追论的事情。但尽管此事官书没有明说可考，当时的高层政治情况，仍然为它的原因提供了线索。揆诸时情，此事和当时的首辅张居正是有着必然的关系的。张居正的态度和影响，是整件事情发展和变化的关键所在。万历二年使阳明获准从祀的申请，按制度虽由礼部直接上请，但实际议拟可否的，却主要是内阁首辅之事。万历十二年阳明在礼部没有支持的情况下，终于还是正式获准从祀孔庙，当时首辅申时行的明确意见，便是决定的关键所在。[3]申时行也可以有这样的影响力，则张居正在万历二年的决定性影响力是不必存疑的了。

张居正对从祀阳明的态度，是由既不反对也不积极支持，变

---

〔1〕 《明儒学案》卷二四，黄宗羲所撰宋仪望小传中语，页551。
〔2〕 此节因本错误证据，相关考论亦多错误，误会于张居正及万士和者尤多。
〔3〕 此事笔者将有另文详予述论。史书所记稍详的，见谈迁，《国榷》，（北京：北京古籍出版社，1958），卷七二，万历十二年十一月庚寅条，页4492—4494。

而成为实质上不支持的。张居正的书信和施政，为这样的一个变化提供了论据。万历元年张居正有《答文宗谢道长》书说：

> 阳明先生从祀事，以宗伯病，不能会议，久稽题覆，好事者遂乘间而诋之。其言粗浅可哂，然何伤于日月乎？[1]

同年其后，又有《答南学院谢虬峰书》说：

> 阳明先生从祀，礼官方欲定议，而南疏复至，又极其丑诋，至欲并褫其封爵，则亦过矣。[2]

这两封答书的受者，其实同是一人，即上文所述积极为阳明从祀作出刻书上疏事情的谢廷杰。谢廷杰，字宗圣，号虬峰，江西新建人，嘉靖三十八年（1559）进士。隆庆六年（1572）九月他由浙江巡按御史调任南直隶提督学校巡按御史（至万历二年三月入升大理寺右寺丞），故张居正覆书以"道长"、"南学院"为称。[3]这两封答书分别是万历元年夏秋之作。前封所说的"好事者"，指的正是上文所揭，万历元年三月以子女金帛訾毁阳明而请罢议其从祀的给事中赵思诚。次封所称的"南疏"，指的正是上文所揭，万历元年七月南京御史石槚疑及阳明军功而请不当予其从祀的奏疏。谢廷杰请从祀阳明的奏疏，上于万历元年五月，正在赵、石二疏中间。张居正的前后答谢廷杰书，除了表现了他对谢氏的尊重外，也显示了他对阳明从祀议案进行情况的掌握。

---

〔1〕 《张居正集》第 2 册，页 366。

〔2〕 同上书，页 411。

〔3〕 谢廷杰可考的传略行事，均见 Hung-lam Chu, "The Debate over Recognition of Wang Yang-ming" 一文。

张居正这两封答书反映了，阳明从祀议案中，相关高层官员缺乏了需要的热诚。就张居正本人而言，尽管他向谢廷杰指摘赵思诚所言"粗浅可哂"，对于阳明为"何伤于日月"，指责石槚对阳明的"极其丑诋"为过分，他却毫无因而将予追究的暗示。他把赵思诚的乘机发难，归过于当时的礼部尚书（宗伯）因病不能会议题覆所致。又把谢廷杰的疏请不获，用石槚奏疏阻止了礼官定议来作解释。这反映了他不愿意在这件事上，和礼部意见相左或直接干涉礼部的职权。就礼部官员而言，他们的表现既反映了当时奏议丛委、意见不一的情况，也反映了礼官的意向不定和热心不足。石槚疏到之后，礼部果然不议阳明从祀诸疏，而正如上文已述及的，只会议了万历元年御史李颐疏请胡居仁从祀孔庙，以及御史陈文燧疏请并祀吴与弼、陈献章和元儒吴澄于各人乡社二事，并且作出随后上奏获准的决议，让胡、吴、陈、吴四人各准建祠于其乡。

　　当时的礼部尚书是陆树声。[1] 陆氏"以硕德清节"获得任命，在位时"引经谊以裁典礼，操持凛凛，无敢干以私"，可说是正直君子之流。[2] 但对议请从祀阳明的事情，他固然因体弱生病才不能主持重要的会议，个人也没有明确反对此事的文字留下，却其实没有给予热心支持。这从他本人的言论以及和他有关的政事可以知道。陆树声有如下的两段意见：

　　　　近来一种讲学者，高谈玄论，究其归宿，茫无据依。大都臆度之路熟，实地之理疏，只于知崇上寻求，而不知从礼

---

〔1〕《明史》（北京：中华书局，1974），卷一一二，《七卿年表二》，页3472—3473。

〔2〕《礼部志稿》卷五四，《尚书陆树声》列传，页10下—12下。

卑处体究，徒令人凌躐高远，长浮虚之习。是所谓履平地而说相轮，处井干而谭海若者也。

阳明致良知之说，病世儒为程朱之学者支离语言，故直截指出本体。而传其说者，往往详于讲良知，而于致处则略。坐入虚谈名理界中，如禅家以无言遣言，正欲扫除前人窠白，而后来学人，复向无言中作窠白也。[1]

由前一段可见，陆氏对当时王门之徒所讲之学并不认同，也没好感。由后一段可见，他显然认为阳明致良知说所导致的学术趋向是有毛病的。石槥上反对疏后第十四天，亦即朝廷诏祀吴与弼等四人于乡后的第五天，给事中赵参鲁又上疏请祀阳明，同年十一月工部办事进士邹德涵亦上同样奏疏。赵、邹两疏均下礼部，事情都在是年十二月陆树声致仕之前，但都没获礼部覆请，可见陆树声是没有支持阳明从祀议案的。陆树声是"以先进执礼，不少屈"于张居正著名的，可见万历元年，多次可议阳明从祀而终于不议之事，不必只是格于内阁意见的结果了。总之，在这一回的阳明从祀议论中，依制度需要主动其事的礼部，既然缺乏了必要的热心，本来便不见积极支持的张居正，也就没有利用内阁的影响力来重新检讨此事的必要了。

到了万历二年六月浙江巡按萧廪上疏请祀阳明时，礼部尚书已是在位半年的万士和了。[2]万氏此任，直到万历三年九月致仕才止，故此万历二年十二月诏从祀阳明之事，自然是由他覆奏而来的。万士和继陆树声为礼部尚书，是因张居正"欲傅公论、收

---

[1]　陆树声，《清暑笔谈》，《丛书集成初编》本（上海：商务印书馆，1936），页13。

[2]　《明史》卷一一二，《七卿年表二》，页3472—3473。

士誉"而得召的。[1]在这情形下,万士和可能趁萧廪的奏疏为请祀阳明之事题覆,而内阁的张居正显然不予格止。诏从祀阳明孔庙此事,《实录》但记决定,虽亦稍有称词,但载笔甚简,而之前也没有会议的记录或相关的议论可稽,后来再议阳明宜予从祀的人,也都没有引用此诏为言。[2]但《国榷》亦有同样的记载,可见其事并非子虚乌有。[3]看来此事可能但由礼部依据旧档,径自覆请而成。由于是未经会议论定的,故此言者记者均不之见,而诏令浸成虚文,得不到实际的承认和奉行。

这样的结果,便不能和位居首辅的张居正没有关系了。事情可能是这样的。万士和任上因上书言事,"语多切至,触时忌",和在其他用人和赠爵的事情上为张居正所嗛,以至被阿居正者所论劾,影响了阳明从祀事情的落实。[4]万历三年九月万士和致仕至十年六月张居正病卒这一期间的礼部尚书,是马自强、潘晟和徐学谟。[5]这三人都是张居正所援引的,也都不以称颂阳明和喜欢讲学见称,故此在他们的任内,也不再提从祀阳明之事了。[6]

张居正这种不公开声称而实际不喜的态度,和高拱在同一事情的较早场合所表现的态度,是相似的。高拱罢官后著《本语》,

---

〔1〕《礼部志稿》卷五四,《尚书万士和》列传,页12下—13下。

〔2〕《明神宗实录》卷三二,万历二年十二月甲寅条,页758。按,今传抄本《万历起居注》,台湾"国立中央图书馆"藏清抄本,(扬州:江苏广陵古籍刻印社影印,1991),该月未见记载此事,或与该书体例有关;抄本《万历邸钞》,北京大学藏明末清初抄本(北京:北京大学出版社影印,1988),则该月适阙。

〔3〕《国榷》卷六九但系"癸丑"下,页4258。

〔4〕《礼部志稿》卷五四,《尚书万士和》列传,页12下—13下。

〔5〕《明史》卷一一二,《七卿年表二》,页3473—3476。

〔6〕三人之中,以徐学谟为甚。徐氏《世庙识余录》(万历刊本)对阳明行事和徐阶讲学等事,均有抨击。

对程朱之说且有驳正，为许衡仕元之事作辩，又多处盛称薛瑄，却无一语道及阳明。[1]这并非表示他对阳明之学毫无间言，相反，这正表示了他认为阳明之学根本不足置论的意思。张居正和高拱二人在阳明从祀议案上的不同表现，其实只是程度上的分别，没有本质上的相异。高拱可言而不言，张居正可明言而不明言，原因都在于他们均对阳明之学有所不喜。看来，张居正不但态度委蛇，他对极力表扬阳明的人，似乎也没好感。像编刊《王文成公全书》的谢廷杰，便在万历二年六月由大理寺丞降为沂州判官，结束了行事能登于《实录》的仕途。因阳明未获从祀而作《阳明先生从祀或问》的张居正同年进士宋仪望，也在万历五年十二月由大理寺卿外调南京，被劾而归。[2]讽刺的是，两年后宋氏殁后，张居正却称许了为宋氏题奏申雪的人。[3]

张居正没给落实阳明从祀孔庙支持，和他一贯不喜当时官员所倡导的讲学风气有关。官员讲学的活动，导致他们"舍官守而语玄虚，薄事功而课名理"，不只忽略职责，更且脱离现实。[4]这正如顾宪成的名言所说："至于水间林下，三三两两，相与讲求性命，切磨德义，念头不在世道上，即有他美，君子不齿也。"[5]讲学者不关心社会的极端，便是只顾个人私利。往往他们所讲之事，便如顾允成所说的："在缙绅只是明哲保身一句，在布衣只是传食诸侯一句。"[6]可以持续地对官风和士风都造成不良影响。这些特殊的活动和与之并存的不良气习，都

---

〔1〕 见《高拱论著四种》（北京：中华书局，1993），《本语》部分，页20—25。
〔2〕 《国榷》卷七〇，万历五年十二月辛丑条，页4329。
〔3〕 《张居正集》第2册，《答应天巡抚伸遗论收遗才》书，页841。
〔4〕 谈迁语，见《国榷》卷六六，页4128。
〔5〕 顾宪成，《小心斋札记》，光绪丁丑刊本，卷一一，页3上。
〔6〕 顾允成，《小辨斋偶存》，《文渊阁四库全书》本，卷二二，页20上—20下。

不是主张实学经世和要求政府官员维持积极任事态度的政治家所愿见和所能接受的。早在隆庆四年三月高拱主政时，朝廷便曾因御史胡价之请，下令禁止督学御史聚徒讲学。[1]高拱针对的，是徐阶提倡和参与讲学的后遗症状。自然，他此举也具有向主张讲学的同官和政敌赵贞吉示威之意。[2]治国理念和行政作风接近高拱的张居正，对于高拱此举并没有批评或反对，可见他对讲学之事，一向并无好感。但讲学却是王门学者的特色和学术命脉，也是疏请从祀阳明者所称许的事情。阳明如获从祀孔庙，阳明之学便会成为朝廷不得不承认的儒门正学，那便不啻给了讲学活动法理上的依据。因此凡是反对讲学的，自然也就没理由不反对阳明从祀了。他人如此，张居正实际上也如此。

张居正反对讲学的态度，在万历五年九月父丧夺情之后，似乎更趋激烈。当时以夺情恋位弹劾张居正的官员，也不乏同情甚至维护讲学之辈。[3]万历七年一月朝廷以常州知府施观"科敛民财，私创书院"一案为缘起，下诏拆改各省私建书院为公廨衙门，"不许聚集游食，扰害地方"，这是学者所周知的。[4]同年八月命捕何心隐和九年十月改毁南畿书院近六十所等事，都是此诏生效的间接和直接表现。[5]万历七年内，张居正也曾给先后任官按察使和布政使而力主讲学的湖广同乡周思敬答信二次，明确表

---

〔1〕《明穆宗实录》（台北："中研院"历史语言研究所，1966），卷四三，隆庆四年三月庚午条，页1075。

〔2〕赵贞吉和高拱一向不协，二人相争隆庆四年京察之事尤烈，与本文所论的事情，也有着一定的关系。该事见《明穆宗实录》卷五〇，隆庆四年十月壬戌条，页1265。

〔3〕邹元标更成了日后的领袖人物。

〔4〕《明神宗实录》卷八三，万历七年一月戊辰条，页1752。

〔5〕《国榷》卷七〇，万历七年八月甲申条，页4353。《明神宗实录》卷一一七，万历九年十月戊申条，页2205。

示了不喜时人的所谓讲学。[1]以尊祖制、核名实著称的张居正，当然更不会不知道他少年时代的嘉靖十六年，朝廷也曾从御史游居敬所请，下令尽毁湛若水和王守仁门人所创书院和禁止讲学活动。[2]同样的政令在他执政时的再度颁诏天下，他反对讲学的坚决是无可置疑的。

在朝廷最高层这样明白不容讲学的情况下，一般官员讳言王学，是不言而喻的。而为阳明争取从祀孔庙，也实际上变成不可能的事情。记录可稽，直到万历十二年五月，亦即张居正被彻底身后清算后，才有浙江巡抚萧廪请立祠祀阳明于杭州之事可见。[3]在此之前，一切为明代儒臣疏请从祀乡祀的事情，均不之见。万历二年十二月阳明从祀孔庙的诏令，便是在这样的一个不利的大环境中受到了挫折，得不到落实。

四、结　语

议礼有如聚讼，自古而然，隆庆元年至万历二年间阳明从祀典礼的争议，也不例外。透过本文的述析，我们看到了一个由提议而至争论不定，再由猝然决定而至默不执行的曲折而异常的过程。这样的一个过程，首先便是原于从祀典制的本质。从祀属于典礼，实则是朝廷认定真儒的制度。由这制度而获得从祀的儒者，其学说于是具有官方承认的地位和权威。因此一切的争论，

---

[1] 《张居正集》第 2 册，《答宪长周友山讲学》，页 849；《答藩伯周友山论学》，页 870。

[2] 《明世宗实录》（台北："中研院"历史语言研究所，1965），卷一一九，嘉靖十六年四月壬申条，页 4191。参看《世庙识余录》卷八，页 13 上一下。

[3] 《明神宗实录》卷一四九，万历十二年五月己亥条，页 2778。注明萧廪事由的，见《国榷》卷七二，同日条，页 4479。

本质上都具有政治属性，而并不单纯是个别儒者学说优劣的学术问题。这个政治属性，使从祀议论所牵涉的，除了朝廷对已经赋予地位的学说的立场外，还有制度本身的运作、相关官员的态度等问题。从祀议论之所以费时，原因便在于这个既广大而又复杂敏感的关系网。

明朝是法定崇尚程朱理学的，而其从祀儒者也是十分慎重的。众所无疑的程朱学者薛瑄，尚且经历百年以上的时间和十多次的专疏陈请，到了真的事久无疑，公论一致之后，才能获准从祀。和程朱理学立异的阳明，能在不到十年的时间获准从祀，[1]其实已是难得的成就。正因阳明学说和很多官员一贯所遵所行的不同，反对声音的出现，是很自然的事。而有职责维持朝廷所定的教化制度的礼部，在决定这种和无数未来官员的意识形态息息相关的事情时，自然态度也会极端审慎而或流于保守。至于阳明门人后学在讲学活动中的一些表现，尤其那些具有政治或社会道德后果的作为，更使得反对声音和持重态度得以延长。

因此，整个问题的关键便成了，除非能够证明阳明确是真儒，否则从祀实无可议。但怎样才能算是真儒，却又免不了争论。在本文并陈了支持和反对阳明者双方的公私论撰之后，我们看到了，支持阳明的人，除了论证阳明之学为得孔门正脉而其成就超越汉、唐、宋三代儒者之外，主要是以事功和学术的结合来作为认定真儒的标准的。他们认为阳明为明室立下了莫大的殊功，而这殊功之能建立，则是由其学术所致，因此他的学术自是正学无疑。换言之，真儒和纯臣只是一体的两面。阳明的学术，并不靠他的著述反映。著述的意义，在议论薛瑄从祀的场合中，已经产生了变化，主要不再是单指经典注释而言，而是指足以忠

---

〔1〕"不到十年"应作"不到二十年"。

实反映个人身体力行的道理体验之言而言。因此身教和言教的互相反映，便又成了评衡学术造诣的准则。换言之，人品才是学术的内涵和表征。反对阳明者所以相对的轻责阳明创新学说之异于朝廷功令，而侧重訾议他在事功表现上的人品问题，目的正在于证实阳明并非身教可范的纯臣，因此也非言教足师的真儒。

从本文所稽考的文字以外的人物行事来看，时人对学术与事功相互为用的信念是深刻的，而对阳明学术的不服，也正因此而起。阳明固然勋业盖世，但王门后学所讲的，却非有裨世用的经济实学。由此推论，则阳明之学，亦未必为儒者有用之学。阳明之学是禅非禅，固可不论，但在高拱和张居正之类的政治家看来，虚讲而不实行和无关于国计民生的学问，只能是不当崇尚的学术。可以说，他们并非因崇朱而反王，而是为了他们所认为的时代所需要的学术取向而反对张扬王学。

至于万历二年（1574）阳明获诏从祀而典礼竟不施行，本文论证其事与张居正的态度和施政有关。决定张居正的态度的原因，则除了他对王门讲学的不喜之外，还有他对此事过程的不满。这次诏祀的决定，明显是未经会官集议而作的。这与其说是皇帝权力的表现，毋宁说是礼部径行故导的表现。张居正和其他官员乐于和敢于忽视这个诏令，正是因为它是违制而致和缺乏公论支持的。张居正对这次诏令的不加理会，和史家谈迁责备万历十二年那一回的阳明从祀议论时，首辅申时行的借口推翻礼部会议决定，其事虽异，其理则同。[1]这道理便是，违制而成之礼，是为非礼之礼。故此，阳明从祀过程中所遇到的挫折，不只是因其人品未为时人论定所致，也是因这制度的公正性也未被时人所认定所致。

---

[1]《国榷》卷七二，页4494。

王阳明从祀孔庙的史料问题

一、引　言

　　王阳明，万历十二年（1584）获得从祀孔庙，是明代思想文化史和政治史上的大事。阳明从祀的过程虽然并不顺利，要经历十八年中三次大规模的朝廷会议之后，再在内阁大学士申时行的运作之下才获得成功。但阳明一旦获得从祀而被朝廷认定为"真儒"，他的学说和他对儒家经典的诠释也变成了正统之学，并且可以用于各级科举考试的答题上。对于读儒书而求出仕的士人来说，这不只丰富了他们的儒学阐释内容，也影响了他们对于儒学实质的认知。史家一般说王学末流有如狂禅，对于晚明的世道人心引起不良后果。这种情况正是从阳明从祀孔庙之后开始的，因为其学说自此吸引力倍增，传播更快更广。随着阳明再传门人热心讲学，王门徒众的人脉关系也日益扩大和伸延，学术和官风的政教关系因此也愈加密切。这种情形，使得阳明从祀孔庙此一源头之事甚具研究价值。

　　但研究阳明的从祀历史却会因史料的不明和矛盾而产生一定困难。《明穆宗实录》和《明神宗实录》记载了阳明从祀过程中的重要事情，包括穆宗隆庆元年（1567）的首次被人题请给予从祀，万历二年十二月（实 1575 年）的获准从祀，以及万历十二年十一月的获准与陈献章、胡居仁一起从祀。这三个记事中的后两个，便出现了时间上的不协情形。笔者多年前曾就万历二年之前的阳明从祀历程作过探讨，论证此事所牵涉到的学术和政治问题。但因未能穷尽应该考究的史料，导致了轻易采信《明神宗实录》所载的万历二年十二月获予从祀的记载，并且在这个错误的基础上，作了推论过度的解释。[1]随着近年丰富的明史资料尤其明人文集的刊行，这个错误更加显而易见，而予以纠正也成为可能之事。

阳明从祀孔庙的议案历经三次辩论，结果还有峰回路转的曲折，所以相关的明人之说不止一种。但时人所说并非完全出于目击，也不尽属参与者之言，官方和私家的记载，都在关键的问题上呈现不协和矛盾。这种情形使得学者引用明人记述来讨论此事时，不能径以所见为据。

研究阳明万历十二年获准从祀孔庙的主要史料，除了参与辩论者的个人奏疏以及时人的事后评论之外，还有如下几种：（1）该年十一月礼部尚书沈鲤在举行廷臣会议后所上、现存于沈氏文集《亦玉堂稿》中的《议孔庙从祀疏》，[2]（2）该年十一月大学士申时行题、现存于《万历起居注》中的《为遵明旨折群议以成盛典事》疏，[3]（3）《明神宗实录》对此事的记载，[4]（4）谈迁《国榷》对此事的记载，[5]（5）《万历邸钞》对此事的

---

〔1〕 尤其见于本书前一篇者。

〔2〕 沈鲤，《亦玉堂稿》，上海：上海古籍出版社，1987 年。

〔3〕 《万历起居注》，第 2 册（北京：北京大学出版社，1988），页 582—586。

〔4〕 《明神宗实录》，卷一五（台北："中研院"历史语言研究所，1966），万历十二年十一月庚寅条。

〔5〕 谈迁，《国榷》，卷七二，万历十二年十一月庚寅条，北京：古籍出版社，1958 年。

记载，[1][6] 沈德符《万历野获编》对此事的记述和议论，[2]
(7) 万历十三年唐伯元所上、现存唐氏文集《醉经楼集》中的
《从祀疏》（又作《争从祀疏》）[3]。本文将提出笔者认为存在的
问题，予以讨论辨正，并先解说笔者从前研究致误的情形及缘
故，为进一步的研究廓清各种记述上的时序混淆之障。

二、《明神宗实录》及《国榷》的记载之误

《明神宗实录》卷三十二万历二年（1574）十二月甲寅日载：

> 以新建伯王守仁从祀孔子庙庭。守仁之学，以良知为
> 宗，经文纬武，动有成绩。其疏犯中珰，绥化夷方，倡义勤
> 王，芟群凶，夷大难，不动声色，功业昭昭在人耳目。至其
> 身膺患难，磨励沉思之久，忽若有悟，究极天人微妙，心性
> 渊源，与先圣相传宗旨无有差别，历来从祀诸贤，无有出其
> 右者。

笔者早在《〈王文成公全书〉刊行与王阳明从祀争议的意
义》一文中以此为据，认为"明廷从祀阳明的典礼，实际上到
了万历十二年才正式举行，但在万历二年时，已大致决定了予

---

〔1〕《万历邸钞》，影印"中央图书馆"藏清抄本，第1册（台北：学生出版
　　社，1968），万历十二年十一月庚寅条。
〔2〕沈德符，《万历野获编》（北京：中华书局，1959），卷一四，《四贤
　　从祀》。
〔3〕唐伯元，《醉经楼集》（光绪二年刻本）附刻，《从祀疏》，页1上—页12上。
　　又收入冯奉初编，《潮州耆旧集》（香港潮州会馆董事会，1980），影印道光二
　　十七年序刊本，卷二四《唐选部集·争从祀疏》，页7上，页19上。

以从祀。"[1]后来在《阳明从祀典礼的争议和挫折》一文中又说:"万历二年十二月明廷诏祀阳明于孔庙。但稽诸载籍,入庙的典礼其实并没随着举行,并且久而久之,这个诏令也在实质上丧失了效力。这是一件极不寻常而又未为时人及后人注意和追论的事情。但尽管此事官书没有明说可考,当时的高层政治情况,仍然为它的原因提供了线索。……张居正的态度和影响,是整件事情发展和变化的关键所在。"然后从人物和时序考论说,阳明此时获得从祀之命,是礼部尚书万士和覆奏浙江巡抚萧廪题请从祀阳明的奏疏而来的。又再推论说:"看来此事可能但由礼部依据旧档,径自覆请而成。由于是非经会议论定的,故此言者记者均不之见,而诏令浸成虚文,得不到实际的承认和奉行。"总的立论便是,此事在不喜王学的大学士张居正的实际阻挠之下,欣赏阳明学说的礼部尚书万士和违制地支持阳明从祀,事情虽然一时有成,但因"违制而成之礼,是为非礼之礼。故此,阳明从祀过程中所遇到的挫折,不只是其人品未为时人论定所致,也是因这制度的公正性未被时人所认定所致。"[2]现在看来,这些论断实在错误居多。因为万历二年十二月的从祀记载,本身便是错误的。

《明神宗实录》此条所载,其实是孤立的记载,笔者当时也有注意。之所以仍然采信而利用这个孤证,却是因为相信严谨的

---

〔1〕 见杨联陞、全汉昇、刘广京编,《国史释论:陶希圣先生九秩荣庆祝寿文集》下册(台北:食货出版社,1988),页567。按,此文又收入朱鸿林,《中国近世儒学实质的思辨与习学》(北京:北京大学出版社,2005),页312—333;英文版:Hung-lam Chu, "The Debate Over Recognition of Wang Yang-ming," *Harvard Journal of Asiatic Studies*, Volume 48, Number 1 (June 1988), pp. 47 -70.
〔2〕 朱鸿林,《阳明从祀典礼的争议和挫折》,《中国文化研究所学报》1996年新第5期,页167—181。

史家的记载所致。正如《阳明从祀典礼的争议和挫折》文中所说:"诏从祀阳明孔庙此事,《实录》但记决定,虽亦稍有称词,但载笔甚简,而之前也没有会议的记录或相关的议论可稽,后来再议阳明宜予从祀的人,也都没有引用此诏为言。但《国榷》亦有同样的记载,可见其事并非子虚乌有。"[1]但笔者后来于心未安,故此多年未再继续撰定万历十二年十一月确定阳明从祀孔庙的研究。

《阳明从祀典礼的争议和挫折》一文发表后,笔者还未见到对之提出驳议的文字。但许齐雄2006年的英文博士论文《超越黄河之东:薛瑄与河东学派研究》(中译题目),却能从《〈王文成公全书〉刊行与王阳明从祀争议的意义》的英文旧作中,看出笔者所引《实录》所载万历二年从祀阳明事情的不妥之处。许文指出,笔者论著中所引《明神宗实录》此条所记可疑。之所以故,除了是孤证之外,还有一个逻辑上的问题。张居正既然不会让阳明获得从祀,何以在其任内竟能决定从祀阳明之议?又何以张居正卒后,无人对其不落实从祀阳明决议的怒人之事有所批评?许氏也说,无能为力揣测《实录》存在此条记载的原因所在,但除非能够发现另有提及万历二年阳明从祀孔庙的可靠文献,读者应该对该条所载加以保留,而只认定万历十二年为朝廷允许阳明从祀的唯一年份。[2]笔者认为这个质疑是对的,并且同

---

[1] 谈迁,《国榷》卷六九,页4258。按,《国榷》此事系万历二年十二月癸丑,但《明神宗实录》卷三二所载该事,则系于甲寅。

[2] Khee Heong Koh, "East of the River and Beyond: A Study of Xue Xuan (1389 – 1464) and the Hedong School" (Ph. D dissertation, Columbia University, 2006), pp. 276 –279, esp. note 525. 又见许齐雄,《我朝真儒的定义:薛瑄从祀孔庙始末与明代思想史的几个侧面》,《中国文化研究所学报》第47期, 2007年,其附注45也提及:"朱先生是文(按,指'The Debate Over Recognition of Wang Yang-ming')中所举的王阳明从祀年份也有待商榷。"

意阳明唯从祀于万历十二年。可以补充说的是，《实录》该处所载，纯属错误系年。事实上，笔者也未再发现时人和后人对于阳明在万历二年获准从祀的记载或评论。笔者从前的误从，导致了误断和误说。

还可以提及的是，在《阳明从祀典礼的争议和挫折》论文中，笔者没有考据和利用万士和文集，尤其其中万历二年所上的《覆新建伯从祀疏》，因而对于万历元年和二年的议论情形，未能彻底掌握。[1]在此文之中，笔者又引用隆万时人、师从聂豹的阳明再传弟子宋仪望的重要论说《阳明先生从祀或问》一文，认为"也只有在像他此文那般详尽而深入的学理辨析出现后，阳明作为可配从祀的真儒的理据，才能全面地呈现出来给人们仔细考虑。可惜的是，宋氏此文曾有多少的影响力，我们还未知道。"[2]笔者当时未能看到宋仪望的《华阳馆文集》，用的宋氏该文只是载于黄宗羲《明儒学案·江右王门学案九》上的。[3]对于此文的著作年代只能据文内线索，认为是"隆庆五年朝廷诏令独祀薛瑄后"作的。现在据宋氏《华阳馆文集续刻》所载该文的宋氏序文，此文其实作于隆庆三年（1569）。[4]此文是明人在争取阳明从祀孔庙

〔1〕 万士和，《万文恭公摘集》（台南县柳营乡：庄严文化事业有限公司，1997）；《四库全书存目丛书》影印中央民族大学图书馆藏明万历二十年（1592）万氏素履斋刻本，卷一二《覆新建伯从祀疏》。按，此疏题下有小字注："以下万历二年六月起，三年九月止，礼部题覆，失稿仅仅存。"万士和万历元年十二月甲子升任礼部尚书，万历三年九月戊午准予致仕，分别见《明神宗实录》卷二〇、卷四二各该日条。

〔2〕 朱鸿林，《阳明从祀典礼的争议和挫折》，页175。

〔3〕 黄宗羲，《明儒学案》（北京：中华书局，1985），页552—563。

〔4〕 宋仪望，《华阳馆文集续刻》（台南县柳营乡：庄严文化事业有限公司，1997）；《四库全书存目丛书》影印北京大学图书馆藏清道光二十二年（1842）宋氏中和堂刻本，卷一《阳明先生从祀或问并序》，页2上。全文页1上—18上，整卷。题目前为"按"语。《序》末小字注："时隆庆己巳十月朔记。"己巳即隆庆三年。

事情上正面论析阳明学说要旨和重要性最为完备而有力的文字。

三、《万历野获编》记载的问题

沈德符《万历野获编》和沈鲤《议孔庙从祀疏》所说的，如果径然采用，都会出现因时序错误而导致的责任归属上的错误。《万历野获编》记载万历十二年（1584）的疏荐、会议、最后决定情形以及事后余波说：

> 至十二年，而御史詹事讲首倡议，则又荐〔陈〕献章、〔王〕守仁，而不及〔胡〕居仁。南科钟宇淳亦同其（义）〔议〕。乃科臣叶遵、主事唐鹤征，又只主守仁一人。上下诸疏会众议之。都察院右都御史赵锦等，御史许子良等，户科给事萧彦等，宫坊徐显卿等、韩世能等各公疏，礼部王士性一人又独疏，俱荐陈、王二人，又不及居仁。上意亦以为然。时惟祭酒张位、洗马陈于陛、中允吴中行，则以王、陈、胡三人当并祀。而阁臣有疏，亦谓三人同祀之说为允。祀典从此定矣。时礼卿为沈归德鲤，当主议，仅左祖胡一人，而于陈、王俱有訾贬。忽闻阁臣有疏，亟露章遏止之。上仅批"已有旨了"。其疏与阁疏同日发下。沈遂疑揆地故抑其言，怏怏见于辞色，相猜自此始矣。次年春，南京户部主事唐伯元则又痛诋守仁之学，至不可闻。而上出严旨，斥唐偏见支词，挠毁盛典。于是众喙始息。……其时（会议时）内阁止申〔时行〕、许〔国〕二人在事，沈归德莅任未匝月，既阁疏伸而部疏绌，争者俱已付之忘言，独唐户部于事后力争，盖代归德不平也。今归德自刻《南宫奏稿》，最

为详备，独削从祀一疏不存，不知何故？[1]

这段记载有两点最值得注意。其一是说礼部尚书沈鲤是在听闻内阁上疏支持并祀王守仁、陈献章和胡居仁之后，才急忙上偏袒独祀胡居仁的奏疏以阻挠内阁主张。其二是说沈鲤后来在自刻的奏疏集中，却没有收入这篇在沈德符看来是导致阁部互相猜疑的会议奏疏。沈德符这里所说，是不认同沈鲤之所为的。他的疑问言下之意则是，沈鲤后来也对自己当时所说不满，或者恐怕给批评者留下攻击的把柄，所以才在自选集中不载该疏。我们考察了相关的文献，发现沈德符的前一说其实是错误的，后一说则能引发对问题深处的追究。

事情其实是沈鲤先上疏，内阁申时行不以为然，然后上疏反对，并且争取到神宗的同意。沈鲤的《议孔庙从祀疏》开头便说："谨遵奉明旨，于本月〔十一月〕十五日，会同九卿、科道、儒臣，齐赴阙下，裒集众论，较量其间。"《万历起居注》记载，是月十八日庚寅大学士申时行等所题的奏疏内，已经明说："今该部复议，乃请独祀布衣胡居仁，臣等窃以为未尽也。"可见阁疏是因部疏而上的。事实的情形和沈德符说的恰好相反。从当时高层的决策过程来看，事情也不应像沈德符所说的。奏疏，皇帝可命内阁拟旨回答，内阁在一般情形之下，正是可以先看到部疏的。相反，阁臣上疏的内容，在皇帝未批答之前，部臣是看不到的。申时行当时作的正是直达天听，扭转形势之事。实情是申时行反对沈鲤的会议报告，不是沈鲤怀疑申时行作梗而上疏遏止。沈鲤认为部议不受尊重而对申时行有猜疑，这是可信的，但他却不是没有理由的。

---

[1] 沈德符，《万历野获编》（北京：中华书局，1959），页363—364。

四、沈鲤会议报告的问题

沈鲤的会议报告是否完全客观可信？从多种资料的比较分析来看，答案也不尽正面。沈鲤的《议孔庙从祀疏》说：

〔十一月十五日〕与廷议者共四十一人，除注有原疏外，内注胡居仁从祀者二十五人，注王守仁、陈献章者俱十五人，蔡清五人，罗伦二人，吕柟一人。惟居仁则仍有专举，且无疵议。在石星则议王守仁、陈献章不宜立门户讲学。在丘橓则议守仁乃禅家宗旨。在吏部右侍郎王家屏则又谓从祀重典，非真能信今传后者未可轻议，非真见其能信今传后者亦未可轻议，若使今日议入，他日议黜，恐反为盛典之累，故未敢遽拟其人也。

臣等反复参详，看得从祀一事，持久不决，必烦廷议者，则以在廷之臣可以尽天下之公议，而众言佥同，人品自定，所以要之于归一之论也。今与议诸臣举从祀者，莫不以胡居仁第一，即有次及居仁与其不举者，亦毫无异议。臣等考其平生与其论著，亦大都渊源孔孟，纯粹笃实。一时名儒如罗伦、张吉、娄统、周瑛、贺钦、罗钦顺、张元祯之类，皆极口称可，比于薛瑄，而以其论著与瑄之《读书录》并传焉。斯其不愧孔子之徒，已大彰明矣。如蒙采纳，容令臣等以居仁行实撰次上览，特允从祀，自足以增重儒林，岂必求多。

盖我明道化翔洽，人文辈出，二百年间，侑食孔庙者，仅薛瑄一人，诚慎之矣。今距祀瑄之后未二十年，而又得居仁与之并祀，亦所谓旦暮遇之，比肩而立者，虽一人不可谓少也。至于守仁之学在致良知，献章之学在主静，皆所谓豪杰之士。但与议诸臣，与之者仅十三四，不与者已十六七，甲可乙否，臣等亦何敢轻议。查得嘉靖十九年，亦曾廷议薛瑄，彼其时固毫无间言也，而庶子童承叙、赞善浦应麒，犹以为事体重大，莫若少缓，竟以报罢。至隆庆元年复下廷议，则在议诸臣或挽或推，惟恐其不预于泽官尸祝者，何人心之同也。夫惟人无异议，故盛典一举，至今为俎豆之光。今守仁、献章既不能毫无间言，又一时与议之臣，亦多有耆旧老成直谅多闻之士，而不皆为二臣左袒者，是舆论未协，而事久论定尚非其时也。臣等有感于承叙、应麒之言，故敢亦请缓之，以俟公论之定，而徐议于后，似亦未晚。[1]

按照这个会议报告所说，胡居仁毫无疑问是获得压倒性胜利的，而且获得绝对多数赞成之余，还没有公开的反对。相反，王阳明和陈献章却赞成的只得三四成，还有公开反对的。在与议者全体赞成或者无人反对才能通过的先例要求之下，沈鲤提出只从祀胡居仁一人，可算自有理据。

但沈鲤其实也有不能让支持阳明者心服之处。问题出在他对注名表态者的认定和计算上。沈鲤的《议孔庙从祀疏》对于被题请从祀者所获的支持者，只说其总数，并且全部被他计算到的表态人物，只有二十五人，不符"与廷议者共四十一人"之数。可见，他在奏疏中没有列明那些"注有原疏"者的意见。这便可能对王守仁和陈献章形成不利。《国榷》记载了一份当时沈鲤"汇奏"的会议表态者名单，为《万历起居注》、《明神宗实录》、《万历邸钞》所未载，资料十分可贵。利用它和《万历野获编》

―――――――――――

〔1〕 沈鲤，《亦玉堂稿》，卷一，页6上—7下。

提到的涉事人物的表态情形来综合分析，便可较明显地看到沈鲤左祖胡居仁的情形。

《国榷》记载当时被题从祀者及其题请者的名字如下：

1. 胡居仁：尚书杨巍、王遴、张学颜，侍郎宋纁、傅希挚（五人）

2. 胡居仁、陈献章：侍郎申应乾（一人）

3. 陈献章、王守仁、胡居仁：尚书舒化，左都〔御史〕赵锦，侍郎倪光荐，右通政〔使〕陈瓒，大理〔寺〕卿曾同亨，〔大理寺〕少卿何源，谕德吴中行，都给事中齐世臣，御史喻文炜、龚一清、陈遇文（十一人）

4. 胡居仁、吕柟：尚书杨兆（一人）

5. 蔡清、罗伦：通政〔司〕参议杜其骄（一人）

6. 王守仁、陈献章、胡居仁、蔡清：侍郎周子义，洗马陈于陛（二人）

7. 王守仁、罗伦、陈献章、胡居仁：大理寺丞罗应鹤（一人）

8. 胡居仁、蔡清：给事中王三余、王敬民（二人）

9. 胡居仁、王守仁：给事中顾问（一人）

10. 此外，"其未敢轻议者不预焉。"（无意见者未注明人数）

11. 反对者："侍郎石星谓守仁不当立门户讲学，侍郎丘橓谓守仁为禅。"（二人）

12. 不表态："侍郎王家屏谓从祀重典，若今日入，他日出，反累盛典。"（一人）

《国榷》所记的这个表态的记录非常清楚，表面上看来足以支持沈鲤的结论，但却有两处足以误导读者。一是"其未敢轻议者不预焉"之说。这句话并不见于沈鲤的奏疏，该疏只说："除注有原疏外，内注〔题名谁人云云〕。"从其实际提及的表态者人数看，可见沈鲤在汇奏时，只计算会议当日的注名表态结果，没有计算以及附呈之前已经有奏疏表态的与会者意见。

这些"注有原疏"者是谁？其主张又是怎样的？《万历野获编》所载对此提供了无意之用。正如上文所引该书《四贤从祀》条所说的，万历十二年（1584）：

1. 御史詹事讲首倡议，荐陈献章、王守仁，而不及胡居仁；南科钟宇淳亦同其议。

2. 科臣叶遵、主事唐鹤征，只主从祀王守仁一人。

3. 都察院右都御史赵锦等，御史许子良等，户科给事萧彦等，宫坊徐显卿等、韩世能等各具部门"公疏"，礼部王士性一人独疏，俱荐陈、王二人，不及胡氏。

4. 祭酒张位、洗马陈于陛、中允吴中行，则请王、陈、胡三人并祀；阁臣主张一样。

这份名单也稍有问题。从《国榷》所载可见，右都御史赵锦后来在会议时是转向支持王、陈、胡三人并祀的。洗马陈于陛、中允吴中行在会议上也都题了王、陈、胡并祀，陈于陛还多题了蔡清。但据这份名单也可见到，当时没有题名胡居仁的，除了《国榷》所见的杜其骄之外，还有御史詹事讲，南科官钟宇淳、科官叶遵、主事唐鹤征，各具公疏的"御史许子良等，户科给事萧彦等，宫坊徐显卿等、韩世能等"以及礼部主事王士性，至少九人。相反，荐王守仁的要增加十人，荐陈献章的要增加八人，荐胡居仁的则增加一人（祭酒张位）。如果会议当日南京的科官不能出席，主事没有资格出席，那么减去三人，荐王的要增加七人，荐陈的要增加六人（主事只有一人题他）。这样，出席会议的四十一人中，明确表态的（包括以上的奏疏为据者）至少有三十二人。当中题胡居仁的有二十五人，题王守仁的有二十二人，题陈献章的有二十一人。如果以与会全体的四十一人算，胡、王、陈分别获得的比例是61∶54∶51。可见，三人各自所获的支持，其实相去并不太过悬殊。沈鲤奏疏中的算法，看来只点算了会议该日有正式"注"明被题名者名字的二十五名官员，亦即《国榷》名单上所见的各人，所以才会得出王、陈二人，"与议诸臣，与之者仅十三四，不与者已十六七"的说法。这样算时，胡、王、陈三人的比例便分别是59:37:37，胡居仁显得优胜甚多。总之，沈鲤奏疏所据的点算方法，对王守仁、陈献章二人不利，而对胡居仁有利。胡居仁更有利之处，则在于没有人点名反对他，虽然至少有十人没有给他提名。

五、《明神宗实录》及《万历邸钞》的记述问题

《明神宗实录》和《万历邸钞》记载万历十二年（1584）阳明获予从祀之事，各有所详，也各有贻误之处。《实录》兼及准祀之前之事，《邸钞》兼及其后之事。《实录》和《邸钞》均载申时行疏，所录的内容也基本相同。但《实录》在该疏之前，节录詹事讲题疏的主要内容，《万历邸钞》则在该疏之后，附录国子监祭酒张位题疏。这些不同的资料正好互补，合之足以见整件事情的始末大概。但《实录》此处记礼部会议，只有一句提及沈鲤奏疏的请求，对于会议的情况完全没有记载。《邸钞》则对于廷议之事，毫未说及。两者都未能略尽事情的原委。

《实录》记述詹事讲疏后、申时行疏前的事情次序，也不正确。《实录》该处说：

> 下礼部议。部请敕多官详议以闻。而议者杂举多端，于守仁犹尝诋。部议独祀胡居仁。上因询内阁："文臣从祀，奈何不及武臣？"阁臣言："武臣从祀于太庙，所以彰武功；儒臣从祀于孔庭，所以表文治。武功莫盛于二祖，

文治莫隆于皇上，此典礼之不可缺者。"上悦。于是申时行
等乃言……〔1〕

此处记述的事情次序有误。神宗问从祀何以不及武臣事，以
及阁臣的回答，发生在万历十二年十月十三日，《万历起居注》
该日条下记载甚详。神宗之问，由文书官太监宋坤口传，申时行
即日题覆。"部议独祀胡居仁"之事，如前考述，发生在十一月
十五日至十八日（申时行上疏日）之间，在神宗询问内阁之后。
由此也可见到，申时行后来之坚持从祀阳明，和神宗前此对其回
答已经示"悦"有着密切关系。

《邸钞》在申时行疏后，附录的张位疏之前所说的，同样有
问题。该处说：

> 已而南京户部郎中唐伯元力诋守仁，为南京兵科给事中
> 钟宇淳（钞本误作守淳）所劾，调海州判官。吏部巍〔尚书
> 杨巍〕独喜伯元言是，未几援伯元为吏部属。大理寺少卿王
> 用汲、光禄寺丞李桢俱诋守仁。有旨："守仁学术原与宋儒
> 朱熹互相发明，何尝因此废彼。"

这里的问题也是出在时序上。据《万历野获编·四贤从祀》
条所记可见，王用汲、李桢攻击阳明之事，以及神宗对其说的质
疑回答，发生在万历十二年请求从祀阳明（以及陈献章）的首次
会议时。对于此事，沈德符明白地说："然皆祀典未定时也。"唐
伯元上疏追论从祀阳明不是之事，发生在万历十三年三月，《明

---

〔1〕 《明神宗实录》（台北："中研院"历史语言研究所，1966），卷一五五，
万历十二年十一月庚寅条。

神宗实录》有所记载。[1]此处说"已而",只能表示其为事后之事，未能稍为指示时间的距离。

六、唐伯元奏疏的文本

唐伯元的《从祀疏》共有 5353 字，光绪刻本《醉经楼集》所载完整无缺。比较易见的《潮州耆旧集》本（作《争从祀疏》）则有阙文多处。以下据《醉经楼集》本补订：

1.《潮州耆旧集》卷二十四页 9 上，阙 52 字。阙文之前原文为"訾守仁者，一曰"。阙文为"道不行于闺门也。臣以为，守仁少负不羁，长多机谲，一旦去而学道，遽难信于妻子，亦事之常。人见其妻朱氏（按，原文误，当作诸氏）抗颜而揖门生，诟守仁也"。以下原文为"遂执以盖其平生……"

2.《潮州耆旧集》卷二十四页 9 下，阙 8 字。阙文之前原文为"既发又有张皇之状"。阙文为"踪迹诡秘，行止支吾"。以下原文为"使非吉州忠义，伍守方略……"

3.《潮州耆旧集》卷二十四页 10 上，阙 10 字。阙文之前原文为"若守仁者"。阙文为"机多而智巧，神劳而形疾"。以下原文为"傥所谓禅，亦呵佛骂祖之流……"

4.《潮州耆旧集》卷二十四页 11 上，阙 8 字。阙文之前原文为"功已成而议者不休"。阙文为"骨已朽而忿者愈炽"。以下原文为"吁，可以观守仁矣……"

5.《潮州耆旧集》卷二十四页 13 上，阙 3 字。阙文之前原文为"今献章之书具存，有"。阙文为"无忌惮"。以下原文为"如此者乎……"

---

[1]《明神宗实录》卷一五九，万历十三年三月己卯条。

6. 《潮州耆旧集》卷二十四页 14 上，阙 14 字。阙文之前原文为"诱人以伪成之名"。阙文为"枉其心之公，贼夫人之子，惑世诬民"。以下原文为"莫此为甚……"

7. 《潮州耆旧集》卷二十四页 15 上，阙 8 字。阙文之前原文为"呜呼，彼固"。阙文为"上薄孔子，下掩曾孟"。以下原文为"者，固宜其不屑为献章也……"

8. 《潮州耆旧集》卷二十四页 15 上，阙 9 字。阙文之前原文为"则必巍然独当"。阙文为"南面，而孔子为之佐享"。以下原文为"如颜曾思孟周程，犹得列之廊庑之间……"

9. 《潮州耆旧集》卷二十四页 16 上，阙 31 字。阙文之前原文为"君子之所以戒慎恐惧也"。阙文为"负三者之行，索隐行怪以为中庸，而欲以凌驾古今，小人之所以无忌惮也。虽然"。以下原文为"中庸之难能久矣……"

10. 《潮州耆旧集》卷二十四页 17 上，阙 54 字。阙文之前原文为"皆急急以正人心为第一义也"。阙文为"今守仁挟秦仪之术，薄孔孟之教，张皇告子、佛氏、杨简之论，而自谓千古一人。举世皆知其利口巧言，而拟于谀佞，是大舜、孔子之所畏恶也"。以下原文为"我皇上方隆唐虞之治。崇孔氏之学……"

七、宋仪望《阳明先生从祀或问》的文本

宋仪望虽然没有参加万历十二年（1584）的阳明从祀议案，但其所著的《阳明先生从祀或问并序》，应该曾为此次一些与议者所阅读和参考。因此除了其本身的学术价值之外，也是研究阳明从祀事情的重要文献。

宋氏此文载于其《华阳馆文集续刻》卷一，因为收录于黄宗羲的《明儒学案》而比较易见。但文集此文题目之前原有"内

篇"按语一段，题目之下又有序文一通，《学案》均未载录。这两段文字对于了解宋仪望作文的背景以及此文的著作时间，至关重要。抄录如下，以便参考。

（"内篇"按语）

按，《从祀或问录》一卷，往予家居，与同志互相究难，慨然有感于人品学术之辨，遂设为或问，以究极折衷之旨。然未敢以示人也。万历癸酉（元年，1573），予佐大理，辄拟一疏，欲上之。会言者方指斥为伪学，同志中力止之，以俟论定。明年夏出抚南畿，日理转输，议军旅，诸务纷沓，毁誉利害日交乎前。独赖早从父师与闻此学，时时藉以持循，不至坠落。然后益叹先生之功，世岂可忘报也哉？《学政录》，予督学时，发明胜朝教化大旨，以告诸生。与所闻于先生，互相证验。并刻置署中，与四方同志共焉。

（《阳明先生从祀或问》序）

仆闲居日，与同志讲古人之学，颇悉今昔学术之辨，以为我朝理学，敬轩薛公倡之，白沙陈公继之，至于力求本心，直悟仁体，则余姚王阳明公致良知一脉，直接孔孟不传之秘，自濂溪、明道以后，一人而已。近闻科臣欲举薛、陈、王三公从祀孔子庙庭，甚盛典也。未几，即下礼部，集诸儒臣会议。时刑部侍郎郑公，因见议论纷起，遂上疏深诋余姚，其事遂寝。同志中因究论阳明之学与宋儒所以异同之故，言人人殊，仆乃作为或问，反复辩难，以极折衷之旨。虽于先生之学，未敢谓尽其底蕴，而于古今学术之（辩）〔辨〕，或亦得其梗概云尔。时隆庆己巳（三年，1569）十月朔记。

按，据《序》文可知，宋仪望作《阳明先生从祀或问》在隆庆三年（1569）十月，其时薛瑄仍然未获从祀。序中所说上疏诋毁阳明之"刑部侍郎郑公"，是郑世威。据《明神宗实录》记载，郑世威隆庆二年三月由南京吏部右侍郎入为刑部右侍郎，次年二月考察自陈，得旨致仕。[1]郑世威是这次京职高官自陈者二十五人中唯一被命致仕的，其遭遇是否与上一年上疏反对阳明从祀之事有关，还需研究。

《学政录》则据"内篇"按语可知是宋仪望督学福建时的下行公文。《明史》宋仪望本传未载宋氏曾经督学八闽，只载其于嘉靖末年曾因触怒严世蕃而在京官考察时坐浮躁由大理寺右寺丞贬夷陵州判官，严嵩败后，再三转官而任福建副使，与总兵官戚继光合兵破倭寇。[2]据穆宗和神宗两朝《实录》记载，宋氏在隆庆五年十一月由四川按察司副使调任福建提督学校，[3]直到隆庆六年十月神宗已经在位时升为福建布政司右参政。[4]《学政录》所载就是他隆庆五年冬起在福建学政任上一年间的行政指令。

"内篇"照其按语看，应该编辑于万历二年宋氏出任南畿巡抚之后。据《实录》，宋氏在万历二年二月由大理寺右少卿升任右佥都御史巡抚应天，[5]万历三年十二月升副都御史，仍然巡抚应天，[6]直到万历四年十月升任南京大理寺卿为止。[7]《学政录》和《阳明先生从祀或问》有可能在这四年多之内收

〔1〕《明穆宗实录》卷一八（台北："中研院"历史语言研究所，1966），隆庆二年三月丙辰条；卷二八，隆庆三年二月乙酉条。

〔2〕张廷玉等，《明史》（北京：中华书局，1974），卷二二七，《宋仪望传》。

〔3〕《明穆宗实录》卷六三，隆庆五年十一月己未条。

〔4〕《明神宗实录》卷六，隆庆六年十月己卯条。

〔5〕《明神宗实录》卷二二，万历二年二月乙亥条。

〔6〕《明神宗实录》卷四五，万历三年十二月乙亥条。

〔7〕《明神宗实录》卷五五，万历四年十月辛未条。

入"内篇"，也有可能在宋氏万历五年十二月为南京科道所论而由升任不久的大理寺卿官位改任南京大理寺卿之后，到万历八年卒之前收入。[1]《阳明先生从祀或问》对涉及阳明从祀事情的可能影响，大概应从万历二年出任应天巡抚之后开始。

宋仪望《阳明先生从祀或问》这篇长文，收录于宋氏《华阳馆文集续刻》和《明儒学案》，个别文字上有若干差异，也有句子是《明儒学案》所没有的。《明儒学案》的文本出于抄录，由于抄录时或径改了被认为是所据《文集》的刻误，或误解了宋氏的原文，或因单纯的抄误，所见到的异文多数在意义上不及《文集》上所见的。这些异文的比勘，能够帮助利用《明儒学案》者较好地理解宋氏的原意。以下列举的，便是《华阳馆文集续刻》和乾隆二老阁本《明儒学案》两书所见异文中特别需要注意之处。其他如《文集》本所见的"工夫"，《学案》本绝大多数作"功夫"之类，属于两可；《文集》本所见的"辩"字，《学案》本多数作"辨"字，已属订正。这些连同其他异体字和不甚重要的差异字，都不出校。[2]

1. 《明儒学案》："人得天地生物之心以为心，所为生理也。此谓生理，即谓之性，故性字从心从生。"《文集》"所为生理也。此谓生理"作"所谓生理也。此心生理"。按，《文集》是。

---

〔1〕 宋氏由南京大理寺卿改任大理寺卿，见《明神宗实录》卷六八，万历五年十月丁亥条。其改任南京，见《明神宗实录》卷七〇，万历五年十二月辛丑条；《明史》卷二二七《宋仪望传》。但说宋氏万历四年"迁南京大理寺卿，逾年改北，被劾罢归。……家居数年卒。"没有说卒于何年。《明神宗实录》卷一〇七，万历八年十二月戊午条载："赐大理寺卿宋仪望祭葬如例。"可见其卒于万历八年。

〔2〕 按，《明儒学案》所载此篇，乾隆四年（1739）二老阁刻本文字与康熙三十二年（1693）紫筠斋刻本有差异的，都以康熙本为优胜。康熙本文字多与宋氏文集所载者相同，但也有改动而失去原意的。此外，乾隆刻本与据之点校的中华书局本（1985年）之间，也有一些文字上的差异。

2. 《明儒学案》："或曰：'人之心只有此个生理，则学术亦无多说，乃至纷纷籍籍，各立异论，何也？'予曰：'子何以为异也？'曰：'精一执中，说者以为三圣人相与授受，万世心学之原至矣。'"《文集》"乃至纷纷籍籍"作"何至纷纷藉藉"，"子何以为异也"作"子何以其为异也？"按，《文集》是。

3. 《明儒学案》："心外无理，心外无义，心外无物，自我心之条理精察而言则谓之理，自吾心之泛应曲当而言则谓之义，其实一也。缉熙者，言心体本自光明，缉熙则常存此光明也；敬止者，言此心无动无静，无内无外，常一于天理而能止也。……义以方外者，言心之神明，自能裁制万物万事，但能常依于义，则外常方矣。"《文集》"缉熙者"作"缉熙敬止者"。按，从文意和句法看，《学案》为是。《文集》"万物万事"作"万事万物"。

4. 《明儒学案》："惟颜子请事竭才，直悟本体，故孔子赞易之后曰：'有不善未尝不知，知之未尝复行，颜氏之子殆庶几焉。'"《文集》"故孔子赞易之后曰"作"故孔子赞易之复曰"。按，《文集》是。此处所引孔子之言，见于《易经·复卦》。

5. 《明儒学案》："至于《大学》之书，乃孔门传授心法，析之则条目有八，合之则工夫一敬。"《文集》"合之则工夫一敬"作"合之则工夫一致"。按，《文集》是。宋氏此文及此处强调的是阳明的"心"学，不是朱子的主"敬"之学。

6. 《明儒学案》："朱子既以致知格物专为穷理，而正心诚意功夫又条分缕析，且谓穷理工夫与诚正功夫各有次第，又为之说以补其传。"《文集》"且谓"作"若谓"。按，从朱子对于为学工夫特别强调处看，《学案》是。

7. 《明儒学案》："世宗始以陆氏从祀孔庭，甚大惠也。正德、嘉靖间，阳明先生起，而与海内大夫学士讲寻知行合一之旨。其后因悟《大学》、《中庸》二书乃孔门传心要法，故论《大学》，谓其本末兼该，体用一致，格物非先，致知非后，格致诚正非有两功，修齐治平非有两事。"《文集》"世宗始以"作"我世宗皇帝始以"，"修齐治平"作"修齐平治"。按，《学案》于前起有删削，后起则是。又，《文集》末段"我世宗"、"我国家"二词，《学案》均去"我"字，"我明"则改作"有明"。

8.《明儒学案》："慎独云者，即所谓独知也。慎吾独知，则天德王道一以贯之，固不可分养静慎独为两事也。"《文集》"固不可分养静慎独为两事也"中"慎独"作"慎动"。按，此句重复"慎独"，没有意义，且句中有"养静"概念，宜有对应概念存在，《文集》是。

9.《明儒学案》："如此是知行滚作一个，更无已发未发，先后次第，与古先哲贤亦是有间。"《文集》"与古先哲贤亦是有间"作"与古先哲言亦似有间"。按，此处问者引古人之言以辨阳明之言，《文集》是。

10.《明儒学案》："动静者，所遇之时，心之本体，固无分于动静也。从欲则虽槁心一念，而未尝静也。"《文集》"固无分于动静也"后有"理无动者也，动即为欲，循理则虽酬酢万变，而未尝动也"二十二字；"从欲则虽槁心一念"作"从欲则虽稍萌一念"。按，《文集》均是。《学案》康熙紫筠斋本文同《文集》，乾隆本殆有抄漏。

11.《明儒学案》："譬之行路者，或一日能百里，能六七十里，能三四十里，其力量所到，虽有不同，然同此一路，非外此路而别有所知也，同此一行，非外此行而别有所行也。"《文集》"其力量所到"作"其力量所致"。"非外此行而别有所行也"作"非外此知而别有所行也"。按从文句对称处看，《文集》似误。

12.《明儒学案》："吾人心体与圣人何常有异，惟落气质以后，则清浊厚薄迥然不同。"《文集》"何常"作"何尝"。按，

《文集》是。

13.《明儒学案》："吾人但当循吾本然之良知，而察乎天理人欲之际，使吾明德亲民之学，皆从真性流出，真妄错杂，不至混淆。如此而后可以近道。道即率性之道也。苟或不知真性一脉，而或入于空虚……"《文集》"如此而后可以近道"作"知此而后可以近道"，"道即率性之道也"无"即"字。按，《文集》可通，但意义不及《学案》。

14.《明儒学案》："孔门作《大学》而归结在于知所先后一语，虽为学者入手而言，然知之一字，则千古以来学脉，惟在于此。"《文集》"虽为学者入手而言"句之"入手"作"入首"。按，当从《学案》。

15.《明儒学案》："又谓今日格一物，明日穷一理，则孔子所学功夫，自志学至于不踰矩，原是一个……"《文集》"则孔子所学功夫"作"则孔子为学功夫"。按，《文集》是。

16.《明儒学案》："又如一日事变万状，今日从二十以后，能取科第，入仕途，便要接应上下，躬理民社，一日之间，岂暇去格物穷理，方才加诚正一段功夫？又岂是二十年以前，便将理穷得尽，物格得到，便能做得好官，干得好事？一如此想，便觉有未通处。"《文集》"又如一日事变万状"作"又如一日之间事变万状"，"今日从二十以后"作"今人从二十以后"，"又岂是二十年以前"无"年"字，"一如此想"作"只如此"。按，《文集》是。"只如此"三字，《学案》康熙本亦同。

17.《明儒学案》："知之所在则谓之物，物者其事也；格，正也，至也，格其不正以归于正，则知致矣，故致知在于格物。"《文集》"则知致矣"作"则知至矣"。《学案》康熙本则作"则致知矣"。按，《大学》曰"物格而后知至"，《文集》是。

18.《明儒学案》："大学有体有要，不先于体要，而欲从事于学，谬矣。"《文集》"大学"作"夫学"。按，此处通论为学之方，《文集》所言为是。

19.《明儒学案》："良知者，吾人是非之本心也，致其是非之心，则善之真妄，如辨黑白，希圣希天，别无路径。"《文集》"善之真妄"作"善恶真妄"。按，《文集》是，《学案》康熙本同《文集》。

20.《明儒学案》："甚矣！人之好为异论，而不反观于事理之有无也。善乎司寇郑公之言曰：……或曰：近闻祠部止拟薛文清公从祀……"《文集》"异论"作"异议"，"司寇"作"刑书"，"祠部"作"该部"。按，均可从《文集》。

八、结　语

研究阳明从祀的史料，除了本文论及的，还有历次赞成和反对的与会者所呈奏疏。这些奏疏数量不少，其题奏者名字，万历十二年（1584）这一回的已见本文，之前隆庆元年（1567）一回和隆庆六年至万历二年一回的，也已见于《〈王文成公全书〉刊行与王阳明从祀争议的意义》及《阳明从祀典礼的争议和挫折》两文。这二回与议者的态度和主要言论，这二文中也有所交代。本文的论析，则有助于认识决定性一回的议论之人事底蕴。至于个别上疏者的说辞和取态之故，还须继续研究才能知道。

国家与礼仪：元明二代祀孔典礼的仪节变化

一

国家政治与礼仪的制定施行，关系密切。宗周礼乐文明，盛极一时，孔子以周文郁郁之故而从周。所谓文，即是礼文，指礼制和仪文，是礼仪的整体。礼仪早有分指的意义和单指的意义。分指时，礼是国家为政的大制度、大措施，仪是典礼的仪文法度。这点春秋后期的政治家已有相当一致的论述。《左传》昭公五年传：鲁昭公"如晋，自郊劳至于赠贿，无失礼"，但知礼的晋国女叔齐却认为这只"是仪也，不可谓礼"。女叔齐所说的礼之本末，正如杨伯峻注所说，在于"守国、行政、无失民"。[1]昭公二十五年传：赵简子问郑国子大叔"揖让、周旋之礼焉"。子大叔对以"是仪也，非礼也。"又引子产说的"夫礼，天之经也，地之义也，民之行也，天地之经，而民实则之"一大段理论，以见"礼，上下之纪，天地之经纬也。民之所以生也，是以先王尚之"的道理。这是礼仪的分指义的表现。女叔齐和子大叔

---

〔1〕 杨伯峻，《春秋左传注》（北京：中华书局，1990），页1266。

所说的礼，可以概括仪，他们所说的仪，却不可以概括礼。《中庸》所谓的"礼仪三百，威仪三千"，便是他们所说的礼的全部内容。[1]但在《诗经·小雅·楚茨》所见的"礼仪卒度，笑语卒获……礼仪既备，钟鼓既戒"的礼仪意思，以至《周礼·春官宗伯·典命》所见"侯伯七命，其国家宫室车旗衣服礼仪皆以七为节"，《秋官司寇·司盟》所见"凡邦国有疑会同，则掌其盟约之载，及其礼仪"，《秋官司寇·象胥》所见"凡国之大丧，诏相国客之礼仪"等的礼仪意思，却是礼仪的单指义，指的便是典礼上的制定仪式。这也是我们现在一般说的礼仪之意。《礼记·礼器》所谓的"经礼三百，曲礼三千"，便是指这些仪式的全部而言。

治国而不用礼仪，典礼而没有仪式，是不可能的。宗周行礼，儒家尚礼，尽人皆知。其实以法家治国的秦始皇也一样尚礼，只是他所尚的是尊君卑臣之礼而已。按照儒家的说法，礼的本质是爱敬，爱敬之意寓于制度文为，因制度文为而展现于外。故此礼仪有示范教化功能，而不止于节制防禁的作用。儒家都相信《孝经》及《礼记·经解》里孔子所说的"安上治民，莫善于礼"之言，便是因为他们认为礼仪有贯通上下、融洽内外的功能。

由于礼仪本身涵寓象征，也存着示范行为意义和规范行为意义，国家透过礼仪来达致为政目的时，对于自己所制订的仪文节度所能象征和所欲表达的意义，都会作有意识的考虑斟酌。时代不同，国家改了，原有的礼制，也会随之而有所更订。新的仪节所欲强调以及所欲寓托的意义，不必都与前代的相同。它们随着

_____

[1] 近人讨论礼仪和威仪含义之说，可参考杨向奎《宗周社会与礼乐文明》（北京：人民出版社，1997），页280—282。

新的国家政治目标而制定，反映出新国的价值认定。同一文化的价值认定可以变化不大，但对个别价值的肯定，却可以有程度上的不同。因此，考察同一典礼的仪节的时代变化，多少可以看出不同时代对于必行之礼的不同认识和强调程度。

本文的旨趣，在于讨论古代中国政治思想和制度中的国家与礼仪关系。论文分为两部分，在讨论以儒家论说为主的国家与礼仪的各种相关理念后，借元明二朝祭祀孔子典礼中的仪节变化，来论证国家的价值认定与国家的礼仪度数是互相反映的。

二

国家与礼仪的现实关系重大，在古代中国意义尤其重大。朝廷以至州县、社会以至家庭，无一不见国家法定或认可的礼仪存在。这和皇帝天子的政治观念有关。皇帝理论上的职责是奉天子民，天公而无私，凡有生之物都在其覆育之内，皇帝对于万民，因此皆有子育之责。《诗经·小雅·北山》所说的"普天之下，莫非王土，率土之滨，莫非王臣"；秦始皇二十八年琅琊刻石所说的"皇帝之功，勤劳本事……六合之内，皇帝之土……人迹所至，无不臣者"，[1]固然可以反映全面拥有、全面统治的理念，但也可以包含全面负责的意念。

皇帝不能一人独治，故设百官，皇帝加上百官，构成朝廷，成为政治所出之地。统一皇朝时代的皇帝，是封建王朝时代国君的扩大和天下诸侯的单一化，观念上皇帝代表的还是国，百官则如封建时代的公卿大夫之各有其家，只是不能世袭、不成世家而

---

〔1〕《史记》卷六《秦始皇本纪》（北京：中华书局，1972），页245。

已。所以，百家之于皇帝，不管是辅治天下或是共治天下，朝廷则已体现了国与家的合一。

从政治最高领导的角度来看，国家有时即指皇帝个人或一家而言。但从政治组织全体的角度而言，国家实即朝廷，亦即由皇帝最高领导下的政权和行政机构。汉高祖所说的："镇国家，抚百姓，给馈饷，不绝粮道，吾不如萧何"，便是朝廷即是国家这种认识的反映。[1]朝廷所定的制度法则，因此亦即国家所定的制度法则，其施行的要求是公众性的和普遍性的。在郡县制度和选举制度并行的时代，由于朝廷的成员可来自各地及能够代表人口多数的阶级，国家制度的公众性和普遍性便更明显。

古代哲人都认为天子子育万民的主要项目是教养二事，也都认为国家为政，必须养先于教，而以化民成俗为最终目的。杜佑《通典·序》说，"夫理道之先，在乎行教化，教化之本，在乎足衣食"，便是这个道理。有养无教，其极端后果将是饱暖思淫，群居而为兽行，故此教化是必不可缺之事。极致而论，经济生活上的养是文化生活上的教的基础，但必教然后能化，亦即有了好的文化生活才能保障好的经济生活。养与教的关系虽是辩证的和互补的，但教化却是兼手段与目的为一的。在教与养二者的循环更生之中，无食固然人不能受教，但只要曾经教而化之，却便先可以不忧无食，以故为政始终必以教化为大事。管子说："仓廪实而知礼节，衣食足而知荣辱"，可以概见养先化后而教以为具之意。[2]管子所谓的知，是才能够理会之意，还是在说条件。到了真的知了，则已是化而成俗以后之事。这中间的关键手段便是

---

〔1〕《史记》卷八《高祖本纪》，页381。
〔2〕《史记》卷六二《管晏列传》，页2132。

教，养而后能教，教而后能化，国家既以化民成俗为政治的终极目的，因此教化的工具便与全体臣民有着日用的关系，而君主临民长民，也要日操此具以作示范鼓舞。这个国家的教化工具，便是礼仪。

食养虽是国家存在的基础，礼仪虽是国家教化的工具，但能否使这工具运用无阻，从而得以保障基础不堕，则是另一个问题。因此古人论治国，也都能从现实层面上考虑事情。整体的最大考虑，是所谓"有文治，必有武功"。没有武力足以抵御外敌和平定内乱，国家先存的基础尚且不保，要达致为国的理想，便更无从而言。但在国家政治和社会生活都走上轨道时，武功总是备而不用的，文治才是国家运作的功能所在。

文治的原则性内容，便是儒教所谓的礼乐政刑或德礼政刑，概括时可以称为礼法之治。《礼记·乐记》说："礼以道其志，乐以和其声，政以一其行，刑以防其奸。礼乐政刑，其极一也，所以同民心而出治道也。"又说："礼乐刑政，四达而不悖，则王道备矣。"据孙希旦集解："极，犹归也；民心，即喜怒哀乐爱敬之心也；同，谓同归于和也。"[1]可见礼乐政刑四者的政治作用，是相辅相成的，终极目的在于使人民的情感得以调和，从而使社会得到安宁。

但从性质和功能方面而言，礼乐政刑的先后轻重，是有分别的。孔子便认为德礼的效果比政刑的效果要好。《论语·为政》说："道之以政，齐之以刑，民免而无耻；道之以德，齐之以礼，有耻且格。"这是探深之论，而所谓的礼已包括礼乐而言。朱子《集注》认为："免而无耻，谓苟免刑罚，而无所羞愧，盖虽不敢

---

〔1〕 孙希旦著，沈啸寰、王星贤点校，《礼记集解》，卷三七（北京：中华书局，1989），页977—978、986。

为恶，而为恶之心未尝忘也。"[1]这和《礼记·缁衣》所论的
"教之以政，齐之以刑，则民有遁心"之意相通。遁就是逃避之
意；以政刑为取向，人民能避到刑罚所不到之处，也便敢于为恶
而不以之为耻了。政刑看似积极多效，其实不然。这也就是朱子
注释所谓的礼法与政刑虽不可以偏废，"然政刑能使民远罪而已，
德礼之效，则有（以）使民日迁善而不自知"之意。[2]德礼为治
道之本，政刑为治道之末，儒家原则上都这样主张。一言以蔽
之，德礼的效果比起政刑的效果能够相对地持久，久即成化，因
而德礼至少在理论上胜于政刑。

儒家礼治优于法治之说，见于《大戴礼记·盛德》的驾御比
喻，尤其详明："德法（即同文所谓的'礼度'）者，御民之衔
也；吏者，辔也；刑者，策也。……善御马者，正衔勒，齐辔
策，均马力，和马心，故口无声，手不摇，策不用，而马为行
也。善御民者，正其德法，饬其官，而均民力，和民心，故听言
（犹如讼言）不出于口，刑不用而民治，是以民德美之。……不
能御民者，弃其德法，譬犹御马，弃辔勒而专以策御马，马必
伤，车必败。无德法而专以刑法御民，民心走，国必亡。亡德
法，民心无所法循，迷惑失道，上必以为乱无道，苟以为乱无
道，刑罚必不克，成其无道，上下俱无道。"[3]可见礼（德法）
法（刑法）同是御民之具，而礼以节制均和致胜。德的含意，则
和《孟子·离娄上》所说的"徒善不足以为政，徒法不能以自
行"互相呼应，政令之行，先在于得人而行礼而已。

---

[1] 朱熹，《四书章句集注·论语集注》卷一（北京：中华书局，1983），
页54。
[2] 同上。
[3] 本文引《大戴礼记》，用王聘珍《大戴礼记解诂》（北京：中华书局，
1983），页145—146。

礼法的合一，是孔子以后的政治思想主流。即使孔子的探深之论，也没有否定刑罚的重要性；孔子强调的，只是以礼为主。《论语·子路》说："名不正，则言不顺；言不顺，则事不成；事不成，则礼乐不兴；礼乐不兴，则刑罚不中；刑罚不中，则民无所措手足。"可见，礼乐兴则刑罚亦会不失其中。孔子所不以为然的，是对刑罚的一味依赖。《礼记·缁衣》载孔子说："《甫刑》曰：'苗民匪用命，制以刑，惟作五虐之刑，曰法'，是以民有恶德，而遂绝其世。"正如孙希旦所解："引《甫刑》之言，以极言尚刑之失也。"[1] 这是汉儒尚德缓刑说的思想渊源，但尚德不等于废刑，崇礼不等于废法，却是一致之见。

秦汉以来论治的，都不反对礼法并用。礼法关系的理论更趋于一致，至少在儒家的七十子后学之徒如此。就礼法的相关性质而言，最有影响力的说法，是如《大戴礼记·礼察》所说的："礼者禁于将然之前，而法者禁于已然之后，是故法之所用易见，而礼之所为生难知也。"此语见于《汉书·贾谊传》上文帝疏中。[2]《史记·太史公自序》说《春秋》之为礼义之大宗，也说"夫礼禁未然之前，法施已然之后，法之所为用者易见，而礼之所为禁者难知"。[3] 这些相因的说话显示，学者认为礼与法有着一体两面的依存关系。礼与法的施为，有先后隐显之别；礼与法的作用，分别为预防和阻吓。出礼则入法。

但礼法目的虽同，其表现形式却不相同。礼与法都以禁制为事，但礼寓禁于防，七十子后学对此没有异见，故《大戴礼记·

---

〔1〕《礼记集解》卷五二，页 1323。
〔2〕《汉书》卷四八（香港：中华书局，1970），页 2152。
〔3〕《史记》卷一三〇，页 3289。

礼察》又说："然如曰礼云礼云，贵绝恶于未萌，而起敬于微眇，使民日徙善远罪而不自知也。"[1]《礼记·经解》也说："夫礼禁乱之所由生，犹坊止水之所由来也。……故礼之教化也微，其止邪也于未形，使人日徙善远罪而不自知也。"《礼记·坊记》更说："君子之道，辟（譬）则坊与？坊民之所不足者也。大为之坊，民犹逾之，故君子礼以坊德，刑以坊淫，命以坊欲。"郑玄注说："民所不足，谓仁义之道也；命谓教令"。[2]这样，《坊记》所说，又进到以礼治心的地步，正如孙希旦所说的"礼以教之于未然"。[3]

　　总之，礼和法是相依存的。抬到形而上的论说层面，则如《大戴礼记·四代》所说："阳德出礼，礼出刑，刑出虑，虑则节事于近，而扬声于远。"[4]可见，虽然法后于礼，法以辅礼之意却甚明白。《大戴礼记·盛德》还有进一步阐释礼法各种关系之言："刑罚之源，生于嗜欲好恶不节，故明堂，天法也；礼度，德法也。所以御民之嗜欲好恶，以慎天法，以成德法也，刑法者，所以威不行德法者也。"[5]这是说刑是保证德得以展现之具。刑法这样的作用，使得德法或者礼度具备了犯法就有惩罚的现代法律意义。

　　但礼法二者毕竟不同。礼需要透过仪式的展现，才能具体成其为礼，法则可以不必。因此古人所说的礼，应当可以理解为包含了礼制（制度）和仪式二者在内，正如《大戴礼记·盛德》所说的"礼度，德法也"。举例说：婚姻是让男女个体可以合法同

---

〔1〕 《大戴礼记解诂》卷二，页22。
〔2〕 《礼记集解》卷五〇，页1280。
〔3〕 同上。
〔4〕 《大戴礼记解诂》卷九，页170。
〔5〕 《大戴礼记解诂》卷八，页144。

居、生育、共用财物、同祭祖先等等的制度，但这制度必须经过嘉礼中的婚礼才能合法开展，婚礼本身又必须经过所谓"六礼"的仪式（甚至每个仪式中的各个仪节），才算有效成立。有礼就有仪，如仪然后成礼，正如《诗经·小雅·楚茨》诗句所显示的，要"礼仪卒度"，才能"笑语卒获"。

仪式本身却又富于象征和暗示意涵。《礼记》可见的例子很多，如《仲尼燕居》说大飨之礼："两君相见，揖让而入门，入门而县兴，揖让而升堂，升堂而乐阕，下管《象》，《武》、《夏》龠序兴，陈其荐、俎，序其礼乐，备其百官，如此而后，君子知仁焉。行中规，还中矩，和、鸾中《采齐》，客出以《雍》，彻以《振羽》，是故君子无物而不在礼矣。入门而金作，示情也；升歌《清庙》，示德也；下而管《象》，示事也。是故古之君子，不必亲相与言也，以礼乐相示而已。"[1]此文末句的意思最明白，可见象征的内容就是实质的代表，观容知意，此时宾主情意相洽，一切都已尽在不言之中。又如《坊记》之说祭祀之礼："七日戒，三日齐，承一人焉以为尸，过之者趋走，以教敬也。醴酒在室，醍酒在堂，澄酒在下，示民不淫也。尸饮三，众宾饮一，示民有上下也。因其酒肉，聚其宗族，以教民睦也。故堂上观乎室，堂下观乎上。《诗》云：'礼仪卒度，笑语卒获。'"[2]此文最后引《小雅·楚茨》之言，正是说明仪式尽合法度时，意示于物，法取夫上，寓意之中表达了示范之效。同样，《丧大记》说："复衣不以衣尸，不以敛。"郑玄注说："不以衣尸，谓不以袭也；复

[1] 此处引文的现代标点符号，基本上从沈啸寰、王星贤点校本《礼记集解》卷二八，页1269—1270；但"下管《象》、《武》，《夏》等序兴"二句的标点，从姜义华《新释礼记读本》（台北：三民书局，1997）。
[2] 《礼记集解》卷五〇，页1289—1290。

者，冀其生也，若以其衣袭、敛，是用生施死，于义相反。"[1]
《丧大记》又说："唯哭先复，复而后行死事。"郑注说："气绝则
哭，哭而复，复而不苏，可以为死事。"[2]可见仪式各有寓意，节
度错误，意义便成乖违。婚礼的象征寓意也很多，如《昏义》所说
的"共牢而食，合卺而酳，所以合体、同尊卑，以亲之也"，尤其
明显。此外，婚礼用雁，也象征了"顺阴阳往来"，夫唱妇随之意；
或以"雁不再偶"象征"一与之齐，终身不改之义"。[3]凡此都证
示了所谓礼，就是透过仪式的进行，来让制度开始其合法性运作，
来示范某种行为的意义，来暗示对某种价值的追求。

由此也可见，礼一方面是现实性的，一方面也是理想性的。
现实与理想二者能够平衡融合时，礼的真正作用或者功用便算达
到。《论语·学而》所见有子"礼之用，和为贵"之说，正有这
样的意义可推。

礼的重点是要求将寓有意义的仪式付诸行动。人们只能有错
行之礼，不能有不行之礼。因为不行不足以成礼，而这行动又具
有规范性质和示范性质，因此礼仪应该由谁制定，便成意义重大
的问题。谁制定的礼仪才需要或者才值得去遵守履行，直接牵涉
了权力和权威的问题。权力最终得依靠暴力，权威则可以道德力
量为基础。圣人贤人可以产生一种令人信服的恒久无形权威，权
力则不能不涉及国家和政府。但政府只是权力所在，不是权力来
源。就礼仪的权力来源而论，古代中国人多认为是来自王者或天
子的，正如《礼记·乐记》所说："王者功成作乐，治定制礼。

---

[1] 《礼记集解》卷四三，页1134。
[2] 《礼记集解》卷四三，页1135。
[3] 胡培翚著，段熙仲点校，《仪礼正义》卷三《士昏礼》（南京：江苏古籍出版
社，1993），页150；雁不再偶，程颐曾经说过；此处胡培翚引江筠《读仪礼
私记》说。

其功大者其乐备，其治辩者其礼具。"[1]《中庸》所说的"非天子不议礼，不制度，不考文"，更是耳熟能详。这种说法的原因，正如《礼记·礼运》所说："是故礼者，君之大柄也，所以别嫌明微，傧鬼神，考制度，别仁义，所以治政安君也。"因为礼的政治用途至大，所以人君不能不加以掌握；如《乐记》所说，则这竟是人君的必然权力和责任了。但实际上亲自制定礼乐的人君并不多见。《中庸》所言，其实是说议礼、制度、考文这些事情，都是国家的事情，只有国家才有权力去做，也只有国家才有能力去推行。

国家制定礼仪的目的终归是政治性的。国家施行礼仪的对象，都是社会群体和群体中的个人，包括了朝廷上的"予一人"皇帝在内。国家透过它所制定的礼仪，对群众中的个人产生节制行为和鼓励行为的作用。在节制行为作用方面，礼仪的助力是法律的阻吓力；在鼓励行为作用方面，礼仪的助力则是道德价值的界定和示范。理想的状态是，守礼的人，既能够自我节制，也会自我鼓励，社会因而达到和为贵的政治境界。

礼的节制行为作用是现代人偏好强调的，因而极端时有所谓"礼教吃人"之语。在古代，国家却是对礼的鼓励行为作用从不忽视的。国家往往透过礼仪的展现来鼓励人民达到国家所想达到的目的。这就是经典上所说的礼的"教"义。如《大戴礼记·盛德》所说的："丧祭之礼明，则民孝矣。故有不孝之狱，则饰丧祭之礼也。……朝聘之礼所以明义也，故有弑狱，则饰朝聘之礼也。……相侵陵生于长幼无序，而教以敬让也。故有斗辨之狱，则饰乡饮酒之礼也。……昏礼享聘者，所以别男女，明夫妇之义

---

[1]《礼记集解》卷三七，页991。

也。故有淫乱之狱，则饰昏礼享聘也。"〔1〕又如《礼记·祭义》所说："祀乎明堂，所以教诸侯之孝也。食三老、五更于大学，所以教诸侯之弟也。祀先贤于西学，所以教诸侯之德也。耕藉，所以教诸侯之养也。朝觐，所以教诸侯之臣也。五者，天下之大教也。食三老、五更于大学，天子袒而割牲，执酱而馈，执爵而酳，冕而总干，所以教诸侯之弟也。是故乡里有齿，而老穷不遗，强不犯弱，众不暴寡，此由大学来者也。"孙希旦集解"五者，天下之大教也"句，引周谞说："先王之教也，岂必谆谆然命之哉！礼行于此，而人自得于彼者，乃教之至也。"〔2〕这说出了礼的示范功能。古代典礼的教义，事实并不空虚，杨向奎先生说西周的天子藉田礼，便证实了它作为全国春耕动员令的现实意义。〔3〕总之，只要不为具文，不以敷衍行事，典礼能因示范而产生鼓励，风吹草偃，上行下效，自会有更生行为的情形出现。

但由于礼仪多是历史文化的遗留，本身的仪文节度是繁简不一的，而且即使同一礼仪，也不一定有完全相同的仪节。历代王朝又皆受王者事定功成，制礼作乐，以及《礼记·乐记》所说的"五帝殊时，不相沿乐；三王异世，不相袭礼"之类思想影响，因此同一礼仪的历代仪节便多有不同之处。国家就是透过仪节的制定，来表达它对某种信仰的尊崇程度或对某种价值的鼓励程度。

这种国家意图的表现，在祭礼中尤其容易见到。《礼记·祭统》说："夫祭之为物大矣，其兴物备矣。"前一物字指礼，后一物字指民。祭祀最能感发兴起民心，故此经文又说："祭者，教

<hr />

〔1〕《大戴礼记解诂》卷八，页144。
〔2〕《礼记集解》卷四六，页1231。
〔3〕 杨向奎，《宗周社会与礼乐文明》，页236—238。

之本也已。"接着又说:"夫祭有十伦焉:见事鬼神之道焉,见君臣之义焉,见父子之伦焉,见贵贱之等焉,见亲疏之杀焉,见爵赏之施焉,见夫妇之别焉,见政事之均焉,见长幼之序焉,见上下之际焉。"孙希旦集解说:"伦,谓义礼之次序也。"[1]可见祭礼的教义最广。但这主要是指宗族的祭祀而言。在国家的祭礼中,祭礼的教义是选择性的。《礼记·祭法》界定国家祭祀的对象如下:"夫圣王之制祭祀也,法施于民则祀之,以死勤事则祀之,以劳定国则祀之,能御大灾则祀之,能捍大患则祀之。……此皆有功烈于民者也。及夫日、月、星辰,民所瞻仰也。山林、川谷、丘陵,民所取财用也。非此族也,不在祀典。"[2]获祀者之所以获祀,统一原因在于获祀者对国家、人民有功劳有贡献,但因为功有不同,所以祭祀仪式的繁简隆杀也随之不同,透过仪式而传达的意涵也就不同。这类礼仪节度的等差,都由国家制定和操控,是国家对社会价值的认定和肯定程度的有意识表示。

三

历代国家祭祀孔子的典礼,便是一个很好的例证。孔子明伦理之道以教化天下,后世赖之。依照祭法的界定,祀孔属于"法施于民则祀之"之类。在祭统所列的十伦之中,祭孔典礼是可"见爵赏之施"的。祀孔的礼仪有二:隋朝开始,每月一次或二次的例行祭祀,或皇帝、官员视学时举行的祭祀,称释菜礼。唐朝开始,春秋二仲月上丁日的大祭,称释奠礼。此礼用牺牲,用乐舞,降象盛大。祭礼在《周礼》的五礼中属于吉礼,它的执行

[1] 《礼记集解》卷四七,页1243。
[2] 《礼记集解》卷四五,页1204—1205。

原则是虔诚恭敬，要有孔子所说的"祭神如神在"的精神。[1]它的意义和目的是"报功"。也有同时并作祈福的，但正如《祭统》所说，"贤者之祭……不求其为"，祈福贤者不为，报功酬谢才是正义。祀孔典礼所寓的目的，则除了报功之外，还有所谓"崇德"。报功是报答孔子作为先师给后世作出明伦教化的伟大贡献，崇德就是推崇孔子所定立的伦理教化规范。崇德报功的原则，同时也应用到孔庙中配享和从祀于孔子的先贤先儒。这套礼仪，是国家公开表示尊崇儒教的重要表现。

以下要探讨的问题是，祀孔礼仪的差别，是否反映了设祭者对孔子功劳和报答程度的不同认识。推而言之，即国家所定的仪节程度和国家认定受祭者应得的尊崇程度是否互为因果。用以说明事情的例子，主要是元明二代的释奠礼仪。选择元明二朝，主要是基于史料的可用性和历史知识的考虑。元代的资料，有《元典章》和《庙学典礼》可以采用。这二书载的是元代的行政命令和法规，以及案发事情的报告和办理指示。这些文件的叙述性和现实性较强，比起前代的规则性法典文字更能反映现实。明代的资料，像载于《明太祖实录》和《明太祖文集》的，性质上也有近于元代资料之处。又因为它们是明太祖参与制定的仪式以及仪式制定的背景文字，是行动指示而非纸上具文，更是天子议礼的难得案例，很可以反映确定的国家意志。这些同类资料所表现的内容异同，能够反映问题的意义更大。

就历史知识的考虑而言，我们都知道元朝曾有普遍兴建庙学和把大量书院官学化的命令，还尊封孔子为"大成至圣文宣王"，构成了一个大事兴崇儒教的形象，但元朝蒙古统治者之实行三教并尊而不特别崇儒，也是不争的事实。这个不协调的现象，是一

---

[1]《周礼·春官·大宗伯》："以吉礼事邦国之鬼神祇。"

种名尊实不尊的表现。明朝则明太祖曾经一度罢免过孔子的祭祀，明世宗嘉靖九年（1530）又去掉了孔子的王号，改称"至圣先师"。但明朝的尊孔事情特别多，包括发生在孔子本身、孔子父亲、孔子后裔、孔子门人以及后代从祀孔庙的儒者的礼仪事情，应有尽有。国家用学校和科举来推广儒学，社会也有一定的儒化效果。这个不协调的现象，却是一种实尊而名似不尊的表现。这两个现象的底蕴何在，比较元明二代的祀孔典礼便是可用的探究途径。

我们先看元朝蒙古君主对孔子表示尊崇的记载。早在元太宗窝阔台汗五年（1233）时，就有让金朝所封的衍圣公袭爵和维修孔子庙的诏书可见。[1]到了元朝第三代君主武宗，在大德（其父成宗年号）十一年（1307）七月，更将孔子的封号加称为"大成至圣文宣王"，成了真正空前绝后的尊称。但近人的研究却显示了，这些表现其实多是旨在利用的敷衍之事，而元世祖对孔庙有关的人事上和典礼上所表现的，更可说是对儒教充满了轻视。根据陈高华的考证，元世祖平定江南以后，接见了龙虎山的道教天师，封他为真人，命令他统领江南道教。但对作为儒家象征领袖的衍圣公，却不只不予接见，连悬空的衍圣公爵位也不给实补。元世祖在历史上是以"三教九流，莫不尊奉"这一态度和政策著称的，但在尊重道教和尊崇喇嘛的同时，却令曲阜的孔府遭到空前的冷落。[2]

元世祖的轻儒表现，看起来可以说是蒙古君王的家法。例

〔1〕《钦定续文献通考》（《十通》本）卷四八《学校二》。参看萧启庆，《大蒙古时代衍圣公复爵考》，《蒙元史新研》（台北：允晨文化实业股份有限公司，1994），页49—62。
〔2〕陈高华，《金元二代衍圣公》，《元史研究论稿》（北京：中华书局，1991），页328—345。

如，史载元太宗窝阔台汗五年立了国子学，但正如萧启庆的研究所显示，国子学这理论上和传统上都以儒学为主的最高学府，当时掌控它的主持人，却是全真教的道士，而教学所重视的，也只是汉语语文，而不是儒家经典。[1]元世祖曾经授命元代最有成就的儒者许衡重建京师的国子学，许衡成了国子祭酒，培养了一批蒙古青年学生。但在我做的相关研究中，却也发现了，终元世祖一朝（总共三十五年），京师既没有具备独立校舍的国子学，也没有与学并存的新建的文宣王庙，有的都是改建金朝官署的。[2]

更深刻却又更隐晦地反映元世祖轻视儒教的事情，则有至元三十一年（1294）七月，元朝第二代君主成宗（世祖之孙）下诏全国通祀孔子的事情。这事情发生在元世祖去世半年之后，《元史·成宗本纪》只有"壬戌，诏中外崇奉孔子"这样简单一句，《元史》此外的纪、志、传里，都见不到旁及的相关记载。[3]孔子自唐朝开始，历代都是天下学校通祀的，为什么在元朝偏偏要到世祖死后才有通祀孔子的诏令颁布？这无疑是件耐人寻味的事情。

这事引起了明朝中期的著名学者官员丘濬的怀疑。丘濬的学问是以考据精详、论述该博著名的，在他的考据之下，结果在明太祖的儿子宁王朱权奉敕纂修的《通鉴博论》一书中，找到线索。[4]《通鉴博论》在至元十八年内，有这样的记载："帝（世祖）信桑门之惑，尽焚中国道藏经书，辟儒道二教为外学，贬孔

---

[1] 萧启庆，《大蒙古国时的国子学——兼论蒙汉菁英涵化的滥觞与儒道势力的消长》，《蒙元史新研》，页63—94。
[2] 详见朱鸿林，《明太祖的孔子崇拜》，收入氏著《中国近世儒学实质的思辨与习学》，页75。
[3] 《元史》卷一八《成宗一》（北京：中华书局，1976），页386。
[4] 丘濬的研究，见所著《世史正纲》，弘治元年刊本，卷三一，页18上—19上。

老为中贤，尊桑门为正道，自是道藏始绝。"〔1〕又在论断元世祖处这样说："听妖僧祥迈之诱，作妖书以毁昊天上帝，贬孔子为邪道，拟为中贤，不足称圣。"〔2〕这样贬低孔子的事情，《元史》本身无所记载。《元史·世祖本纪》同一年（至元十八年），只记载了十月诏谕天下禁毁《道德经》之外的道书的事情。〔3〕丘濬认为这是纂修《元史》的史臣为世祖隐讳，故意忽略的结果。对于这事的真相，丘濬最后采取的态度，还是"疑以存疑"的史家态度，但他的考据推论，却是发前人所未发的。我们应注意的是，《元史》是洪武元年（1368）开始纂修、洪武二年完成的作品，执笔者都是元代成长的儒者及官员；《通鉴博论》是洪武二十九年的作品，作者是明太祖的儿子，《通鉴博论》能够有《元史》所没有的资料。《通鉴博论》对元世祖整体看来是肯定的，肯定他作为开国君主的成就和贡献。因此，关于禁毁道藏，贬称孔子的记载，并没有捏造事实、刻意攻击的需要存在，它表现的只是元世祖笃信或者迷惑于某些佛教宗派的事情。但《通鉴博论》所记，毕竟只是孤证，我们也只能和丘濬一样，疑以存疑，不作肯定，只是我们却可肯定地说，元世祖统一天下之后，没有明诏通祀孔子，这事情本身便不能说是尊崇孔子的表现。

其实，元世祖时期的尊孔礼仪，同时也就是尊君的礼仪。这是一个前人未注意到的史实，证据却存于元人自己编纂的《元典章》和《庙学典礼》两书之内。《元典章》礼部卷四有题目作《宣圣庙告朔礼》的命令一条，颁发时间在中统后期到至元十三年统一全国之前之间，命令针对的地方，是北方各路的孔子庙。

---

〔1〕 朱权，《通鉴博论》，《四库全书存目丛书》本，卷下，页66下。

〔2〕 《通鉴博论》论断元世祖文字，在原书卷中，作者所阅本该处适属阙页，本文所引系据《世史正纲》所录原书。

〔3〕 《元史》卷一一《世祖八》，页234。

和问题相关的文字如下：

> 先放"圣寿辇"于宣圣右边曾、孟位上香案具下，祝案置祝版于上。[1]

接着是叙述司仪官指导学生排班和引导献官就位行礼的步骤。孔庙殿上的献官共有三位，他们首先向孔子神像及颜、孟及十哲神像行跪拜和三祭酒礼。之后就向皇帝的象征行同样的礼仪，这是重点所在，文字如下：

> 〔三献〕礼毕，三献官诣"圣寿位"前，先再拜，跪上香，就跪祝香、读祝，讫，三祭酒，毕，就拜，兴，再拜。礼毕，降自西阶，复位。

这条命令所载的仪式里，我们要注意"圣寿辇"和"圣寿位"这两个特别的名词。"圣寿位"是放在"圣寿辇"上的，它们和明清时代所见的所谓"圣谕牌"和"龙亭"是同样的东西，都是皇帝的代身。圣寿辇和圣寿位的出现，表明在孔庙的告朔礼中，皇帝的象征是驾临现场的。皇帝为何要驾临典礼？有人或者会说他是来向孔子行礼的，但这并不可能。首先，皇帝是不在路学（地方学校）的孔庙中行礼的。其次，如果真的是皇帝前来行礼，那么率先向孔子跪拜祭酒的应该是他，而不是身为儒臣的献官。这点清楚了，便可见在这场合里，圣寿位是放在孔子神庙右边，来和孔子同时接受礼官和学生朝拜的。

----

〔1〕《景印元本大元政国朝典章》（《元典章》）卷三一《礼部卷之四·儒学》（台北："国立故宫博物院"，1972），页4。

这是意义重大的现象。孔庙的主人本身是先圣孔子以及配享、从祀于孔子的先贤先儒，告朔礼是向他们报时请安的致敬礼仪。但以上所见的条文，却反映了在元世祖时代的告朔礼，皇帝已经变成了孔庙和学校的特殊主人，他至少和孔子享有同样的地位。这里所见到的象征意义，不是君师合一的理想，而是君师并临接受学校师生的敬礼。从这个礼仪可见，至少在至元十三年统一之前，元世祖的尊孔态度是现实的而不是谦虚诚敬的。

元朝这种在学校里并尊皇帝和孔子的制度，平宋之后，在南方的地方学校和书院里都是生效的。《庙学典礼》中题作《还复濂溪书院神像》的条文，便有很清楚地反映。[1]此条记载至元三十一年八月御史台的下行文件说：

> 会验江南诸处书院供依宣圣庙，例塑孔子神像，其濂溪书院既是学舍，又有"万寿牌"，合塑宣圣神像，诸儒朔望谒奠，于礼为当。

该文件上所称的"万寿牌"和见于《元典章》所载文件中的"圣寿位"，是同样的东西。二者名称之有不同，只是学校等级不同或者时间先后不同所致。我们要注意的是，这个文件下达的时间——至元三十一年八月。此时已是全国通祀孔子的诏令到达地方的时候，官员们要拟议让濂溪书院塑立孔子神像，事情并不稀奇，但这时候连书院也已有了"万寿牌"，可见元朝的学校礼仪中，至少终元世祖一朝，尊君的要求是超过尊师的要求的。

元朝通祀孔子之后，"庙学"成了名副其实的制度，有孔庙

---

[1]《庙学典礼》(《元朝史料丛刊》本）卷四（杭州：浙江古籍出版社，1992），页86。

必有学校。但很多地方的学校，在很长的时间内都是苟简聊备的，孔庙因而也得不到庄严的待遇，祀孔典礼自然得不到恭敬谨严的进行。有了上述元世祖轻视儒教的背景性认识，这种情况之所以会发生，也就不难理解了。

在元代相对忽略孔祀的背景下，明太祖的尊孔情状显得更为特出。明太祖尊孔崇儒政策的实质内容，是洪武朝中所建立的学校和科举制度。科举的内容是儒学，学校则是科举的基础；学校普遍，崇儒尊孔也得以普遍。明太祖兴学立教的作为，是历史著名的，他对学校和农桑并重的政策彻底执行，对学校应该负有教化和善俗的社会功能也坚持不易。他的成功之处，是决心和持久。

关于明太祖兴学的决心和规模，杨讷《龙凤年间的朱元璋》一文已有很好的详细研究。[1]我们可以补充的是，明太祖的公开尊孔活动，事实上比他的兴学活动还来得早。龙凤二年（1356）太祖下集庆（应天府、南京），首次有了自己的基地后，便立刻有"谒孔子庙，行舍菜礼"的事情。[2]他的尊孔活动，以后更是与时俱进的。

有两件事情可以反映明太祖的尊孔程度和态度。其一，洪武三年六月，曾下诏厘正诸神祀典，将历代相沿的岳镇海渎以及忠臣烈女等的封号一律革去。岳镇海渎皆改以其神称之。[3]例如，广州府的南海神庙，便由元代所封的"广利灵孚王"称号变成"南海之神"称号；泰山便由元代所封的"天齐大生仁圣帝"称

〔1〕《元史论丛》第四辑，1992年，页169—229。
〔2〕唐桂芳，《白云集》，《景印文渊阁四库全书》本，卷六《重修兴安府孔子庙记》。
〔3〕《明太祖实录》卷五三，洪武三年五月癸亥条，台北："中研院"历史语言研究所，1968年。

号变成"东岳泰山之神"称号。[1]各地城隍则以"某府州县城隍之神"称之,前代人臣则只以当时初封名爵称之。只有孔子是例外,仍沿元代加封的"大成至圣文宣王"封号。理由是:"惟孔子善明先王之要道,为天下师,以济后世,非有功于一方一时者可比。"这个肯定反映了太祖认为孔子的贡献是具有恒久性和普遍性的,所以他所应获的尊崇当然也应高于其他神祇。

　　第二件事情是,洪武十五年四月,诏天下通祀孔子,次月并向天下各级学校颁布划一的春秋仲月上丁日释奠礼仪,确立了政府在全国各级学校同时用同一套礼仪祭祀孔子的制度。[2]太祖要到洪武十五年才下诏通祀孔子,有学者认为这是他吝啬小器所致。释奠礼要用牛羊猪太牢;太祖曾经说过不敢"暴殄天物,以累神之圣德",所以不敢通祀的话。[3]但这样的"吝啬"说,其实不可能是事情的底蕴。领导纂修太祖命修的《大明集礼》的徐一夔,曾提到当时要州县学校停止春秋释奠孔子的理由。理由便是,州县这样的做法,是"近于渎"亦即近于随便不敬;同时也是"有合于昔人学校之议",亦即太祖这样的做法,是前人曾经提出过的。[4]看来,问题的中心正是"近于渎"这三个字。祭祀是要求虔诚恭敬的仪式和态度的。释奠礼除了要用牲之外,还要用乐用舞,明初承元代的随便祀孔之后,还没有拟好满意的祭礼,不能达到太祖一贯坚持的"事亡如事存"和"祭神如神在"的要求,所以与其让州县各自滥行来表示敬意,不如只行每月一

---

[1] 《元史》卷七六《祭祀五·岳镇海渎》,页1900—1901;《明史》卷四九《礼三·岳镇海渎山川之祀》,页1284。

[2] 《明太祖实录》卷一四四,洪武十五年四月丙戌条;卷一四五,洪武十五年五月己未条。

[3] 《明集礼》,《景印文渊阁四库全书》本,卷一六,页20上。

[4] 徐一夔,《始丰稿》,《景印文渊阁四库全书》本,卷五《临安县新建儒学记》。

次的释菜礼，做到物轻而礼频的敬神表示。通祀释奠之颁于洪武十五年四月，和十三年诛胡惟庸后向儒生示好的事情有些关系，但事实上却是随着南京新太学落成启用而来的，和礼制仪式的制定密切相关。

正是在国学释奠先师和他本人释菜先师的礼仪上，明太祖的尊孔举措最表现得超越前代。在太学行释奠礼以祀孔子的礼制，始于曹魏正始七年（246）。在国学行礼而由皇帝遣官执事，在州县学校则由守令主祭的礼制，则自唐代贞观二十年（646）开始。[1]此礼以后历代行之，乱世情况多见苟且废坏，但以唐、宋、金、元四代礼典所载考察，此礼要到明太祖时才达到崇隆诚敬的境地。我们只举《明实录》所载洪武元年八月国学释奠礼中，祭祀孔子本神的部分礼仪为例，便可印证这个看法。试把《明实录》所载的主要仪节和前期此礼的相同部分作如下比较，便可看出异同所在。[2]

（一）献官方面：初、亚、终三献，以丞相、翰林学士、国子祭酒担任，这些献官的地位，比前朝要高出。

（二）祭物：太牢一套、币二匹、笾豆各八（尊罍从略），乐用大成登歌，这比唐朝乃至元朝较少。

（三）事前准备：皇帝斋戒；献官及陪祀官、执事官俱散斋二日，致斋一日。祀前一日，皇帝服皮弁服御奉天门降香遣官；献官服法服，集斋所省馔省牲，视鼎簋，涤溉告洁等。皇帝斋戒和亲自御殿遣官，均历代所无。

（四）释奠仪式：随着音乐起止进行，依序有迎神、奠币、

[1] 唐代以前的释奠礼，可参考《文献通考》卷四三《学校四》及李之藻《頖宫礼乐疏》等书。

[2] 此段详细讨论，见朱鸿林《明太祖的孔子崇拜》文；太祖所定仪节，见《明太祖实录》卷三四，洪武元年八月丁丑条。

进俎、祭酒、读祝、饮福、受胙、送神各节。中间有若干次数的俯伏跪拜。明朝仪节最近唐朝，较宋、金、元三朝隆重。

明朝这套仪节和元朝之前各朝的，尤其与元朝的比较起来，物轻而礼重的情形相当明显。物轻，指的是祭奠时总数的币数、爵数和笾豆数目较少，比元朝用的就各少二件。礼重，指的是其他的礼数比起前朝的都来得庄严虔诚。比起元朝，尤其显然。譬如，元朝皇帝遣官释奠，事先并不斋戒，也没有要求执事的礼官守斋。皇帝礼服御殿降香遣官之礼，也没记载可稽。释奠典礼中的乐舞，元朝以乐工充当，明朝则以学生中的乐舞生来充当，乐舞生则用监生及文职大臣子弟在学者。明朝与礼官员从事前一日的省馔省牲时开始，便要法服从事，元朝则只用公服从事，直到迎神礼开始前才换服。明朝行于献礼结束后的饮福受胙礼，元朝不行（至少在国学不行）。在象征性最高的跪叩拜礼数上，明朝（直接代替皇帝本人的）初献官一共要行二跪、二俯伏（叩头、兴、平身）、六再拜（鞠躬、拜、兴、拜、兴、平身），比元朝的多了二次再拜。[1]明朝此次所定比元朝多二拜的拜数，以后成了定制。礼器数目方面，不久也有所增加，洪武八年重定礼制时，又加入了乐章，调整了拜跪的次序，但总的拜数不变。这套仪式，后来写入了《诸司职掌》，又再收入了《大明会典》，成为有明一代的定制。

太祖本人亲自祭祀孔子时所行的礼数，也是度越前代的。洪武十五年五月新建大学落成，太祖亲行释菜礼。当时有议者认为："孔子虽圣，人臣也，礼宜一奠而再拜。"太祖认为"孔子明道德以教后世，岂可以职位论哉"，结果决定具皮弁服，

---

[1] 元朝仪节，见《元史》卷七六《祭祀五·宣圣》；《钦定续文献通考》卷四八《学校二》。

当着百官之前，在献爵礼前后均行再拜礼。[1]这次的祀孔礼拜，成了历史上的空前之举，超过了五代后周太祖（郭威）再拜孔子的美谈记录。此外，还有每月朔望派遣内官降香之礼，来表示个人的敬意。[2]

洪武十七年又规定，每月朔望，祭酒以下行释菜礼于国子监，府州县长官以下，则诣学校行香。[3]洪武十七年下命礼部制大成乐器颁给天下儒学，洪武二十六年又颁布大成乐于天下府学，令州县如式制造。[4]整套完整的祀孔礼仪，随着音乐的制定得到完成。换言之，明代各级学校祭孔的成套仪式，都在太祖一朝之内次第完成。这也客观地反映了明太祖对祀孔礼仪的重视。

同样重要的，是明太祖对祀孔典礼所要求的逼真感觉和虔诚态度。《大学衍义补》和《大明会典》都有这样的记载：

> 初，孔子之祀，像设高座而器物陈于座下，弗称其仪，其来已久。至是（洪武四年），定拟各为高案（以乘器物），其豆笾簠簋，悉代以瓷器。[5]

《大明会典》还记载了"牲用熟。乐舞生择监生及文职大臣子弟在学校者，预教习之。"[6]到了洪武六年末，又定皇帝降香

〔1〕 《明太祖实录》卷一四五，洪武十五年五月壬戌条。

〔2〕 正德《大明会典》卷八四《祭先师孔子》，页8—9。

〔3〕 丘濬《大学衍义补》，弘治刊本，卷六六《释奠先师之礼下》，页8—9。

〔4〕 分别见《明太祖实录》卷一六二，洪武十七年六月辛巳条；《明太祖实录》卷二二四，洪武二十六年一月戊辰条。

〔5〕 《大学衍义补》卷六六《释奠先师之礼下》，页6；正德《大明会典》卷八四《祭先师孔子》，页13—14。

〔6〕 正德《大明会典》卷八四《祭先师孔子》，页14。

传旨祀孔时，"先一日淋浴更衣，处外室，次日遣官"。[1]这些都是为了表示恭敬虔诚的高度要求。太祖的特点是，他能严格要求自己，也敢于严格要求臣下。所以《明实录》和《大诰》都记载有官员在祀孔典礼中失礼而受罚的事情。[2]

明太祖的尊孔表现，事实上不只见于上述以释奠为主的礼仪上，同样有说明作用的表现，还见于他对衍圣公和孔裔的礼遇上，以及对其他与孔庙祀事有关的决策上。这些因与仪式本身关系稍隔，这里可以不述。

透过以上的述析，可见元明二朝的尊孔和崇儒程度明显不同。整体来看，元朝不真崇儒，明朝真崇儒，而这个差异，先已反映在元明二朝祭祀孔子典礼的仪节变化上。连同元世祖和明太祖二人的相关行为一并考虑，可见元明二朝祀孔礼仪的差异，并非事出偶然。这些差异透露了：当国家制定祀孔礼仪时，国家对于崇儒的程度，已经作了决定。制礼者对于仪节的安排，是有意识的，因此对于仪节所拟表达的意涵，也是知其然而然的。

---

〔1〕《明太祖实录》卷八六，洪武六年十一月甲申条。

〔2〕《明太祖实录》卷八四，洪武六年八月丁丑条，罚刘基、冯冕停俸一月；《大诰·教官妄言七十一》，罪宁国府教授方伯循。

中国近世乡约的性质、有效性及其现代意义略论

　　在历史上，乡约曾以几种模式出现过。但所有乡约都有一个共同特征，那就是在形式上它们都有一个聚会，而聚会内容包括以道德教化为主题的宣讲、公开的彰善纠恶之举以及一系列仪式之完成。有些乡约更会提供适度的饮食以鼓励参与。[1]珠江三角洲历史上最出色的学者之一、曾经创立乡约的明人黄佐（1490—1566），便持务实态度，认为道德修养在某程度上是建基于优裕的物质生活上的。

　　黄佐心里是否认同政治思想家管仲提到的"衣食足则知荣辱"理念，我们不得而知。但黄佐的思想并非基于不切实际的假设，这点却很重要。理想的乡约看起来可以只是儒家对道德信念以及达致社会和谐的可能性的执着。这种理想乡约在历史上被人们不断追求，却显示出社会实在缺乏长久秩序，而士绅

---

[1]　这样的一个乡约，近年引起了学者的兴趣。它包含了一个一百户的小区内的行政、教育、宗教、救济、治安和道德教化等各方面的事务。明中叶广东士大夫黄佐著的《泰泉乡礼》，就包括了这些内容。笔者曾讨论当中几点，见拙文 "The Ideal and Application of Community Rites as an Administrative Aid to Social Regulation in Mid-Ming China"，宣读于 1991 年 5 月 10—11 日美国明尼苏达州大学举办的 "Learning the Rule: Schooling, Law and the Reproduction of Social Order in Early Modern Eurasia, 1350 –1750" 会议。

们对获致社会长治久安之道，则是念兹在兹。历史学家应该判断的是，追求这种长治久安秩序只是为了精英阶层的利益，还是为了造福于社会和国家。无论如何，乡约和达致社会安定及和谐关系密切。

乡约是一个大题目，大到在本文的篇幅之内，只能较详细地探讨其中的一两个方面。[1]本文将讨论和思索一下乡约的性质。要这样做，是因为尽管已有几个理论尝试解释乡约的重要性，我们却仍未全然了解乡约本应要实现些什么，更不要说到乡约对其参与者意味着什么。接着会讨论一些导致有效理解中国乡约必须先处理的问题，以便知道中国乡约与韩国乡约[2]以及日

---

[1] 有关明朝乡约兴起的背景，Linda Grove and Christian Daniels, eds, *State and Society in China: Japanese Perspectives on Ming-Qing Social and Economic History*（Tokyo: University of Tokyo Press, 1984）一书是有用的参考，特别是当中鹤见尚弘（Tsurumi Naohiro）的 "Rural Control in the Ming Dynasty" 一文。另外也可参考 Timothy Brook（卜正民）的 "The Spatial Structure of Ming Local Administration", *Late Imperial China*, Vol. 6, No. 1（June 1985）。

[2] 韩国乡约研究的标准著作是田花为雄（Tabana Tameo, 1896—?）的《朝鲜乡约教化史の研究》（东京：鸣风社，1972）。松田甲（Matsuda Kō）亦有相关的论著，见氏著《续日鲜史话》第三卷（汉城：朝鲜总督府，1931；东京：原书房，1976 重印本），页 95—126。另一篇是酒井忠夫的论文，其英文修订版，"Yi Yulgok and the Community Compact", 收入 Wm Theodore de Bary & JaHyun Kim Haboush, eds, *The Rise of Neo-Confucianism in Korea*（New York: Columbia University Press, 1985）, pp. 323 – 348. 补按：较近期关于韩国乡约的研究有：池教宪等，《朝鲜朝乡约研究》（首尔：民俗苑，1991）；Miyajima Hiroshi（宫嶋博史），"The emergence of peasant societies in East Asia," *International Journal of Asian Studies*, Vol. 1, Issue 1（2005）, pp. 1-23；Kim, Marie Seong-Hak（金成鹤），"Comparing the Incomparable: Local Custom and Law in Sixteenth-Century Korea and France," *Journal of Early Modern History*, Vol. 12 Issue 6（2008）, pp. 507-538；Kim Jin Ha, "Caging the reasons of state: Discipline and constitutionalism in the bureaucratic pursuit of national development-Chosun, South and North Korean cases,"（PhD. Dissertation, The University of Chicago, 2009）.

本的五人组的分别。[1]本文在结论中，亦会略论乡约与当代社会的关系。[2]

中国文献中的乡约一词，首见于十一世纪末期的北宋中叶。首见的《蓝田吕氏乡约》由理学家吕大钧（1031—1082）设计和推行，并在约一个世纪后经朱熹（1130—1200）修改成给后代儒者和官员不少启发的《增损吕氏乡约》。《蓝田吕氏乡约》的内容被归入四个标题之下：一"德业相劝"，二"过失相规"，三"患难相恤"，四"礼俗相交"。近年德国学者 Monika Übelhor 曾以宋代理学教育为脉络讨论过此乡约，并比较吕氏原本和朱熹的修改版。[3]

---

〔1〕 关于五人组的重要著作有穗积陈重（Hozumi Nobushige, 1855—1926）的《五人组制度论》（东京：有斐阁，1921；1937 年第三版）。穗积及其子穗积重远（Hozumi Shigeta, 1883—1951）也将他们辑录其他五人组文章，编成两大册。补按：即穗积重远，《五人组法规集》续编，上下册（东京：有斐阁，1944）。又，近年对五人组的研究不少，唯针对一藩一国、或单一问题的专论较多；至于总论其性质的研究，可参武田久义，《五人组と生活保障についての一考察》，《桃山学院大学经济经营论集》第 35 卷第 4 号，1994 年 3 月，页 17—42；大冢英二，《近世后期の五人组构成と身分集团：村の家别绘图面と人别改帐の对照》，《爱知县立大学文学部论集》（日本文化学科编）第 53 卷，2005 年，页 1—14；煎本增夫，《五人组と近世村落：连带责任制の历史》（东京：雄山阁，2009）。

〔2〕 补按：此处的"当代"指的是 1960—1980 年代。关于学界对东亚各国之间乡约的比较研究情况，名古屋大学法学研究科的鲇京正则（Aikyo Masanori）教授、姜东局（Kan Dongkook）准教授、同校法政国际教育协力研究セン ター的宇田川幸则（Udagawa Yukinori）准教授，得到日本学术振兴会科学研究费补助金资助，由 2008 年开始进行为期数年的"'乡约'の比较法の研究——中国、韩国、ベトナム"比较研究（研究课题番号：20402008），每年均在名古屋大学举行相关的研讨会，邀请中、日、韩、越的学者参加。详见名古屋大学法政国际教育协力研究センター网页：http://cale. law. nagoya-u. ac. jp。

〔3〕 最近关于此乡约的英文论著是 Monika Übelhór, "The Community Compact (*Hsiang-yüeh*) of the Sung and Its Educational Significance," in Wm Theodore de Bary & John W. Chaffee eds., *Neo-Confucian Education*: *The Formative Stage* (Berkeley: The University of California Press, 1989), pp. 371-388。

中国近世乡约的性质、有效性及其现代意义略论 |

本文以下将从另一方面来考察这个乡约。

从乡约的条文和吕大钧与其兄弟的书信可知，吕氏乡约原本是为了在一个地方性组织内促进良好社会行为和互助的。在组织上，此约的重要特点是：领导层是由（照说应该是居住在约区内的）儒家精英学者组成，而入约与否则全凭个人意愿。相关的记载没有反映此约曾否经由政府批准，而乡约的运作也不预期有政府的监管。事实上，此约是从不预期在政府的监管下运作的。乡约成员履行或破坏乡约规则，会有象征性的奖罚，但其执行并不诉诸法律权威。简言之，蓝田吕氏乡约的性质是私人和自愿性的。它看来是一个私人发起的团体，旨在完成那些政府曾答应或被敦促为人民做但实际却没有做的事情。韩明士（Robert Hymes）认为此约出于改革派宰相王安石（1021—1086）的对手，可能是一种针对王安石所立的、让民间互相监督的保甲法——一个据说是扰民的制度——而设的替代法制。据韩明士之见，朱熹的修改版也可被视为是政府保甲法的一个"基于自愿参与而无强迫性"版本。[1]

由于《吕氏乡约》的自愿参与性质，这份历史上首次出现的乡约还不能从细节窥见其所包含的"乡"的大小。我们不知道此乡约是覆盖了该区（蓝田）的全部人户，或只是其中的部分人户；也不知道它是像人类学家弗里德曼（Maurice Freedman，1920—1975）[2]

---

〔1〕 Robert P. Hymes, *Statesmen and Gentlemen*: *The Elite of Fu-chou*, *Chiang-hsi*, *in Northern and Southern Sung* (Cambridge: Cambridge University Press, 1986), pp. 132-135; p. 315, note 33.

〔2〕 Maurice Freedman, *Chinese Lineage and Society*: *Fukien and Kwangtung* (London: The Athlone Press, 1966, 1971), pp. 82-96. 补按：此书最新的日译本见モーリス・フリードマン著；田村克己、濑川昌久译，《中国の宗族と社会》（东京：弘文堂，1995）。

和当代社会史家科大卫（David Faure）[1]所研究的那种以类似联盟形式联系几处附近地区的"约"（yeuk）。政府推行的保甲制，是以十户为一甲，十甲为一保，每层数量都是固定的（后来基本上都是十进制的）严谨等级编制，而且奉命遍行于乡村、乡镇和城市。以上两点使乡约和保甲显著地区别开来。

综观历史，保甲的那种治安性质似乎较大地影响着乡约。元朝（1271—1368）的农社（虽然不称作乡约），是一个由五十户组成的社区；到了明朝（1368—1644），理想的农村社区则是一百户。在元明之间的过渡时期，乡约在形式上变得较为制度化，并受到政府的管制。明朝以后，有乡约之处，入约实质上变成一种义务，而且乡约在大多数情况之下也与保甲结合，作为官府控制地方的工具。原先乡约只在乡间实行的特性也不能全保不变，因为明朝后来的乡约是设计行于乡镇甚至城市的。顺带一提，乡约这个名称就是因为有个"乡"字，所以比起译作乡村公约（rural covenant）或村落公约较好。[2]乡约只须有一个邻里或一群邻里（就如之前提到的一百户）便能组成；至于这个社区的位置在哪里并不重要。明朝的政治和社会领袖是计划把乡约制度推广至全国的。

历史学家的问题却是乡约一词本身，究竟真是指一种契约，或者在英文上将"约"译作"compact"，是作什么意义才算贴切。这问题涉及该制度的性质。但这制度本身并不是静止的，而是随着时地之不同而演变的。这意味着直至有了范围更广和时间

---

[1] David Faure, *The Structure of Chinese Rural Society: Lineage and Village in the Eastern New Territories*, *Hong Kong*（Hong Kong: Oxford University Press, 1986），pp. 100 –127.

[2] 如 Timothy Brook 的 "The Spatial Structure of Ming Local Administration"。鹤见尚弘在其所著 "Rural Control in the Ming Dynasty State and Society in China", pp. 245 –277 中，便用到村落公约（Village covenant）一词。

更长的研究之时，我们似不可能对该制度达致更准确的理解。现存关于乡约的观点，只能就某时某地而言的才算有效。可惜，这点似乎没有受到太大注意。

受到本世纪（译按：二十世纪）初先行的日本学者的影响，现代历史学家通常认为乡约是近世中国的地方自治机制。一些研究中国社会和地方制度的著名日本学者，如清水泰次（1890—1961）、和田清（1890—1963）和清水盛光（1904—1999）；[1]研究中国政府行政方面的织田万（1868—1945）；[2]着眼于日本社会及法制史方面的穗积陈重（1856—1926），[3]都认同乡约是一种中国农村的基层组织，作为更大的地方自治机制的一部分而设，并且行之日久。这种诠释的重点是，乡约是常被用来处理地方民事诉讼，以及聚集民众商讨和解决一些共同关注的事情。

随后在1960年代初，出现了两个具有影响力的观点。一个是日本学者酒井忠夫（1912—2010）所提出，视乡约为朝廷（至少在明朝）教化民众的工具。酒井认为乡约是善书的一种，而很多善书是经明初皇帝支持或下令编纂和散播来企图改善社会道德的。[4]另

---

〔1〕 如清水泰次，《支那の家族と村落の特质》（东京：文明协会，1927）；和田清编，《支那地方自治发达史》（东京：中华民国法制研究会，1939）；清水盛光，《中国族产制度考》（东京：岩波书店，1949，后来收入氏著《中国乡村社会论》，东京：岩波书店，1951）。补按：和田之书后来由山根幸夫（1921—2005）改名为《中国地方自治发达史》（东京：汲古书院，1975），并加入《中国乡村统治关系文献目录》出版。

〔2〕 参织田万著、陈与年等译，《清国行政法》（上海：广智书局，1907）。

〔3〕 例如穗积陈重的《五人组制度论》。

〔4〕 酒井忠夫，《中国善书の研究》（东京：国书刊行会，1960），第一章，页7—77。补按：此书为作者之博士论文，有增补本：《增补中国善书の研究》（东京：国书刊行会，1999—2000）；中文版为刘岳兵等译，《中国善书研究》（增补版）（南京：江苏人民出版社，2010）。

一个是萧公权（1897—1981）所提出，认为乡约是朝廷（特别是清朝）透过灌输思想来控制乡民的教化制度。萧氏是从十九世纪中国的乡村控制的脉络上来研究乡约的，其研究也参照了乡约在近世中国大时段内的情形。[1]

以上学者所提及的乡约都有一个共同现象，这个现象涉及乡约集会时对皇帝的圣谕公开诵读并且经常加以讲解。由明初到清康熙初年，所宣讲的是明太祖（1368—1398在位）的《六谕》，此后则讲的是康熙皇帝（1662—1722在位）的《圣谕十六条》。

洪武皇帝的《六谕》有着无可挑战的道德权威。条文要求民众"孝顺父母，尊敬长上，和睦乡里，教训子孙，各安生理，无作非为"。如何细致地讲述这些原则应该在什么情况之下应用，则是宣讲者的工作所在。宣讲者视乎乡约聚会之所在及场合，由县官到生员都可担任。康熙皇帝更长的《圣谕十六条》，基本上是推演洪武《六谕》而来的，但也增加了几条特别的，包括"完钱粮以省催科"和"联保甲以弭盗贼"。[2]相比洪武之宽松，康熙此处显得非常严紧。[3]

[1] Kung-chuan Hsiao（萧公权），*Rural China: Imperial Control in the Nineteenth Century*（Seattle: University of Washington Press, 1960），pp. 184-205; pp. 616-623, notes for Chapter 6.

[2] 由清朝官员王又朴（1687—1760）用口语解说雍正皇帝（1723—1735）阐明《圣谕十六条》的《圣谕广训》的《圣谕广训衍》，已有英译，见 F. W. Baller, *The Sacred Edict*（Shanghai: The China Inland Mission, 1924）。补按：此书后来再版，改书名为 *The Sacred edict of K'ang Hsi*（Orono, Me.: National Poetry Foundation, University of Maine at Orono, 1979）。

[3] 关于明太祖对建设社会而与乡约有关的思想和方案，最近的研究可参 Edward L. Farmer, "Social Regulations of the First Ming Emperor: Orthodoxy as a Function of Authority," in Kwang-ching Liu, ed., *Orthodoxy in Late Imperial China*（Berkeley: University of California Press, 1990）pp. 103-125. 另外亦可参同书另文，Romeyn Taylor, "Official and Popular Religion and the Political Organization of Chinese Society in the Ming," pp. 126-157.

这些训谕的摆设、宣读和讲解，是了解乡约在中国近世的发展中其性质和成效究竟如何的重要元素。事实上，正是这些仪式使十九世纪的西方观察者和现代的历史学家，把乡约制度称为"乡村宣讲体制"。[1]因为入约者经常被要求立誓遵从皇帝的训谕以及不破坏国家法律，有些早期西方观察者及其现代读者也称这制度为"邻里誓约集团"。[2]在这制度内，约众誓言修身并在居住的邻里和国家行善。

以上的描述，其生效见于乡约制度之礼仪公开进行之时，而尤见于约众对约规之遵守只流于一个宣誓、敷衍性讲说甚至唱读皇帝的训谕、以及在宣讲结束时向刻有训谕的圣谕牌位行鞠躬和叩头礼之时。十九世纪中，大部分乡约怠堕殊甚，以至原先乡约中的互助元素也消失殆尽。早期乡约要求约众遵行之冠礼、婚葬和祭祀等礼，约众也不遵从约规所定者而行。乡约亦不再有权处理地方诉讼。最后，连报告、查证和宣布社区内居民善行恶行这种早期乡约不可或缺的功能都被保甲取代后，乡约便以一种空洞的礼仪制度存在。

在仅余的礼仪中，唯一重要的是那透过《圣谕十六条》而提醒参与的官员和普罗百姓皇帝亲临于此的礼仪。礼仪本身则是宣讲训谕及其前其后的叩拜仪式。这个礼仪之特出而易见，正是周绍明（Joseph McDermott）特别强调明末乡约宣讲中行"五拜三叩首"礼的一个原因。他认为这是一个足以整合不同社会和政治

---

〔1〕 见萧公权上引书。该书用了"lecture system"一词。

〔2〕 Paul Oscar Elmquist 在所著 "Rural Controls in Early Modern China"（Ph. D dissertation, Harvard University, 1963）中，用"区域誓约集团"（district pledge group）或简单地用"誓约集团"（pledge group）来描述。Leif Littrup 同样认为这是个"阅读誓约"（pledge-reading）的制度，可参氏著 *Subbureaucratic Government in China in Ming Times: A Study of Shandong Province in the Sixteenth Century*（Oslo: Universitetsforlaget〔The Institute for Comparative Research in Human Culture〕, 1981）, pp. 158-170.

阶层的国家礼仪。[1]我们或可补充说,如果这礼仪真的整合了一些什么,那是因为所有的社会和政治阶层都同等地服从于帝国的命令,而在这全民向皇帝致敬的礼仪中表现出来。

然而,近世留下的相关文字却反映出,文化整合才是乡约制度的主要宗旨。这在乡约的序跋和官员举行乡约的指令中见得非常清楚,当中如"移风易俗"或"一道德同风俗"等语,屡见不鲜。这些现代人听起来只是陈腔滥调的词句,当时人认为是最能表达乡约的唯一目的。而要达到这个目的,便要令民众至少接受理学式的普及教育,其中也包含了举行冠礼、婚礼、丧礼和祭礼这四个"家礼"。[2]家礼的举行看来是不分阶级的,原则上官宦之家和平民之家都应举行,虽然其仪节的细致程度有所不同。[3]当时甚至有

〔1〕 Joseph McDermott, "Emperor, Elites, and Commoners: The Community Pact Ritual of the Late Ming,"发表于 1993 年 4 月 7—8 日剑桥大学圣约翰书院 (St. John's College, Cambridge) 举办 Court Ritual in East Asia Conference 会议。笔者在此感谢剑桥大学的 McDermott 博士赠予其一篇未发表的文章以供参考。该文探讨明朝乡约的方方面面,而且是会议论文的修改版。补按:此文后来收入 Joseph P. McDermott, eds. , *State and Court Ritual in China* (Cambridge: Cambridge University Press, 1999)。

〔2〕 这四项礼仪,再加上祠堂,便是朱熹《家礼》的核心。在明朝政府的推广下,《家礼》的地位最终被提升至成为准儒家经典的地位,实质上亦成为理学对社会基本礼仪的论述架构。Patricia Buckley Ebrey 翻译《家礼》为英文,并在历史脉络下讨论这些礼仪。可参看氏著二书:*Chu Hsi's Family Rituals: A Twelfth-Century Chinese Manual for the Performance of Cappings, Weddings, Funerals, and Ancestral Rites* (Princeton: Princeton University Press, 1991); *Confucianism and Family Rituals in Imperial China: A Social History of Writing About Rites* (Princeton: Princeton University Press, 1991)。

〔3〕 例如,人类学家 Rubie S. Watson 观察到,即使在近代香港新界的传统农村,地主和佃户所举办的婚礼并没有太大差别,可参氏著 *Inequality Among Brothers: Class and Kinship in South China* (Cambridge: Cambridge University Press, 1985), pp. 117-136,特别是 p. 119。最近关于这项礼仪的讨论,以地方礼仪书所教为脉络,并对近世中国文化的正统思想和正统行为这个争论有所启发的,是 Allen Chun, "The Practice of Tradition in the Writing of Custom,

人尝试把这些礼仪推广至一些不同宗教文化的少数民族（非汉族）聚居地。这或可被视为是在实行一种文化霸权。但清楚可见的是，乡约是被认为能导致一定程度的文化整合中的一道必要工具。人类学家华琛（James Watson）在研究地方庙宇崇拜组织的基础上，指出中国政府处理文化整合的才具在于，国家为之制定一个组织架构，但不赋予强制内容。[1]我们或可这样作补充：从某些方面来说，乡约在范围和施行程度上之诸多差异，也正体现了乡约作为一种制度，是被设计到能让这种文化整合因应不同地方的状况而持续下去。

总而言之，历史学家对于乡约的性质看法仍不一致，但乡约在开始成为研究对象时，无疑是被视为一种旨在使参与者在道德改良和物质福利上达到互助之实的地方组织。随后，根据另一些历史学家的见解，乡约是一种地方自治的形态。又有人认为，乡约是社会教育工具或控制意识形态的工具。有人视乡约为能令社会趋于合一，也有人视之为能导致文化整合，还有人视之为政治控制的工具。或许，最不会引起反对的看法是，只把乡约单纯地看作联系县政府和地方大众的组织，[2]而不管它是否代表了一

（接上页） Or Chinese Marriage From Li to Su," *Late Imperial China* Vol. 13, No. 2（December 1992），pp. 82-125.

[1] 参 James L. Watson, "Standardizing the Gods：The Promotion of the T'ien-hou（Empress of Heaven）Along the South China Coast, 960-1960," in David Johnson, Andrew J. Nathan, Evelyn S. Raswki, eds. , *Popular Culture in Late Imperial China*（Berkeley：University of California Press, 1985），pp. 292-324；p. 323. 亦参 James L. Watson, "The Structure of Chinese Funerary Rites：Elementary Forms, Ritual Sequence, and the Primacy of Performance," James L. Watson and Evelyn S. Rawski, eds. , *Death Ritual in Late Imperial and Modern China*（Berkeley：University of California Press, 1988），pp. 3-19.

[2] 韩明士同样观察到，在朱熹构思的礼仪层次中，乡约应是中层的"乡礼"的制度表现；"乡礼"处于上层的地方［县］政府之礼和下层的家族之礼之间。可参氏著"Lu Chiu-yüan, Academies, and the Problem of the Local

些像公众空间（public sphere）之类的东西（虽然乡约因为有地方精英分子参与其中，被视为一种公众空间也不无理由）。[1]

视乎一个特定研究所用的资料和视角而定，以上论述的都各有其言之成理之处，但我们仍要等到更周密的研究出现，才能完全了解乡约如何是一个为了社会秩序之"再生"而设计出来的组织。"再生"这个概念（虽然对历史学家来说似乎有点像人类学用语）用在此处是适当的。[2]因为它不单是相对中性，而且亦能传达出一种要令社会生气勃勃的意义，符合乡约的原创者之所期望。最终，以上的各种理解可被归纳为两大拟议：乡约是用作地方自治的工具，或者乡约是用作控制社会的工具。这两个拟议其实并不互相排斥。但无论乡约最初是什么引导着而构成，其希望达到的结果只有同样的一个，那就是达到并维持一个理想的社会环境，而民居其中会遵守某些规范，其犯事者亦必遭受应得惩罚。明显地，只有当一个为人所接受的现存社会秩序有了一个世代再生的机制时，这种理想社会环境才能持续下去。乡约就正是这样的一种机制——初时透过礼仪及道德规条以促进社会和谐（后来有些加上法律的阻吓来达到目的），并使其持续"再生"。看来提倡乡约的人心中也有华琛所揭示的"正行"（orthopraxy）说，该说意谓文化的展现

（接上页）Community," *Neo-Confucian Education*：*The Formative Stage*，pp. 432-456，特别是 pp. 443-444.

[1] 参 William T. Rowe，"The Public Sphere in Modern China," *Modern China* Vol. 16，No. 3（July 1990），pp. 309-329；Mary Backus Rankin，"The Origins of a Chinese Public Sphere：Local Elites and Community Affairs in the Late-Imperial Period," *Études Chinoises* 9.2（1990），pp. 13-60.

[2] 用"再生"这个概念时，笔者也联想到 Pierre Bourdieu（1930—2002）的 *Outline of A Theory of Practice* 书中"社会再生"（social reproduction）和"文化资本"（culture capital）这两个概念。此书由 Richard Nice 翻译（Cambridge：Cambridge University Press，1977）。

过程是绝对重要的，因为行为的目标已经嵌在行为过程本身。[1]

仍需解答的难题是，在这过程中，乡约究竟有多大成效。在此，历史学家切忌以偏概全，而且要能懂得区分什么是拟议乡约的文字，什么是叙述乡约实际施行的文字；亦不要把某些人对乡约的意见，当作乡约的实效。历史学家需要明智审慎地判断哪些文字是描述某一乡约的影响而哪些文字则是认为什么是此约可有或应有的。对于有人称说的晚明某日举行过的乡约聚会，在整个帝国的各地也都同样举行之说，尤其应该怀疑。这只能存在于想象之中而已，支持这样说法的证据并不存在。相反，却有源于方志的证据显示，举行这些聚会的地方并不多，维持乡约存在的时间也不太长。明末著名的士大夫陈龙正（1585—1645）指出，他所推行的同善会是支援乡约的。[2]此说实有启发性，陈龙正只是没有说当时的乡约已经无效或不能运作如期。

简言之，历史学家应避免夸张乡约的成效和影响。同样，他们亦可以重新思考萧公权把乡约视为最终没有成效的看法（尽管萧公权把焦点放在十九世纪）。例如，Victor Mair 已指出，宣讲圣谕确实起了教化广大民众的作用。[3]根据明末朝鲜人的记载，

---

〔1〕 James Watson 在中国政府对通俗文化的态度的脉络中讨论过的"正统行为"论说，可参前引氏著"The Structure of Chinese Funerary Rites: Elementary Forms, Ritual Sequence, and the Primacy of Performance". Evelyn Rawski 也在文化整合的关系中讨论了 Watson 这个论说，请参氏著"A Historian's Approach to Chinese Death Ritual", *Death Ritual*, pp. 20-34.

〔2〕 一个较近期研究陈龙正及这类十七世纪慈善组织的著作，是 Joanna F. Handlin Smith, "Benevolent Societies: The Reshaping of Charity During the Late Ming and Early Ch'ing," *The Journal of Asian Studies*, Vol. 46, No. 2（May 1987）, pp. 309-337. 补按：近期对陈龙正的研究可参黄森茂，《晚明陈龙正乡村赈济思想与活动》（台湾大学中国文学研究所硕士论文，2006）。

〔3〕 Victor H. Mair, "Language and Ideology in the Written Popularizations of the Sacred Edict," in *Popular Culture in Late Imperial China*, pp. 325-359.

乡约在山海关以西的一些乡村确见戮力施行而且发挥成效。[1]关键是,从近世中国的幅员之大和时段之长看,为了给乡约的实施一个更为准确的评估,我们必须考虑时空差异所必然带来的不同,更无别法可以一概而论。

我们必须辨认和查明那些出现在乡约领导层的人的素质、乡约与国家的关系、乡约的授权性质以及乡约的拟议或实质形态上所见的变化,才能更完整地了解不同地方的乡约的历史真相。近期乡约研究的兴趣多数聚焦于明中叶至清初(十五至十七世纪)徽州府的几个地方。[2]这是因为该处保存了少量但相当完整的相关文献,也是因为本世纪(译按:二十世纪)初日本学者的研究已为后续的研究奠下基础。明代徽州乡约研究即时浮现的一个主题是,士绅和宗族在乡约的设计和实施上扮演着重要的角色。这些研究指出,乡约维持得最好的地方是宗族乡村,而为地主或拥有土地的宗族用以规范其佃农。组织和实行乡约的助力来自地方士绅,当中主要是乡居的本地退休官员。

这个发现并不具争议性,但说全国有乡约之地都是如此这般,却不可能。例如,十六世纪山西省一些像徽州这样的山区聚落,其乡约既不由强宗大族管理,亦不在宗族村落施行。[3]这些证据也可支持罗友枝(Evelyn Rawski)所观察的,即至少就中国西北部地方而言,个人在地方上获得声望是不需依靠宗族的

---

[1] 穗积陈重,《五人组制度论》,页486—488。

[2] 如铃木博之,《明代徽州府の乡约について》,载明代史研究会明代史论丛编集委员会编,《山根幸夫教授退休记念明代史论丛》(东京:汲古书院,1990)下卷,页1045—1060;或陈柯云,《略论明清徽州的乡约》,《中国史研究》1990年第4期,页44—55;以及前引Joseph McDermott的著作。

[3] 朱鸿林,《明代中期地方社区治安重建理想之展现——山西、河南地区所行乡约之例》,(韩国)《中国学报》第32辑(1992),页87—100。

力量。[1]十八世纪中国南部的江西省所见的事例，也具有启发性。[2]正是由于志在施行乡约，当时该地的巡抚陈宏谋（1696—1771），乃至下令当地宗族也设立自己的乡约。陈氏以现成的宗族领导层为乡约领导层。[3]事实上，以上及其他同类事例显示了大多数乡约是受地方政府之命而成立的，而地方政府则大部分是奉省政府命令而行事的。一般而言，这些乡约的规条显得相当强制。或许每个此类乡约的成立都有其独特原因在，但很多原因我们也已无法辨定。

极有可能的是，政府和地方精英在实际控制乡约机制的事情上存在基本分歧。更重要的或许是各级政府在同样事情上的分歧。从和田清起，历史学家便喜欢引用王源（永乐四年进士，1406）正统三年（1438）在潮州知府任上所推行的乡约作为明代施行乡约的最早案例。很少人能够指出的却是，王源之所为并未事先得到朝廷批

---

[1] Evelyn S. Rawski, "The Ma Landlords of Yang-chia-kou in Late Ch'ing and Republican China," in Patricia Buckley Ebrey and James L. Watson, eds., *Kinship Organization in Late Imperial China*, 1000－1940 (Berkeley: University of California Press, 1986), pp. 245-273.

[2] 陈宏谋是 William T. Rowe 近期的研究对象，见氏著 "Women and the Family in Mid-Qing Social Thought: The Case of Chen Hongmou," *Late Imperial China* Vol. 13, No. 2 (December 1992), pp. 1-41. Rowe 曾研究过陈宏谋任云南布政使时，在当地基础教育推动上的角色，见氏著 "Education and Empire in Southwest China: Ch'en Hungmou in Yunnan 1733—1738", in Benjamin Elman and Alexander Woodside, eds., *Education and Society in Late Imperial China* (Berkeley: University of California Press, 1994). 补按：本文发表时该书尚未出版，这里按该书出版资料补足。又该文的中文版见 William T. Rowe 著、陆韧译，《中华帝国在西南的教育——陈宏谋在云南 1733—1738》，陆韧主编，《现代西方学术视野中的中国西南边疆史》（昆明：云南大学出版社，2007），页87—137。

[3] 参陈宏谋，《谕移每族各社约正》、《再示选族正族约事》，《培远堂偶存稿》卷一三，页 39 下—40 上；卷一四，页 31 上—32 上。这两篇谕令都下于1745 年的后半年。

准，而王源也因而获罪。这个个案的史源传递了这样一个印象：高层官员担心地方官可能在实施乡约时滥用行政权力。[1] 从《明实录》的记载可以清楚看出，和保甲这个互相监视的工具不同，乡约甚少获得朝廷的注意。我们或许应更注意的是，什么程度的政治权力是各级政府在给予或委付地方上的乡约机制时认为是适合的。这肯定是国家与社会的关系网中一个有待解开的结。

地方状况以及乡约提倡者的背景肯定会给个别乡约的形式和内容赋予独特面貌。很明显，一个单一的乡约模式并未长时期一成不变地放诸四海而皆准。模范的乡约都经过调整以应付新的环境。但也确有一些乡约是被广泛认识和参照的。朱熹的《增损吕氏乡约》便是其一。王阳明（1472—1529）在 1520 年代修订的《南赣乡约》也被仰慕者认为极有影响力。[2] 吕坤在十六世纪末结合乡约和保甲的"乡甲约"也很有名；它被视为明末乡约的一个惯型。[3] 另外，还有一些不太著名的乡约，如那些以社仓或里社作为组织和活动中心的乡约。

明末一些政书中所载最为详尽的乡约，可溯源于本文开始时提

---

〔1〕 见《明英宗实录》（台北："中研院"历史语言研究所，1964）卷四九，页7，正统三年（1438）十二月癸酉日。

〔2〕 补按：对《南赣乡约》的近期研究，可参前田司，《明代地方统治に关する一考察（1）王守仁と十家牌法·南〔コウ〕乡约（1）》，《鹿儿岛国际大学短期大学部研究纪要》第 71 卷，2003 年，页 1—15。

〔3〕 吕坤版本的乡约的早期研究，可参杨开道，《吕新吾的乡甲约制度》，《社会学界》，1934 年，第 8 卷，页 239—251。更多相关研究，可看 Joanna F. Handlin, *Action in Late Ming Thought：The Reorientation of Lü K'un and Other Scholar-Officials*（Berkeley：University of California Press，1983），pp. 86-218；特别是 pp. 197-205。笔者感谢台湾"国立"清华大学的赖建诚教授惠寄一份杨开道文章的影印本。补按：有关乡约和保甲两者关系的研究，甘利弘树（Amari Hiroki）曾以广东省博罗县为例加以考察，见氏著，《明清时代广东博罗县の乡约·保甲について》，《中央大学アジア史研究》第 32 号，2008 年 3 月，页 331—354。

到的粤人黄佐。黄佐的乡约——见于所著《泰泉乡礼》——比其友人王阳明的《南赣乡约》晚出不足二十年。但与后者不同，《泰泉乡礼》包含了一个能协调管理社学、社仓、里社祭祀和保甲的地方领导层。这个乡约也对广东和广西的土著开具道德教条，又对所有约众开具大家应予遵行的四礼之外的其他社区礼仪。而根据黄佐自己的说法，所有这些乡约活动都只需在极少的官府监察之下进行。从这点看，普遍视乡约为地方自治制度的看法便也不足为奇。黄佐的构想使人联想到 Mary Backus Rankin 和 William Rowe 在讨论明清至民国早期"公共领域"观点时所提及的社会行动中的"官、公、私"三分概念，尽管黄佐应付的是十六世纪岭南省份的情形。[1]《泰泉乡礼》似乎是提出建立一个由一套乡礼来厘定的地方取向性行政团体。其运作不违背国家的利益，也只需要最低限度的地方政府参与。至于这个以社会秩序生生不息为目标的理想，如何以及在多大程度上透过黄佐制订的机制付诸实行，则仍有待探究。[2]

---

[1]　William Rowe, "The Public Sphere in Modern China," Mary Backus Rankin, "The Origins of a Chinese Public Sphere," and "Some Observations on a Chinese Public Sphere," *Modern China*, Vol. 19, No. 2（April 1993）, pp. 158-182. 补按：有关这个三角关系较近期的论述，可参党晓虹、樊志民，《传统乡规民约的历史反思及其当代启示——乡村精英、国家政权和农民互动的视角》，《中国农史》2010 年第 4 期，页 100—105。

[2]　请参前引拙文 "The Ideal and Application of Community Rites as an Administrative Aid to Social Regulation in Mid-Ming China". 更多关于黄佐该书的研究，可参井上彻，《黄佐"泰泉乡礼"の世界——乡约保甲制に关连して》，《东洋学报》第 67 卷，第 3—4 号（合编），1986 年 3 月，页 247—277，及《"乡约"の理念について——乡官、士人层と乡里社会》，《名古屋大学东洋史研究报告》，第 11 号，1986 年 8 月，页 34—59。亦可参 Wing-kai To（杜荣阶），"Kinship Ritual and Community Institutions in the Late Ming Period: Huang Tso's T'ai-ch'üan hsiang-li," 发表于 1991 年 4 月 4—7 日美国加州大学戴维斯分校（University of California at Davis）举办的 Family Process and Political Process in Modern China 工作坊。笔者感谢美国伊利诺伊大学香槟分校（University of Illinois at Champagne-Urbana）周启荣（Kai-wing Chou）教授提示此文。

乡约研究最大的挑战和引人入胜之处，至少对笔者而言，在于对它作区域上以及时代上的比较研究。因为这样一来，我们才能期待发现一些足以显示乡约如何适应于地方情况的模式，以及乡约如何在不同的情况下被接受或遭摒弃，从而认定形成某一乡约的独特社会状况以及认定那些使乡约能够运作的共同因素。这个层次的比较研究也可显示乡约制度如何向不同的方向以不同的程度传播开去。这些研究的结果，不只能够告诉我们理念在引导社会运作时扮演着什么角色，更可让我们知道什么因素在背后影响和修正这些理念的传播。[1]

以上这个关怀不只与思想史家有关，这个关怀与社会史家和政治史家也有关，不管其研究兴趣是在于晚期帝制中国或现代中国。举例来说，Guy Alitto 指出（他所认为的最后一位儒者）梁漱溟（1893—1988）赞扬和推动乡约作为农村重建的现实工具。[2] Timothy Cheek 注意到梁的学生杨开道（1899—1981，留学美国的燕京大学乡村社会学教授）在 1930 年代初期

---

[1] 补按：同样把乡约视为善书，并以此观点对比中日韩三国社会对乡约的接受情况的论者，有吴震著《明末清初劝善运动思想研究》（台北：台湾大学出版中心，2009）。相关讨论，又见吴氏在 2010 年 9 月 8 日在"中央研究院"明清研究推动委员会清史读书会的演讲稿，"从东亚视域看中国善书——从拙作《明末清初劝善运动思想研究》谈起"。该演讲指出，"乡约"传统在朝鲜接受度相当高，但也因应其政治文化而有所变化；相对地，在日本则不受重视，此可能与日本在幕藩体制下，地方秩序依靠武士阶层管理有关，详见其讲稿：http：//mingching. sinica. edu. tw/workshop/qing_history/summary/20100908_speech. pdf.

[2] Guy S. Alitto, *The Last Confucian: Liang Shu-ming and the Chinese Dilemma of Modernity* (Berkeley: University of California Press, 1979), pp. 193-237. 补按：此书最新的中译本，见［美］艾恺著，王宗昱、冀建中译，《最后的儒家：梁漱溟与中国现代化的两难》（南京：江苏人民出版社，1993）。

乡村自治的背景下尝试推动乡约。[1]在中共早期农村政策的构思上，梁漱溟甚或对毛泽东（1893—1976）有所影响。"文化大革命"时的公审，令人想起传统的乡约聚会的场景——当众公布约众的善行恶行并施行赏罚。这个控制民众、集体教育或警诫的传统，都令人联想到乡约制度似乎从未在中国消失。

事实上，1980年代初期在"乡规民约"的号称之下，乡约在中国大陆正式被复兴和推行起来。"乡规民约"在表意上比"乡约"更完整也更好，因为此词同时强调乡村的规条和人民的协约。人类学家 Ann Anagnost 最近提出，这个当代的乡约是中国政府用以加强民众管理的工具，目的是肯定其治权的合法性。容许人民在地方干部的监督下制定自己的规约，中国政府便成为真正的民主推动者，因而应该仍为人民应当承认的道德权威的唯一来源。[2]我们或许可以补充说，在这项政策的追求上，中国政府实际上也是在引导人民令其施以自我控制。

中国政府的这项策略实施情况仍要拭目以待。我们希望现代的乡约不会变成一个弱国的权宜手段，而是一个有自信能让民主从下而上逐步推行的强国的始步。这样的一般结果未必完全满足人民，但让人民制定自己的规约的努力，却是肯定值得推广的。中国政府主持下的乡规民约最令人注目的现象，也是一个中国作

---

[1] Timothy Cheek, "Contracts and Ideological Control in Village Administration: Tensions in the 'Village Convenant' System in Late Imperial China," 发表于 1984 年 3 月在华盛顿哥伦比亚特区（Washington, D. C.）举办的 36th Annual Meeting of the Association for Asian Studies 会议。笔者感谢美国科罗拉多学院（Colorado College）的 Cheek 教授惠赠这篇未发表的文章。

[2] Ann Anagnost, "Socialist Ethics and the Legal System," in Jeffrey N. Wasserstrom and Elizabeth J. Perry, eds., *Popular Protest and Political Culture in Modern China: Learning from 1989*（Boulder: Westview Press, 1992）, pp. 177-205. 笔者感谢美国加州大学欧文分校（University of California at Irvine）的王国斌（R. Bin Wong）教授提示此文。

家意在言外地批评的现象，是几乎所有的这类规约都订立种类繁多的违规的现金罚款（有些罚额颇大）。[1]这会让人不免有假公济私的看法，对政府争取民心反而不利。

但乡规民约之自订罚则及其执行也可以这样看，如果地方官员的借机贪污与此无关，则这样表示人民自己也在严格遵守他们所同意的约法。罚款也可以是地方公共事务的财源。从禁令范围之广及罚则之苛刻处看，以上这个观点并非纯属虚构。这种地方筹集资金的方法，大概只会在政府无法计划或提供地方所需时出现。假如真的是这样，那么当地方人民终于更能自给自足时，他们便更会对政府政策作出独立判断，也更能够测定自己的行动历程。

简而言之，一个由社区人民自己制定的、合理而能持续的协约是适切的。现在中国各地经济改变迅速却不均衡，政府管控贪腐尚未完全奏效。这样的情况之下，当新兴的富有阶层与贫穷阶层鸿沟变得愈来愈大时，地区与地区之间的社会冲突亦将接踵而来。自私自利的社会态度的重现以及很多地方发生的社会罪案，其根源在一些方面正是经济资源之获得与分配不均。如果现状持续，相对剥削本身便够导致的犯罪行为及其结果的地方动荡，其出现也将不足为奇。在那种情况之下，能够决定可接受的社会行为以及公共努力所在的有约束力的地方协议，或许正是获得某种社会长治久安的可行之道。[2]

---

〔1〕　例如史昭乐，《论乡规民约的目的和手段》，《贵州社会科学》1984年第4期，页18—22。补按：关于乡约在现代中国的意义，近期的论述可参张中秋，《乡约的诸属性及其文化原理认识》，《南京大学学报》（哲学·人文科学·社会科学版）2004年第5期，页51—57；刘建荣，《乡规民约的法治功用及其当代价值》，《北京人民警察学院学报》2008年第1期，页13—16。

〔2〕　补按：本文作者另有专论可与此文互相参看，见朱鸿林，《二十世纪的明清乡约研究》，《历史人类学学刊》第2卷第1期，2004，页175—196。

二十世纪的明清乡约研究

一、乡约研究的时段性趋向

乡约这种基层社会的自治组织，名称虽然起于北宋，渊源却可以追溯至先秦时代，学者一般认为《周礼》可以或应该是它的思想性和制度性源头。近代以前的乡约，其形式、内容、性质都不尽一样。最早的北宋陕西蓝田吕氏乡约是一个私人自发性的互助组织，以后兴盛于明代中期以后的乡约则有官办者和非官办者的分别，而时代愈晚愈以官办者为主。清代乡约由官府定制推行，性质和明代的也有所不同。地方自治性强的乡约，20 世纪 30 年代时再获鼓吹。到 80 年代，则在"乡规民约"的总称之下获得政府提倡。追溯起来，乡约的历史已经超过千年。近代中外社会学者、政治学者和历史学者，也都有过不同程度的研究和论说。

最早的蓝田吕氏乡约，以"德业相劝、过失相规、患难相恤、礼俗相交"四项为纲领，每纲之下有要求约众实行的细则若干。各项约规的从违，由约众推选的领导人负责判定和善后。约众自由入约，定期聚会，扬善警过，不守约者听其出约。以后的乡约，原则上都以蓝田吕氏乡约的精神为本，但入约渐渐变成强迫性，乡约执事者变成职役，普遍对违约者施加物质上及精神上的惩罚。基本内容则包括定期聚会读约，听宣讲明太祖的《六谕》或清圣祖的《圣谕十六训》，对与约者施行公开的彰善纠恶。有的也会加入听断约众之间的诉讼事件，演习社区或家庭礼仪，举行敦睦约众的社区饮宴等事项。约而言之，乡约至少和乡村地方的礼俗教化和社会治安有关。

由于乡约以广大的乡村为主要背景，因此它所牵涉的研究课题可以很多，像乡村自治和社区治安，社会道德提升和社会秩序控制，传统政治理想的展现和乡治组织的建构等思想上与制度上的课题，都可以包括在内。中国近代的乡约研究，看来则和同时的乡村社会状况关系相当密切，重要的论著开始出现于 20 世纪 30 年代初期，论调也呼应着当时地方自治制度下所展开的乡村建设和社会教育运动。当时从事乡约理论方面的主要研究者是留学美国的乡村社会学博士杨开道，将理论付诸实践者则为志在经世救国的儒者梁漱溟。梁漱溟主张以村校或乡校作为乡约的实际功能机构，用来作建设现代国家的基础功能单位。梁氏曾在山东的邹平县推行过乡约，还办刊物《村治》宣传相关事情。其事业随着抗战军兴而结束，乡约的研究也随着趋于沉寂。[1]杨开道和梁漱溟两人的乡约研究都从致用的角度出发，研究乡约对他们来说，为的就是能够吸取历史上的乡约精神和探知其所呈现或出现过的利弊，用以增进当时的乡村自治效果。他们追求的是一种理论和实践的结合，并且互相呼应，在各自的文章里引用对方的论说作为论据。

---

〔1〕 有关梁漱溟鼓吹和推行乡约的事业，参看朱汉国，《梁漱溟乡村建设研究》（太原：山西教育出版社，1996）；Guy S. Alitto, *The Last Confucian: Liang Shu-ming and the Chinese Dilemma of Modernity* (Berkeley: University of California Press，1979)，pp. 193-237。

中华人民共和国成立后，50 年代初进行土地改革，随后，用政治强力组织起来的人民公社成了新式的农村模式。公社是实行"工农商学兵结合，党政军民学一体，统辖村民一切活动的集体组织"。农村里的经济、政治、文化等活动，都由它规划和受它控制。[1]这看起来有一些理想乡约的形象，甚至可以说像某种形式的乡约活动的展现。

80 年代初人民公社制度瓦解，集体经济已经不合现代需要，政府改行家庭联产承包责任制，同时也推行了"乡规民约"的制度，让农村制定自己的社区性行为规则。这样的乡约，可以视为一种旧模式已去、新模式未立的转变时期的社会制度。在农村发展和现代化的背景下，这时候学界对乡约的研究也渐见恢复，出现了利用地方资料的研究论著。

进入 90 年代，基层行政工作有所革新，政府在推动经济发展的同时，也讲求社会主义精神文明建设，倡导优良的品德行为。这时候的乡约研究又较从前有所进步，有关明清两代尤其明代乡约的论著数量增幅显著。整体上看，论著的历史性较 30 年代的增强不少，但也有一些研究明显抱着以古为鉴或古为今用的态度，认为古代的制度可以对解决当今的问题有所启发，因而对于所探讨的乡约不免有溢美之辞。有些综论性论著也因为说例的取材问题，出现了以偏概全的现象。

其实，对于真正施行过而有内容、效果、影响等可以考察和印证的乡约研究，数量相当有限。向来的乡约研究多数着力于类型的论析，被论析得最多的乡约包括：北宋吕大钧的《蓝田吕氏乡约》以及南宋朱熹的增损版本，明代中期王守仁的《南赣乡约》，明代后期吕坤的《乡甲约》，明末清初陆世仪的《治乡三

---

[1] 朱汉国，《梁漱溟乡村建设研究》，页 3，王桧林《序》。

约》。这种研究取向，到了 90 年代才见有所改变，论著讨论的问题扩大了，结合实际乡治情况的研究也增加了。但由于对确实施行过而有详细文字留下的乡约的研究毕竟有限，我们还没有足够的知识能够充分解答乡约施行情况的一些基本问题，尤其在不同时空状况下的乡约性质、规制、成效等问题，从而也还没有对历史上的乡约作出深切综合和概括的能力可言。很多相关论著在研究构思和论断上，仍然免不了以偏概全、以此代彼、以古说今之类的错误。

对于乡约研究中的一些主要课题，像乡约的性质、有效性和时代意义等的探讨，笔者曾有论文简述过到 90 年代初期为止的主要各家论说，[1] 以及其后六七年间的主要论著所见。[2] 在比较已经研究的明代曾经具体施行过的乡约的基础上，笔者认为，要避免错误的合理做法，仍然是继续搜寻个别乡约作具体的研究，到个案知识累积到相当程度时才作广泛的综合比较，进行概括性的综论。

为了让读者能对研究状况更有背景性的认识，下文拟先稍详地介绍一下近代乡约研究的先驱论说，然后再简单提示其后重要研究所提出的论点，以及近十年来一些重要论文的发现和论旨。为了深入显示现在研究上还存在的问题，本文将继之评介一些世纪末刊出的相关论著，并以例证说明问题之所在。

---

[1] Hung-lam Chu, "The Community Compact in Late Imperial China: Notes on Its Nature, Effectiveness, and Modern Relevance", *the Woodrow Wilson Center Asia Program Occasional Paper*, No. 52, May 1993.

[2] 朱鸿林，《明代嘉靖年间的增城沙堤乡约》，《燕京学报》新 8 期（2000），页 107—159。此文第 10 节讨论明代乡约性质与功效的部分文字，别题《从沙堤乡约谈明代乡约研究问题》，收入《中国社会历史评论》第 2 卷（天津：天津古籍出版社，2000），页 25—34。

二、近代乡约研究的先驱论说

近代乡约研究的开创性论著是杨开道1931年发表的《乡约制度的研究》。[1]杨氏站在社会学家的立场，从地方自治的角度论析了历史上各个著名乡约的内容和特质。全文连同绪言分为七节。从第二节起，依次从《周礼》中的乡饮酒礼和汉代的乡三老制度，讨论了乡约制度的前驱；从北宋的《蓝田吕氏乡约》，详细述说乡约制度的起源；从南宋朱子的《增损蓝田吕氏乡约》、元朝的社制、明太祖的亭制和《六谕》、王守仁的《南赣乡约》，详论乡约制度的修改；从吕坤的《乡甲约》，例说乡约保甲的结合做法；从明末清初陆世仪的《治乡三约》，讨论乡约理论的完成。最后论说乡约制度的衰落，列举清代历朝所颁的乡约宣讲政令和宣讲典籍，连同乡约的性质和弊端一并讨论。就乡约类型的论述而言，此文几乎可称包举无遗。以后相当多的乡约论著，不管出于抄袭或是出于失考，所举说的乡约都没有超出此文的范围，而且在分析论说方面还多不及此文客观和深入。

杨开道此文的旨趣和他作文时的时代背景是结合的。当时的地方管治情况如他所说："村治自从山西实行之后，至少在名义上已经普遍了全国，成为地方的基本政治。"但他认为，如果"要想乡治（或村治）真能实施全国"，则一定要从古今中外的乡治研究中，"产生一个整体的理论"。乡约制度正是这样的一个研究的切入点。因此他开宗明义即声明，此文"并不是站在国学或史学的立场，而是站在乡治或村治的立场……只注意历史上的乡治，而不注意乡约内的历史"。这个声明很重要，它指示出文章

---

[1] 杨开道，《乡约制度的研究》，《社会学界》第5卷（1931），页11—44。

的重点在于它的理论性论述而非历史实相的披露。杨氏对于历史上的乡约实施成效其实是抱怀疑态度的，但将乡约作为一种乡治的理论来看，他却明确地肯定了它的价值。如他所说："乡治制度的内容，进展到了明代，已经包有保甲、乡约、里社、社学、社仓五大部，……现在的自治制度，里面所包含的事业，也只是这几种，不过名称上稍为现代化而已。"他研究历史上的乡治制度的现实意义，便是在为这制度找寻应用实践之道。

杨氏此文有两点深入的透视，现在看来还是真知灼见。其中一点与乡约理论有关，本身自具理论价值。他推崇陆世仪的主张，认为从《治乡三约》看，乡约在乡治系统中，位居中央的协调地位。乡治组织中，保甲属于政治领域，社学属于教育领域，社仓属于经济领域，而乡约则属于道德领域，居中协调领导。这乡约的道德性，正和《周礼》的教化主义治民政策传统是一脉相承的。另一点透视则与乡约制度的衰落有关，所说也合乎历史情况。他认为，"乡约制度本来是人民自有的活动，到了王阳明先生手里才变为吏治的工具，到了清世祖手里便成为御用的工具了……成为一个不治之症。现在朝野对于保甲如何热心，对于乡约如何冷淡，就是因为保甲还是留在乡村，还有它的贡献，乡约便早已脱离乡村，成了口头的圣谕宣讲了。"这些透视对于研究乡约的意义和效用都有很大的参考价值。

杨氏又在乡治的架构内对乡约制度给予品评，实际上也等于提出他自己的乡治理论。他从乡约的教化性质切入，认为"教化方法普通有三个，一个是个人的修养，一个是学校的训练，一个是团体的劝勉"。由于个人修养不是普通人民所自能的，学校训练只能在儿童时行之，"一个补救的办法，就是团体的劝勉。利用领袖的刺激，提醒我们的思想、社会的空气，裁制我们的行为，那就是乡约制度的微意。所以我们不欲振作国民精神则已，要想振作国民精神，乡约制度实在是一个适当的办法"。但在肯定这个办法之余，他也从教化性质方面指出了旧时乡约趋于失败的一大特点。他说："中国道德制裁，自来讲的'隐恶扬善'，为什么在乡约制度里面，倒变成扬恶扬善了？以礼教化民的乡约制度，似乎不应该如此……扬恶方面实在用不着。"从积极改善方面说，他认为要乡约成功，"从现代社会组织原理去看，至少有三个条件是缺一不可的"。第一个条件是，乡约只能在农村举行。第二个是，乡约要有高尚的领袖；其人要有高尚人格，一片诚心等品质。第三个是地方的自动。这些主张和梁漱溟的基本上同调。此外，他也提出了一些原则性的组织、集会办法和应有的约文，作为乡约应用方面的论述。

杨开道在 1934 年又发表《吕新吾的乡甲约制度》一文，更详细地讨论了 1931 年论文第 5 节所论述的问题。[1]此文以吕坤的《实政录》为主要的分析根据，附益以吕坤的其他著作，讨论"教民、治民两种功用及其组织内容"，申述和评论吕坤的"乡甲约制度理论"。文章性质上和 1931 年论文一样，讲的不是乡治的历史，而是历史上的乡治理论。杨氏认为吕坤此约，"不单是民众教育的工具，也是乡村政治的工具"。他从《实政录》的章次来看吕坤的"实政"架构，认为吕坤在说"明职"、"养民"、"教民"、"治民"之后，提出"乡甲约"，实际上"便是教化主义在乡治里面的具体方案"。论文在将《实政录》以上各章依次论析之后，详述乡甲约的内容特点，包括组织、人员、集会、要求和奖惩各项，然后再和历代主要乡约略作比较。

此文反映了一个重要的研究认识，即理论和实际的真实差

---

〔1〕 杨开道，《吕新吾的乡甲约制度》，《社会学界》第 8 卷（1934），页 239—251。

距。杨氏正确地指出，吕坤的"乡甲约"的实施范围其实相当有限。他说："上面讲的都只是吕新吾巡抚山西的时候，对于乡约保甲所有种种的设施，不惟他处无人仿行，吕新吾亦未行之他处。"其实我们若从现存地方志考察，这个"乡甲约"是否曾经在山西一省确切付诸实行，还是未能明确解答的。但至少杨氏这一判断，可以反映《乡甲约》有无疑的理论价值，但却不是曾经广泛施行的实际模式。它在实行上必定存在不少困难。吕坤退休居乡时所能行的乡约也只能是《吕氏宗约》，用有过"书籍"（登记入册）的办法取代官定乡约的科罚。从吕坤在家乡的行事可见，"纪恶"入册的做法，比起官方的科罚做法效力要大。反过来看，充满罚则的《乡甲约》的可行性和有效性，都不可能很大。

梁漱溟对乡约的研究和杨开道大约同时。梁氏1934年起的著作显示，他研究乡约更是以直接应用为目的的。[1]乡约在他看来，是整个中国"建设社会组织"的苗芽。和杨开道一样，梁氏志在的不是追究历史上的乡约制定和实行情形，而是一个可以供他推行乡治时作为借鉴和理论依据的乡约模式。他所心仪的乡约，正是北宋的蓝田吕氏乡约。他把吕氏乡约认定为一个"地方自治团体"，认为它"可以成为一个很好的地方自治组织"。[2]他的论说除了发挥吕氏乡约所寓的精神之外，还将吕氏乡约和他自己所处时代的地方自治作了比较，用以证明前者之为优胜。

梁氏认为，和当时的自治比较起来，乡约"可以包含了地方自治，而地方自治不能包含乡约"。具体地说，当时的地方自治

---

〔1〕　梁漱溟从1934年起的乡村建设活动和著作系年，见朱汉国，《梁漱溟乡村建设研究》，页230—238。

〔2〕　以下所引梁漱溟语，见梁漱溟，《新社会组织构造之建立——乡村组织》，《乡村建设理论》（山东邹平：乡村书店，1937），页187—214。

和乡约有这样的一个极大不同之处："现在的地方自治是很注意事情而不注意人"，乡约则"是一个伦理情谊化的组织，而又是以人生向上为目标的一个组织"。这都是当时地方自治法规和精神所没有的。当时的地方自治，不讲人生，而以"牵制防制彼此对抗以求均衡的作用"为意旨，以"权利为本位"，所以"乡镇长对于乡镇居民是很没有情，没有相勉于人生向上的意思"。他进而认为乡约注意"人生向上"，"把生活上一切事情包含在里边"，"这是非西人梦想所及，而又是自觉的、不借宗教的"。

梁氏对乡约和地方自治问题的分析使他认为，西方以法治以权利为基础的地方自治，与中国人的"固有精神"不合，只有乡约才能与之相合。只有乡约能够让在地人们认识以及追求增进彼此的关系，而这样才是地方自治之本，才能让散漫走向团结。他用"民治"代替"自治"，根据乡约精神，认为乡治只要少数的"贤德"代表，不必人人参与其事。

这样的乡治理论的结论便是仿行乡约："我们来组织乡村的时候，大体上要像乡约一样，大家认识了彼此的真关系，以求增进彼此的关系，把大家放在一种互相爱惜情谊中，互相尊重中，在共同相勉于人生向上中来求解决我们的人生问题。"他直说他所倡行的乡治组织，只"是对乡约的补充改造"，而补充和改造的对象，便是他认为很有"积极的意味"的陆世仪的《治乡三约》。他同意并且引用了杨开道所画的示意图，来对陆世仪以乡约领导社学、保甲、社仓的乡治模式表示赞同。

梁氏要补充陆世仪所拟乡约的有四点：（1）"将消极的彼此顾恤，变成积极的有所进行；这个是指在乡约里面所谓患难相恤、水火、盗贼等而言。"这里的现实意思是，先有健全的自卫组织，不让盗贼有机可乘。（2）要作"人生向上志气的提振，……把偏乎个人的一点（善）看成是社会的，把有所限的一点看成是永远开展的。……（做到）改造社会、创造新文化"的境地。质言之，即要立志做好，要不靠武力，要把古人乡约"本地化"的意义扩大为"社会化"的意义。（3）一乡要与外界各地"普遍的去联络，相往来，通消息……相勉为善，讲求进步"，而以像邹平县的乡学、村学这样的"乡农学校"作为讲求进步的机关，作为"一个团体组织"。（4）"乡约组织不可以借政治的力量来推行"，要出于"自动"，政府只能作为"助力"。"明清两代政府用政治力量来提倡的那个乡约"是要不得的。

还有一篇常被研究者提及的 30 年代乡约论著，是王兰荫1935 年发表的《明代之乡约与民众教育》。[1]此文利用 20 多种明代方志，录出《南赣乡约》以及嘉靖末年以后所见各地乡约中关于乡约场所、职员、对约众要求、仪式以及乡约与社学保甲社仓联系的文字，各予一例说明，并且抄录万历《项城县志·艺文志》所载知县王钦若所作《演教民六谕说》全文；结论则引明人所说的乡约流弊之处，简略比较明代乡约与作者当代的民众教育制度的异同之处。王氏认为，"明代之乡约与今之通俗演讲所及民众教育馆之讲演部，皆相类。其目的皆在教化一般知识较低之民众，其方法皆采讲演方式"。其不同之处，则在于参加人数与场所之古少今多，以及乡约"只重德育"而今制则"兼重智育"；乡约行彰善纠恶之事而今制则无。这篇论文录文多而分析少，突显了明代乡约的教化面相，却对于乡约的其他作用和表现都未及处理。

总结来说，30 年代的乡约研究，包括日本方面的和田清、松元善海、清水泰次、清水盛光等人的研究，以至更早时候织田

---

〔1〕　王兰荫，《明代之乡约与民众教育》，《师大月刊》第 21 期（1935），页103—132。

万、穗积陈重等人的看法，都是把乡约纳入地方自治，尤其乡村地方自治的范围来处理的。最简单地说，尤其从处理地方民事诉讼的功能和事实处看，明清以来的乡约是一种政府允许和制定的基层社会自治机制。这种机制具有政治性，也具有社会教育性，在地方政府的体制内配合其他的自治机制并行，作为一种政府管治人民的行政工具。[1]中国学者的研究和他们对地方自治的关怀关系尤其明显，他们认为并且相信透过乡约的研究，加以改良后的现代乡约能够为地方的自治之道作出贡献。可能是这种信念的过分影响所致，他们的研究相对地偏重了乡约理论方面的评论，轻忽了对乡约的历史表现情形的述析。集中表现明代乡约与社会教育关系的王兰荫论文，也只能在资料上而未能在方法上给予日后的研究提供足够参考。

三、世纪中期后的研究和论说

60 年代的重要研究在乡约的性质方面提出有力的概观，其中重要的两家是酒井忠夫和萧公权。酒井氏把乡约纳入他的善书研究之内，视乡约为教化民众的工具，至少对明代的乡约可以作如是观。[2]萧氏则从政府对乡村的控制着眼，以 19 世纪的中国乡村为研究对象，认为其时的乡约也是政府控制乡村民众的多个工具之一，是对民众进行思想灌输的机制。[3]这两种看法对于以后的研究很有影响。我们不难发现，60 年代以后的论著论及乡约的

---

[1] 参看 Hung-lam Chu, "The Community Compact in Late Imperial China: Notes on Its Nature, Effectiveness, and Modern Relevance".

[2] 酒井忠夫，《中国善书的研究》（东京：国书刊行会，1960），页7—77。

[3] Kung-chuan Hsiao, *Rural China: Imperial Control in the Nineteenth Century* (Seattle: University of Washington Press, 1960), pp. 184-205, 616-623.

性质和用途时，基本上都与其中一说类似，虽然论著本身时有不注明出处的情形。酒井忠夫和萧公权这两家的看法究其实并不互相抵牾，他们乡约论说的极致，都可化约为政府或社区本身，对于寻求社会治安或保证社会治安长存的一种做法。但从可考的乡约缘起，结合实际的乡约实施成果来看，我们也可以认为，历史上的乡约制定者，基本上是视乡约为一种促使良好社会秩序不断更生的机制的，只是到了理想需要迁就现实的时候，乡约却会变成一种只会控制而不能更生的管治工具。

80 年代的明清乡约研究，日本学者有领先的表现。像井上彻对明人黄佐所著《泰泉乡礼》的论析和有关乡约理念的研究，都有命题较新以及结合思想与现实一起考察的长处。[1]日本学者一向注意明代徽州地方的乡约情形，中国学者方面也因徽州契约文书的搜集和整理对徽州乡约加以注意。90 年代开始时，铃木博之和陈柯云的论著相继刊行，让明清徽州乡约的背景和内容从不同的面相和深入的层次呈现出来。[2]从地方志、家族谱、文集、乡约刊本、契约文书等文献所见的乡约资料，即使不能号称已经穷尽，至少十分丰富可以无疑。徽州乡约的研究显示，明清时代徽州地区的乡约形式多样，而力量和影响最大的则是家族式的乡约。这种乡约既对家族成员有严厉的行为约束，也对家族所属的佃户有严厉的社会等级性管制，成为一种"以贱治贱"的工具。

---

〔1〕 井上彻，《黄佐"泰泉乡礼"の世界——乡约保甲制に关连して》，《东洋学报》第 67 卷第 3—4 号（1986），页 81—111；《"乡约"の理念について——乡官、士人层と乡里社会》，（名古屋大学）《东洋史研究报告》第 11 号（1986），页 35—59。

〔2〕 铃木博之，《明代徽州府の乡约について》，《山根幸夫教授退休纪念明代史论丛》（东京：汲古书院，1990），页 1045—1060。陈柯云，《略论明清徽州的乡约》，《中国史研究》1990 年第 4 期，页 44—55。

90 年代的徽州乡约研究仍多从社会控制的角度进行，但也有别具一格的论述出现。Joseph McDermott 从乡约礼仪着手的研究便是突出的例子。[1] McDermott 所用的徽州乡约材料没有超过铃木博之和陈柯云所用的，论述所及的各个官府命行和家族自倡的乡约也都是铃木氏和陈氏所引述过的。但他却集中探讨了乡约仪节中人民对象征皇帝的圣谕牌所行的"五拜三叩首"礼的意义以及它的演变情形，并将这个礼仪表现和帝制中国的政治一体化及文化一体化问题结合论述。他从如下的四个提问进行论述：（1）朝廷的礼制怎么影响为平民而制定的礼仪文本，（2）国家的礼仪在变化中的地方政府与地方士绅（尤其宗族长老）关系中扮演什么角色，（3）乡村人民尤其农民怎样理解乡约为他们设制的礼仪，（4）平民在乡约中所见的君民关系是怎样的。他的考察显示，乡约所见的种种礼仪，其制定都不是出于朝廷或皇帝的直接要求或命令，而是原于鼓吹推行乡约的地方官，以及（就 16 世纪华南地方而言）那些为了巩固本家本族支配地方力量而发起乡约或管理乡约的宗族长老和地方士绅的精英之辈。徽州乡约更表现了这样的特点：地方宗族长老制定乡约的规则，地方政府的代表则制定乡约的礼仪。结果使得乡村约众在忠孝这两个价值要求中，被强调灌输的是对宗族的孝多于对国家的忠；和乡饮酒礼的仪节要求民众对皇帝表示尽忠相反，乡约则以对家事和乡事的附加指示来取代之。这些论述和流行的乡绅支配近世中国社会论实质上没有分别。

但他则进一步探讨了在这样的形势下皇权和国家权威在社会

---

[1] Joseph P. McDermott, "Emperor, Elite, and Commoners: The Community Pact Ritual of the Late Ming," in *State and Court Ritual in China*, ed, Joseph P. McDermott（Cambridge: Cambridge University Press, 1999）, pp. 299-351.

上的情形。以五拜三叩首礼而言，此礼本来是官员在奉天殿举行朝拜时或是地方官在迎接皇帝圣旨时所行之礼，当平民在乡约集会时也对着如同皇帝本身的圣谕牌行此礼时，平民也好像和皇帝进行了一种替代形式的会面，和皇帝发生了关系。乡村农民对于皇帝本来无所认识，对于皇帝的形象至为陌生，但却由于和皇帝有着一些像对道教帝君之类的地方神祇的共同宗教信仰，因而透过对神祇袍服和给予神祇如五拜三叩首的礼拜仪节的观感，反而积极地赋予了皇帝一些神祇的特征，终于与宗教本身成为皇帝神祇格化的共同创造者。农民和士大夫视皇帝为代天理民的天子不同，他们把皇帝视作能给予人民权力和保护的神人两界强力人物。农民这样将国家礼仪和宗教礼仪混合后，对于与皇帝有关的事情兴趣增加，实际上也助长了诸如都城风习和学术时尚之类的国家文化统治范围延伸至乡村。五拜三叩首礼本来和地方百姓无关，地方官员和乡绅在乡约中制行这些大礼，原是在借朝廷皇帝的威严来增重自己的地位和影响，却无形中使皇帝和平民、朝廷和地方在礼仪上趋于一体，乡约因而也起了促使地方民众和国家朝廷归一的政治和文化整合作用。

90 年代乡约研究的另一趋势是对徽州以外地方乡约的发掘。在这方面，朱鸿林在 1992 年发表了对正德六年（1511）至嘉靖十九年（1540）行于山西潞州、解州、运城和河南许州四个地方的官办和非官办乡约的研究。[1]论文从文集和方志的资料重构了这些乡约的缘起和内容，并且互证了它们的存在和效果。这些乡约有一个特殊的人事因素：它们都和当时的著名儒臣陕西高陵人吕柟有关。行于潞州的乡约曾经和吕氏商量过，行于解州的是吕

---

〔1〕 朱鸿林，《明代中期地方社区治安重建理想之展现——山西、河南地区所行乡约之例》，《中国学报》（韩国）第 32 辑（1992），页 87—100。

氏受了潞州乡约影响的结果，行于运城和许州的则是受了吕氏影响的吕氏门人所举行的。在 16 世纪初期社会不安和地区动乱的背景下，这情形反映了一种儒者展现重建社区治安的努力。这些乡约对于明代乡约和乡治研究也有同样的参考用途：（1）在少有个案研究的情况之下，此文所处理到的潞州雄山乡约，可以算是一个具有首尾本末的个案研究。此约由乡人仇氏兄弟倡行和主持，始于正德六年，有效推行时间至少 30 年，入约人家最多时超过 300 家，最少时有 176 家，受影响而成立的附近地方乡约也有数个。这个行之有效的乡约的出现，远早于王阳明的《南赣乡约》。这样早出而内容和运作情形可征的乡约，对于我们理解明代乡约的推行和构思应该有所影响。（2）明代乡约研究大多集中在《南赣乡约》之后的南方地方乡约，而此文所研究的乡约则都是北方地方乡约，这对于探讨乡约的地域性差异会有意义。（3）这些乡约反映了士绅自办乡约往往早于官府命办乡约出现，而政府事实上有向民间取法之处，这对理解明代乡约的现实性质会有帮助。（4）这些乡约反映了法律意味渐重而约法意味渐轻的明代乡约趋势，有助于理解明代的地方管治情况。

Kandice Hauf 也在 1996 年发表了对 16 世纪江西吉安府属县所见乡约的研究。[1] Hauf 所探讨的乡约，都是王守仁门人邹守益、聂豹、罗洪先等人所拟订或参与领导的。讨论的问题包括了王门人物理想中的乡约应有角色，以及这些乡约和地方官员及其他组织的关系。实际的论述则由王阳明自己的《南赣乡约》开始。她认为作为乡绅或曾经任官的这些王门弟子，他们之推行乡约，其实是他们那种立书院以为士人、立乡约以为乡人的构思结

---

[1] Kandice Hauf, "The Community Covenant in Sixteenth Century Ji'an Prefecture, Jiangxi", *Late Imperial China*, 17: 2 (1996), pp. 1 – 50.

果。他们的乡约要的是以教育来使乡人得以自我调节；换言之，是以人格教化而非以社会控制为宗旨的。他们的努力目的，则是填补国家原有而已呈衰退的治理社会能力。从乡约的提倡和推行处看，他们也变成了政府和人民之间的中介。乡约之能否成功和持续，都和他们的参与有关。实际上的现象则是，知县往往为乡约的推动者而地方长老则为乡约的推行者，而乡约本身则渐渐变成多种地方组织的领导性或涵盖性组织。Hauf 所谈的各个乡约实际施行时间都不长，成效难以确说；事实上它们的约文都没有留存下来，可资学者论析的材料只有当时有关人物的相关文字。利用这些文字从思想层面做结论，她认为，江右王门人物在治平天下的儒家教义内，在家国之间加入了"乡"作为实际的着力点。乡约因而被他们认为是一个解决问题的方案，真正的问题则是，怎样鼓励同社区内人民自愿结合起来，调节自己和保证自己所属社区的和洽与安全。

最近的另一个乡约个案研究，是朱鸿林的《明代嘉靖年间的增城沙堤乡约》。这个研究以一个文本完整而未经人道的明代乡约文书《圣训约》为基础，述析了嘉靖年间在广东增城县内举行过的沙堤乡约的时地人情背景、内容、成效等问题，并且在和其他已经近人研究的明代乡约比较下，从乡约之为官办或为非官办，乡约成员之属于单一宗族或属于众多宗族，乡约成立的当时须要性，乡约本身的品质和配套，乡约的权威所在和法源等方面，讨论了明代乡约的性质和功效问题以及乡约的明代中叶意义。[1]

这个研究的要点和作者因而产生的一些相关研究看法，可以综述如下。沙堤乡约嘉靖二十三年（1544）成立于广东增城县的

---

[1] 前揭朱鸿林《明代嘉靖年间的增城沙提乡约》。

沙贝村。它的发起人和五人主持人团的领导是著名的理学家和教育家、当时的致仕乡官湛若水，成员包括了称为"乡约宾"的该村十多个宗族的父老之辈，经费则由湛氏家族提供。沙贝村当时户口应该超过250户，包括了宗族聚居人户和散居的保甲人户。当时的增城，经济上土地拥有不均和贫富悬殊情况严重，富豪地主和佃民之间，存在一定的紧张关系；见诸记载的冲突虽然没有，但兼并所引起的赋役不均和户口逃亡，已经引起了同时代县志修纂者的注意。社会上存在信风水、健讼、病尚巫鬼、死修佛事、好酒靡谷之类风习，而赌博盛于有产之家、火葬盛于贫民之家风气，更加普遍。这样的社会风习在沙贝村也明显存在。

沙堤乡约的理想是，透过宗族父老对子弟的训诲以及通过包括缙绅乡老在内的乡约主持人对保甲组织人户的督察，体现以明太祖《六谕》为纲领的善俗。它预期欲达的共同目的是禁赌，而禁火葬则是湛若水个人的特别目的。此约每月都有活动，包括每季一次的乡饮酒式成员聚会，以及此外月份的主持人团每月下乡巡省保甲活动。

整体上看，沙堤乡约是一个预防性的教化乡约。它的出现是乡居士大夫展现善俗理想和佐治抱负的结果，也是乡村宗族团结自保的意愿所致。它体现了老人当道，宗族平等参与，聚居宗族和散居保甲人户区分管理，先事预防等特色。它的非官方色彩特别清晰，既未经官府核准成立，事前也没向官府报备，更不预期官府的干涉。它的相应自限性也很强，除了巡察保甲住户之外，不涉及像社仓、社学、里社祭祀之类的乡里公事，也不涉及庙宇、赋役、词讼等有关宗教和法律之事。它也不设对犯过者的处罚，只把犯罪者送官办治。但它强调以25户为一聚居单位的团结互助，抵抗外来诬害和吏役的入乡骚扰。

沙堤乡约之得以创行，领导人湛若水的个人声望以及湛家的财富和在地方上的声誉，都是重要的动因；而乡中宗族父老的期待和湛氏门人的鼓励推动，则是重要的助缘。但此约看来并不持久，难说如期成功。原因除了领导人才不继，经费未得保障之外，主要是保甲住户的划分方案未必能付诸实行，以及乡约提供的配套服务不足。

从沙堤乡约和与它同时代而已经研究过的各地乡约的比较中，我们看到不同乡约有着社区自治共性以外的明显个性。这些个性反映了乡约在性质、用途和效能上各方面都有不能统一概论的差异情形。在确实推行过的乡约还没有足够个案研究的情况之下，我们对明代乡约制度的认识还不足以使我们胜任地对它作整体性的概括。就此文的分析所及，我们能够概括的只是：乡约的形式在最宽的标准下是相似的，它的内容则是因应时地人事因素而不尽相同也不能相同的；乡约成立有源于政府命令的，也有源于民间自行推动的，但在两种情况之下，乡绅的参与都是常态，并且是它得以成立的重要因素；乡约的成效以及它的内容和品质与宗族和乡绅的参与程度是成正比的；多数官办的乡约寿命只有数年之短，少数非官办乡约的寿命可以有数十年之长；个别乡约的条规之或宽或严，视乎条规所获的官方授权多少而定。

除了这些有限的概括之外，我们还可以看出，在明代中叶地方社会上里甲制度与保甲制度并存的情况下，乡约制度之趋于流行，是一种致力于保甲组织内恢复明初里甲组织原有的社区活动和社区精神的结果。当时的士大夫阶层，不论在官或不在官，都呈现了一种使社会文化一体化的共识，并且致力于将这个共识付诸实行。保甲制度体现了严厉的社会控制，乡约制度却在有限度自治机制上给它提出了替换或缓和手段。观念上，士大夫阶层认为风俗是可以透过教化而改良和加以维持的，并且这样做的成功机会比起用严厉的人身控制会来得大。

90年代还有一篇和明清时代乡约的结构和性质有关的重要论著：寺田浩明1994年原刊的长篇论文《明清时期法秩序中"约"的性质》。[1]寺田氏研究明清法制史，从界乎政府法令与民间契约之间所谓"乡禁约"的乡村层次上的规约进行深入讨论，认为明清时代乡禁约的出现是一种"首唱唱和"契机的结果，其性质既属自愿，但也带有强逼，其功效不能长保，但其结构却可再生。此文既是乡禁约结构和性质的析述，也是析述这种禁约的结构和性质的理论框架。寺田氏所分类的乡禁约，不只乡约一样，但就乡约而言，其分析依据主要还是宋代流传下来的《增损吕氏乡约》和明代王阳明的《南赣乡约》，所以虽然不乏灼见，却仍只能是依据类型析论的高度概括之说。正如梁治平的评论所指出，对于时间与空间维度所构成的变异因素和"裂隙"，都没有足够的重视。

90年代末期的明清乡约研究也出现了对乡约功能的加强注意。1997年杨念群发表的一篇长文和1999年段自成发表的一篇短文，都是有参考价值之作。段自成文从不同材料扼要列举明清乡约所见的一些司法职能，并认为这些职能的出现，"与当时民间争讼纷繁，里老制渐衰和吏役、讼师把持词讼有关"。[2]杨念群论文则详细考究了乡约在晚清时代的功能改变情形，并将这情形和当时地方治道在观念上和行为上的变迁情形结合论

---

〔1〕 寺田浩明，《明清时期法秩序中"约"的性质》，载于滋贺秀三等著，王亚新、梁治平编，王亚新等译，《明清时期的民事审判与民间契约》（北京：法律出版社，1998），页139—190。梁治平评论，见同书，页454—455。
〔2〕 段自成，《明清乡约的司法职能及其产生原因》，《史学集刊》1999年第2期，页45—49。

述。[1]此文的要旨如文章提要所说："晚清以后，乡约逐渐发生畸变，即开始兼具保甲纠察的功能，同时部分乡约组织在强调可操作性的过程中突出了军事化的色彩，从而淡化了其原有的教化特性，这从一个新的角度验证了晚清地方主义精英权力愈来愈对中央官僚制构成实际威胁这个论断。"乡约和保甲的结合在明代后期是普遍的现象，在清代的实际情况则以此文所考论的较为详明。此文在论析上虽然列举陕西、福建、浙江、湖南、广东等地所见乡约为例，但同时也有密集处理晚清岭南地方尤其珠江三角洲县分所见情形。这个集中观察的表现，对乡约研究而言，至少可以有提供比较的用途。

四、乡约研究的错误现象

就整个明代乡约研究的情形而言，以上所举确曾施行过的乡约反映出的各种乡约表现上的差异情形，说明了这样的一个事实：明代乡约因时地人情的不同因素而呈现不能相同的内容和不尽相同的形式，在从事有限度社区自治和社会道德提升这两大共性之外，乡约在性质、功能、成效、权威来源、活动项目、宽严程度上都难以一概而论。事实上，社区性和实行度愈强的乡约，它的个性也愈明显。因之当我们深入探讨乡约时，也就没有可能急于作出概论式地处理了。这点从1998年曹国庆出版的《明代乡约研究》可以得到反映。[2]

---

〔1〕 杨念群，《基层教化的转型：乡约与晚清治道之变迁》，《学人》第11辑（南京：江苏文艺出版社，1997），页107—151。
〔2〕 曹国庆，《明代乡约研究》，《文史》第46辑（北京：中华书局，1998），页197—221。

曹氏此文是他 90 年代所发表的几篇明代乡约论文的缀合，具有总结意味。全文分五个部分，依次论述明代乡约推行的概况，明代乡约的组织结构，明代乡约与保甲社学社仓关系的演进，明代乡约与宗约、士约、兵约、会约的关联，明代乡约的作用与流弊。这篇长文是给明代乡约作综合概括的勇敢尝试，一方面利用了铃木博之、陈柯云、朱鸿林的 90 年代初期研究成果，同时也组织了作者自己的研究所得。所引用的崇祯十五年（1642）江西吉安乡仆自立对抗地主的"小约"、"大约"乡约，以及刘元卿《刘聘君全集》所记载的两个纪善于册的事例，文虽简短，却是寻常少见的有用资料。但文章此外的参考价值却和它的篇幅不成比例。

此文的问题在于它昧于乡约的研究概况和近状以及方法和资料的不合理运用。作者将明代乡约的推行分为三个"体现有较为鲜明的阶段性特征"的时期来叙述，分别为洪武至宣德朝的酝酿时期，正统至正德朝的初步推行时期，嘉靖朝以后的兴盛阶段。这样的机械性分期，不理差异时空所见的差异内容，距离发明明代乡约共性和个性的地步甚远。在概括明代乡约的组织结构方面，除了以前人多所举说的乡约为例之外，在取样示例上更有拟议乡约与实际乡约不别的问题。在论述乡约与其他乡治组织的关系演进情况方面，主要说的是嘉靖以后的情况，包括人所熟识的《南赣乡约》和铃木博之专文讨论过的黄佐《泰泉乡礼》，同样犯了不分拟议和实际的毛病。在概述明代乡约与作者所谓的"民众自治组织"的各种"约"的关联处，作者认为各种约的兴起与"乡约活动的兴盛"互为因果，但却除了"宗约"之外，完全未能建立它们与乡约的关系。文中所列举的明代乡约曾发生过的积极作用和流弊，实际上都是超时空的。如说积极作用则包括"美俗息讼、安民弭盗，弥补了官治之不足；组织民众，保卫家园；

弘扬和造就了保耕护林、邻里相助等良好的社会风尚"等，曾见的流弊则包括"为恶棍或豪强所控制，藉以横行乡里，鱼肉百姓；徒具形式，敷衍塞责，而实效靡征；视之为'用贱以治贱耳'，使执'勾稽之役'，而使约众沦为力役也在在有之；聚会时的繁文缛节、陈规套式，易于使约众生厌，与会之资对贫寒之家不失为一种新的负担而难以承受，演讲圣训时所征引的事例，不少为荒诞不经之事"等。这样的列举都缺乏时空意义，可以用于任何时间内的任何空间，但却不能用以指示某时某地的某些或某个乡约。

乡约研究容易出现的错误，除了过分肯定和过分否定的毛病之外，通常还有以下几种：内容上之以文当实，时间上之以暂为恒，空间上之以零拟整，比附上之以彼代此。头两种错误在衡量乡约的成效和影响时尤其容易出现。错误的现象是，把规划性的拟议文字当作实际施行的叙述文字，把乡约作者宣称的成效当作真实的成效。这样的错误，在本文以上讨论所及的一些论著中已有所见，以下再给时空错误和比附错误各举一例，作为当前的乡约研究还未臻理想而有待认真从事的事实的注脚。

时空错误在概论性书籍出现得较多，而对读者的认知也影响较大。像赵秀玲论明代乡里制度，把乡约纳入其中讨论，本来是自然和正确之事。但一谈便把乡约和保甲连在一起谈，难免使读者形成一种明代没有此外的独立乡约的认识。既然只说乡约和保甲的结合，自然所举的例子也非吕坤的《乡甲约》莫尚，自然也会有这样的结论："如乡约原本是注重利民、惠民的自治组织，目的是使乡里社会形成互助、互敬、互爱、互守的社会秩序，但到了明代它已经发生了变异，与保甲结合起来。这一结合当然有利民的一面，但整体说来是强化了对乡里百姓的控制，削弱了乡里组织的自治性质。"〔1〕这样的取样立说对于了解明代乡约的构成实况不独没有帮助，对于缺乏参考的读者更会产生扭曲形象的作用。

错误比附则往往是急于论证而罔顾逻辑的结果。1998 年一个与乡约有关的研讨会所见的多篇论文，为这样的错误提供了最近期的例子。错误的结症便是对一个具体资料不足的乡约过度比附推论。明代嘉靖年间，福建泉州府晋江县青阳乡，曾经在罢职家居的官员庄用宾的主持下举行过乡约。此约的缘起、大概内容和成果曾记载于嘉靖二十四年（1545）一块题作《青阳乡约记》的碑刻上。此记在万历十六年（1588）又再镌刻立碑，碑石竖立于现在的晋江市石鼓庙中的乡贤祠内。这块碑石在 1950 或 1960 年代遭到破坏，一断为二，到了 1991 年才获得修复和重新竖立，已风化的碑文后来也在当地学者的研究整理下得以复原。这个宝贵文物的修复带来一个 1998 年冬举行的 "闽台石鼓庙文化学术研讨会" 以及次年出版的论文集。〔2〕论者之所以推崇青阳乡约，是因为 "历史存在的乡规民约，不应全是封建落后的糟粕，其中从形式到内容，都蕴涵着许多珍贵的文化传统精神，值得我们去继承和发扬，使之为社会主义精神文明建设服务"。〔3〕但他们对这个乡约的理解却是缺乏的和存着基本错误的。

---

〔1〕　赵秀玲，《中国乡里制度》（北京：社会科学文献出版社，1998），页 45。

〔2〕　晋江市历史文化研究总会、石鼓庙管理委员会董事会编，《晋江市历史文化研究总会、闽台石鼓庙文化学术研讨会论文集》，（晋江市：该会，1998）。按，论文集收入讨论《青阳乡约记》及青阳乡约文章共十二篇。《青阳乡约记》碑石的位置所在及其遭遇与修复情形，见黄天柱，《晋江青阳石鼓庙乡贤祠及〈青阳乡约记碑〉述略》，同书，页 218—219；蔡平分，《〈青阳乡约记〉碑抢修记》，同书，页 279—280。

〔3〕　郑梦星，《石鼓庙〈青阳乡约记〉浅识》，同上书，页 253。按，类似的意见或文字，其他篇章也见出现。

根据碑刻的《青阳乡约记》所载，[1]我们可以知道青阳乡约成立的缘起以及它实施一年多后的大概成效，但对于它的实在内容和持续效果却无法知道，因为这个乡约在泉州地区的方志和当地的名人文集中都没有记载。可是，论者为它的内容作充实和为它的意义作评估时，却一致采用了一个实际上勉强而错误的方法，将它比附于后出的叶春及所撰《惠安政书》内所载的"乡约"。论者的典型理据如下："《惠安政书》撰于紧接着嘉靖朝的隆庆四年（1573）至万历元年，作者叶春及和庄用宾基本上是同时代人，并且惠安和晋江通属泉州府，对朝廷礼部发布实施乡约的贯彻，所差甚少，因此，以《惠安政书·乡约篇》作为《青阳乡约记》之补说是合适的。"[2]这看来言之成理，但究其实则大不然。其中原因除了这两个乡约的时间差距已经超过四分之一世纪以上之外，更重要的是这两个乡约的性质和运作原则都是根本不同的。

我们先看《青阳乡约记》中与该问题关涉的关键文字：

> 夫乡之有约，古也。而约正之名委重于士夫者，自吾郡

---

[1] 《青阳乡约记》碑的整理和描临工作，由蔡平分担任完成。蔡氏点校的碑文，载同书页281—283。白廊、吴绵吉《〈青阳乡约记〉考述》也有另一点校文本。按，蔡点校本中"庄子（指庄用宾）弗获，究所施于庙堂藩桌，以被郡县而施之乡党邻里者，如此，亦可以谓有功于物，不负所举者矣"等句，误读。白、吴点校本此数句，读作"庄子弗获究所［点校本误作'可'］施于庙堂、藩桌以被郡县，而施之乡党邻里者，如此亦可以谓有功于物，不负所举者矣"，亦误。当读作"庄子弗获究所施于庙堂藩桌，以被郡县，而施之乡党邻里者如此，……"白、吴本"彼退居邻里举生平之廉名而尽丧之，与夫虚糜禄而民穷，且捍［悍］不能为之所者，相去竟何如耶"句，亦误读。当读作"彼退居邻里，举生平之廉名而尽丧之，与夫虚糜禄而民穷且捍［悍］，不能为之所者，……"

[2] 金汤、董建辉，《农村社区礼法兼治的历史思考》，同上书，页247。按，类似的持论或文字，其他篇章也见出现。

守方南王公始。……（然）求能终其事以无负有司委托之初意，以压服远近不一之人心，予于方塘庄子见之。……吾青阳一乡，合居二十七八都之民，烟火弗下数千，而附离之乡累万（按，这里似指户数而言），未易以绳束而一之也。矧膏粱子弟动逾礼度，豪家僮仆恣意采樵，甚至强凌弱，众暴寡，以至盗贼横行无忌，民无克胥匡以生。

向者举方塘庄子于官，庄（子）辞弗获而任之有年矣，乡民倚重焉。撫其实有可言者：吾乡有石鼓庙，旧宇倾圮，庄子捐己资而一新之。于是崇明黜幽，迁佛像于其东西旁，而中为众会之所，悬条约于堂。至朔望，偕巨姓四十人抵其所而申明焉。

分为十甲，每岁庄姓偕巨姓各二人分董其事，务在相劝、相规、相友、相恤。有善者，与众扬之，虽微不弃；有犯者，与众罚之，虽亲不贷。抑强而扶弱，除奸而御盗，解纷而息争。由是凡子弟以礼相轨，僮仆以法相检，乡族以睦相守。鸡犬赖以宁，百谷果木赖以蕃，沟渠水利赖以疏。[1]

青阳乡约的内容我们所知道的只此而已，但在论者的比附之下，碑文所记此约朔望在约所申明条约时，其应有礼仪便被叙述成《惠安政书·乡约篇》所载的礼仪，所申明的条约也便是同书所载明太祖《六谕》、《大诰》、律法以及后人的《四礼条件》。碑文没有说明的"解纷而息争"内容，也变成了《惠安政书·乡约篇》所定的里甲老人（以及在该约中被委任为约正、约副的耆老）会同里长、甲首在申明亭听讼的事情，而听讼的内容即同篇

---

[1] 蔡平分，《〈青阳乡约记〉碑抢修记》，《晋江市历史文化研究总会、闽台石鼓庙文化学术研讨会论文集》，页281—282，其中所载碑文。

所定的"十有九章"。碑文所说"有犯者，与众罚之"的内容，亦以同篇所载的"许用竹篦、荆条量情决打，不许拘集"的做法实之。[1]这样的比附例子还有多处，但已不烦再举。

从这段碑文以及碑石所刻的当地九姓八十四人（包括府县学生员五十人在内）的背景看，[2]青阳乡约管辖的地方甚大、人口甚多，是一个因应客观地理状况而设的大型乡约。此约是由官府授权成立而由当地各族乡绅自定内容和共同管理的，性质上属于非官办的多宗族乡约，其主要领导权则属于庄氏宗族。即使仅就这些特点看，我们已经可知青阳乡约和惠安乡约是不能作认真的内容比附的。

所谓的惠安乡约，其实指的是叶春及《惠安政书》中《乡约篇》所制定的乡约条文。[3]这些条文曾否于叶春及任内在惠安境内切实施行过，有没有在叶氏离任之后继续获得延续，据地方文献资料来看，都是十分值得怀疑的。但这算是另一个问题，不必在此追究。这里的重点是，惠安乡约是一个典型适应行政需要而设计的官定民行乡约。在叶春及的意度中，它是一个使明初的里甲老人制度重新运行的工具，和青阳乡约的宗族自行管理做法，基本不同。青阳乡约的执事人物，固然也可以是里长、甲首之类，但即便如此，他们也还是乡内的宗族巨姓代表。惠安乡约的计拟施行地理范围是110户的一里，这些以里为单元的乡约执事人员都是出于征集的，只是在任命时获得一些县官给予的礼数而

---

[1] 白廓、吴绵吉，《〈青阳乡约记〉考述》，《晋江市历史文化研究总会、闽台石鼓庙文化学术研讨会论文集》，页214—217。

[2] 杨清江，《石鼓庙〈青阳乡约记〉人名钩沉索隐》，同上书，页231—238。

[3] 叶春及，《惠安政书》，收入叶氏文集《石洞集》中，共五卷。《石洞集》收入台湾商务印书馆《景印文渊阁四库全书》中；《惠安政书》另有泉州历史研究会等整理点校本，1987年福建人民出版社出版，《乡约篇》在此书页328—342。

已。他们获得县官授权委任的事情，主要就是明太祖《教民榜文》所定的里甲老人应该及有权处理的事情，包括重点的听断里中民事诉讼。其他则是宣唱明太祖的《六谕》圣训；劝督约内亦即里内民众遵行《朱子家礼》所定的冠婚丧祭各项礼仪；申明孝顺父母，力农奉公，供输以时等的所谓"明伦五条"；毁淫祠，禁师巫，禁赌博，禁玩好，禁卖酒等的所谓"禁邪七条"；勤农作水利，种麻生产糊布的所谓"务本三条"；以及遵行《四礼条件》和长期储蓄，宴客有度的所谓"节用二条"。各条的细节甚多，此外又有包括读法和彰善纠恶的朔望聚会详细仪节。整个看来，惠安乡约其实是官给民约，政府以自定的法规来把乡民加以约束。拿这样的乡约来和《青阳乡约记》所见的青阳乡约比附，差距实在太过辽远。

五、结　语

上文的检讨让我们见到，乡约研究的状况和研究进行时的社会状况以及学者对于状况的关怀是相关的。致用意识对中国学者影响甚大，至今仍对研究动机和论述方式有所影响。这种意识可能的正面意义，是乡约研究数量的增加和对乡治情形的加深了解；它的反面意义，则是导致研究方法的勉强和论述的含混。从20世纪30年代开始，很多研究都以乡约的应用为明显的或潜藏的意旨，乡约的类型分析因而成了主要的研究内容。60年代的研究对于乡约性质的认定，至今影响仍大，对于了解中国近世社会结构很有帮助。90年代所见的地区性整体研究和乡约意义的扩大探讨，对于乡约多样性的认识尤其有助。但就现况而言，要到彻底了解乡约在近世中国社会上实际意义的地步，看来还有一段距离。

乡约研究看来至少应包括乡治思想、乡治组织、乡治情形三个关系相因的方面。以明代乡约研究而言，乡治思想和乡治组织相对容易处理。因为主要形态的乡约文字还存在，我们透过时代发展趋势和地区发展情况以及乡约本身条文的比较分析，对于一种乡治思想或一种乡治组织的内容及其形成条件，还能加以认定和作合理推论。但从考究历史事象的立场看，乡治情形却是最重要的，因为它对解答个别乡约的起因、效果、特色等都有决定性的作用。但它也是较难研究的，主要问题还是出在文献不足征上。以此之故，对于个别乡约的各种背景性因素的掌握，尤其必要。清代乡约的研究论著为数尚少，但做法也应大致一样。从长远看，对于乡约的个案研究仍然不能忽视，个别乡约的发掘和地区性乡约的综合研究，仍是使乡约终能趋于综论概述地步的必要途径。

明代中期地方社区治安重建理想之展现

——山西、河南地区所行乡约之例

一、序　言

元末天下大乱，民生多艰，明太祖（1328—1398）布衣起自贫间，既身历险困，亦不昧乱由，及败群雄于百战，驱蒙元而逐北，宗社奠定，治安讲焉。其经纶地方之大法，户财系于里甲，军防系于卫所，富藏于民，刑及官府，兵食既足，礼法并行，综其要旨，可谓寓治安于教化者也。一时制多奏效，民亦安生。史家肯定其绩，古今均无异见。

然曾未百年，世变政驰，制虽名具，法多变质。时则民间土地之资拥，趋于不均，官府赋役之收征，复违核实，豪强日以坐大，小民日见失业，荒政不讲，流离时作，社会秩序，懈乱随之。举其显者而言，内地则民变迭起，边远则土族日叛。即以两畿各布政司所见，正统（1436—1449）景泰（1450—1456）之间，则有福建邓茂七、广东黄萧养之变；天顺（1457—1464）成化（1465—1487）两朝，则有荆襄流民之乱，两广猺人、贵州苗人之乱；正德（1506—1521）年间，则南有赣闽粤边区之乱，北有豫晋鲁刘六、刘七之乱，复以宁夏、江西藩变再起，边军内调，所在骚扰，民少宁日，地方安全，识者忧心。

由是言地方治安维持或重建之道者，人日众而论亦日繁。其中或讲赋役之改革，为全面之根治；或讲流移之安置，为局部之疗急；亦有缅怀国初社会之安定，而唱吁兴复祖宗法度以为弊救，则讲求乡约、保甲之实行以维正风善俗之基者，抑尤时代思潮之表特者也。

夫保甲旨在弭盗贼，乡约旨在息争讼，一以安民，一以劝民，此明后期士大夫之通论也。[1]然按其条款而原其本意，亦无非行新法以复旧典而已，关心所在，究以地方之治安为归宿也。所可注意者，则推行者有自官与自民之分别。盖目的虽同，而主事者背景不同，于是约法不一，而成果亦自有异。论者又谓明代乡约、保甲二法之蔚然成风，盖嘉靖（1522—1566）之后始然。然夷考其实，则具体乡约之曾付实行，正德已见滥觞，其精神意度盖与祖法一脉传承，其制置则亦因时有所损益。

本文以稽考正德、嘉靖间潞州仇氏家族、高陵吕柟（1479—1542）、祁门余光及安邑张良知诸人所尝推行于山西、河南二省地分之乡约为事，述论此早期乡约之制度渊源、组织特色及其兴起之人事因缘，用以见士人理想展现于行动之梗概，而并示乡约源流及其前后异同之大端所在。

二、明代乡约之种类与法制基础

考诸明人所尝实行之乡约，就其营运性质而言，既有官办民办之别，就其组织规范而言，亦有大小广狭之分。约而数之，有

---

[1] 例如吕坤，即有是说。见吕氏《实政录》卷五，云南图书馆重校刊《吕子全书》本，页1上—4上，《乡甲约一》、《乡甲约二》。

四大类：一则据宋吕大钧（1031—1082）原著朱熹（1130—1200）增损之蓝田吕氏乡约而行斟酌者，多与乡校社学结合，其要在于敦行四礼。[1]一则本王守仁（1472—1529）所倡之南赣乡约，其组织庞大，行礼多于庙宇，其要在协和一地曾经争斗之土民，而掌控该地居人财富行动之全部资料，法与保甲无直接关系，而实与之相维。[2]一则如黄佐揭诸所著《泰泉乡礼》一书者，即以乡约为首而联结社学、里社、社仓、保甲为一体之综合型者。[3]一则如吕坤（1536—1618）所重之保甲乡约结合之乡甲约者。[4]四者官办居多，民间若有自办，率多以蓝田为本，形势禁格，理固宜然。

要之，明代乡约之组织规则，于律令固无条可据，于典章则实有文可依。盖太祖所颁条则，载诸《会典》，即为后来讲乡约者之所据本。是就制度而言，可谓无其名称而有其架构，以义起

[1] 有关蓝田吕氏乡约本约及朱子所增损者之述论，近代已凡数见。近年析别吕、朱二家之异同及各所强调之特色者，有 Monika Übelhör, "The Community Compact (Hsiang-yüeh) of Sung and Its Education Significance," (in Wm. Theodore de Bary and John W. Chaffee, eds., *Neo-Confucian Education: The Formative Stage*. Berkeley: University of California Press, 1989, pp. 371-388) 可以参考。

[2] 对王阳明南赣乡约性质之研判，可参考萧公权《中国政治思想史》（台北：中国文化大学出版社，1980），页 573；吕振羽《中国政治思想史》，北京：三联书店，1949，页 47—480。南赣乡约原文，见《阳明全书》卷一七，《四部备要》本，页 20 上—23 上。

[3] 有关黄佐《泰泉乡礼》之背景及内容论述，参看井上徹《黄佐"泰泉乡礼"の世界——乡约保甲制に关连して》，《东洋学报》第 67 卷 3—4 期，1986，页 81—111；《"乡约"の理念について——乡官、士人层と乡里社会》，（名古屋大学）《东洋史研究报告》11，1986，页 35—59。《泰泉乡礼》原书，见收《文渊阁四库全书》，今甚易见；别有道光二十二年芸香堂刊本，亦多存本。

[4] 吕柟乡甲约原文，见吕氏《实政录》卷五。近人有关之见解，见 Joanna F. Handlin, *Action in Late Ming Thought: The Reorientation of Lü K'un and Other Scholar-Officials*, Berkeley: University of California Press, 1983, pp. 197 – 200.

礼，以权返经，此所以论乡约而必当知明祖之法规与法意也。

按洪武年间定制，城乡皆建申明、旌善二亭，配以老人。老人有二类：曰木铎老人者，月给以粮，使"每月朔望昧爽以木铎徇于道路，高唱（太祖）圣训以警众"。其所唱训词，曰"孝顺父母，尊敬长上，和睦乡里，教训子孙，各安生理，毋作非为"，即后人所称之太祖"六谕"者也。民有违犯教令，即听老人呈报有司。曰里老人者，命曰坐申明亭，亭设圣谕牌及教民榜、木铎词。[1]"凡民犯小罪，可以道理劝谕者，老人与之详解律令、《大诰》等本意，使之自改"。[2]"其所会断民间户婚田土争斗词讼，及凡冒刑宪足为惩戒者，详书名罪，揭于亭中，以示惩恶之义"。[3]其旌善亭，则榜书"民间孝子顺孙、义夫节妇曾经旌表者"之事，以示劝善之意。[4]

又令每百家立为里社、厉坛，祈报祭祀，同心体行。[5]每社（原每五十家）立社学一，以教民间子弟，使诵《大诰》等书，为之启蒙。[6]

〔1〕 曾惟诚撰，《帝乡纪略》卷五，万历二十七年（1599）刊本，礼11下，《礼教志·公式·木铎老人》。

〔2〕 莫尚简修，张岳纂，嘉靖《惠安县志》卷八，嘉靖九年（1530）修十五年（1536）后刊本，页5下，《公宇·申明、旌善二亭》。

〔3〕 《帝乡纪略》卷五，礼11下，《礼教志·公式·申明亭》。

〔4〕 《帝乡纪略》卷五，礼12下，《礼教志·公式·旌善亭》。

〔5〕 李东阳等修，正德《大明会典》卷八七（东京：汲古书院1989年影印明正德刊本），页7上—12下，《祭祀八·合祀神祇三·里社、乡厉》。

〔6〕 正德《大明会典》卷七六，页21上—下，《贡举·社学》；卷二二，页9下—10下，《户口三·读法》。有关明初社学与社会教文等事关系，可参考王兰荫《明代之社学》，《师大月刊》21期，1935，页42—102；25期，1936，页63—129；松本善海《明代的社学》，《历史教育》11·5，6，7，1936.8，9，10，页783—786，896—898，1023—1028；五十岚正一《明初における社学设定をめぐる诸事情について》，《山崎先生退官记念东洋史学论集》（东京：大安，1967），页13—25，等文。

复行乡饮酒礼，在府州县则孟春孟冬各举一次，官钱供办，行于学校。与者官员为东道主礼，乡士大夫之耆德者为宾介。酬饮之前，先有司正致词，读乡饮"非为饮食，凡我长幼，各相劝勉，为臣尽忠，为子尽孝，长幼有序，兄友弟恭，内睦宗族，外和乡里，无或废坠，以忝所生"之训。继有专人立读律令，而"有过之人，俱赴正席立听，读毕复位"，然后献酬。[1]其在乡村，则春秋社祭之日，行于里社，费出百家之内，而百家亦皆与会。会时里长（或粮长）为主席，里中最老有德者二人为宾介，余人以齿序坐。会中先令一人读抑强扶弱之誓。其词曰："凡我同里之人，各遵守礼法，毋恃力凌弱，违者先共制之，然后经官。或贫无可赡，周给其家。……其婚姻丧葬有乏，随力相助"云云。然后读律令。里中有犯过之人，须"听读律，受戒谕，供饮酒毕，同退"。如其"不行赴饮，及强坐众宾之上者，即系顽民"，即属犯罪。[2]

凡此制度，皆旨在以礼教辅法律之伸张，以地方社区之自我约束及互助成官府之行政，其效果固可使乡村得宁谧固安，其行否则先视乎里甲组织之是否健全。明中乡约、保甲之兴行，正缘里甲制度之破坏也。[3]

乃学者研探明代之乡约，历来所重，多属官办种类，盖资料所限故也。其考论明代乡约之发展，多谓起于嘉靖一朝。有研究徽州府者，则谓所见行者，以嘉靖五年（1526）事例为最

---

〔1〕 正德《大明会典》卷七八，页1上—4上，《乡饮酒礼》；引文均见页3上。

〔2〕 正德《大明会典》卷七八，页4上—6下，《乡饮酒礼》；誓词见同书卷八七，页7下，《祭祀八·合祀神祇三·里社》，次引见卷七八，页4上—下。

〔3〕 里甲制之破坏变为乡约、保甲等兴起之缘助，此殆近代学者之通论。诸家论著，见井上徹《黄佐"泰泉乡礼"の世界——乡约保甲制に关连して》注1（页107）所引者，尤其显著。

早。[1]有通盘研究者，则谓嘉靖八年王廷相（1474—1544）疏获批准后，始见盛行。[2]嘉靖后乡约多含讲解洪武木铎词之事，时流行《圣训演》一书，论者亦以为其所本注释殆正德初年王承裕（1465—1538）之作。[3]然考其实，则其注乃成化中王恕（1416—1508）之作。[4]且实行乡约之事，嘉靖之前，已时有闻，即阳明行于南赣者，亦正德十三年（1518）事也，[5]特民间自办，不若嘉靖以后出于官令者众耳。[6]

嘉靖盛行前之乡约，《明史》所载，正统间有吉水刘观（正统四年、1439年进士），行于其乡。[7]以文集观之，成化间有永丰罗伦（1431—1478）行于其乡；[8]弘治（1488—1505）间有吴

〔1〕 铃木博之《明代徽州府の乡约について》，《山根幸夫教授退休纪念明代史论丛》（东京：汲古书院，1990），页1045—1060，尤其页1051—1052、1058注16。陈柯云《略论明清徽州的乡约》，《中国史研究》1990年第4期，页44—55，尤其页45亦言所见徽州乡约史料，多集中于明代后期与清代。

〔2〕 酒井忠夫《中国善书の研究》（东京：图书刊行会，1960），页40—44。

〔3〕 上揭书，页45—46。

〔4〕 参见本文第六节第二段。该处引文所称之"太宰三原王公"，即以吏部尚书致仕之王恕。马理《圣训演序》（《溪田文集》，乾隆十七年（1752）刊本，页31上—32下）言明太祖"圣训六言"之"有注而行于巡抚时者，三原王端毅公臣恕是也"，更见王恕之注"六谕"，为成化中之事。又《溪田文集》卷五有《南京户部尚书平川先生王公行实》，传主即王恕之子王承裕，亦不言承裕有注"圣训"之事。

〔5〕 王守仁《年谱》系此事于正德十三年十月，见《阳明全书》卷三二，页27下。

〔6〕 王兰荫《明代之乡约与民众教育》（《师大月刊》21期，1935，页103—122，尤其107）谓"明代各地仿行乡约，多由于监察官或地方官之提倡，间有由于邑民倡行者"，是也。王氏该文取材于方志，所引事例均始隆庆、万历，亦可见其时官倡者之尤盛。

〔7〕 张廷玉等修，《明史》卷二八七（北京：中华书局，1974），页7248，《儒林一》。

〔8〕 章懋，《枫山集》卷二，《文渊阁四库全书》本，页2下—4下，《复罗一峰》；参看贺钦，《医闾集》卷四，《文渊阁四库全书》本，页8上—12下，《一峰罗先生墓志铭》。

县伍时美（1436—1496）行于其乡，[1]苏州文林（1445—1499）
行于温州；[2]正德间有潞州仇氏、[3]吉水曾昂（成化二十三年、
1487 年进士）、[4]长兴刘麟（1474—1561）、[5]榆次寇恭
（1449—1530）[6]各行于其乡；嘉靖初年有长兴吴彭年行于其
乡，[7]高陵吕柟行于解州。[8]以上各人所行者，除罗伦、曾昂不
详，俱属蓝田吕氏之约。弘治间河南府所推行者，要亦吕氏之
约。[9]其刊行《吕氏乡约》以求推广者，则弘治间有程节之（字）
刻于济宁，[10]正德间有王承裕并吕氏《乡仪》刻于三原，[11]喻时
（弘治九年、1496 年进士）刻于松江。[12]凡此人物之所为，均不
曾为世人所论，盖亦以文献不足也欤！

〔1〕 吕柟，《泾野先生文集》卷三四，嘉靖三十四年（1555）于德昌刊本，页
　　 25 上—26 上，《玉田处士伍先生传》。
〔2〕 黄绾，《明道编》卷四（北京：中华书局，1959），页 46。
〔3〕 详见本文第三节。
〔4〕 罗洪先，《念菴文集》卷六，《文渊阁四库全书》本，页 6 上—9 下，《刻乡
　　 约引》、《纪事》。
〔5〕 刘麟，《清惠集》卷一一，《文渊阁四库全书》本，页 1 上—8 下，《湖南崇
　　 雅社引》、《崇雅社约》、《损益蓝田吕氏乡约》。
〔6〕 《泾野先生文集》卷三一，页 26 下—29 上，《封通议大夫右副都御史毅菴
　　 先生寇公配淑人赵氏神道碑》。
〔7〕 《泾野先生文集》卷一〇，页 38 上—39 下，《赠吴君德征考绩序》。
〔8〕 详见本文第四节。
〔9〕 参看《中国善书の研究》，页 44—45。
〔10〕 程敏政，《篁墩文集》卷三七，《文渊阁四库全书》本，页 27 上—下，《书
　　 朱子乡约后》。
〔11〕 《溪田文集》卷五，页 145 上—161 上，《南京户部尚书平川先生王公行
　　 实》；冯从吾，《关学编》卷三，北京：中华书局，1987，页 37—39，《平
　　 川王先生》传。按：王氏刻吕氏《乡约》及《乡仪》，事在正德五年；二
　　 书今有《关中丛书》本，末有王氏跋。
〔12〕 孙承恩，《文简集》卷三〇，《文渊阁四库全书》本，页 10 上—11 下，《重
　　 刊文公乡约序》。

三、潞州仇氏之雄山乡约

然而稽诸文集，参考方志，则其中潞州仇氏及高陵吕柟等所行乡约，仍有可整齐而叙论其大概者。且仇、吕关系密切，流风所及，述者继兴，原非孤立之事。今为聚散探微，或亦可见正德、嘉靖间豫晋地区乡约之一斑焉。吕柟行吕氏乡约于解州事，见载《明史》，[1]然其行之，实由感动于仇氏之所行而致，此史传所未载，而论世者之所宜知，请先述仇氏之所行。

仇氏世居山西潞州南雄山乡之东火村，自明初始祖给事中仇敏始，至正德六年（1511）仇楫、森、朴、桓、栏兄弟举行乡约之时，已及五世，其合族同居，亦历四世，[2]人近百口，为乡之大地主，亦为大债主。[3]楫（1468—1520）尝任宿州吏目，是时

[1] 《明史》卷二八二，页7243，《儒林一》。

[2] 《泾野先生文集》卷一六，页35上—36下，《上党仇氏新建东山书院记》。按：何瑭《柏斋集》卷一〇，《文渊阁四库全书》本，页13上—18下，《宿州吏目仇公墓志铭》云："公讳楫，字时济，世为潞州东火人。高祖讳敏，国初为兵科给事中；曾祖讳述芳，业医；祖讳铺，援例授七品散官；考讳鹤，义官"。同书卷一〇，页24上《处士仇时表墓志铭》云："处士讳桓，……仇氏世为潞安东火人。高祖敏，给事中；曾祖述芳，医士；大父铺，散官；父鸿，积学不仕"。是东火仇氏至仇楫兄弟时，已及五世，然其同居共爨，当自二世始，故吕柟有"同居者盖四世矣"之言。仇楫兄弟各传，详此下注。

[3] 东火仇氏家族之社会及经济等背景，本文所引各文集及方志有关篇章，均有所反映。此云"人近百口"，盖据《泾野先生文集》卷一四，页27下—28下，《仇氏同心堂记》；卷七，页25上—26上，《赠宋潞安府序》，及《柏斋集》卷五，页25上—27上，《三晋第一家序》三文为言。仇家为当地地主与债主，参见《泾野先生文集》卷二四，页3下—8下，《明诰封亚中大夫宗人府仪宾玉松仇公墓志铭》；卷二九，页20上—24上，《明义官仇君时淳墓志铭》。

家居主政，[1]森（1468—1526）为沁藩仪宾，[2]朴（1473—1540）为义官，[3]桓（1477—1535）为太学生，[4]栏为医学训科，[5]并有义行，多以孝称。其所行乡约条款，原具仇森所辑之《乡约条件》，其书后经吕柟编校附益，刊为《乡约集成》。[6]书今佚，然约之缘起及内容，尚可由吕柟、何瑭（1474—1543）、马理（1474—1555）诸人文集及潞州地志见其大略。

雄山乡约以蓝田吕氏乡约为本，其行于乡，盖与仇氏家范之行于家者相配合。先是，仇楫之父鹤得元浦江郑氏《旌义编》于其从兄鸢，谓成家者当以之为法，尝议欲推行，未就而卒，时为弘治十五年（1502）。[7]及正德五年，楫兄弟等遂建祠堂、立家范。所行条约，荟萃成书，亦名《家范》。盖斟酌宋司马光（1019—1086）《家仪》、朱熹《家礼》及元郑氏《旌义编》而损益之者。[8]自冠婚丧祭，以至衣服饮食言动之微，莫不有礼，[9]会食有堂，[10]祭

---

［1］《柏斋集》卷一〇，页13上—18下，《宿州吏目仇公墓志铭》；卷一〇，页18下—23下，《仇母阎孺人墓志铭》；《泾野先生文集》卷一八，页40下—41下，《宿州吏目仇君时济去思碑记》。

［2］《泾野先生文集》卷二四，页3下—8下，《明诰封亚中大夫宗人府仪宾玉松仇公墓志铭》。

［3］《泾野先生文集》卷二九，页20上—24上，《明义官仇君时淳墓志铭》。

［4］《柏斋集》卷一〇，页23下—27上，《处士仇时表墓志铭》；卷九，页29上—30下，《和节居士传》。

［5］《柏斋集》卷四，页20上—21上，《赠石崆处士仇时闲序》；《泾野先生文集》卷五，页8上—9下，《送仇时闲北还序》。

［6］《泾野先生文集》卷四，页8上—下，《乡约集成序》。

［7］《柏斋集》卷一〇，页18下—23下，《仇母阎孺人墓志铭》。

［8］《柏斋集》卷五，页8下—10上，《上党仇氏家范序》。

［9］《柏斋集》卷一〇，页13上—18下，《宿州吏目仇公墓志铭》；卷九，页29上—30下，《和节居士传》。

［10］《泾野先生文集》卷一四，页27下—28下，《仇氏同心堂记》；卷三六，页74下—75上，《上党仇氏钟铭》。

祀有田，〔1〕一切赏善罚恶之法，具列明白，行之甚严。〔2〕《家范》既成，遂行乡约，时盖正德六年。〔3〕其理想则谓"居家有家范，居乡有乡约，修身齐家以化乎乡人"，〔4〕其实用亦自寓约乡以保家之意也。及万历二年（1574），朝廷遂以"六世同居食，凡男女数百人，节烈妇贞女二十三人，旌其门曰'尚义'"，〔5〕亦固有效之足征焉。

此约既本蓝田，故参加者似无勉强，然入约之人，仇氏皆为置深衣一袭，布履一事，以示整齐。约众每月唯望日一会，初以乡之东岳庙为约会所，越年改庙为里社坛墠，以符明初行制。所约即蓝田所遗之四项，而尤务在德业相劝，过失相规。月内约中人善恶之事，均于会时登录于劝惩二簿，以凭赏罚，毕乃序坐谈论理家孝弟之事；继饮酒，及微醺即止。有大恶者，出之约外。

---

〔1〕《柏斋集》卷七，页31上—32上，《仇氏祭田记》。
〔2〕《柏斋集》卷六，页12上—13上，《家训序》；《泾野先生文集》卷二四，页3下—8下，《明诰封亚中大夫宗人府仪宾玉松仇公墓志铭》。
〔3〕仇氏雄山乡约确立之年份，何瑭、吕柟诸文均无明言。《柏斋集》卷一〇，页13上—18下，《宿州吏目仇公墓志铭》系其事于正德六年五月刘六、刘七党徒焚掠东火乡事后。《泾野先生文集》卷二九，页20上—24上，《明义官仇君时淳墓志铭》曰："正德五年，乃议立家范；举行吕氏乡约，愿遵约得二百六十余家焉。……是年'五月五日，忽报大伙流贼奄至，君即率合家妇女趋城'。"按："流贼奄至"事，在正德六年，何瑭《宿州吏目仇公墓志铭》；张淑渠等修，姚学甲等纂，乾隆《潞安府志》卷二八，乾隆三十五年（1770）刊本，页16上—17上（《艺文》）崔铣《四贞祠记》；吴九龄修，蔡履豫纂，乾隆《长治县志》卷二三，光绪二十年（1894）刊本，页15上—17下（《艺文》）王云凤《潞州正烈倡和序》（按：此文嘉庆重刊王云凤《虎谷集》中未见；题中"正"字原当为"贞"，此改殆避清讳之故），均无异说，均足证仇氏乡约之举行，正在是年，而流贼之祸，殆为其事之直接因缘也。吕柟文以"是年"属正德五年，殆字偶误。
〔4〕《柏斋集》卷四，页14下—16下，《仇生北归序》。
〔5〕《明神宗实录》卷三二，页11上，万历二年十二月壬戌条。

又重奸盗之捕获，设钱粟以为赏励，然皆仇氏出也。仇氏又刊印三原王恕所注释明太祖木铎训词（即"六谕"）数百册，本乡人给一册，劝其讲行。[1]

约行期间，仇氏又先后营义房以教宗族子弟，起义学以训乡党童稚，设医药、义塚以济乡人之疾病贫穷，置仪物器用以助乡人敦行《家礼》所定四礼，又设义廪以便敛散，为灾荒之备。[2]观凡施为，已与明中推行之综合乡约无异，特以举自民间，不得自立保甲而已。[3]

由此名门大族而捐资始事，惠施既广，意志遂行，故仇氏兄弟迭为主约，乡里有小争斗，则为之申理曲直，咸得其宜，而讼因以息，渐且乡无盗贼僧道之迹，户绝奸慝淫乐之事，[4]当时名儒，为之乐道，后世乡评，亦归其美。[5]计正德六年初会，与约者二百六十余家，[6]越二年，至三百余家，至嘉靖四年（1525），尚有一百七十六家。[7]其约众之增减，故不能详，

---

[1] 此段据前揭《柏斋集·宿州吏目仇公墓志铭》及《泾野先生文集·明义官仇君时淳墓志铭》为文，其中有关改东岳庙为约会所事，参见《柏斋集》卷七，页28下—31上，《东火乡改正祀典记》。有关印传明太祖木铎训词事，参见《柏斋集》卷五，页25下—27上，《三晋第一家序》。

[2] 同上注《柏斋集·宿州吏目仇公墓志铭》。

[3] 仇氏雄山乡约不包括保甲，所以与后来官办者异。然其成立施行之后，亦未尝不考虑借官方力量以并行保甲也。《柏斋集》卷九，页12下—13下，《与潞安仇氏书六篇》末首所言，正可反映其事，然其实有施行与否，则文献不得而征。

[4] 同前揭《泾野先生文集·明义官仇君时淳墓志铭》。

[5] 周一梧等修纂，万历《潞安府志》卷九，万历四十年（1612）刊本，页30上—34下，《政事六·乡约保甲》有及此约之文，尤称其行时无盗贼器讼之效。

[6] 同前揭《泾野先生文集·明义官仇君时淳墓志铭》。

[7] 《泾野先生文集》卷二四，页3下—8下，《明诰封亚中大夫宗人府仪宾玉松仇公墓志铭》。

然约行之颇久（有记可案者三十年），[1]影响远近，则事实也。时从行仇氏所约之社区，在本乡者有四，在府内邻县及邻州县份者各一。[2]嘉靖十九年郡守置酒召请仇朴，求赞郡政，诸约至者千余人，[3]一时之盛，可想见也。即远至凤阳之宿州，亦有闻风而举约者。[4]

四、吕柟所行之解州乡约

其为仇氏所感动兴起而又再广泛效者，有高陵吕柟。吕柟，正德三年（1508）进士第一，为翰林修撰，数谏武宗，忤刘瑾，为时名儒。[5]嘉靖三年（1524）以大礼议事谪判解州，虽在谪所，人益重之。吕于正德初家食时，已闻仇氏三世同居之事，及嘉靖三年七月赴谪所，途经潞州，遂应仇森之邀，至东火村庄，

---

〔1〕 同前揭《泾野先生文集·明义官仇君时淳墓志铭》。按：此文（页23上）言"自乡约之行三年矣，君领事，……郡守周公昊（按：'吴'乃'昊'之误；周昊，乾隆《潞安府志》卷一七，页57下，《政绩》有传。）素慕其名，乃大置酒食，召请至城。……乃秋七月二十五日正终。据生成化九年六月二十二日，享年六十有八"。据此，仇朴（时淳）卒当嘉靖十九年（1540）。雄山乡约立于正德六年（1511），是此处引文中所谓"乡约之行三年"之"三"，当为"三十"之误。

〔2〕 同上注。文云"有若西火、霍村、平家庄、赵家庄，远而陵川之南泊，壶关之柏林，皆从约也"。按：据《明史》卷四一，页966—969（《地理二》），壶关属潞安府，陵川属泽州。据李祯等修，杨笃纂，光绪《长治县志》卷首，光绪二十年（1894）刊本，页5下—6上，《雄山乡图》，西火等四地，均乡内村镇，在东火南及西南。

〔3〕 同上注。

〔4〕 《泾野先生文集》卷一八，页40下—41下，《宿州吏目仇君时济去思碑记》。

〔5〕 吕柟传记，参见《明史》卷二八二，页7243—7244，《儒林一》；L. Carrington Goodrich and Chaoying Fang, eds., *Dictionary of Ming Biography*, 1368-1644, New York and London：Columbia University Press, 1976, pp. 1010-1013, Julia Ching 撰传。

观其家范及乡约诸事。[1]时约中男子二百余人，来谒吕于会所，吕以其皆礼度闲雅，儒学中人未或能过，因大喜而感动，谓今"然后知皇祖之训近民而乡约之美，乃至于此"。[2]既至解州，遂因知州林元叙（嘉靖四年卒）之敬重及寻代知州政之机缘，仿仇氏约而行之。[3]次年仇森来访，又与重订乡约，共为推行。[4]后有官潞州而请序于吕者，皆以仇氏乡约之成果勖之，[5]其感慕之真，不以时易。

吕柟解州之约，其法先选"良民善众百余人"入约于所创建之解梁书院。书院之营建，凡三年始成，最先则立乡贤祠，乡约及以教童蒙之所，亦自始而有。书院建置，堂馆之外，有四斋以分处乡约耆民；四斋曰读律诰、课农树、正婚祭、均市渠。有三斋以居童子，曰礼乐、射御、书数。又有四斋以居儒学生员愿来者二三十辈。约有礼生若干人，即从此辈择出而训练之。又敦请当地太学上舍生二人主教童蒙，兼领约事。[6]

其约法则每朔望约中耆老善人及诸学生，并到书院行礼听讲。讲者"将《大诰》并律令及《蓝田吕氏乡约》、《日记故事》、近日本府发下《谕俗恒言》，摘其开心明目，关系身家风化（者）……一一俗语讲譬、令其归里，转化乡村街坊及家人子孙。其年五六十岁以上者，令坐听；三四十岁以下者，立听。后讲之

〔1〕 前揭《泾野先生文集·明诰封亚中大夫宗人府仪宾玉松仇公墓志铭》。
〔2〕 吕柟，《泾野先生别集》卷六，清道光二十年（1840）李锡龄惜阴轩重刊本，页12下—13上，《赠雄山乡约诸人有序》。
〔3〕 参见《泾野先生文集》卷一六，页33下—35下，《别解梁书院记》；卷三四，页10上—下，《解州乡贤祠传（序）》；卷四，页8上—下，《乡约集成序》。林元叙传，见言如泗修，毕宿焘等纂，乾隆《解州全志》卷五，乾隆二十八年（1763）刊本，页32上，《本州宦绩》。
〔4〕 上揭《泾野先生文集·乡约集成序》。
〔5〕 《泾野先生文集》卷七，页24下—26下，《赠宋潞安府序》。
〔6〕 此段据《泾野先生文集》卷一六，页33下—35下，《别解梁书院记》成文。

日，令报化过人数及不改过之人，本职（主约者）量行劝惩。若有不顺梗化之人，定依《大诰》、律令申禀上司究治"。[1]吕柟则约会之日，"亲临课校，若有孝义信厚，教化乡里，并能讲解律诰及古贤孝人者，则请出劝酒，蒙士歌侑"。[2]

详味此法，盖以城领乡，在城有定所，官委主之，约众自官挑选，来自城乡，时聚约所，分斋讲业。在乡无定所，约中耆民奉行约训，随地劝谕。就书院之建置观之，似乡约耆民，各司专职，则其在乡之行事，殆介乎明初坐亭里老及木铎老人之间也。要之划地讲律听训，与当时一般乡约相似，而官命推行，官为赏罚，则与蓝田约异，与仇氏约亦异，唯乡约与乡校之结合，尚存蓝田之遗规也。

解州乡约之行，几及二年，吕氏自称成效，则曰"讼争既鲜，盗亦颇戢，耆寿修行，小子有造"，而解人之怀念德惠，亦且十年不变。柟既去解他任，继守张鹏翰亦续行其乡约养蒙之事，解梁书院乡约之众遂时为官府借用，托以赈济诸事。[3]

五、余光所行之河东（运城）乡约

流风所及，继述兴焉，其由吕柟之徒而文献足征者，先有嘉靖十三年（1534）祁门余光行于解州运城之事。余光，字晦之，号古峰，徽州祁门人，应天府江宁籍，嘉靖十一年进士，[4]盖吕

---

〔1〕《泾野先生文集》卷二〇，页46上—下，《致书解梁书院戾王二上舍》。

〔2〕《泾野先生文集》卷一一，页31上—33上，《赠张运夫升山西兵宪叙》。

〔3〕同上注。按：引文所称张运夫，乃张鹏运别字；据文鹏运又号琴山。

〔4〕余光《明史》（卷二〇三，页5361）有简传，附潘珍传后。其他与传记有关文字，见言如泗修，熊名相等纂，《解州安邑县运城志》卷五，乾隆二十九年（1764）刊本，页62下，《宦绩》；《泾野先生文集》卷九，页27下—29上，《赠余晦之应诏北上序》；康海，《对山集》卷五，《文渊阁四库全书》本，页17上—18上，《河东运城教行乡约记》。

桙官南京讲学时之门人也。[1]其巡盐河东，历二年，较常例御史倍长其任。[2]《运城志》纪其宦绩，谓在任"剔弊鏊奸，不畏强御，建正学书院，加意作人，虽童子，亦择师教之"。[3]后官广东巡按，嘉靖十六年以报疏讨安南莫登庸之为非计被罚夺俸，寻以他事被论削籍。[4]

余光之行乡约于运城，其初亦如吕柟之先建书院。吕柟为其所建正学书院作记，谓书院在运城之东，"并建塾学于其傍，严选信厚端愨之士，群业其中。暇则亲临训迪，以明孝弟谨信、恭敬学文之道。而又举行蓝田乡约，延致仕马、张诸君为约正、副，讲习古义，表正群物"。[5]其塾学即名养蒙精舍，马理有记。[6]余氏此举，吕柟为之大喜，以为己教之有传也。

余氏所行乡约之缘起及方法，梗概见于马理、康海（1475—1540）二人所记。据知其图为乡约之事，在抵任后三月即始其谋。盖"睹运城市肆连络，民弃本逐末，兴行（泾野所订乡约）之志寝微，于是惧焉"。遂集运城士大夫、耆旧亲睹吕柟所行乡约事者，谋为修复。大旨亦复如吕之所行者，在得"高年善人敦行其约，使后生小子得于观感，笃义贱货，迪为善俗，以复先王之旧"云。[7]

---

[1] 余光与吕柟之师友关系，康海言之最明，见上揭《对山集·河东运城敦行乡约记》。

[2] 《解州安邑县运城志》卷五，页4下，《职官》。

[3] 同上书，卷五，页62下，《宦绩》。

[4] 余光谏用兵安南疏，见《明世宗实录》卷二〇五，台北："中研院"历史语言研究所，1965年，页2上—3下，嘉靖十六年十月壬子条；其以试录削籍事，见同书卷二〇六，页2，嘉靖十六年十一月癸未条。

[5] 《泾野先生文集》卷一一，页4下—5上，《正学书院志序》。

[6] 《解州安邑县运城志》卷一三，页5下—7上，（《艺文》）《运城乡学养蒙精舍记》。按：马理此记，乾隆刊本《溪田文集》未收。

[7] 以上两见引文，均据《对山集》卷五，页17上—18上，《河东运城敦行乡约记》。

当时相其事者，有邑人太学生王世相，亦泾野之门人也。王获选为约赞，曾建"十善"之议，余氏行之。[1]

其乡约之内容，则本蓝田吕氏旧约而自加润色者。其大法在与乡校结合，使教与约互观相成，讲习与考成同在一所，原则与吕柟所行者无异。其步骤则自乡间小学选才始，在城中小学行约终。然既寓约于教，故所系实遍及老少也。其所范围之事，马理记其略云："乃图教其父兄子弟，爰遵制建学于乡；学成爰入学，崇训、修约、讲学、行礼、观德、养老、训诸蒙士。"马氏所云"遵制建学于乡"者，谓尊时制建社学于乡也；"学成"谓经毕业于乡之社学也；"爰入学"则谓入余氏在城另建之学也。此学即康海所称之新建书院，亦即《运城志》所称之正学书院也。[2]此既釐明，可知此乡约之讲肄考成，均于城中书院行之。盖与明中以城中乡校（即所谓大馆）领乡间社学之习惯体制，同其步趋也。

正学书院之规制，余光原有详记，其文今不存。然据马理他记，知此学内分东西二区：西区诸所建置，是为乡约中人崇训、修约、讲学、行礼、观德、养老之所，所以施行"诸父兄之教也"；东区为养蒙精舍所在，有堂六楹，以居师，堂左右各二斋，以居在学弟子，所以施行"弟子之教"。[3]师居之前，为游息亭，即观德之所，亦即康海记所谓之"乡约亭"也。[4]此亭位置，实寓观感之意，盖余氏"暇则亲考厥成，而小学之童，又日日望其行事"之故也。[5]

---

[1] 前揭马理《运城乡学养蒙精舍记》。王世相所呈"十善"内容，待考。

[2] 此段至此，参考下列文献成文：前揭吕柟《正学书院志序》，马理《运城乡学养蒙精舍记》，康海《河东运城敦行乡约记》，《解州安邑县运城志·宦绩》余光条。

[3] 上揭马理《运城乡学养蒙精舍记》。

[4] 上揭康海《河东运城敦行乡约记》。

[5] 同上。

此学为乡约而设，故唯参加乡约者，乃得入学。马理之所谓"入学修约"即缘是故也。其约之执事，为约正、约副、约赞三人，原则皆以民人父兄之俊者为之，其实固亦多士绅辈也。约之法，则每月朔望，三执事率诸"义民"入学，读明太祖之训谕，亦即《教民榜》之"六谕"也。乃行余氏所润色而揭立于众之《吕氏乡约》条款，即讲论约法、习礼、习射、饮长老者以酒而侑以歌诗。凡此仪式，"是诸父兄之教也"。其行射礼之所，在养蒙精舍区内，故学生得近观览焉。[1]

乡约聚会之朔望二日，余氏亲临约所，闻诸淑慝，亲行赏罚。其善行大者，"即如制表闾免役，以荣以耀，俾众望以归"。其恶行大者，"则履校荷校，灭趾灭耳，以戮以殉，俾众威以远"。盖以宪官而亲执约法，故绩效威著，马理谓"是故河东民故健讼，今日相观而善，耻讼改行，夫谁之力也"者，蒙即以是而美之也。[2]

今观马理所记，则此约实仍以蓝田吕氏之约为本者，故凡保甲、社仓、里社数者，均不相关联，唯小学与之结合，盖为行约有所，观感有地之计，是仍以教化善俗为旨者也。其与蓝田原旨不同（而实与同时他约同）者，在约之倡行在官，监核在官，非民间出于自愿之乡约也。观其以城率乡，上下相维，盖不啻为统系于地方官衙之系统组织矣。

六、张良知所行之许昌（许州）乡约

余光行乡约于运城之后五年，为嘉靖十八年（1539），吕柟

---

〔1〕 此段据马理《运城乡学养蒙精舍记》为文。
〔2〕 此段及其中引文，并据上引马理记文。

门人张良知者为河南许州守，又推行乡约于所官地焉。张良知，字幼养，号条岩，安邑运城人，嘉靖七年举人，[1]盖吕柟判解州时为门人者也。《运城志》但书其官"汉中同知，修山河堰，大著勤劬，汉民德之"；又言其官至户部员外郎而已。[2]考诸他书，则张于嘉靖十七至十九年间，尝知许州，并为《许州志》八卷，刻于十九年。[3]明年升汉中府同知，其秋赴任，过高陵谒吕柟，吕示以所作别集，明年而吕殁，张为之校梓，成于二十三年。[4]张在汉中，又尝奉上官命重修《汉中府志》，该书十卷，亦嘉靖二十三年刻成。[5]刻前一年，有天水胡缵宗（1480—1560）序，称张"尝从学宗伯泾野先生，泾野尝谓予曰：'晋张幼养志古而笃行，可以言学者。'予抚绥中州，郡丞时守许，政既修举，乃著《许昌乡约》，有光蓝田。今贰剧郡，奋欲稽古爱民，与守许同所为"。[6]张此后事迹不详，其行乡约于许州事，则赖吕柟之

---

〔1〕 张良知字幼养，见《泾野先生文集》卷一九，页41下—43上，《许昌新建乡约所记》；《泾野先生别集》卷首，胡缵宗《泾野先生别集序》；以及两集内与张氏诸诗文。其号条岩，见张良知修纂，《许州志》卷首，嘉靖二十年（1541）刊本，贾咏《重修许州志序》。其举嘉靖七年乡试，见《解州安邑县运城志》卷六，页10下，《选举》。

〔2〕 《解州安邑县运城志》卷九，页4下，《人物》。

〔3〕 此志今传，并有《天一阁藏明代方志选刊》本。书前有嘉靖辛丑（二十年）张氏自序，嘉靖十九年贾咏序，及弘治癸丑（六年）李东阳、邵宝二旧序。

〔4〕 张良知访吕柟及校梓吕氏诗什为别集事，见《泾野先生文集》卷二一，页12上，《答张二守幼养书》；卷二一，页13下，《复幼养书》。又见《泾野先生别集》卷首嘉靖癸卯（二十二年）胡缵宗序、王九思序，及书后嘉靖甲辰（二十三年）张氏自撰《后序》。按：此《别集》今传有道光庚子（二十年）三原李锡龄惜阴轩刻本。

〔5〕 此志今传。书前有刘储秀序（未署年月）及嘉靖癸卯（二十二年）胡缵宗序。书末有嘉靖甲辰（二十三年）张氏自撰后序。

〔6〕 张良知修纂，《汉中府志》卷首，嘉靖二十三年（1544）刊本，胡缵宗《汉中府志叙》。

记而传焉。吕于嘉靖十八年进京道汴，适张亦公干其地，张遂因过谒而请吕为记，[1]其记文后亦见载《许州志》中，且略加注释。[2]《许州志》谓此约所行"仪节，详见《许昌乡约集》"，然该集今已佚，无由知其细节。唯据吕柟记与州志所载图板[3]及记文小注，尚可见其建置之略也。

据吕柟记，张氏行约之区称乡约所，在许"州治之东"。按图（参图一）则州治在州城内正北，而乡约所一区，即在其左侧，位州治与察院中间。此区占地颇广，堂舍亦众，吕记书之甚详，与志图（参图二）所见者颇合。记谓"先门三楹；其北为中门一楹；又其北为先教堂，南面五楹，其孝友睦渊任恤六斋，在堂东西列；堂之后也，为讲学堂三楹；讲学堂之左，建祠一所，以祀周、程、张、朱、涑水司马、蓝田吕氏（即图中所书'先贤祠'）；其陈太丘、黄次公、寇子翼诸贤，则祀于其右（即图中所书'乡贤祠'）；又其北为一亭，以安置高皇帝教民榜文（即图中所书'圣训亭'；[4]记注：'亭刊训于石，太宰三原王公解，灵宝许公赞，勒于下'）"。[5]吕记所未及而见于志图者，则东西斋舍之北，各又有房舍一排，大小如斋舍。全部又周以垣，故成一区。嘉靖十八年九月落成，盖费时一年，始竣其事。观其占地之广，门墙亭祠堂斋之备，盖欲为长久行计也。《许州志·乡约》下注"属县附"，[6]则又欲此法之适行于州属各地焉。

---

[1]《泾野先生文集》卷一九，页41下—43上，《许昌新建乡约所记》。

[2]《许州志》卷四，页14下—15下，《学校志·乡约》。

[3]《许州志》卷首有《许城图》，图中有"乡约所"；又有"乡约所图"详图，盖同时方志所罕见者。

[4]前揭《泾野先生文集·许昌新建乡约所记》。

[5]《许州志》卷四，页15下。

[6]《许州志》卷四，页14下。

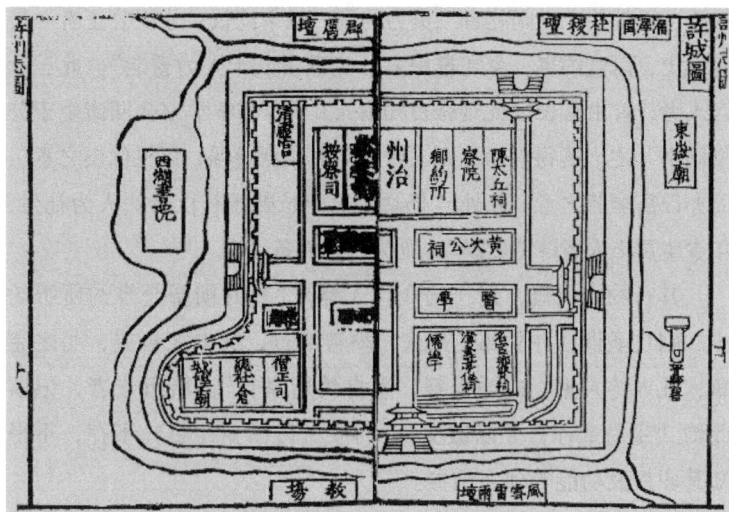

图一 （嘉靖）《许州志·许城图》

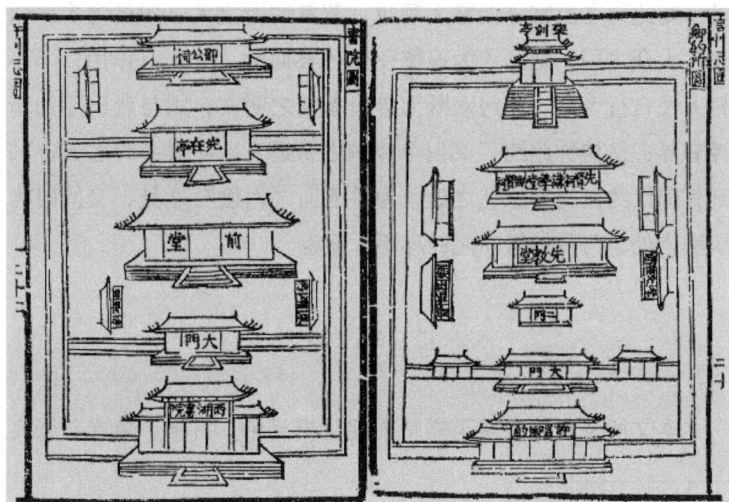

图二 （嘉靖）《许州志·乡约所图》

此约之经常干事及其相关职责，据记乃以"治政敦德者一员为约正，以帅约士；闲礼者二员为约副，以掌约仪；才识公正者一员为约史，以监约事；乡间耆民六行克敦者三十人为耆老"。此三十四人者，皆由官长（此则张良知本人）"令儒学学官会同诸生于公堂同举"之。既得任命，则人皆"免其杂泛差徭，以见优崇之意"，而亦以寓酬劳之意。此外"仍举生员年长熟于礼仪者八人为礼生，年少生员十人者肄诗歌焉"，则为行礼而备者也。[1]

其行约之大概，则"约众"人等，"每月朔望赴乡约所听约正、副宣圣训，并立四礼条式，举善纠过，又申之告戒，明之宪章；凡入约人家，冠婚丧祭，悉自约所举行"。所可惜者，记谓此约"定为章程，务以诚实"，而今《许昌乡约集》不存，不得知其职权及功能等项之细矣。[2]

然概而观之，亦知是约之建置倡行在官，其人事委任在官，其与选举者为官委之在学教官生员，而与习礼歌诗之列者亦生员，则此约之由官守倡督无疑也。若其约所之大，职员之多，盖预为大众之用，则此约为遍统一州各县而设，具立范作用，非小村人民自行者矣。然约众既无自由参加之明文，则与蓝田原约精神有异；吕柟称此约"又以今律例之切近者，补解乡约之未备"，则其即以约所为行家礼之处，为讲圣训"六谕"之处，又同时为执法之处，与吕柟解州之约亦不一辙也。

七、结　论

本文所及正德中期至嘉靖前期仇楫兄弟、吕柟、余光、张良

〔1〕　此段引文所出，见《许州志》卷四，页14下—15下，《学校志·乡约》。
〔2〕　此段引文所出，见《泾野先生文集》卷一九，页41下—43上，《许昌新建乡约所记》。《许州志》卷四，页14下—15下，《学校志·乡约》。

知诸人行于山西潞州、解州及河南许州各处乡约个案，限于资料，其概况仅得如上文所述析者，欲详细而不可能也。[1]然以诸约之成行，原具密切之人事关系，溯回仇氏，则其源起甚早，观其制参祖法而体模蓝田，则又与当时他处所推行者有所异同，故虽一斑，而尚有可观足述者也。

由本文之论述，可见明人之行乡约，正统间已见其事，历朝不绝，至正德间遂骎骎入盛。初时所行，多本蓝田，人自行于其乡，讲道德礼俗之规范，而不及盗贼窃乱之防弭，初未与官府多关联也。至仇氏之行于潞州者，虽仍此例，然规制渐广，律法渐严，有借官威以畏众行之兆矣。及吕柟之行于解州，既以官倡，又据祖典，而又以书院、约所行其所事，则组织渐庞，赏罚昭信，显然付治教合一之理想于政令矣。其后余光、张良知之所行者，虽又各有特点，然大率皆法吕柟之法，先为书院，并设蒙馆，立约所亭，讲解圣训，以城领乡，官行赏罚，盖祖蓝田而为之变化以从时，法意渐重而约意渐轻也。

凡上所举诸约，其与约之规模与正德晚年王守仁行于南赣者相侔，而组织则与之有异；其皆不及社仓、保甲、里社之连结，与嘉靖早期黄佐所构想者亦异；此殆地域时势不同之反映，可不必据之以定优劣也。抑有可论者，观仇、吕诸氏所举乡约，实为遵振祖制之具体表现。是固出中叶复古思潮之不觉浸染，亦时人追求地方治安之自觉行为，时殊制变，固理之常。然而仇氏一家推行之约，行之数十年而尚存，吕氏诸贤所行之约，实多不能持久，亦足见酌情符实，民间土著之自行较官家理想之推行为优胜矣。

---

〔1〕 吕柟关中门人之推行乡约者，尚有泾阳吕潜，行于其乡（见《关学编》卷四，页56）；其后学，则嘉靖、隆庆间有蓝田王之士，亦行行于其乡（同书，卷四，页60）；其详细情状，尚待考查。

明代嘉靖年间的增城沙堤乡约

一、引　言

　　沙堤乡约又名沙堤圣训约，明代嘉靖二十三年（1544）创行于广东增城县沙贝村。创行人是该村的退休乡官湛若水和伍克刚。湛若水（1466—1560）是明代著名的理学家，长期以讲学和兴建书院养士影响当代。在政局和政风丕变的嘉靖朝中，他虽算是个成功的大官僚，但实际的政治成就却甚有限。湛氏弘治十八年（1505）进士，由翰林编修历官南京国子监祭酒，南京礼、吏两部尚书，嘉靖十九年（1540）年七十五岁，以南京兵部尚书参赞机务官职致仕回乡。[1]伍克刚正德五年（1510）举人，岳州府通判致仕。[2]洪垣（嘉靖十一年进士）撰湛若水《墓志铭》

---

[1]　湛若水的史家所撰传记，可看《明史》卷二八三本传，黄宗羲《明儒学案》卷三七本传，L. Carrington Goodrich and Chaoying Fang, eds., *Dictionary of Ming Biography*, *1368—1644*（New York and London：Columbia University Press, 1976），p. 3642, Chaoying Fang（房兆楹）撰传。

[2]　《增城县志》没有伍氏独立传记，只有简单的履历资料见于《县志》的《选举志》部分。〔明〕文章（修）、张文海（纂）《增城县志》（嘉靖十七年序刊本，以下引用时，称作嘉靖《增城县志》）卷六《历代科目》，页9上，说他是"举人，常州府判"。〔清〕熊学源（修）、李宝中（纂）《增

说湛氏退休后"甲辰（嘉靖二十三年）归天关，行乡约，申明圣训，立约亭于光华里"。[1]可见湛氏曾有行乡约之事。但洪垣的记载稍有错误。天关书院在广州城，[2]湛氏立亭行约的书院，是其故乡沙贝村的独冈书院，而不是天关书院。至于洪垣所说的光华里是否也在沙贝村内，我们不得而知。

沙堤乡约看来有效时间不长，但却是真正举行过的。这个乡约历来人所不知，它的内容只见于一本题作《圣训约》的罕见明代书籍。《圣训约》刊刻于沙堤乡约第一次举行后不久，除了记载乡约的条文和其他讲说内容之外，还有参加此约的人名、此约缘起和观礼者的反应文字，以及图像六幅，是现存乡约文献中的珍贵原始样本。[3]从《圣训约》可见，沙堤乡约和同时代的其他乡约，有明显不同之处。

（接上页）城县志》（嘉庆二十五年刊本，以下引用时，称作嘉庆《增城县志》）卷十一《选举·明举人》，页9下，记载较详，说他是"沙贝人，庚午科，任河南获鹿教谕，充山东同考试官，历岳州府通判"。此处最后的署衔和见于本文所用的明刻本《圣训约》内的伍氏署衔相同，没有错误，嘉靖县志所记，疑误。

[1] 湛若水，《湛甘泉先生文集》（《四库全书存目丛书》本影康熙二十年黄楷刻本，台南县：庄严文化事业有限公司，1997）卷三二《外集》洪垣撰湛若水《墓志铭》，页11下。

[2] 见《湛甘泉先生文集》卷三二罗洪先撰湛氏《墓表》，页6上；屈大均，《广东新语》（香港：中华书局，1974）卷九《养士》，页294—295。

[3] 《圣训约》不分卷，明嘉靖二十三年刻本，台湾"国立中央图书馆"藏经部礼类杂礼之属善本书。全书二册，共八十七页，依次为嘉靖甲辰（二十三）年五月望日伍克刚序，伍万春序，同年四月二十九日伍克刚《请起乡约启》，目录，约众姓氏（职位），正文（含约文、仪注、绘图六页、讲章），附录（同年六月帖子，状子各一），同年五月望后汤霄跋、五月望日黄云淡跋、同月周荣朱跋、大约同时阙名跋。按，最后阙名跋，题作《沙堤圣训约后序》，序文终于第八十六页，有脱逸文，原册有仿抄第八十七页，故知原书共八十七页。

乡约牵涉的历史课题很多。像乡村自治和社区治安、社会道德提升和社会秩序控制、传统政治理想的展现和乡治组织建构等思想上和制度上课题都是。20 世纪的中外社会学者、政治学者和历史学者，都在不同程度上注意到甚至研究过这些课题。[1]但关于乡约研究上的一些基本问题，诸如时空因素与乡约的共性和个性的本质厘清问题、时空差异与个别乡约施行久暂的事实认清问题等，其实都还处理不足。加上对肯定施行过而有详细文字留下的乡约的研究，其数量现在也还有限，学者作综论时因而往往也免不了以偏概全的论断。解决这些问题的合理条件是先对个别乡约作具体认识，到个案知识累积到相当程度时才作综合比较。本文属于个案研究，以《圣训约》为主要资料，配合《增城县志》和湛若水的个人资料，首先述析沙堤乡约的时空人事背景和具体内容，然后尽量指出它与同时代已经研究过的乡约的异同之处，作为讨论明代中期乡治思想和建构问题的一点帮助。

二、沙堤乡约时代增城县的问题

明代增城是广州府东边的属县，西边与番禺县交界，北边是后来分出去的龙门县，东边是惠州府的博罗县，南边和东莞县以

---

[1] 早期的相关学者，有我国杨开道、王兰荫、萧公权等和日本和田清、清水泰次、松本善海、清水盛光等；后来的有我国陈柯云和日本酒井忠夫、井上彻、铃木博之等。近年学者，包括 Monika Ubelhor, Joseph McDermott 及本文第十一节论明代乡约研究问题处所引近年论著各家。笔者曾讨论过到 90 年代初为止的乡约研究论点等问题，见 Hung-lam Chu（朱鸿林），"The Community Compact in Late Imperial China: Notes on Its Nature, Effectiveness, and Modem Relevance," *The Woodrow Wilson Center Asia Program Occasioned Paper Number 52* (May 1993)。另有检讨 20 世纪乡约研究情形之作，见朱鸿林《二十世纪的明清乡约研究》，《历史人类学学刊》第 2 卷第 1 期（2004 年 4 月），页 175—196。

东江为界。县内山岭溪洞多于田里，嘉靖十七年《县志》载户口的"今数"为：13226户，42870口。盐粮口数则为：男子成丁18519口，女子大口17276口。[1]明代末年客家人才渐渐迁入增城，[2]所以这些人口说的都是广府方言，礼俗文化也和广州府基本相同。[3]

这个县份的社会经济特点是宗族多而土地占有集中。增城的宗族组织，到清代臻于极盛，"族必有祠，其始祖谓之大宗祠，其支派自谓之小宗祠，或谓之几世祖祠"。[4]明代中期，这种情形应该还在初期阶段。湛若水嘉靖十九年退休回乡时，便曾作过《大宗小宗合食训》，[5]做进一步追求血缘大族团结之事。

同时存在的"富豪"大地主，使得土地拥有不均和贫富悬殊的情形明显而严重。嘉靖十七年县志的乡人作者、曾请湛若水裁定所作的湛氏门人张文海[6]便说：

> 增城山岭溪洞多于田里，或林木水圳亘五六里，而田里乃间见焉。民众不足于居且耕，又田里并为富豪所有，而贫民之耕而居者皆佃假焉。束手以制命于富豪，富豪所以益乐而贫民益苦也。[7]

---

[1] 嘉靖《增城县志》卷八《户口》，页8下；《盐粮》，页12下。
[2] 嘉庆《增城县志》卷一《客民》，页9上。
[3] 嘉庆《增城县志》卷一《风俗》，页28上。
[4] 同上书，页29下。
[5] 《湛甘泉先生文集》卷二八《归去纪行略》，页12下，据知是训嘉靖十九年九月二十六日作于沙堤村家中。卷三二《外集》罗洪先撰湛若水《墓表》，页6下；洪垣撰湛若水《墓志铭》，页11下，皆提及此事。但原文未载集中。
[6] 张文海与湛若水关系，见嘉靖《增城县志》卷首，嘉靖十七年桂林张星《序》及张文海《引》。
[7] 嘉靖《增城县志》卷二《田里类》叙，页5上一下。

土地兼并和赋役不均的后遗症，也长期存在。张文海说：

> 民贫，以其产鬻于富豪，富豪得其产而遗其税于贫民之户。贫民惧逋而逃，官按户籍以取税，则责及里长，里长无所偿，则以逃民之税摊之于存户，存户不能堪，又并以其产鬻而逃矣。前逃之税未了，而后逃之税又摊，其势必至于相驱而尽逃，不逃则亦相驱而尽盗也。[1]

税收不足是明代中叶增城的大事。此时增城主要是个农业县份，商业不多。嘉靖中的情况是，"旧有商税而今亡者，盖逐末之商少，故省之"。但这个张文海认为"诚是也"[2]的优商政策，却无助于改变逃税的事实。嘉靖元年大赦时，"免增城逋负以千计，罪犯自充军以下以百计，百姓鼓舞于道"。[3]但土地占有不均的情形不改，欠税、逃亡、犯罪等情况也不可能消失。

这种情况，与增城的风俗又有循环因果关系。嘉靖《县志》概括风俗如下：

> 民俗质朴而尚俭，男勤耕稼，女务纺织，世家备文礼，小民安樵牧，士力弦诵，商敏贸易。然恃资财者，事游手而习赌博；挟诡谲者，务机械而健词讼。病尚巫鬼，死修佛事。或武断而逞顽，多酒醴而糜谷。贫民亲死则积薪而焚之。其风俗大略如是。[4]

---

[1] 嘉靖《增城县志》卷九《田产》，页9下—10上。
[2] 嘉靖《增城县志》卷九《商税》，页12上。
[3] 嘉靖《增城县志》卷一九《大事通志》，页8上。
[4] 嘉靖《增城县志》卷一八《风俗》，页1下。

深信风水的问题也很严重，其极端有如张文海所说：

> 至或不得吉山，则停暴尸棺，累十年不举者。又有既葬
> 疑其不利，弃失荒芜者，其为忍心害理莫大焉。[1]

这些不良的习俗，也反映了贫富人家好尚上的或同或异。信风
水，好赌和健讼，是富家的问题，火葬是贫民的做法，其他恐
怕贫富都免不了。火葬和赌博（正如下文所见的），则是像湛
若水一般的士大夫儒者所尤想改革的。但增城赌风之盛而不衰，
从嘉靖三十九年（1560）湛若水卒年，"十月五日，有贼劫增
城县库，皆邑之赌博无赖者"一事可见。[2]沙贝村的情形或许
好些。

对于这些不良民风和治安问题，政府也曾有所反应。嘉靖元
年，提学副使魏校（1483—1543）曾大毁寺观，"增城寺观无复
存者"。[3]这些被毁的寺观，可能改建为魏校所大力推行的社学。
嘉靖四年十一月，莆田进士朱道澜到任增城知县后（至少任至七
年尾），[4]也曾经实行过类似乡约的制度。据张文海说：

> 增城之民顽悍，多习赌博、盗窃，及与人有闲，则唻毒
> 自尽以徒赖人命者。……（朱氏）尝教乡人为月会。其法：
> 听民每乡举保年高行检为众信服者一人，因以顾厚、张钵等
> 为会长。每月率乡人会于一堂，以长幼列坐。令社学师设案
> 诵《为善阴骘》一遍而退，会长以善恶簿当众书其善恶之尤

---

〔1〕 嘉靖《增城县志》卷二《地理志·墓类》，页14下—15上。

〔2〕 嘉庆《增城县志》卷二《编年》，页16上。

〔3〕 嘉靖《增城县志》卷十九《大事通志》，页8上。

〔4〕 嘉靖《增城县志》卷十《职官》，页5上。

著者而劝惩焉。由是民俗相亲而各知戒勉。[1]

但朱道澜的行政，并不见得受到有势力的人所喜欢。他的传记，幸亏张文海坚持不删，才得以见于县志。[2]增城的县官固然不好做，但事实上也有不少无能和贪渎的县官。朱道澜之后，钱珊以"才不胜任去"，黄钺"以赃败"，孙云"到任三月调去"。文章嘉靖十五年任，才见"初政甚有可观……"二十年到任的舒文举，又"以赃败"。[3]

整体看来，嘉靖中期的增城，富豪地主和佃民之间，存在一定的紧张关系；赌博之风，盛于有产之家；政府税收和县官素质都有问题。宗族势力看来在增长之中，但和政府以及佃户的潜在矛盾，也有增加的趋势。风俗和治安的维持，都是宗族面临的实在问题。沙堤乡约的出现，可以说是宗族自求多福的自觉表现。

三、沙堤乡约的地点

沙堤乡约的所在地沙贝村，"面虎门，山水之汇会也"，[4]江水通潮汐，[5]距离县城八十里，[6]实际位于广东增城县西南角，东洲水以东，东江以北地方。该村东边的四望冈，是著名的增城

---

〔1〕 嘉靖《增城县志》卷三《名宦传·廉惠类·朱道澜传》，页3下—4上。
〔2〕 同上书，页4上—下。
〔3〕 嘉靖《增城县志》卷三《历代宦迹·国朝知县》，页5下；嘉庆《增城县志》卷十《职官》，页5下。
〔4〕 嘉靖《增城县志》卷十六，又页3下—5下，霍韬撰湛若水父湛瑛《神道碑》。按，《广东新语》卷二《沙贝》条，页45，即据霍氏此文。
〔5〕 嘉庆《增城县志》卷三《山川》，页17上。
〔6〕 嘉靖《增城县志》卷二《地理志·坊都类》，页4上。

挂绿荔枝的原产地。[1]沙贝是沙堤的官方名称。

明代增城县的行政区划，用的是典型的里甲制度："在城为坊，坊有坊长，长各有甲，甲各十户。在乡为都，都有里长，长各有甲，甲各十户。"[2]实际的粮里划分称为图，坊都各领若干图。清代中叶称"里民聚处之区，为铺为约为村，其交易之所为墟、市"。[3]在湛若水的时代，增城区划为县城和在野的三个乡。县城领坊三个（总称为清献坊），三乡共领都十一个，自然村数目不知。三个乡中的绥宁乡，辖下有五个都，包括甘泉都在内。甘泉都"统图十二"，[4]数目和嘉庆二十四年（1819）所见相同。据嘉庆《增城县志》，清代中叶的甘泉都统村十六，包括沙贝村在内；沙贝村"分为十三坊"。[5]按照前面所列户口数字计算，增城这十四个坊都的平均户口数为每坊（都）945户和3062口，平均每户人口为3.24人。但甘泉都的数字明显大于平均数。在黄册里甲系统内，它统图十二，即有在册的粮里十二里，亦即有在册的粮户1320户。[6]假定明代中期的甘泉都同样已有十六个自然村，沙贝村的平均后户口便为82.5户；每户人口以平均数计，它的人口数是267.3口。如果明代当时的沙贝村也有十三坊的再分，每坊便平均只有6.34户

〔1〕 嘉庆《增城县志》卷二《山川》，页14上；卷一《物产》，页2上。按：四望冈嘉靖《增城县志》尚未见名。嘉靖时的增城荔枝著名产地，是湛若水兴建的莲洞书馆（或称莲花书院）所在地的南乡岭。此地又名峨眉山，"在县西南七十里"，亦即距沙贝村东约十里。见嘉庆《增城县志》卷三《山川》，页8下。

〔2〕 嘉靖《增城县志》卷二《地理志·坊都类》，页4上。

〔3〕 嘉庆《增城县志》卷一《舆地·里廛》，页5下。

〔4〕 嘉靖《增城县志》卷二《地理志·坊都类》，页3下—4上。

〔5〕 嘉庆《增城县志》卷一《舆地·里廛》，页10下。

〔6〕 明代黄册里甲系统内里与图异名同实的情形，见栾成显，《明代黄册研究》（北京：中国社会科学出版社，1998），页293—297。

和 20.56 口。

明代的沙贝村人口自然较少，这从清代县志载甘泉都有墟四个而明县志只载一个的情形，[1]也可以得到反映。但它在沙堤乡约时代的人口应该比上面这平均数多出不少。我们知道，嘉靖二十一年全国户口官方统计的户均人口是 6.6 口，[2]比上面计算的同时期增城户均人口恰好多了一倍。嘉靖《增城县志》所载的当时户口数字过低，也可以从清代县志的相关资料得到反证。嘉庆县志登载了增城"著姓"一百零六姓的各个所在地和户数。甘泉都沙贝村所见的姓氏和户数如下：湛姓最多，有四百六十多户；伍姓次之，有一百八十户（并且唯在此地）；陈姓有"百数十户"；何姓"或八九十户，或十数户不等"；熊姓六十余户；姚、温、卢、吴、梁、胡、林等姓，各"数十户"；区姓二三十户；莫姓十余户。一共有十四姓，户数超过一千二百。[3]清代此时的全国人口是明代中后期的五倍，[4]试以这个比率计算，沙堤乡约时代的沙贝村户口，也应该超过 240 户和 777 口。但这户数仍只是著姓的，小姓的并不在内。此外，如果以嘉靖二十一年全国户均人口 6.6 口算，240 户便应有 1584 口了。在没法得知确实数字的情形下，我们保守地估

---

〔1〕 嘉靖《增城县志》卷二《地理志·墟市类》，页 5 上。嘉庆《增城县志》卷一《舆地·里廛》，页 13 下—14 上。

〔2〕 姜涛，《人口与历史——中国传统人口结构研究》（北京：人民出版社，1998），页 68，《表 2—8，明代户口的官方统计》。

〔3〕 嘉庆《增城县志》卷一《舆地·著姓》，页 15 上—23 上。

〔4〕 参看葛剑雄，《中国人口发展史》（福州：福建人民出版社，1991），页 237—248，所引何炳棣研究；姜涛，《人口与历史——中国传统人口结构研究》，页 65—74，嘉靖二十一年与嘉庆十六年两个官方民数。两书均显示，嘉庆中期人口较嘉靖中期增加了大约 5.5 倍。

算，沙贝村户数应该超过 250 户，人口应该超过 1000 口。[1]

这些人口主要属于十四个有组织的宗族或大家族，《圣训约》的记载反映了这点。《圣训约》所见的十四姓和清代"分为十三坊"的区分数量上接近，可能是偶然之事，但清代以坊来划分居里，可见村内的聚居地是分散的，总有宗族聚落的迹象。

沙堤乡约的约所，位于沙贝村里的独冈书院。该书院是湛若水兴建和维持的。从下面可见的宗族姓氏来看，这个乡约至少是计划行于全村的。

四、组织、成员、经费

《圣训约》列载姓名的约中人物，共有六十五名，分成主持人、"乡约宾"和"乡约执事"三类。[2]主持人五人的职称和人名、年岁如下：

> 主约：湛若水　七十九岁
>
> 副主约：伍克刚　六十一岁以上
>
> 约正：伍万春　六十一岁
>
> 约副：湛瀚　六十五岁
>
> 乡正：伍祖惠　不详

---

[1] 明代中叶以后的珠江三角洲县分村里，有时人口甚多。康熙二十九年刊《新会县志》卷四《建置》，页 18 下，所引薛起蛟之语，可作估计明代后期沙贝村户口的参考。薛氏说："昔之村，大者或数千家，小者亦数百家，今（指三藩乱后）则闾井萧条，无复鸡犬相闻之旧。乡村之盛衰不同，而户口之盈缩因之矣。"

[2] 所有人物及其职名，均见此书页 16 上—19 上《圣训约姓氏》题下篇幅。

从约文的仪节看，主约、副主约可说是此约的"董事"，约正、约副可说是"理事"。这些主持人中，只有湛若水和伍克刚有功名和曾经任官，而此时都已退休，他们的关系是师生；伍万春是伍克刚之弟，也是湛若水的学生；湛瀚和他们的关系不详，但肯定是湛氏宗族中人。这四人都有别字和别号。乡正伍祖惠只有别字，和其他人关系不明。他的身份比较特殊，像是个"专员"，代表乡约直接和当地的保甲系统打交道，看来像是沙贝村或此村所属的绥宁乡的明初里甲老人之类的地方职役头人。

"乡约宾"共有三十五名，各依年龄列名；他们的姓氏和人数如下：湛姓十人，伍姓、温姓各四人，黄姓三人，何姓、区姓、姚姓、熊姓各二人，莫姓、招姓、林姓、梁姓、钟姓、洪姓各一人。这十四姓三十五人的年龄，最高九十二岁，最低六十岁。九十岁以上二人，八十至八十九岁十人，七十至七十九岁十四人，六十至六十九岁九人。他们之中，没有官员，只有超过八十岁的"寿官"六人（湛姓五人、伍姓一人），以及一名六十三岁的"恬退冠带"者（湛姓），此外都没有头衔。他们之中，字号具备的有二十人，只有别字的有八人，有号无字的有六人，字号均无的有一人。他们是沙贝村的各个宗族中的老年人，也可能有来自和沙贝村邻近的绥宁乡其他村落的老年人。[1]

"乡约执事"一共二十五人，他们只有姓名，一律姓湛，没有注明年龄，应该是年轻一辈的湛氏族人。据黄云淡跋文说，湛若水"集独冈精舍诸生暨阖族诸髦演之"，可见参加演习约仪的，还包括独冈书院的学生。[2]这些湛姓执事们的职称和人数如下：

---

[1] 《圣训约》正文以一篇类似邀请信的文字开始，文中（页22上）有"今与各方父老立圣训约"句。

[2] 《圣训约》，页73下。

通赞二人，摈二人，介二人，读圣训、读乡约一人，供香案、讲案二人，讲书二人，歌工四人，司钟磬一人，司鼓一人，举酒六人，司籍二人。

把这三类人物的姓氏合并看，沙堤乡约的成员分明包括沙贝村内所有著姓宗族，而聚会场地和职员，实际上则由一个人口最多的湛氏宗族负责。在清代沙堤村的十四"著姓"中，"乡约宾"所属的十四姓，已有黄（三人）、招、钟、洪（各一人）四姓不见了。多了的是陈、卢、吴、胡四姓。这种情形反映的，可以是年龄结构的变化，也似乎是人口增减或迁徙的结果和与之相关的宗族地位升降。但沙堤乡约之以全村各宗族为施行对象，应该没有疑问。沙堤乡约除了主、宾、执事六十五人之外，应该还有其他的观礼者，像独冈书院的学生，但人数不会太多。

沙堤乡约的经费看来不用太多。照规划，参与列席饮食的人数，预设最多是五十人。这从如下列明的"乡约合用器皿"可见：卓二十张，磁盘盏五十副，汤饭碗八十个，箸五十双，桌子二十四张，长凳两张，椅子五十张。"合用器皿"还包括乐器等东西：歌钟、歌磬、皮鼓、讲鼓各一个，香炉一个，烛台、花瓶各两个，酒壶四把。[1]

除了这些一笔过的费用之外，常用的经费便是一年四次行礼时候的饮食费。"乡约席品"列明：每会"设卓二十张，稍仿合食之数而加之（可见原则上只为主、宾四十人而设）。每桌果碟三，菜碟二，馔肴四，酒一罈"。"以上费皆出白石赡田义仓"。[2]白石是清湖都的一个墟，[3]由此可知它是独冈书院馆谷的来源地。以湛

---

〔1〕《圣训约》，页19下—20下。

〔2〕同上书，页19上。

〔3〕嘉靖《增城县志》卷二《地理志·墟市类》，页5上。按：莲洞书馆也在清湖都内。

氏的财力来看，这些支出是破费有限的。

五、缘起与实现——湛若水家族与个人历史

首先推动沙堤圣训约的人物，是湛若水的同里门人、岳州府通判致仕的伍克刚。嘉靖二十三年（1544）四月二十九日，伍氏给湛氏写信请求湛氏起约。[1]信中先谈及湛氏对于"四方来学诸士"，各有书院馆之，仓谷食之，"而沙贝一乡，尤为根本之地，风教之行，实自此始。近日诸老举引领以望吾师之推恩，为桑榆暮景之一乐。盖观感之间，意有在而未敢显言"。伍氏因而建议湛氏"会诸老，立条约，以教一乡之子弟；一乡子弟入于善，则风俗厚矣。会诸老莫若以独冈书院为约所，移待四方诸士余谷，置酒以宴之，略仿古乡饮之遗意而损益焉。每季一会，……会之日，礼生相礼，以齿序坐，宣读乡约，间以歌诗"。他认为这样做，则"从容之中，其仪不忒，传示四方，孝弟之心，油然而生矣，况此外又有鼓舞作兴之道乎"。他强调此会"非为诸老娱乐而设，实所以正人心、表风俗也"。唯一的顾虑是，"或曰吾乡高年之老固多，皆布衣贱士，恐于斯会无光，有愧于前人也"。[2]

从伍克刚所说可见，这个约会是村中的老者想要的，但经费需要由有能力的湛若水来负担。他们担心的是，湛氏不愿为没有显著社会地位的老人出名和破费。伍氏认为这个老者的意愿应该加以重视，并欲借此议订教化乡中子弟的条约。为了加强湛若水的行动意愿，伍氏又在信末大力以表现"正学"、"经济"之说来说动湛氏，要他退而不休，主张风俗，"锐意行之，略推王道博

---

[1] 此信在《圣训约》，页9上—12上。
[2] 意指比唐朝白居易等的香山九老会和宋朝司马光等的真率会逊色。

施之恩，大慰一乡诸老之望"。这里的乡老所欲，或许会有揩油的嫌疑，但若果真如此，伍氏的"推恩"之说却已把它减至了最低程度。

湛氏看来马上答应了，并且随即开始拟订约条。这从乡约的第一会能在五月望日便举行可知。乡约的聚会地方和经费对湛氏来说都不成问题，这是沙堤乡约能够迅速召开的原因。但同样重要的原因，可能是像伍克刚的弟弟伍万春在首会日所作的《甘泉圣训约序》中所说的："士大夫处于乡，则尽乡人之情；处于国，则尽国人之情；处于天下，则尽天下之情。"这话的言下之意是，湛氏此举是徇众要求、满足众望的，但同时也是有必要的。序文又说湛氏现在退休，"居乡（纸烂脱四字，疑当作'置义田以'）给宗教，置义阡以葬（纸烂脱三字，疑当作'乡人，置'）赡田以待四方来学之士，念吾乡之老，少与之游，壮而与之宦别，今以俸金置馔，延乡耆戚旧宴约，仿乡饮仪节，而真率与焉，似香山之会，而礼意过之"。[1]这在称赞推重之外，也是说在湛氏的各种人际关系中，乡人老辈（尤其宗族父老）是不可忽视的。

从伍克刚在同日所作《圣训约序》中说湛氏"推而归之圣训"之语，[2]可见湛氏事实上积极参与其事，并且将伍氏的原意确定下来。伍万春序文针对沙堤乡约聚会中的各项礼仪含义这样说：

> 是故宣以圣谕，不忘君也，忠也；宴饮以序齿，不恃贵也，逊也；歌以《敷言》，示王道也；《鹿鸣》、《南山》，乐宾以锡福也；申以训词，教民睦也，顺也。……夫岂香山之野会者伦哉！

---

〔1〕《圣训约》，页5上—下。
〔2〕 伍克刚序，见《圣训约》，页1上—4上。

可见，透过友睦乡党长老的表现，来指示乡人顺从政府，互相和
睦，以达成退休乡官忠君佐治之责，正是这个乡约的重要观念上
的原因或说辞。

伍氏兄弟在他们各自的序文里都表达了这样一个意思：行乡约
是湛若水可以行其所学、实现抱负的事情。伍克刚说："择（纸烂
脱一字，疑当作'日'）会父老，令为先倡，期一乡皆改过迁善，
而归于王道也。"伍万春更直说：湛氏"师天下、育青衿，……达
行之志不究于时，而幸于吾乡兆焉，其弗容已之衷乎？……孔子反
鲁，万世之彝教以明；先生之居乡，孰为不遇也"。这些劝奖托
志的言辞，从湛氏在嘉靖朝的政治遭遇来看，都是一种安慰和激
励之言。[1]

这里的问题是，乡人父老何以会特别钟情于湛若水，湛若水
又何以会乐从乡人之请。这些现实的人际情事与沙堤乡约的出现
最有关系，我们可从湛氏本身的历史进行了解。

湛若水家族世居沙贝村，是地道的大地主。成化年间，湛若
水的祖父湛江（1409—1474）曾托人请在京的广东名宦丘濬替他
作《樵林记》，丘文已称"甘泉里有巨族曰湛氏"[2]。与湛若水
同时的黄佐，在所撰《广东通志》的《湛若水传》里，直说湛氏
"自其祖江以来，田连阡陌，世为土豪。若水增田宅庄店，岁入
数千金，而好吃宿肉沙饭，居漂摇危楼，营建无虚日，人皆异
之"。[3]这里有些贬义，但看来也有事实的根据。

---

〔1〕 嘉靖朝中，湛若水虽然官品甚高，所居却非重要职位，这和明世宗对他的
　　　不信任有关。此事的若干缘故讨论，见于朱鸿林，《明儒湛若水撰帝学用书
　　　〈圣学格物通〉的政治背景与内容特色》，《"中研院"史语所集刊》第 62
　　　本第 3 分（1993），页 495—530。
〔2〕 嘉靖《增城县志》卷十七《艺文》，页 10 下—11 上。
〔3〕 黄佐修纂，《广东通志》（嘉靖三十九年序刊本）卷六二《列传·人物·湛
　　　若水》，页 32 上。

湛家是这样发迹的。据湛若水的科举门人吕柟（1479—1542）所作的湛江（字宗远，号樵林）及妻梁氏《神道碑》，湛若水的六世祖湛露，"元大德间为广之德庆路治中，即卜居沙贝乡。生……仲曰晚丁，仕为县主簿。主簿生志高，一曰怀德。元季之乱，法严酷，凡为保障一乡头目者，遥授以元帅，得专生杀。……怀德尝为保障头目，〔能威而不滥〕……明兴，……公获乐业。洪武中，邻境苏有兴作乱，南雄侯奉命征讨，海道不利，官军几陷。保障公仗义起兵，赴海力救，侯得师还。时近地皆以降民充戍，独甘泉都免，至今赖之。保障公生处士讳汪，是为樵林先生考也"。[1]曾经两代为官，又曾为地方武力的领袖，湛氏肯定是当地的豪族。

湛若水的祖父在农业和纺织品的生产和经营上很有成就。吕柟撰《神道碑》说，他"楼于上游庄，庄有大田，侧开鱼沼。……当年饥，则出谷，熟则入谷，转殖小息。……先春则肥桑，桑独沃若，蚕茧异他人箔，梁夫人又善浴种盆缫，以为缣绵绝绸，坚致不纰，抱市必增直。遂并积谷以拓田园，日茂厥业"。他的财力与名誉，不只能使丘濬为他作《樵林记》，在乡倡道的著名理学家白沙陈献章（1428—1500）也作过《云构堂诗》送他。

湛若水的父亲湛瑛却因豪气而出事。湛瑛"少为里正，见县簿挠法虐民，公力抗不惮，簿憾之。会同乡有猾吏余忠，其子为盗（阙二字，疑是'杀，公'）具状盗杀，忠愈仇公，遂党簿诬中以法，公因愤（阙二字，疑是'而卒'），……乡人悲之，如失

---

〔1〕 嘉靖《增城县志》卷十六《艺文》，页又1上—3下。湛江传也见于嘉靖
　　《增城县志》卷七《人物志·隐逸类》，页2下—3上。

怙恃"。[1]湛瑛是被同乡仇家的恶势力致死的，其中细节，文献无徵，但湛氏并非和乡人毫无矛盾，由此可见。这次仇杀看来是严重的，湛瑛之妻陈氏曾因此带着七岁的独子湛若水，逃难到惠州府归善县冈下地方，避在曾任官同知的李应家中。后来"怨家复踪迹及之"，李应因而搬家西江赤树塘地方避风头。湛若水在归善前后住了九年，事平之后才敢还乡。[2]但可能居住不久，又迁居广州城内。弘治年间湛若水成举人后，游于陈白沙之门，白沙曾给湛氏信说，湛母"不忘沙堤之旧，何不归去也"。[3]他们确实归去，所以以后湛若水虽然任官南北两京，甘泉都和沙贝村仍然是他的家业所在地。

　　湛若水的母亲陈氏是个有见识的"女中豪杰"。陈家本住甘泉都的沙村，到陈氏之父始迁十里外的西洲村，"以赀雄于乡"，与沙贝村的湛家门当户对。陈氏嫁入湛家后，和"刚强少款曲"的丈夫以及"性悍戾"的庶姑很能相处，孀居之后，长主家政。[4]她善于理财，在生之日，湛若水"凡交际礼币俸入，必以归陈。及疾革，遗命籴（谷七）百石，为建义仓于坟所，以赒甘泉、清湖二都之贫者。时耕而贷，时获而敛，贷以平斗，而镌其息，敛以尖斗，以补亏耗。又金公正乡老，以掌出纳之数。其约：若九人不完，甲长催并之，一人逋负，九人共督之，其有捐匿者，九人代赔。例以为常，民甚德之"。[5]这个义仓名叫"荷

---

〔1〕　嘉靖《增城县志》卷六《人物志・义勇类・湛瑛传》，页18下—19上。

〔2〕　刘溎年等修、邓抡斌等纂，《惠州府志》（光绪三年修、七年刊本）卷三一《人物・流寓・湛若水传》，页10下。

〔3〕　陈献章，《陈献章集》（北京，中华书局，1987）卷二《与湛民泽书》第一首，页189。

〔4〕　蒋冕，《湘皋集》（嘉靖三十三年刊本）卷二九《明封太孺人陈氏墓志铭》，页14上—16上。

〔5〕　嘉靖《增城县志》卷七《人物志・贤母类・湛母陈氏传》，页8上—10上。

塘义仓"，在甘泉都，"具为条约，请里中耆艾之雅行者主之，而湛氏不得私焉"，[1]是湛母"虽垂殁而犹有遗惠以及夫乡鄙"[2]的一个社区福利基金，公正而认真，对于贫穷的自耕乡邻有帮助。

陈氏又命湛若水"出其家粟，市田若干亩，岁入谷二百斛，立小宗义田。其法：凡小宗之亲，婚嫁丧葬，则给助之，有差。又置宗子田若干亩，岁入粟二十斛，为祭服具，俾世守之不替。乡人翕然称重，以为女中豪杰"。[3]这是一个宗族性的福利基金。这个湛氏义田，还帮助族人的读书费用。湛若水的门人庞嵩曾给他建议，把族人的田产"分为三等。以田七十亩为上，五十亩为中，一二十亩为下。上者勿给，中者量给，下者全给。若田至三五顷以上，须每年量出租谷，入于家庙，以助周急之需。庶所积厚而施无穷"。[4]湛若水有没有接受，不得而知，但由此可见，湛氏宗族拥有数百亩田地的，并不乏人。

湛母对于湛若水的成功，居功至伟。她命中举后的湛若水到江门师从白沙陈献章，已是极高的见识，给湛家维持了庞大的产业和赢得了乡人宗族的爱戴，更是湛若水得以安枕无忧的依靠。湛若水之能"增田宅庄店，岁入数千金"，也能在南京、溧阳、扬州、池州、徽州、福建武夷、湖南南岳以及广东多处众建书院，广置馆谷，看来受了母亲的达识和乐善行为的启发和影响不少。他的兴学养士，也可以说是其母惠爱宗族、乡党的延伸推广。

湛若水在广东建的书院很多。正德十二年守母丧时，已在南海西樵山建筑大科书院。"程乡人监生陈洪显〔为〕置学田二十八

---

〔1〕 嘉靖《增城县志》卷七《人物志·贤母类·湛母陈氏传》，页14上，引董玘语。

〔2〕 《湘皋集》卷二九《明封太孺人陈氏墓志铭》。

〔3〕 嘉靖《增城县志》卷七《人物志·贤母类·湛母陈氏传》。

〔4〕 《广东新语》卷二《义田》，页54。

亩，则在山下之百窖里"。[1] 同一时期内，湛若水又以白银五百两在增城县城购杨千户宅，改建祠堂祀陈白沙，当时的知县扁其门为"明诚书院"。（到了嘉靖三十一年，湛氏八十七岁，该年二月再建堂二、厢二为学生号舍，以及其他建筑。所捐莲洞书馆馆谷，贮放书院以祀白沙以及安养诸生的，岁凡一百二十八石，谷仓钥匙由别号春冈的张公负责，"出纳必告县"。[2]）他单在广东一省，便先后设有馆谷十九处。每处"咸有精舍、赡田，以便来学"。这些学校，或称书院，或称书馆，或称精舍。它们的名称和所在地如下：

> 沙贝（甘泉都）：甘泉、独冈、莲洞
>
> 增城、龙门：明诚、龙潭
>
> 广州城：天关、小禺、白云、上塘、蒲涧
>
> 西樵山：大科、云谷、天阶
>
> 罗浮山：朱明、青霞、天华
>
> 曲江：帽峰
>
> 英德：清溪、灵泉[3]

这些书院都是嘉靖十六、十七年以前兴建的。这和湛氏的政治生涯有关。湛若水本来便不甚为明世宗所喜欢或信任。嘉靖十五年十月，湛氏以南兵部尚书上所著《二礼经传测》，被认为有违孔子之道，不为朝廷接受。[4] 次年四月，御史游居敬上疏劾奏

---

〔1〕 黄佐，《广东通志》卷三八《礼乐志·书院·大科书院》，页 8 上—下。

〔2〕 嘉庆《增城县志》卷五《学校·书院·明诚书院》，页 31 下—32 上。

〔3〕 《湛甘泉先生文集》卷三二罗洪先撰湛氏《墓表》，页 5 下—6 上。《广东新语》卷九《养士》，页 294—295，所记出此。据《墓表》，湛氏在南京、溧阳、扬州、池州、徽州、福建、湖南等地兴建的书院还有十三所。

〔4〕 《明世宗实录》（台北："中研院"历史语言研究所，1965）卷一九二，页 10 上—下，嘉靖十五年十月丙午条。

湛氏伪学，请禁湛氏及王守仁（1472—1529）所著书，毁其书院。结果有书院改毁和以后不得私创的谕令。[1]但实际上已有的书院多只改称精舍之类而已，并不照毁，湛若水在广东的主要书院和维持书院的赡田，因此幸而无恙。

湛氏所建个别书院的兴建费用来源，还须研究。书院的日常经费，则主要来源于湛氏所购置的赡田。在湛氏所置的赡田之中，以莲洞书馆所属的规模最大。湛氏在嘉靖十五年十一月二十六日南归至增城，[2]不久便开始在沙贝村邻近的清湖都峨眉山建莲洞书馆、东洲村古甘泉洞修甘泉〔书〕馆，在罗浮山建朱明书馆，在西樵山〔扩〕建大科书院，合为四馆，以备退休后四时轮流居住讲学。莲洞书馆因为位于山顶，学生难于负裹粮食而上，而其下附郭阮、唐、廖、蒋四村之间，有无主荒埔。学生请他开垦，湛氏于是命仲子㛃之和学生们向县官申请，承诺以开垦田地中一定亩数纳税。获准后整地，"凡为田约十余顷，以其附郭也，岁收租谷可千余石，熟之（地熟后），可三千余石"。因为工程艰难，费用"凡乃工金一千五百有奇"。"其费也博，而吾一二十年俸入之囊，罄于此矣"。于是筑仓二层，凡赡田收入都贮放其中。每岁"馆长二人，与子若孙主之。乃出誓言"说：田谷只供维修书馆和馆谷诸生之用，而诸生必须并习德业和举业，不得懒惰、浮夸。馆谷（最多）每人每月米四斗，即谷八斗；要在新米到后，扣除维修费和赋税之后，多过基本藏量后才分给。[3]

这是湛氏最大的赡田田地投资，后来的收益，可想而知。嘉靖十九年五月，湛氏获命致仕，九月回抵沙贝故庐，同月作《大

〔1〕《明世宗实录》卷一九九，页9上，嘉靖十六年四月壬申条。
〔2〕嘉靖《增城县志》卷一七《古风·罗浮四诗有序》，页19下。
〔3〕《湛甘泉先生文集》卷十八《莲洞书馆赡田仓记》，页45上—46下。按：此处刻本误将湛氏次子㛃之写成东之，东之其实是湛氏长子。

宗小宗合食训》，次月入罗浮，居朱明书馆，开始退休后的周游讲学生涯。[1]此时或不久，庞大的莲洞馆谷也开始有所收入。到了嘉靖二十三年时，湛若水已是珠江三角洲一方的大慈善教育家了，他的多处赡田收入必定相当可观，难怪乡老们要他"推恩"来惠及本乡的长者。

六、活动项目和仪式[2]

沙堤乡约的活动，分为聚会和巡省二项。聚会每年四次，每季仲月望日，即二月、五月、八月、十一月十五日，在沙贝村的独冈书院举行。巡省在聚会之外的八个月份的望日进行。换言之，这个乡约每月都有活动。巡省是下乡活动，约宾不需参加，主持人则要全体出动。他们巡行到各个保甲地分，做督察工作，根据聚会时约宾及乡正所提供的资讯，了解甲中居民的为善为恶情况，加以勉励或警诫。

沙堤乡约举行首次聚会的时间，是嘉靖二十三年五月十五日，有观礼者文字可证。举行前十日，湛若水和伍克刚曾先给他们拟邀赴约的乡老和乡正，发出说明起约原因、目的和聚会仪式内容的邀请信。到了开会前一天，主约、副主约"遣介送请帖于同约父老、同约者（约正、约副）及乡正"。乡老、乡正答应后，才确定举行。

《圣训约》所定的聚会仪式如下：聚会该日，清晨七时（辰刻）起，主约、副主约、约正、约副、乡正先到约所（独冈书院礼堂）等候约宾。乡正同时带来该乡原有的保甲大小牌面。约宾

---

〔1〕《湛甘泉先生文集》卷二八《归去纪行略》，页 12 上一下。

〔2〕 此节据《圣训约》，页 21 上一43 下。

陆续到达，先在书院祠堂休息。（一定数目的）约宾到齐后，主方全体出迎。主约、副主约由东阶（面向门外的左边）出，约正、约副、乡正由西阶出，到门外揖宾请进。宾方由摈二人前导，从西边（面向门内的左边）入门，约正、约副、乡正跟随其后，一起向堂前前进；主约、副主约由介二人前导，从东边入门，向堂前前进。双方到达堂前之后，主约、副主约先揖宾升阶，升阶后再揖宾升堂。（参图三）

升堂后的仪式，通由赞者唱导进行。首先鸣鼓三声，鼓后众宾与主约、副主约相揖，步向礼堂中央，北向站立，立定后宾主各再作揖两次。接着众宾与约正、约副、乡正作揖一次。然后宾主都到事先贴好名字的座位坐下喝茶（这样的做法，是要使老者不需过劳筋力，也可让后到的约宾易于入座）。

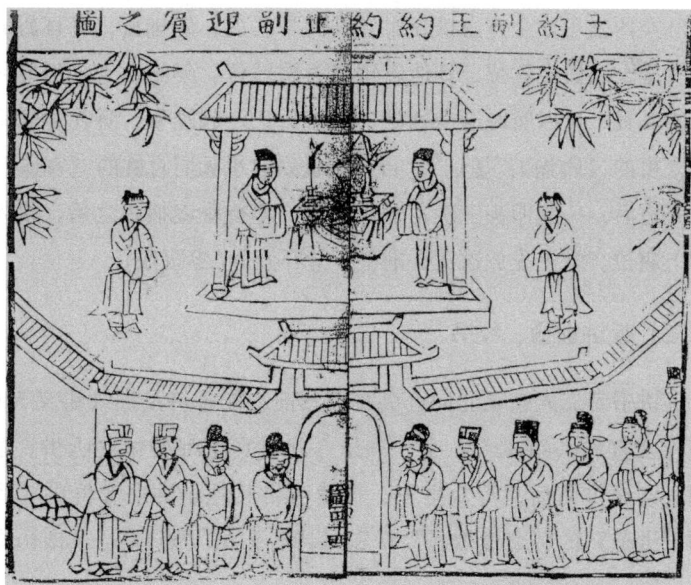

图三　《圣训约·主约副主约约正副迎宾之图》

《圣训约》的图像显示，[1]礼堂呈东西长方形，堂上的摆设和堂上宾主座位、堂上下执事位置的排列如下：堂上中央靠外地带用来摆放（用后移开的）讲案和读乡约案。讲案用时，上放书册。座位均靠边，面向堂中。约宾座位，一列在堂北，二列在堂西，还有一些在堂下西阶之后。约正、约副、乡正座位，在堂西宾位之前，靠近西阶；约正靠近堂内，乡正靠近西阶。主约、副主约座位在堂东中间，主约座位靠内。副主约左边是诸执事者位置，执事者位前放鼓、钟、磬，执事者位后放讲鼓、镈司。堂下两阶中间，是歌工四人的位置。堂外西北方有亭（即约亭），亭中设有香案，案上放香炉一、烛台和花瓶各二。

正式行礼的次序如下。

（一）听读圣训、宣谕

宾西主东，全体由摈介引导到约亭之前，先排班，有官爵的在前排，以爵次就位，其他以年齿为次就位。年纪太老、不能拜跪的乡宾，可以暂时避坐别处。就位后，一起跪下，听礼生先读明太祖的《六谕》"圣训"，再读明世宗谕承天府百姓的"宣谕"。读完之后，一起叩头三次，然后起立，等待香案撤去之后，复入堂上座位。堂上先放讲案，准备下节开始。（参图四）

（二）听讲训谕、经书

讲书者二人站立北向，讲案在其前，先各讲圣训（讲义540字）及宣谕（讲义326字）一道，此时宾主都要站立听讲。圣训、宣谕讲完后，听众坐下，继续听讲其他。讲书者再讲《尚书·洪范》的"皇极敷言"章和《诗经》的《鹿鸣》、《南山有

---

[1] 《圣训约》的六幅图像，在页44上—49下。

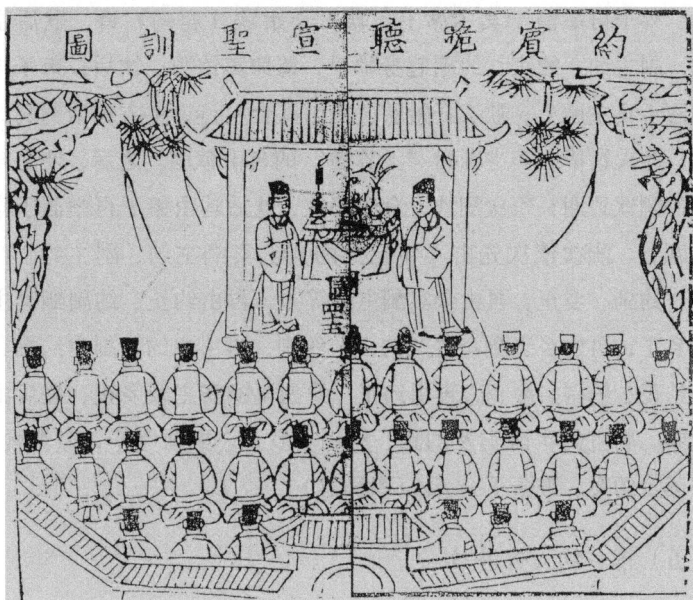

图四 《圣训约·约宾跪听宣圣训图》

台》诗各一道。讲完，撤去讲案。开始下节。

（三）礼献约宾

首先，由主约、副主约揖约正、约副命弟子（六人）酌酒，送上宾主各人。各人酒到后，起立交献，再作揖，然后饮酒，饮后又再作揖，酒盏交弟子接受，然后各就座位坐下。准备行燕礼。

（四）燕礼

先由约副举酒献歌工及执事各人，献饮二杯。之后由弟子举酒放在宾主席上。放好后，开始愉宾乐歌。歌工先歌"皇极敷言"章，歌后约正、约副起身举手，请宾主各饮酒。酒饮后进馔食，弟子再举酒于宾主席上，歌工开始歌《鹿鸣》诗。歌后主约、副主约、约正、约副起身举手，请约宾饮酒。饮后，弟子再举酒于宾主席上。歌工开始歌《南山有台》诗，主方再请约宾饮酒。此次饮毕，宾主开始"无算爵"的自由献酒。之后，便是轮番的酬饮致谢；每次酬饮，全体都饮，饮后均由弟子再举酒于宾主席上。酬饮依次先由（年纪大的）上宾酬主约、副主约、约正、约副、乡正，再由众宾酬主约等人，再由约正、约副酬宾主及乡正，再由乡正酬宾主及约正、约副，再由主约、副主约酬宾及约正、约副、乡正，再由约正、约副再酬宾主及乡正，最后由主约、副主约再酬宾及约正、约副、乡正。酬饮完毕，撤馔食。摆读乡约案，准备下一节。（参图五）

（五）读乡约、听讲书

开讲之前，先鸣讲鼓九声。全体起立，听读约者宣读乡约。约文共有五条，依次题目为"尚礼义"（191 字）、"恤患难"（153 字）、"立臧否"（85 字）、"行保甲"（367 字）、"躬巡省"（76 字）。读约完毕，宾主起立，相向拱手，答称"谨如约"，然后坐下，听讲书者讲《孟子》"死徙无出乡"章。讲后开始处理乡众的善恶行为。（参图六）

（六）记录入册

司籍者把"纪善册"和"纪过册"分别传给约宾，请他们将所知的某人所做某善事、某人所作某过失事，登记在册。入册之后，司籍者将纪善册的内容，当众宣布。纪过册则只传阅一遍。（本文说："又立一册，待一年之后，才密书某人某事过恶，不以示人，令其可改，若二年不改，则鸣鼓攻之矣。"）接着由乡正报告保甲中人所作的善事恶事。然后彻读约案，宣布礼成。

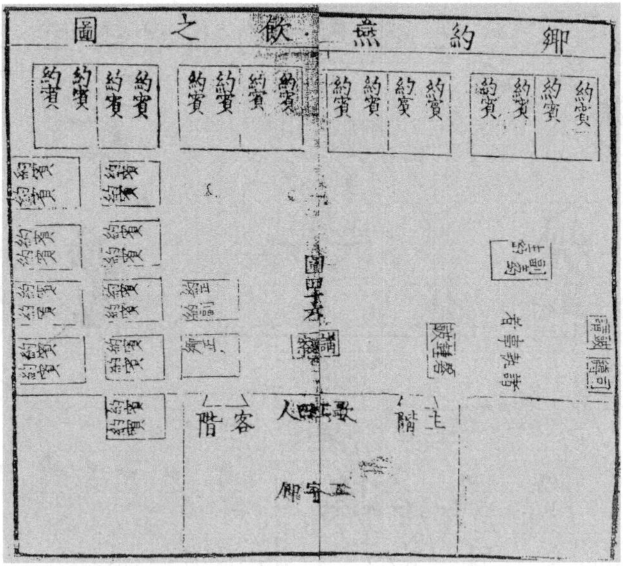

图五 《圣训约·乡约燕饮之图》

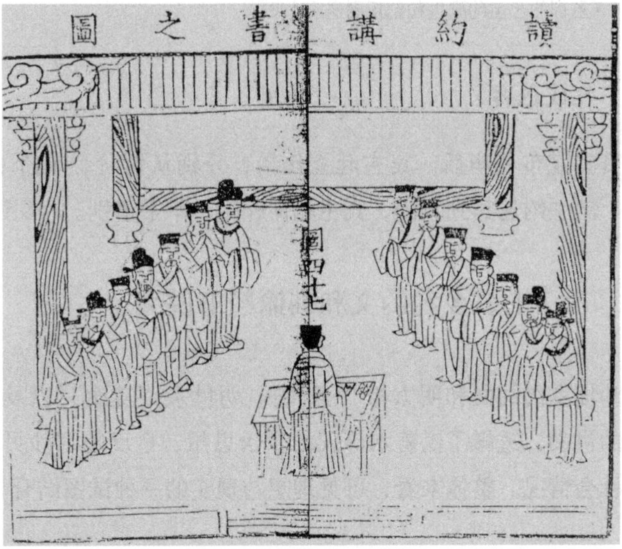

图六 《圣训约·读约讲书之图》

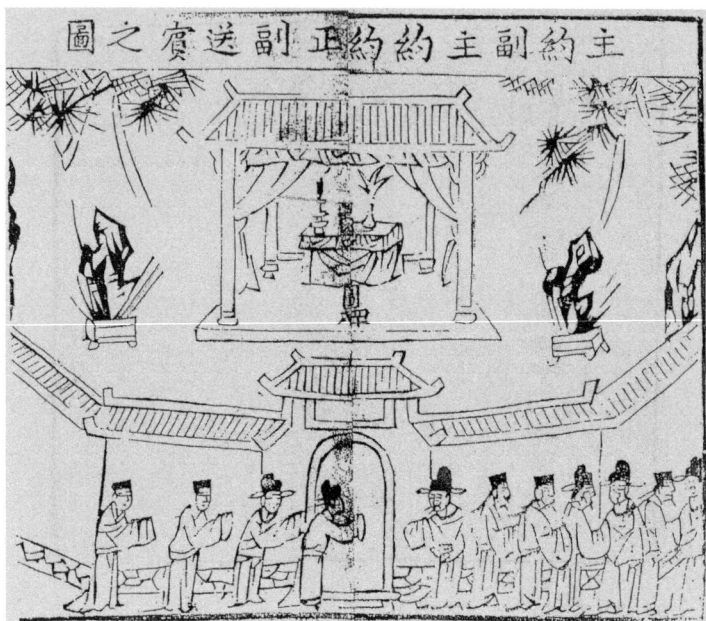

图七 《圣训约·主约副主约约正副送宾之图》

（七）礼成送客

赞者宣布礼毕后，宾主起立作揖，分别从西阶、东阶下堂。主约、副主约送宾到大门，宾主相向作揖，举手道别。（参图七）

七、乡约约文和训谕经书讲义[1]

沙堤乡约约文和明太祖"圣训"、明世宗"宣谕"以及各章经书的讲义，透露了湛若水等人的乡治思想，也反映了沙贝村当地的社会情况。整体来看，可见理想与现实的一种试图结合。

---

[1] 此节据《圣训约》，页50上—67下。

乡约本文一共五条，各条足以反映精神的主要文字如下；和当时的两种典型乡约——《吕氏乡约》和《南赣乡约》——的明显异同之处，也一并提示。

（一）尚礼义

包括"父子相亲，兄弟相友，长幼相爱，夫妇相敬，朋友相信；有恩相亲，有礼相接与凡父坐子立，夫妇如宾，兄先弟随之类"；路上遇到长者时的逊让礼节。"凡坐，不可分上户下户，率以齿为序"；"凡遇冬年节，则同甲之人，各相往来拜贺，有婚嫁丧葬，皆宜相吊相助，以尽其情可也"。这条和蓝田《吕氏乡约》的"礼俗相交"条相类，[1]特别之处在于乡人序坐论齿不论财的乡里相处原则。

（二）恤患难

"凡同甲者，一如一家之人，又如一人之身，……岂有不顾卫之理。凡有疾病，必相问疗，有水火盗贼之灾，必相救援；有死丧，必相吊慰，邻里有丧，舂不相杵，不巷歌。至于同甲有被人诬害，则二十四家率一乡之人共保白之。横加诬人、总甲罗织之类，必共捍之，不许入本里为害。"这条和《吕氏乡约》的"患难相恤"条相类，特色则是以二十五家为相保单位，及以集体行动自白和抗拒外来的吏役侵害。

（三）立臧否

"凡二十五家同甲之内，一人为非，则共往戒之，务使不为

---

[1] 北宋吕大钧兄弟所定的著名《蓝田吕氏乡约》，明朝人所熟悉和往往引以为据的文本，是经过朱熹损益过的《增损吕氏乡约》，全文见朱熹，《晦庵先生朱文公文集》（《四部备要》本《朱子大全》）卷七四，页23上—30上。

恶而后已。一人为善，则共往赞之，务使成其善而后已。久久行之，则……为善者日长，为恶者日消，不仁者远矣，是谓善俗。"这条和《吕氏乡约》的"德业相劝"、"过失相规"两条精神相同，但不列细节而强调了集体行动。

（四）行保甲

"甲内互相保察，互相亲睦，务相勉为善，不许为非。甲内一人为非，九家〔或〕二十四家举呈乡正，（透过他）闻官究治，……〔否〕则罪必连坐。若小有言语，则同甲之人，互相和解，不复斗讼，则风俗亦由之而淳厚矣。"这条所强调的集体责任，是蓝田《吕氏乡约》和王守仁的《南赣乡约》所没有的，但原则和精神与王守仁的保甲十家牌法却没有二致。[1]

（五）躬巡省

至日，"主约、副主约、约正、副同乡正，巡行各甲而督察之。某甲某人为善，某甲某人为不善，某甲某人为孝为弟，某甲某人为不孝为不弟之类，以警之"。主约等下乡巡行是此约的特色，《吕氏乡约》和《南赣乡约》均没此项。（参图八）

圣训、宣谕及各章经书的讲义内容，大略如下。

1. 明太祖圣训

明太祖的六谕圣训是："孝顺父母，尊敬长上，和睦乡里，教训子孙，各安生理，无作非为。"讲者将六谕口语讲解一番，在若干地方提示了明显的行为规范。如"尊敬长上"便包括了"子

---

[1] 王守仁所订立的这两个制度的主要文字，见王氏《王文成公全书》（《四部备要》本《阳明全书》）卷一七《南赣乡约》，页20上—23上；卷一六《十家牌法告谕各府父老子弟》，页2上—5上。

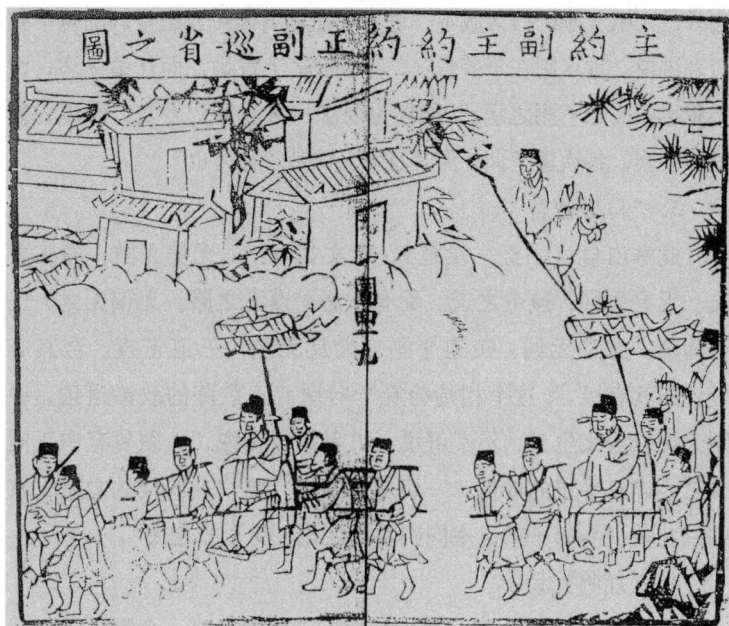

图八 《圣训约·主约副主约约正副巡省之图》

弟于长者之前，不敢戏笑，背后不敢非毁；谦卑逊顺而致敬尽礼；谨守律法而不敢犯；早纳官粮而不敢违"等事。"和睦乡里"包括了"无以贵忽贱，无以富欺贫，无以强凌弱"等事。"无作非为"的非为则包括"为盗贼、为光棍，……不孝，……不义"。特别强调"如今之赌博，正是非为之大者。试观今之逆父兄，疾妻子，斗邻里，破散祖业，穿窬淫放，莫不由赌博而致此极也"。这有当时的本地现实意义。最后呼吁"凡乡里父老归告乡邻及家之子弟，切须戒之，无犯圣谕所禁"。

2. 明世宗宣谕

宣谕的内容是："各要为子的尽孝道，为父的教训子孙，长者抚那幼的，幼的敬那长的，勤生理，做好人，依我此言，钦此。"

这只是太祖六谕的白话版本，讲者也把它当作对太祖圣训的重申敷衍来讲说。重点则在于警告："若不依皇上宣谕，而任情纵恣，则必犯律条而蹈不测之祸。"同样也要求"凡我同约乡宾，归以告邻里、宗族，各钦遵圣训，保其身家，保其子孙可也"。

3."皇极敷言"

此章出自《书经·洪范》，原文如下："无偏无陂，遵王之义。无有作好，遵王之道。无有作恶，遵王之路。无偏无党，王道荡荡。无党无偏，王道平平。无反无侧，王道正直。会其有极，归其有极。"这个相传为箕子向周武王敷陈的政治道理，原则上可以望文生义，不费解说。讲者重点在说，人须要有中正向善之心以及平正的性情，一切遵从王道，要"凡我同约之贤，宜归以此教训乡邻子弟，幸同归皇极之化，为皇极之民"。

4.《鹿鸣》诗

诗句出于《小雅·鹿鸣》首章："呦呦鹿鸣，食野之苹；我有嘉宾，鼓瑟吹笙。吹笙鼓簧，承筐是将；人之好我，示我周行。"讲者讲这首周王燕享宾客诗歌，用意在向约宾表示感谢支持。

5.《南山有台》诗

诗句出于《小雅·南山有台》首章："南山有台，北山有莱，乐只君子，邦家之基。乐只君子，万寿无期。"讲者说诗，用以称赞宾客对于化成风俗的贡献，表达以得这样的宾客为约宾，是为"约会之光也，愿与诸君共勉之"的意思。

6.《孟子》"死徙无出乡"章

此章的《孟子·滕文公》原文是："死徙无出乡，乡田同井，出入相友，守望相助，疾病相扶持，则百姓亲睦。"讲者开始即强调孟子所说的"井田之法，正与乡约之意同"。重点则是末段所说的"《书》曰：'百姓不亲，五品不逊。'今诸君子共起乡约，使同乡、同甲之人，如一家、一身之相亲，亦能出入相友，守望相助，疾病相扶持，则和气流行，是亦古者井田之遗民矣。幸共勉之"。

八、目的与特色

沙堤乡约的目的，有明显的也有不甚明显的，有统一的也有特殊的，有针对多数人的也有针对个人的。如上分析所显示，沙堤乡约明显的主要目的是教化善俗，而教化的急切对象是乡中的年轻人，教化的主要方法则是透过宗族父老对其子弟邻里施加告诫，以及透过乡约主持人对乡中保甲人户的行为加以巡察劝诫。原则上，此约的最大及最终目的，在于落实和推广明太祖的"六谕"教训以改变流行敝俗以及回复和维持原来的良好风俗。此约以"圣训"为名，就是这个意思。

在"六谕"的纲领下，沙堤乡约有着像明太祖推行的乡治制度之处。《圣训约》所见的约仪和明初的乡饮酒礼有明显的理念渊源关系，同样表达了社区对于齿德兼备者的公开敬重。《圣训约》所强调的乡人列坐以齿不以爵位、财富的相处之道，（二十五家一甲的）乡人团结互助等乡里社区生活法则，也见载于明太祖《教民榜文》等典章。此约特别强调的"处于乡里之中，无以贵忽贱，无以富欺贫，无以强凌弱"之说，虽然不及明太祖所定的里社祭礼会饮时所要读的"抑强扶弱之誓"来得积极主动，但精神还是一脉相承的。

沙堤乡约所想灌输、乃至冀望实现的一种乡里社区生活共同体思想的目的也很明显。这是湛若水强调《孟子·滕文公》"死徙无出乡"章的缘故所在。透过如《圣训约》所见的思想和行为约定的展现，与约者期望着一个乡里各阶层都能和平共存的社会场景，一种谦虚礼让的文化品质成果，一种邻里互助团结、共恤患难和共同保卫乡里免于外来势力干扰的习俗。但这个"一体"理想的实现，概念上则是建基于各个宗族的利益维持，因此宗族尤其大族的自我保护也是沙堤乡约的主要目的。

沙堤乡约尤其强调的，则是明太祖六谕中的"无作非为"。其缘故正如会前邀请信中所说的，是因为"乡里子弟往时或有不循礼法，而习为不善者。……故往往习于恶、罹于刑而不自知，临时悔之晚矣"。而在主约者看来，乡里子弟的不善表现，莫大于赌博。《圣训约》中的明太祖圣训讲章内，对于乡中子弟的赌博行为（正如上节引文所见）特别严重其词，并且强调"若能素戒此等而不为，则凡非为之事皆不为，则不患不为好人矣"。几乎认为赌博是一切非为的导缘。社区最需要的，除了孝亲、敬老、尊长、睦邻的善俗外，便是消灭赌博，故此禁赌是一致的公共目的。

沙堤乡约的改变风俗目的中，也有湛若水个人特别想达到的项目——禁止火葬。这项目在乡约约文上和讲义上都不见，但却从《圣训约》的两个附录文件中明白表达出来。它们是湛若水的《告邻里立义阡禁焚尸帖子》和其家人湛兴的《告举禁焚尸及令贫民皆葬新置义阡状子》。[1]湛若水的帖子是告诉乡约中人的邻里的，他表达了对禁焚尸体的坚持，主动要以提供义阡来解决问题。他特别提到自己参赞南京机务时，曾"奏闻置义阡三十二处"，使焚尸之患渐息的事情。[2]他指出当时家乡地方的丧葬情

---

〔1〕《圣训约》，页68上—72上。
〔2〕湛若水在南京处理民间火葬问题的做法，见《湛甘泉先生文集》卷三一《奉诏新建南京漏泽园西城一等号碑文》，页29下—36下。据文，嘉靖十八年七月，他以南兵部尚书上疏，请拆毁淫祠，收回土地改建漏泽园，作为禁火葬之助。八月三十日获准，十九年四月成事。总共维修及重新各城门外原有漏泽园三十一处外，还在西城新开三大处，共用地三十三亩多。

形:"沙贝一乡,及白冈,东洲等处,贫者多焚其父母、兄弟、妻子,不知骨肉受刑,殊可痛惜,既伤和气,乃至凶荒厉殁,莫不由此而生。"他拟"今买某山,立为义阡,使各近乡贫民,有父母、兄弟、妻子之丧,则全棺葬于此山"。此外,他要"又修白冈义阡,许贫民皆葬于此。本宅每遇清明,用三牲酒礼,遣乡正通祀义阡之无主者。以后不许焚尸,以伤和气,以犯律例"。

湛若水这一打算,对生活在风俗中的一般乡人来说,难免产生强迫的感觉。它的施行牵涉了法律的约束力,也涉及和官府有关的土地管理问题,他因而需要官府的帮助,所以他又命家人向县官入状报备。湛兴状中除了讲述家主在南京的所为之外,具体地讲到所需要的地方:"今家主或价买,或捐出户管土,名冈背觜、古牛石、石子冈,及甘泉后洞口桑草园等处。"又说"已有帖子,遍告乡里"。可见这个呈官状子只是补备手续。湛氏对于官府的批准,似乎毫无疑问。他"但恐小民狃于旧习,未能卒从,尚且玩视,须以官府临之,乃能齐一"。故请求知县"出示禁止焚尸,着落乡正伍祖惠遍谕各甲,率依全棺归葬各阡"。湛兴入状时间是嘉靖二十三年六月初一日,在第一次乡约举行后半月;湛氏这两个文件可以收在《圣训约》的刻本中,可见他在聚会时已经有所宣告,而且没遭反对。

湛若水明显是借公开的乡约来达到私人目的的,尽管这目的是多数士大夫的儒家理想所在。为《圣训约》作序跋的湛氏门人把湛氏这类行乡约、禁火葬的举动,明白说成是湛氏完成学者理想和效忠君国的具体表现。序者伍克刚和伍万春所说的前面已见。跋者周荣朱认为《圣训约》此书内容,"与〔湛氏〕三谟诸衍、国子大科诸规,与夫甘泉家训,实相表里焉。孰谓泉翁江湖报君之忧,讵以远而或忘耶"。并强调此举"化家化国,并修盛典,宜符白沙先生四十年前期待之意矣"。阙名门人则强调此举

"其亦爱君救时弗获已之意乎？盖其法即《周官》党正属民于序，而乡大夫主之者也"。他特别谈及善恶书册的劝惩作用，认为整体看来，"斟以先王之法，润以人情之通，仿乎古而不泥，准乎今而皆宜，其区画详，其规模远，其推行简且易，皆根之广大胸中天理流出者也，而自不逾矩矣"。这些肯定忠君和行志的说法，去除个人的因素不说，也反映了读书人对退休官员退而不休的职责的认同，对讲学儒者真的行其所学以兼济天下的理想事业的称赞。

沙堤乡约和当时的典范式乡约，如吕氏乡约和南赣乡约等，比较起来，有若干明显的特色。首先是它的自愿和预防特色。沙堤乡约和当时不少的其他乡约都有乡绅创办的共同色彩，但它的成立背景却自不同。它不是直接因为地方盗贼之乱的治安威胁而产生，也不是因为乡人之间的仇恨对抗或地主与佃户之间的经济矛盾而产生。这些问题在沙贝村也可能是潜在的危机，但对此沙堤乡约的设计是预防性多于救难性的。这点便使它与以收拾残局、调和原来地主和佃户新民的绝大矛盾为要旨的南赣乡约大有不同。它基本上是因乡人之中、尤其老人之间有着挽回淳俗和维持善俗以保护宗族利益的共同意愿而产生的。

以此之故，沙堤乡约的非官方色彩尤其明显。此约全由乡里宗族组成，它事前没有向政府申请或报备；它没有官府的准许或支持，也没有预设政府可以管治或干涉的地方；它不要求政府官吏的出现，不表明愿受政府的监督；它要的只是基层吏役（乡正）的参与和政府对于禁止火葬一事的支持。它不与保甲为约，但却要巡视保甲住户和纠察保甲住户的行为表现。它的乡绅支配意图很明显，但它却是假定官府对此是可以接受的。

与此相应，沙堤乡约在功能上则有很强的自限性。除了巡察保甲之外，此约所牵涉的乡里公事是极为有限的。它不管社学、社仓、里社祭祀之类的乡里公事；不强调与庙宇、词讼、生产、赋役等有关的宗教上和法律上事务，尽管约文中也有相关的呼吁。它开会不需村中长幼全到，宗族和保甲人众也都不必来；聚会时虽也宣讲明太祖的六谕，但却没有（一般乡约的）木铎巡街、宣唱六谕的做法。这样清楚而有限的权责划分，也和此约的非官方性质有关。

沙堤乡约有明显的村内宗族全体参与性和平等意识。创约的意思是源于大家的；尽管经费和人力都由一个家族供给，但事情却非由同一家族主持一切的。高年的约众亦即所谓乡宾也是自愿入约的，并且都是"从众推举，咸谓公正为人取信者"；出钱的主约和策动事情的副主约并没有垄断对他们的选择权。宗族与宗族之间乃至有产乡人彼此之间的社会地位同样是平等的，故此即使在正式的约会，来自各宗族的乡宾也以序齿为原则，除了跪听皇帝圣谕时例外。《圣训约》有湛若水拟的约会"仪节"，本来拟"读约毕，约宾、乡正举手答曰：'敬如诺'"。但在仪节的正文上，说词却改成了"读约完毕，宾主起立，相向拱手，答称'谨如约'"。这个从一方答应另一方的表达变为双方平等互约的仪文改变，同样透露出此约的宗族平等性。

老人当道色彩特别强是此约的又一特色。此约全由退休乡官、宗族父老共同领导，以老用老的自治架构十分清晰。它的原则性理念是，乡约教化"必自父老始，盖父老乃弟子之素敬信者也。故礼高年，敬其父老，则其乡邻子弟莫敢不悦服而信从焉"。这个假设认为，以有官爵者带头的乡约组织若能向乡中老者致敬，年轻人也会因这榜样而悦服于这个组织。

但此约也有明显的区分性和强迫性。首先是宗族中的父老辈和一般户的清楚区分。具有宗族父老身份的乡宾和主约、副主约是乡约的缔约双方，他们形成一个领导团体，彼此地位看来是平等的。乡约的约文和仪式虽然是由主持人一方所草具，但内容也是双方所同意的。虽然因为下乡巡察保甲之事乡宾不需参与，而使乡约的实际领导权归于主约、副主约和他们的干事约正、约副及乡正，但实际上乡宾和主持人团是互相借重和互相利用的。主持人利用乡宾在各自的宗族内发挥劝导善俗的作用，乡宾也借重了主持人和乡约本身的团体威信，对宗族邻里产生影响，故此他们的关系是互惠的。但其他的人户却都要编入保甲，被迫接受乡约主持人团和乡宾们的监察。

整体看来，沙堤乡约对约众和民众的约束并不严厉。约众聚会时，不用宣发听训遵约之誓；对民众之有过失者，不施以罚款，也不动即告官。此约的内容和工作也都比较简单。它的功能单元只是二十五家的一甲，甲与甲间相对独立，没有网络式的行动牵连，在乡约主持人和保甲人户之间，还有宗族长老居间，因而理论上也比较容易实行。这点当时的观礼者也有人已经注意到了。人性本善论和性情可塑论是本约的理论根据。乡里子弟之有不良行为，是"非其性之本然也，盖前此未有教化之道"，故此要以此约来作教化工具。这工具只包含村中父老辈的聚会读约和主约人等的下乡巡行两项活动。聚会时则"恭读圣训、宣谕各一遍，人人各相诚谕，归各管束其宗族邻里子弟"。下乡则主要是对保甲人户的善恶行为加以了解和奖劝警诫。

九、成效探讨

沙堤乡约究竟有没有收到预期的效果，因为文献不足征，难以估计。它对整个增城的风化和治安帮助可能不大。上文说过，湛若水逝世的嘉靖三十九年，"十月五日，有贼劫增城县库，皆邑之赌博无赖者"。次年"秋八月十一日，土贼合东莞贼掠城中"。再过两年，"增筑县城"。[1]这些事情反映了乡约特别关心的赌风以及与赌博有关的盗贼劫掠，通县而言，并未改变。但沙贝村并没有足以载诸县志的歹恶之事发生过，也是事实。

沙堤乡约的首次聚会，有一批湛若水的外地来访学生参观了典礼。据其中的莲洞书院山长、顺德人周荣朱的"仲夏吉日"跋语，周氏与同门东莞人一人、顺德人四人、福建漳州人一人、广西一人、南京一人、宜兴二人、番禺一人，是时皆"馆独冈问学于翁，适逢其会，聿观厥成，咸为之喜而不寐，以谓盛典之成，非偶然也"。[2]他们都对湛若水之隆重其事，留下深刻印象。其中宜兴来的黄云淡说：他五月丁未从宜兴到沙堤，湛氏即示之沙堤乡约，是日"夫子遂集独冈精舍诸生，暨阖族诸髦演之，肃如也。明日，夫子临精舍，命再演之，雍如也。又三日，夫子速乡族耆老行之，翕如也。云淡旁观，飏言曰……"[3]从乡约之有初印本到连续两日的演习，可见湛氏态度之认真。

但认真却不即等同成功有效。沙堤乡约看来未能持久，也未能广为传播。明清《增城县志》对此约都无所记载。《圣训约》此书的湮没，更是此约声名不彰的明证。此约开始后十六年湛若水才逝世，但在罗洪先所撰湛氏《墓表》中，只有《湛氏家训》见于列出的湛氏著作书目，《圣训约》并未列名。清修县志的《艺文·书目》卷列上湛氏著作十三种，也没有《圣训约》在内；[4]县志内《圣训约》的序跋也一概不见。

一个曾经行之有日的乡约，总会有相关的记载或口头流传多方。认真执行的乡约，一般都会招致被约束者的批评，稍出问题，

〔1〕 嘉庆《增城县志》卷二《编年》，页16上—17上。
〔2〕 《圣训约》，页80下—81上。
〔3〕 《圣训约》，页75上下。
〔4〕 嘉庆《增城县志》卷一六，页1下—2上。

便会诋毁四起。相反，如果鱼肉老百姓的胥吏之辈因而受制，一般也会在方志上留下好评。从《墓志铭》提及湛氏曾经立约亭行乡约，而省府县志、名人文集及地方传说都没有谈论此事的情形来看，沙堤乡约恐怕是以行动减少、后继无人的收场自行结束了。

一个乡约的成立和推行，至少要具备权威、人力和经费三个条件。我们从这三者来注意探讨，沙堤乡约无闻于世的原因也不难推断。先从权威条件看。明代的乡约，一般都是地方官授权成立而由乡绅主持或监督的。即使是乡绅主动发起的，也会在开始之前寻求县官的认可和正式批准。有了官方的授权，有心而地位较低的乡绅，还能有所作为。沙堤乡约却如前所示，是十足的非官方乡约，没有法令或行政命令赋予的权力支持。它的权威主要是社会性的，靠的主要是主持人的个人声望，以及各宗族父老在自己族内的威望。但与约的人物，除了湛若水和伍克刚之外，都是所谓的"布衣贱士"，名字在县志上找不到的一般宗族老者。[1]此约的号召力或阻吓力，主要都来自湛若水个人。

湛若水的爵位和年德，使他不论对地方官、乡绅、宗族老辈，乃至对受惠于湛氏福利基金的乡人，都能产生影响力。他的积极投入，无疑能使此约较为有效进行。但湛若水却不是时常居住沙堤的。他的行足所在，是他四处建立的书院。此外，他的游兴甚大，经常出外旅游。就在沙堤乡约举行后的不久，嘉靖二十三年八月九日辰时，他便发舟西樵，作南岳之游去了，直到十一月二十三日才回抵家门。有趣的是，途中（八月十五日）他在舟中与在揭阳县行乡约著名的官员学者薛侃（1486—1546）深入讨

---

[1] 《圣训约》所见的六十五个人名，除了湛若水和伍克刚以外，嘉靖和嘉庆
《增城县志》都未见载。

论古《太极图》，却不曾一及彼此都亲与其事的乡约经验。[1]晚年的湛若水，儿子相继去世，可能便更无精神心情去理会乡约事情了。伍克刚的传记无闻，他的影响力无从估计。

湛若水的子孙不继，也可能在财力上削弱了沙堤乡约的人力资源。乡约举行后二日，湛若水的同门汤霭到访，为《圣训约》作跋，特别提道，"盖先生又出赡田之羡余，以成兹约之资，又嘱仲子柬之，可行诸永久而不替"。[2]由此可见，沙堤乡约的经费基金，是由湛若水的次子湛柬之负责的。汤氏认为这样做，乡约可以持久。但基金没有独立的经理，却存在了人亡政息的危机。据洪垣所撰湛若水《墓志铭》，湛氏有子三人，分别出于一妻二妾。长子东之，荫为太学生，癸丑（嘉靖三十二年，疑有误）卒，有遗腹子寿鲁。次子柬之，以荫官至广西太平府知府，嘉靖三十年辛亥卒。季子涞之，补广州府廪赡生员，嘉靖三十一年壬子卒，有遗腹子恭先。湛氏以子亡孙小，择立长房应继承人天润，付给掌家事权。[3]天润又以岁贡，官国子学录，迁平乐府判，任官在外。[4]这样，湛若水存时殁后，能够专意负责乡约经费的子孙，都不长期存在。经费的来源因此难以确保。

但制度上的运行困难，看来可能才是此约难行的关键原因。沙堤乡约的目的，是想透过宗族父老力量，来端正乡里子弟行

[1] 《湛甘泉先生文集》卷二九《岳游纪行略》。
[2] 《圣训约》，页74上。
[3] 《湛甘泉先生文集》卷三二，页17。按：湛若水及其父都是独子，这里所谓的长房，会不会是湛若水长子的庶子？天润在恭先出生前，是被立为涞之的承祀人的。嘉庆《增城县志》卷一一《选举·封荫》，页21下，称涞之为天润之父。湛若水还有曾孙一人登万历癸卯科举人，二人登万历三十四年丙午科举人，一人登万历四十年壬子科举人。见同书卷一一《选举·举人》，页11上。
[4] 嘉庆《增城县志》卷一一《选举·岁贡》，页15上。

为，从而达致善良风俗。它的关键机制，是主持人对保甲组织的巡察以及对保甲内个别人物的奖励劝诫能力。这个机制能够运行的前提是保甲组织的存在。如果保甲组织不起，事情便难以推行。从本文参考所及的相关文献看，明代中叶的增城保甲组织，如果不至于完全没有，至少也是功能不彰的。

最要注意的事实是，沙堤乡约"行保甲"条的文字只是拟想性和企图性的文字。保甲制度在明清的增城县志都没有记载，但《圣训约》显示了它曾存在，书中载乡约首次聚会之日，"乡正是日以所旧立乡保甲大小牌面来示，礼接亦如之，保甲人不必来，恐扰之"。[1] 在湛兴呈县要求禁焚尸和设义阡的状子中，也有"着落乡正伍祖惠遍谕各甲，率依全棺归葬各阡"的话。[2] 可见保甲制度至少在沙贝村所属的绥宁乡内是存在的。所谓"旧立乡保甲"，据书中乡约"行保甲"一条所示，[3] 应是嘉靖七年间王守仁总督两广时下令成立的。[4] 王守仁正德十三年（1518）在江西南部行南赣乡约和保甲十家牌法，屡言地方官视其保甲法为虚文，敷衍了事。[5] 从《圣训约》的相关条文看来，嘉靖中期的增城保甲制度，同样也是名存而实不彰，没有得到认真施行的。

"乡正"这个职名，《大明会典》和《明史》都不见，也不见于《增城县志》。[6] 但它的职务肯定和维持乡里的社会秩序有

---

〔1〕 《圣训约》，页 34 下。
〔2〕 同上书，页 72 上。
〔3〕 《圣训约》，页 32 下—35 上。
〔4〕 王守仁总制湖广、江西、两广军务兼巡抚两广事，见《王文成公全书》（《四部备要》本）卷三四《年谱》，页 22 上—31 下。
〔5〕 《王文成公全书》卷一七《申谕十家牌法》，页 26 下—27 上；《晓谕安仁余干顽民牌》，页 28 下。
〔6〕 嘉庆《增城县志》卷二《编年》部分，嘉靖十八年至三十一年事未记录，故此不知"乡正"一职是否嘉靖十七年后（亦即张文海撰县志成书后）的新增职役。

关。作为一种乡里职名，乡正的职务见于《隋书》。《隋书》卷四二《李德林传》载，开皇年间，苏威"奏置五百家乡正，即令理民间辞讼"，李德林恐怕这比起原来的乡官判事，为害更甚。[1]这里的乡正角色是地方社区的民事诉讼裁判者。和明初的里甲老人的职务很相似。明太祖《教民榜文》规定：里甲老人坐申明亭，断决"民间户婚田土、斗殴相争，一切小事"。"若里甲老人合理之事，顽民故违号令，径直告官"，官员应当发回而不加受理。[2]明代沙贝村"统图十二"，粮户不会少于十二里，沙堤乡约所说的这个实有的乡正，如果不是乡都一级的里甲老人的地方称谓，至少也是沙贝村一村的老人、头人的地方称谓，只是在这个乡约的设计中，他的权力很有限，只在执行主约等的指示。

湛若水在"行保甲"这一条中，除了提示王守仁总督两广时和他自己参赞南京机务时所实行过的保甲制度，可以有"风俗亦由之而淳厚"的功能外，主要是在宣扬自己所拟的保甲制的优点。这条文字对于判断沙堤乡约的成效极具关系，详引如下：

> 予南京参赞，奏编保甲以联人情一节有云：每二十五家编为一甲，共立粉牌一面，备书二十五家姓名、户籍、丁口及某为士、某为农、某为工、某为商。其牌轮流收管。收牌之人，每日询访二十四家出入动静。如某家行某事善，则率二十四家共赞成之；某家行某事不善，则率二十四家共沮止之。或懒惰不务生理，及因争田地相攘闹斗讼，则率二十四家共解释之，不听，则必继之以泣，务致欢乐如

---

〔1〕《隋书》（北京，中华书局，1973）卷四二《李德林传》，页1200。
〔2〕 里甲老人职责见《皇明制书》（万历刊本）卷九，页2上—7上。

初可也。凡二十五家，出入相友，守望相助，疾病相扶持，二十五家之人，宛如一家父子兄弟之爱，则百姓睦矣。其有肆为不善，游手好闲者，及赌博者，与夫不务同心联属者，二十四家故纵不肯即时举正者，乡正呈官连坐责罚之。[1]

这些追述之词对于沙堤乡约来说，其实只是拟想之词，并非既有组织架构的复述。由此看来，连同"恤患难"和"立臧否"两条所说的二十五家一甲应有之事，恐怕也都只是拟想之词了。湛若水其实只在推介自己二十五家一甲组织规模的好处而已。他可能假定了，在旧有的保甲名册上作重新的户数划分，便可以代入自己的设计。当然，湛氏这个设计如果能够成立，沙堤乡约如拟推行的可能性便会很高，否则它的成功机会便会很低。但照本文前面的分析，这个没有事前向政府申请的新保甲组织，虽然并非于法无据，看来也许没有得到实现。

沙堤乡约的进行看来只有达到一半的预期目标。乡饮式的乡宾聚会或许持续了一段时期，下乡巡察保甲的活动，可能持续不了，也可能根本不能如拟地施行过。

唯一可以反映沙堤乡约的或然影响的，是此约的聚会仪式。我们不难想象，出席聚会的宗族父老和参与执事的湛氏宗族青年，都能透过仪式的展现和明太祖《六谕》的讲说，对源于儒家经典及官方典章的高雅礼文有所认识和实习，对士大夫所提倡的儒家伦理规范获得加强的印象，从而整体上使乡约所及地区民众在道德提升和文化融合方面提高了实现的可能。但这些需要时间验证的风俗效果，我们的资料还反映不出来。

---

[1]《圣训约》，页33下—35上。

沙堤乡约仪式的另一可能影响所及，是以后的增城官方乡饮酒礼。明代增城的乡饮酒礼仪式，有一定的地方特色，和《大明会典》所载的有出入。嘉靖县志记载如下：

> 洪武十六年，定图式仪注，令府县城市乡村一体举行。每岁正月望日、十月望日，县官于儒学行礼。……学官一人为司正，扬觯致辞，生员一人讲读《御制大诰》第五十八章（《乡饮酒礼》），一人讲读《大明律》文一章。宾主起听，毕，再揖，然后坐，乃行〔酒〕，不过十行，宾主拜揖，乃退。[1]

清代县志所载的明代仪式，已经变成读《大诰》和律令（以及讲书）后，献酬馔汤，饭间，"歌诗，主宾皆起，歌《鹿鸣》三章，以钟鼓为节"，歌毕，复坐。又饮食，"又歌《四牡》、《皇皇者华》，间歌《鱼丽》及《南有嘉鱼》、《南山有台》，俱以钟鼓为节"。"三饭毕，主宾皆起，唱洗爵，勿散，主宾望阙谢，行三跪九叩首礼，仍宾西主东，行四拜礼"。然后辞送。[2]由专重诰律变为兼备歌诗燕饮，和沙堤乡约的仪节很见接近。但我们也没有证据说这是此约的影响所致。

---

〔1〕 嘉靖《增城县志》卷一一《礼乐类·公家之礼·乡饮酒礼》，页2上。按：明朝法定乡饮酒礼，详见《大明会典》卷七八。《大诰·乡饮酒礼第五十八》原文，重点在道德分别："所以乡饮酒礼，叙长幼，论贤良，别奸顽，异罪人。其坐席间，高年有德者居于上。高年淳笃者并之，以次序齿而列。其有曾违条犯法之人，列于外坐，同类者成席，不许干于良善之席。主者若不分别，致使贵贱混淆，察知或坐中人发觉，主者罪以违制；奸顽不由其主，紊乱正席，全家移出化外，的不虚示。"（万历刊本《皇明制书》卷二，页40下—41上。）
〔2〕 嘉庆《增城县志》卷五《学校·乡饮酒礼》，页23上—43下。

十、从沙堤乡约看明代乡约的性质与功效等[1]

明代中叶以降是乡约的发达期，乡约数量增多，形态比较活泼，情况与清代大部分时间的不同，还没有定型到几乎以宣讲皇帝圣谕为唯一内容，也没有沦落到为保甲服务的地步，[2]因而很难用一个或者一类型的乡约来作概括。乡约固然有它的共性，譬如道德性、社区性、有限度自治性等等，但真正付诸实行的乡约都有因人、因情、因时、因地等现实考虑。沙堤乡约正为明代乡约的个性提供了可靠的案例。这个个案不可能借以论析所有与乡约相关的问题，但拿它来和近年来几个深入研究过的乡约个案比较，明代乡约在组织上、性质上、成效上等的多样差异情形便更显而易见。

明代乡约存在多样差异情形的事实，似乎还未成为通识。举例说，万历二十年（1592）至二十二年吕坤（1536—1618）巡抚山西时，曾经把所拟施行的乡约和保甲并行的地方控制机制详细写出，成为《乡甲约》一书。此书万历二十六年和吕氏其他与为政有关的著作一并收入吕氏的《吕公实政录》刊出，[3]以后成了一个很受重视和欢迎的文献。吕氏《乡甲约》也成了论说明代乡约者常加引用的代表作，有时甚至成为唯一的指示性举例，[4]结

---

[1] 本节大部分曾在 1999 年 8 月 31 日至 9 月 2 日天津南开大学召开的"明清以来中国社会（14—20 世纪）国际学术讨论会"上发表，题作《从沙堤乡约谈明代乡约研究问题》。

[2] 讨论乡约与保甲关系的相关近作，可参看杨念群，《基层教化的转型：乡约与晚清治道之变迁》，《学人》（江苏文艺出版社）第十一辑（1997.6），页107—151。

[3] 参考 *Dictionary of Ming Biography，1368－1644*, pp. 1006-1010，Chaoying Fang 撰《吕坤传》。

[4] 最近例子，如赵秀玲，《中国乡里制度》（北京：社会科学文献出版社，1998），页 45—46 所见。

果便容易使得读者以为明代施行过的乡约就像这个乡约一样。但这样的结果对于了解历史并没有帮助。因为吕坤所拟行的"乡甲约"（姑不论其行了多少，有效没有）有它的特定时空对象——万历中期的山西地方；他自己固然可以假定此约的内容原则上可以通行各地，我们却没有理由认为或者相信此约曾经如此。分析到最后，我们只能说《乡甲约》是乡约的一类型，一个能够令人对其效力产生憧憬的乡约类型。

同理，我们对王守仁的南赣乡约也应作如是观。它原来是正德十三年（1518）平定江西南赣地区佃户以及无籍外地人和土著斗争冲突所引起的反乱后所特定的善后措施。当时该地的"有司治之无道，教之无方"，是需要该乡约的前提；调和土著和"新民"的矛盾以使动乱不再，是此约的目的。在嘉靖一朝起王阳明事功和学说的巨大影响力下，南赣乡约成了王门学者以及其他官员仿效的乡约模式，是无可置疑的。但我们却不能说很多同时代的其他乡约也都采用了如同南赣乡约的内容。[1]至少沙堤乡约便不是。

陈柯云研究明清徽州乡约，强调从官绅立场和角度来看康熙《休宁县志》所见的"乡有约，里有保，亦用贱以治贱耳"的乡约治民作用，并引隆庆六年（1572）的祁门西乡文堂陈氏乡约的做法为证。文堂乡内陈氏有很多佃户，他们不但不需参加陈氏宗族的乡约，还要被命"编立甲长"，使自约束，"每月朔，各甲长侵晨赴约所报地方安否如何，甲长一名不到者，公同酌罚不恕"。[2]这确是所谓"以贱治贱"的做法。

---

〔1〕 近年探讨南赣乡约之作，可看曹国庆，《王守仁与南赣乡约》，《明史研究》第三辑（1993.7），页67—74。又可参考 Kandice Hauf 下引论文。

〔2〕 陈柯云，《略论明清徽州的乡约》，《中国史研究》1990年第4期，页46—49。

和这样贵贱分明的区分比较起来，沙堤乡约处理阶级分别的做法便显得微妙多了。它看来没有"以贱治贱"的设想，有的却是"以贵治贱"甚至"以贵治贵"的表现。沙堤地方有保甲组织，也有佃户，但乡约所拟的保甲户并不单指佃户。沙堤乡约主持人下乡巡省保甲时，是把保甲当作一个人户居住社区来看待的，有宗族组织和没有宗族组织的人户都在保甲组织之内，也都在督察之内。沙堤地方的宗族包括了地主和自耕农，保甲组织内不属宗族组织的人户大概都是小姓的、大姓零居的或没有产业的人户，但乡约并没有要求佃户另组编甲。沙堤乡约看不出想象上或设计上刻意的阶级划分和防范。它的真正重点其实是宗族自治：乡约宾聚会时所登记或公布的善恶行为事件，是各自宗族内发生的，也因此在处理上是比较含蓄的；其他保甲中人的善恶行为事件则由乡正向聚会中人报告，并由乡约主持人在下乡巡省时加以奖励警诫。这个做法的决定性因素是宗族的组织和聚居。凡是血缘和地缘结合的人户居住单位，乡约便把它交由宗族父老自己去负责。不是这种结合的人户，乡约便透过乡正去处理，所以在每季一举的聚会时，保甲中人不必来会，以免麻烦。这样的做法，与其说表现了阶级的分别，毋宁说表现了宗族组织有无的分别。

　　沙堤乡约和文堂乡约同中之异之处是宗族之间的团结，但这团结的目的不是排外性的控制，而是普遍性的教化。由此可见，这时候的沙堤地方的租佃关系是比较稳定的，宗族之间也是比较平等的。反过来说，宗族关系和租佃关系平衡时出现的乡约，它的"控制性"是不强的。沙堤乡约有以老治少的特色，因为它的最现实期盼是想透过父老的劝说和督责，来使当地的年轻人免于赌博的恶习。我们因而得到的启示是，乡约同是宗族的乡治工具，但它的性格却是受到它的特定目的所影响甚至决定的。

讨论明代乡约的另一要项是乡约的有效性。这问题的观察点是一个乡约实际施行的期间长短，而决定持续性的主要因素至少包括了乡约的客观需要性、乡约本身的品质、权威的来源、执行上的人才等。

明代乡约的寿命一般不长。正德十三年王守仁命行的南赣乡约只行了数年。嘉靖四年吕柟行于山西的解州乡约、嘉靖十三年（1534）吕柟门人余光（嘉靖十一年进士）行于解州运城的河东乡约、嘉靖十八年吕柟门人张良知（嘉靖七年举人）行于河南许州的许昌乡约，也都大约只有效数年。[1]嘉靖中江右王门名人聂豹（1487—1563）、邹守益（1491—1562）、罗洪先（1504—1564）等在吉安府属县所行的乡约，持续性一样很短，连乡约约文也没有流传下来。[2]沙堤乡约也长期持续不了。

但也有寿命较长的。和沙堤乡约同年（嘉靖二十三年）成立的徽州歙县岩镇乡约大概行了十年。嘉靖三十四年由这乡约改变而成的岩镇备倭乡约，可能也行了十年左右。隆庆六年制定的徽州祁门文堂〔陈氏〕乡约看来可能稍长。徽州的特殊护林乡约行得更久。[3]根据明人薛侃之说，广东潮州府饶平县正统三年（1438）或稍后成立的黄冈乡约，直到嘉靖前期仍然存在，这样

---

〔1〕 详见朱鸿林，《明代中期地方社区治安重建理想之展现——山西、河南地区所行乡约之例》，《中国学报》（韩国）第32辑（1992.8），页87—100。下文论及解州乡约、运城乡约、许昌乡约之处，均以此文为参考。

〔2〕 Kandice Hauf, "The Community Covenant in Sixteenth Century Ji'an Prefecture, Jiangxi," *Late Imperial China* Volume 17, Number 2 (1996.12), pp. 1-50. 此文是近年研究明代中期江西吉安府属县乡约的深入之作。本文以下讨论所及的吉安乡约，均参考此文所见述论。

〔3〕 本文以下讨论所及的徽州乡约情况，均参考上引陈柯云《略论明清徽州的乡约》。该文所述的清代嘉庆九年（1804）始见于档案的祁门侯潭乡约，至少行了二十三年，于本文所述的明代乡约寿命情形有比对价值。

便运行了近一百年，但这其实是错误的。明代的黄冈地方志说得清楚，此约正统间由潮州知府王源举行，但因为没有固定的约所，"约亦寻废"，直到弘治十五年（1502）才因乡校建成而恢复。这时距离薛侃说话的时间，只有三十多年。[1]现在确知有效而更久的，是明代山西潞州的雄山乡约，至少从正德六年起行了三十年，并且有相当的成效和知名度。此约开始时与约的人家有260多家，最多时超过300家，最少时也有176家。行到三十年时，潞州知府为之置酒表彰，向主约者仇朴请益，"诸约至者千余人"。可见它有一定的乡民参与。当时受它影响而成立的乡约，在本乡有四个，在府内邻县和邻近州县各一个，可见它有一定的吸引力和影响。万历二年仇氏因六世同居获朝廷表彰，旌其门曰"尚义"。[2]这个家族在地方上的领导地位看来至此未变，因而雄山乡约有可能一直有效了六十多年。探讨导致这些长短不同的乡约寿命的原因，对于了解乡约性质的差异性会有帮助。

以上这些乡约大约可先分为政府命行的官办乡约和民间创行的民办乡约。王守仁、吕柟、余光、张良知各人行的属于官办乡约。这些乡约的共同特点是，制定和命行乡约的官员是借此寻求授权自治的施政绩效的，绩效的指标也就是乡约的预期目的所在。王守仁的南赣乡约的要求包括：透过善恶行为的告诫和记录以及相应的公开表扬和劝诫，适当婚丧礼制的遵守，乡约主持人对争执中人的析纷解斗，令社区民众在一般的社会生活上趋于平和无争；透过对逃税人户和高利贷者的检控，对通贼军民和下乡

---

[1] 黄冈乡约的年代，见万历二年饶平黄冈人陈天资撰《东里志》（饶平县地方志编纂委员会办公室、汕头市地方志编纂委员会办公室印行，1990年10月），页230—231，明刘云撰《黄冈乡校记》。

[2] 详见朱鸿林，《明代中期地方社区治安重建理想之展现——山西、河南地区所行乡约之例》。下文论及雄山乡约之处，均以此文为参考。

骚扰的各种吏役的究治，对服从政府的新民在产业和商业方面加强自我约束的警告，令社区民众在经济生活上趋于公平和安定。王守仁对这乡约的最大希望是，乱后的南赣地区从此可以不再生乱，土著和新民之间从此可以和平共存。换言之，他的最初和终极关怀都是一种治安的问题。

吕柟的解州乡约尤其充分利用了当地的耆老之辈。此约的活动项目比南赣乡约还要多，而且有专业分工的特色：在约的耆民分别从事"读律诰、课农桑、正婚姻、均市渠"的工作。他们先在新建的解梁书院的四个书斋分别接受训练，然后下乡工作。书院同时又训练一些学习礼乐射御书数的童生和一批专习礼仪的生员。他们同样得执行乡约的一些工作。耆民、童生和生员朔望要到书院听讲，次日还要报告化过人数和有过不改的人名，以便吕柟量行劝惩。这个乡约的目标可以说是教养并重的，在强调官方订定的法律和礼俗规则之外，同时强调农业生产和用水资源。它想要整顿的是一个讼多盗多的环境，不是一个斗争激烈以至爆发动乱的地方。

余光所行的运城乡约以及张良知所行的许昌乡约，基本上都是模仿吕柟的。它们的内容包括：在书院行礼训练，朔望两会，讲读明太祖《六谕》，利用（先加训练的）老人，以城领乡，推行四礼，引用律例，官行赏罚等。但都没有吕柟所关注到的经济生活方面的事情。相关地，他们也没有像吕柟一样的在事后十年还能得到解州人民怀念之类的记载。

以上这些官办乡约的寿命一般不长。像吕柟、余光、张良知所行的，都在他们到任后的次年举行。他们的任期和多数其他地方行政长官的一样，一般都是三年，所以乡约的明显有效期多是两年左右，效果好的，方志便多有记载，反之不然。人存政举、人亡政息是常情也是常态，所以曾先后在潮州揭阳县和江西吉安府推行乡约有名的王守仁门人季本（1485—1563）便认为，就算乡约是官府立的，本地乡绅也应该促进和延续之。

前述的其他乡约都可算是民办的。民办乡约由于主持者的土著性之故，一般有效时间比较长。但这也不是一律的，前述乡约中便有个别的差异情形。个中原因是多样的。我们先从乡约的客观需要性上看。一般效果比较显著的乡约，除了像徽州护林乡约之类与经济因素及坟山保护有关者之外，多是因应某种地方性治安危机而成立的；尹畊构思的北方边境地方乡约、[1]吉安府安福县的保甲乡约，都是我们熟知的例子。由于实际需要，这些乡约的防卫性和禁制性都较强，所以通常会与保甲连在一起。它们的持续性要视乎危机的存在而定；由于"危机"不可能长期的存在，所以这类乡约也不可能长久有效存在。时空不同的现实状况，使乡约的性质不能尽同。

歙县的岩镇乡约，是针对当时此地旱灾中农民和佃仆反抗的社会不稳定而成立的。它的发起人乡官郑佐，把此约的目标明定为"御寇保家"，因而组织了"精壮乡民习武练兵，负责稽查巡逻，打击奸党强暴"。嘉靖三十四年此约变成岩镇备倭乡约，目标更加明显锁定。这两个乡约的性质都是防卫性的。岩镇乡约的改变，不只是名称的问题，它说明了认真的乡约和实际的客观环境是结合的，存在与需要是相因的。客观形势的急切性不存在时，这些需要的本来意义和内容也就随之消失，乡约的生效和存在也不会延长太久。像吉安府内曾见的乡约便是这样。但也有不因治安危机而立，不以急切应对危机为目标，而又能行之甚久的。雄山乡约便是明显

---

[1] 尹畊所拟行于北方、西北方边境上的乡约，刊本就名《乡约》，有通行版本多种。尹畊《乡约》里修筑堡垒的议论，曾获万历初年张居正当政时的兵部所采纳。见《明神宗实录》（台北："中研院"历史语言研究所，1966）卷一九，页6上一下，万历元年十一月乙巳条。

的例子。由此可见，客观需要性也是多样的、有差异的。

了解非原于急切防卫性的乡约的有效性、持续性，相对地比较困难。这和明朝中期以后很多地方（以及清代多数时间内多数地方），乡约性质被官方定了位的情况是尤其相关的。当乡约被定位为"讲乡约"时，亦即为宣讲皇帝圣谕（明朝时的洪武六谕或清朝时的康熙十六谕）而失去其他应有或可有的功能时，它的有效性和持续性都是不强的。余治《得一录》说过"讲乡约"每况愈下之故："盖人情厌常好异，无所为而为之，三五次必将厌倦，……（久之）几以为老生常谈，群相掩耳矣。听者既少，则讲者亦必败兴，乡约之所以历久多废者，职是故也。"[1]这是晚清咸丰朝的说法，但用于明朝中期以后的乡约，也是大致符合情况的。只是在明代，很多乡约还是在宣讲圣谕的思想灌输之外，从事其他与社区生活有关的事情。

问题是，即使这样的乡约也不见得受欢迎而能持续。不同乡约在条件看来相似甚至相同的情形下，其持续性结果却不一定类同。这牵涉的是乡约本身的品质和配套问题。山西潞州仇氏主持的雄山乡约和广东增城湛若水等主持的沙堤乡约，就是很好地说明例子。这两个乡约都是在籍长居的缙绅之辈举办和主持的，也都是原则上不借助官力的。和祁门的文堂陈氏乡约不同，它们都不是单一宗族的乡约，而是以一个主要的家族或宗族作领导的多家户及多宗族乡约，都是血缘因素和地缘因素并重的乡约。但如前所示，雄山乡约至少行了三十年有多，沙堤乡约却看不出持久存在的迹象。这个差异的原因所在，便是这两个乡约的各自品质。

---

[1] 余治，《得一录》（台北，华文书局，1969；据清同治八年［1869］得见斋刻本影印）卷一四《附乡约会讲变通法》，页15上—下。

品质问题其中的重要一项可称之为配套问题。明代自从嘉靖年间香山黄佐提出以乡约为领导的乡约、保甲、社仓、社学、里社结合一起的综合型乡约构想后，[1]配套问题便成为往时拟订乡约和现代论述乡约时的一个重点。这问题其实牵涉到乡约的实际或可能功用。乡约所能提供给约中成员的好处，和它的吸引力及管制能力是成正比的。清代中期徽州祁门的非宗族性侯潭乡约之所以能持续二十多年，是因它有着共同应付差徭和（如陈柯云所说的）发展集体经济的作用。侯潭乡约的内容比较罕见，但却正是乡约的实用性产生吸引力的佳证。

试以雄山乡约和沙堤乡约作一比较，这点便更明显。雄山乡约之所以能够久存，重要原因之一便是它为社区所提供的"服务"。雄山乡约的配套包括：教训宗族子弟和乡党童蒙的学校，救济贫病乡人的医药房和义塚，帮助乡人举行冠婚丧祭的家礼仪物器用，和准备救灾的义廪。这些都是由仇氏家族免费提供给约众的。沙堤乡约却没有提供足以相比的类似配套。诚然湛若水在甘泉都和沙贝村也有书院馆谷、义仓、义田等三种福利性设置，分别给一切来学者、有需要的乡邻以及湛氏族人提供帮助，因而使乡约之得以成立具备了有利的诱因。但这些都是独立的个别设置，并非沙堤乡约有明文可据能加以营运的。相对于雄山乡约对入约者的一体完整对待，沙堤乡约除了提供义阡一项之外，便只有透过乡约宾而推行的间接民众道德教育而已。它的实际吸引力有限和趋于消减是可以预期的。但毕竟沙贝村已具有这几项能使乡约产生吸引力的设置，只要湛氏能够灵活

---

〔1〕　讨论《泰泉乡礼》之作，可看井上彻，《黄佐"泰泉乡礼"の世界——乡约保甲制に关连して》，《东洋学报》第 67 卷第 3—4 期（1986.3），页 81—111。

利用，也未必不能使沙堤乡约有所沾益而致持久。由此可见，一个乡约的成功与否，还有其他的动力因素存在。这就牵涉到领导人的问题。

领导人的在场和投入是乡约生效的必要条件。吉安府所见的几个王门士大夫所成立的乡约所以寿命不长，也是因为立约的人物不常在乡；他们都是在离职或退休时成立乡约的，但他们都是经常讲学在外的，又还有复出任官的，所以这些乡约的权威性主持人的存在，是不可靠的。雄山乡约之能够长期持续，无疑是因主持人的认真和坚持所致。历经三十年的主持人是仇楫和仇朴兄弟二人，同时帮助他们的是另外的三个兄弟。这五个兄弟都是长期在乡的，此约因而从来没有缺乏过力量不足够的主持人。这情形是很多其他同类乡约所没有的。沙堤乡约便没有。湛若水年高好游而又子姓难继，所以要认真执行乡约的工作是不易的。这便一方面使得有利于沙堤乡约趋于成功的诱因减少，另一方面又使实际的领导工作需由副主约伍克刚来负责。这样一来，又给乡约发挥力量的机会产生了变数。

这所牵涉的是乡约的权威问题。权威可划分为而又同时包含了权力和威信两个相因的成分。权力来自官方的授权或者官方对习惯行为的认可，是法律的正当性表现。威信来自人的品德、能力、信用、声望等，是影响力所从来的所谓德才表现。民办乡约和官办乡约可以有一个原则性的分别，即民办乡约的施行可以只靠领导人的威信，尤其在没有官方授权的情形下是这样。官办乡约，不管是官督民办或是官委民办，则只需有官方的权力便行，虽然德才兼备也是官方选委领导人的主要标准。

但在实际的情况下，民办乡约因为多牵涉到法律层面的事情，所以至少也会寻求官方的某一形式认可。乡约原型的吕氏乡约是纯粹道德性的乡约，处理约中的个人道德和人际关系是它的全部内容，所以犯约的人犯的只是道德上的"过"而不是法律上的"罪"，因而犯过不改的可以"听其出约"，却不说要告官处置。后来的乡约由于处理的不只是人们的道德问题，而且（多数）是社区的治安问题，往往要处理与"罪"有关的事情，所以也不得不寻求官方的授权或认可以便处理犯约之事。徽州和吉安所见的民办乡约都是这样。雄山乡约和沙堤乡约都没有事先获得所在县政府的授权或认可，他们靠的是领导人的威信，却没有威信不存在时的补救性权力可以发挥。

官方授权与否又关系到乡约规条及其执行上的宽紧。没有官方授权而规条过苛、执行过紧，不只被约束的在约中人受不了，解释以及执行法律的政府也会因"丧权"或"招乱"的顾虑而不能接受。明代成化年间著名官员儒者罗伦（1431—1478）在家乡江西吉安府永丰县内地方行乡约而遭毁谤，便是有名的事例。罗伦所行乡约的内容已不能详，但因行乡约而"致人于死"，[1]则是反对者对他的控词。为此，罗伦的好友和前翰林院同事章懋（1437—1522）给他写信告诫说："盖赏罚，天子之柄，而有司者奉而行之，居上治下，其势易行；今不在其位而操其柄，已非所宜，况欲以是施之父兄宗族之间哉！"[2]章懋的看法是，私行乡约已涉越权干政之事，私自用刑更是越法之事，两者都不是民间所应当做或可以做的事情。以这样的私法私刑行于血缘关系的宗族之内固然不应不能，行于地缘关系的乡里人间也是不应该、不可以的。

章懋这样的认识对于了解沙堤乡约之所以宽松而其他一些乡

---

[1] 《明宪宗实录》（台北："中研院"历史语言研究所，1964）卷七一，页1上一下，成化五年九月壬午条。

[2] 章懋，《枫山集》（《景印文渊阁四库全书》本，台北：台湾商务印书馆，1983）卷二《复罗一峰》，页3上。

约之所以严紧很有帮助。关键就在于有没有官方授权这一点上。例如，徽州祁门文堂陈氏乡约是单一宗族式的，轮流负责办会的都是同宗人户，聚会地点也在祠堂，是地缘因素和血缘因素的紧密结合。但它的强迫性极强，族人没有不入约的权力，却只有被逐出约的可能。"经年不赴约及会簿无名者"，即宣布为"梗化顽民"，"众共弃之，即有变患之加，亦置弗理"。它的惩罚又是极其严重的，包括迫令自尽，可以（如陈柯云所说的）"是不经任何法律手续而又被官府默认的"。这种情形的原因是起约者已先把约文向知县请示了可否，并经县政府许可且给予了"引钤禁示"，其规条因此具有一定的法律约束力。沙堤乡约没有这样的约束，因为它并没有经官给印认可；它是纯以领导人的影响力和宗族父老的权威行事的。

这应该是湛若水等的有意选择所致。因为他们面对的其实是一个非常现实的社会治安问题。他们都是长期在乡居住的，不像游宦之辈的倏忽往来。官府长官行其所欲后，可以不顾后果而去；他们却在采用严厉手段达到的社会控制后，要时刻担忧这种控制一旦不保时的严重后果。因此除非行约者是土豪恶霸之类，和睦相处之道才是他们真正渴望的。自然这也和沙堤地方的宗族情形以及他们的立约目的密切关联。沙贝村是多宗族并居之地，最大的湛氏宗族要当领导是可以的甚至必然的，但若要透过行乡约来控制其他宗族却是不容易甚至不可能的。沙堤乡约的最终目的是透过乡里的一体团结，来改良敝俗和维持善俗，急切的目标则是消除赌博。在不经官府干涉的原则下，自然要求不能责备求全，不能私自刑罚，不能自操法律权柄，而只能凡事宽以待之，低调劝说，尽量处理道德上的"过"的事情，而把涉及法律的"罪"的事情，透过乡正报官，由官方处理。这样的做法，至少可以减少官府的干涉机会和随之而来的吏役骚扰机会，从而实质上促进社区的安宁。可能由于这样的认识，沙堤乡约就连一般乡约聚会时约众画押、宣誓之类的情感上或心理上的压力都见不到，充分表现了"自愿"的性质。

以上这些差异情形，其实还关系到乡约的法源问题。明朝有肯定以相规互助、敦行礼教为精神和内容的乡约的倾向，否则朱子增损的《蓝田吕氏乡约》文本，不会收入法规上学校必读的《性理大全》之内，[1]但以《明实录》和《大明会典》考之，明朝却没有颁布过授权地方官或民间径自组织乡约的明令，否则《实录》便不会有长时期内屡见的请求立乡约和顺从请求的记载。[2]明廷对乡约的态度，实际上是把它视作属于地方官的行政裁量权内之事，虽然知县一般都会事先征得省级长官乃至督抚大员的同意。一个地方的政府要否行乡约或者容否该地民间举行乡约，都是地方官自己可以决定之事。明代最早的一个有记载的官行乡约，是正统三年广东潮州知府王源在任内所创行的。王源"刻《蓝田吕氏乡约》碑，立民人为约正、约副、约士等名，尝率属官至亭讲论诸书"。他当官有能声，但也有些自大的表现。后来因为杖死部民被讼，立亭刻碑也在被控的罪名之内。[3]谈到

---

[1] 《性理大全》（《景印文渊阁四库全书》本）卷五一《学·教人》，页24上—34上。

[2] 例如，《明世宗实录》卷九九，页2下—3上，嘉靖八年三月甲辰条，兵部左侍郎王廷相言；卷二三九，页2下，嘉靖十九年七月戊戌条，御史舒迁疏请。《明穆宗实录》（台北："中研院"历史语言研究所，1965）卷二二，页4下—5上，隆庆二年七月庚申条，户科都给事中魏时亮言。《明神宗实录》卷五七，页1下—2上，万历四年十二月壬戌条，陕西督抚石茂华、侯东莱议请；卷一九一，页2上—下，万历十五年十月辛酉条，福建道御史林文英疏请；卷二七七，页2上—下，万历二十二年九月庚辰条，光禄寺少卿兼河南道御史钟化民言；卷五七八，页2下—3上，万历四十七年正月壬辰条，陕西巡按王权量言。

[3] 《明英宗实录》（台北："中研院"历史语言研究所，1964）卷四九，页7上—下，正统三年十二月癸酉条。

王源所行的这个乡约，学者们的兴趣都在指出它是明代乡约的最早例证之一，绝少论及整件事情的意义。这其实牵涉了至少两个重大问题：创行乡约者的处境问题和乡约的法源问题。

王守仁在南赣行乡约，因为并非行于己乡，不需要面对宗族亲戚、乡人父老，没有家乡情结的缠绕，所以可以设想超过吕氏乡约的道德性规范而要求民众生活行为上的约束。但他之所以能够行其所欲，则是因为他是南赣地区的最高行政长官之故。这个长官职位，使他有责任也有权力去全面恢复和维持该地乱后的治安情状。南赣乡约之得以施行，有学者已经指出，是王守仁"权专得以大展其材，……得以有权号令上下，〔而令〕人人对事负责任"所致。[1]南赣乡约有一处异于很多其他乡约：王守仁不引明太祖的《六谕》，而代之以自己的告谕。有学者认为这是因为南赣乡约的特别意义在于处理"讼"和"斗"，又因对入约者才有禁，不像明太祖《六谕》所言是意在人人的，故此可以不引。[2]这样的看法未注意到王氏可以不引明太祖《六谕》的权力问题。明代绝大多数和南赣乡约相先后的乡约，包括本文提及的各地所见乡约在内，都有讲读明太祖《六谕》一项，而所在地方的讼斗情形也不乏见。如果用约众的种类或多少去解释不讲《六谕》之故，那么至少又无法解释沙堤乡约的情况。沙堤乡约入约与会者种类相同而人数更少，但讲读《六谕》却是礼仪的中心项目。

《六谕》能够流行的一大原因，是它本身的思想价值以及它给予讲读者的诠释吸引力。但组织乡约者之所以必备《六谕》，则应该是由于它可以作为乡约组织的法源之故。现代学者有这样

---

〔1〕 马楚坚，《阳明先生重建社区治安理想与实施》，陈文华（编）《江西历史名人研究》第一辑（北京：中国人事出版社，1995），页279—289。

〔2〕 这是 Kandice Hauf 的看法，见 Hauf 上引文。

的看法：嘉靖八年兵部侍郎王廷相（1474—1544）疏请全国性举办乡里社仓，并使参加者月朔聚会，读明太祖《教民榜文》这事情，是明中乡约趋盛的依据。[1]早年王兰荫的明代乡约研究则认为，隆庆元年御史王友贤请全国皆行乡约获准，可能是晚明乡约盛行之据。[2]这些说法都有一定的道理，虽然请求获准并不即等于带动了乡约的盛行。嘉靖八年以前的乡约，无论像民办的雄山乡约或是像官办的解州乡约，也都重点地包括了明太祖《六谕》。太祖《六谕》载于《教民榜文》，和它相关联的很多明初定下的地方社区生活和治安制度法则，也都散载于《大明会典》；这些都是祖制，《六谕》更可算是祖宗的心法，引用《六谕》实际上即等于给乡约找到最有力的法律依据。所以，明代中期的乡约之必讲《六谕》，在一定意义上只是把乡约的法源明显化和确定化而已。沙堤乡约的情形也是如此。湛若水等人没有像王守仁一样的行政长官职任，因此也没有相随的行政裁量权力，他们必须有法制的根据，因此《六谕》的圣训地位便更形突出。湛若水个人的小心之处，是在沙堤乡约里加入了其他乡约少见的明世宗的《承天府宣谕》。这个《宣谕》只是明太祖《六谕》更浅白的口语版本，本身并无新意，但却表现了湛氏成熟的官场技巧和政治敏感。这其实是个细腻的保护性举动，它至少可令对湛若水并不信任的明世宗没有指责的借口。

以上这些由明代中叶确实实施行过的乡约所反映出的乡约表现上的各种差异情形，说明了这样的一个事实：明代乡约因时地人情的不同因素而呈现了不能相同的内容和不尽相同的形式，在有限度社

---

[1] 酒井忠夫，《中国善书的研究》（东京：图书刊行会，1960），页40。
[2] 王兰荫，《明代之乡约与民众教育》，《师大月刊》第21期（1935），页103—122，尤其页107。按：此事《明穆宗实录》未见记载。

区自治和社会道德提升这最大共性之外，乡约在性质、功能、成效、权威来源、活动项目、宽严程度上都难以一概而论。事实上，社区性和实行度愈强的乡约，它的个性也愈明显。因之当我们深入探讨乡约时，也就没有可能急于作出概论式的处理。[1]

乡约研究至少包括了乡治思想、乡治组织、乡治情形三个方面。这三方面的关系都是相因的。以明代乡约研究而言，乡治思想和乡治组织相对地容易处理。因为主要形态的乡约文字还存在，我们透过时代发展趋势和地区发展情况以及乡约本身条文的比较分析，对于一种乡治思想或一种乡治组织的内容及其形成条件，还能加以认定和作合理推论。但从考究历史事象的立场看，乡治情形却是最重要的，因为它对解答个别乡约的起因、效果、特色等都有决定性的作用。但它也是较难研究的，主要问题还是出在文献不足征上。以此之故，对于个别乡约的各种背景性因素的掌握，是尤其必要的。本节讨论涉及的明代中期乡约情形正显示了，我们还没有到概括乡约这种地方制度在明代的实际情形的地步。[2]

---

[1]　最近一篇综述概论整个明代的乡约推行情况、组织结构、作用与流弊的作品，是曹国庆的《明代乡约研究》，见《文史》第四十六辑（1998.12），页197—221。

[2]　寺田浩明1994年原刊长篇论文《明清时期法秩序中"约"的性质》（滋贺秀三等著，王亚新·梁治平编，王亚新等译，《明清时期的民事审判与民间契约》，北京：法律出版社，1998，页139—190），也从介乎政府法令与民间契约之间的所谓"乡禁约"的乡村层次上的规约讨论了明清时代乡约的结构和性质，认为明清时代乡禁约的出现是一种"首唱唱和"契机的结果，其性质既属自愿，但也带有强迫，其功效不能长保，但其结构却可再生。此文既是乡禁约结构和性质的析述，也为析述这种禁约的结构和性质的理论框架。寺田氏所分类的乡禁约，不只乡约一样，但就乡约而言，其分析依据主要只是宋代流传下来的《增损吕氏乡约》和明代的王阳明《南赣乡约》，所以虽然不乏灼见，却仍只能是依据类型析论的高度概括之说。正如梁治平的评论所指出（同书页454—455），对于时间与空间维度所构成的变异因素和"裂隙"，都没有足够的重视。

十一、沙堤乡约所见的乡约在明代中叶的意义

乡约始于北宋，到明代中期后趋于兴盛。即使只就明代而言，该制度经历的时间也已很长；出现过的乡约，其数量之多、内容之丰富、意涵之多种，都是不难想象的。在深入研究过的乡约数量不足的事实上，要广泛而深入地讨论乡约在有明一代的意义，事情既难于进行，质量也难于保证。但整体的意义虽然难于确定，从沙堤乡约以及本文讨论所及的其他乡约的内容及其出现的环境着眼，若干乡约在明代中叶的意义，却还是可以观察得到和作推论的。

明代中期乡约是以士大夫领导为主的民间自治意识的表现，在一定程度上更是社区意识的表现。乡约的本原，如《蓝田吕氏乡约》所见的，是一个小地方内的缙绅家户（同政治、社会阶级居民）的互助和道德提升组织；透过约条的规定，约众在精神生活上得以互相勉励慰藉，在物质生活上和法律事务上得以互相帮助。从更高的层次看，它既是人民对政府能力不信任的反映，也是和政权有利益关系者对政权给予帮助的表现。相对于政府的无能或苛刻行政管治而言，它是一种基于自治原则的自救式替换方法。有学者便曾认为，吕大钧兄弟之创乡约，其用意是在于抗衡王安石新法所施行的保甲法。[1] 这种原型乡约的可能政治意涵，在明代中期的乡约里也得到反映。沙堤乡约便是地方宗族自保和居乡缙绅佐治意识活动下进行的有限度自治表现；它的成立经过

---

[1] Robert Hymes, *Statesmen and gentlemen: the elite of Fu-Chou, Chiang-Hsi, in Northern and Southern Sung* (Cambridge: Cambridge University Press, 1986), pp. 132-135; p. 315, note 33.

与政府的行政措施无关，它的声称目的之一则是约内家户团结以防拒吏役的诬害和入乡骚扰。

但明代乡约的社区性却是蓝田吕氏乡约所没有的。吕氏乡约没有触及乡约所涉及的地理范围问题；它的社会阶级性强于它的社会地理性。明代乡约的地理范围是必定的，虽然这范围的定义和大小都并不统一。中期的乡约，有的以一个行政性质的里作单位而包括若干个自然村落在内，有的则以一个地大人众的自然村（甚至乡镇）为单位而包括若干个行政性质的里在内。但每一个乡约都只计拟在一个经过界定的地域内生效，它的地理社区性是鲜明的。

这种性格和明代地方上的里甲制度和保甲制度的发展关系密切。明代中期的地方基层组织情形较之明初已有变化。很多地方开始并存着明初已有的里甲组织和明中期渐盛的保甲组织。这两种组织同具社区形态，但彼此功能不同。里甲是赋役组织，以周知掌控里中人户的田粮资料为主；保甲是治安组织，以周知掌控一区的实际人口资料为主。明初的里甲组织单位与单位内的人户居住地比较结合，里甲户就是社区的实际住户，所以里甲也是完整的社区。这情形到了中期，随着原有人口的流移和住户的迁徙，多已不复存在。一个地区的地主和该地的住户（往往是佃户），往往不是同一人户。属于里甲的人户，包括地主在内，依法纳粮当差，但却不必住在该地。明太祖为原来里甲制度设计的社区自治法则，以及他所鼓吹的社区互助精神，也因而结构性地益趋破坏。保甲因为与社区治安之事攸关，重要性和势力日益增强，渐而变成了一种社区组织的纲领。它把包括地主、自耕农和佃户在内的住地人户组织成为一个社区的主体。里甲的轮役里长、甲首和老人，多被利用来参与保甲的工作，里甲原有的输办赋役之外的社会功能，也被严重削弱甚至沦于消失。

从沙堤乡约可见，明代中期的保甲制度，因人因地而异；政府原则上准许甚至要求地方成立保甲，但实际上并没有责以硬性的统一组织或执行方案。因之王阳明可以有十家为一甲的设计，湛若水也可以有二十五家为一甲的构想，从而出现了制度上因人而异的地方特色。一个地方的行政长官和德高望重、爵位尊崇的乡官，因而都有实现个人意志的可能。湛若水在南京时以最高长官权力命令执行的制度，在家乡也还可能以乡官、长者、善长的影响力行之，便是例子。但这种组织上和执行上的不一，相应地也会削弱甚至扭曲了制度的原意。

里甲和保甲二制的矛盾及其对社区生活所带来的后患，从曾为安丘、鹿邑知县和金华知府而有名的张朝瑞（隆庆二年进士）的说法可见一斑。张氏在论赈饥时何以该用保甲代替里甲作组织机制时说：

> 国初之里甲，犹今时之保甲。昔相邻相近，故编为一里，今年远人散，每见里长领赈，辄自侵隐，甲首住居辽远，难以周知，及至知而来，来而取，取而讼，讼而追，追而得，计所得不足以偿所失。故强者怒于言，懦者怒于色，只得忍隐而去。甚有鳏寡孤独之人，里甲曰："彼保甲报之，于我何与？"保甲曰："彼里甲报之，我何与焉？"互相推委，使民死于沟壑，无可控诉者，难以数计。不若立为画一之法，俱归保甲。盖凡编甲之民，萃聚一处，其呼唤易集，其贫富易知。[1]

---

〔1〕 陆曾禹，《钦定康济录》（《景印文渊阁四库全书》本）卷二，页37下—38上；刻本此条题作《严保甲以革奸顽》。

此说反映出来的，是一个地方的赋役人口与实际住户人口的差距事实及其所能产生的问题。掌握实际人口资料是管控社区和维持治安的基本条件，对于这点的充分认识，是明中期以后政府重视保甲组织的原因所在。但政府的能力其实有限，行政长官的不久于任和执行吏役的违法营私，令到地方上保甲制度的原意变质，也使可能曾有的保甲组织流于名存实亡。本来保甲制度因囿于防缉盗贼的治安设想，它的施行已不免使社区的人际关系趋于冷淡和互不信任，它的滥用便更使官方的硬性社会控制日形严紧了。

作为一种基层社会制度，乡约正好发挥了折中里甲和保甲之间矛盾以及减轻社会紧张的功能。如沙堤乡约所见的，更具有从保甲的组织架构内恢复明初里甲组织的一些社区活动和社区精神的意义。从乡治的角度看，也反映了士大夫阶层有一种以它成为凌驾里甲与保甲二者的社区权力的观念。在沙堤乡约的构思和设计内，该权力是道德性的，它想要达到的，除了现实的社区平和生活秩序外，还有若干传统的儒家理想以及宋明儒者的信仰和礼仪偏好。它同时具有展现儒家社区理想和以自治达到佐治的意义。

明代中叶以降乡约之流行，除了具有超越里甲制度和保甲制度并存所产生的矛盾的意义外，还有一层政治的意义在。明代的乡约出现得相当早，但到了十六世纪才趋于兴盛，既有民办而为政府认可的乡约，更多有官方责令民间组织或径自制定命行的乡约。从目前研究可见到的较大现象是：乡约的民间组织起步早于官方，乡约条规的法令意味渐渐强于约法意味。[1]这所反映的，既是政府管治社会的能力不够，也是政府因应这种能力不够的态

---

〔1〕 这两点观察，见朱鸿林，《明代中期地方社区治安重建理想之展现——山西、河南地区所行乡约之例》。

度上及方法上的调整。对政府来说，让乡约制度流行，可以有着同时减轻统治成本和加强统治效果的意义。民间的自我约束固然对政府有利，政府利用民间认为有效的方法来管治社会，至少也有望增强控制损坏的能力。

在这一层具有现实政治意义的动因之外，还有一层属于思想和文化范畴的动因存在。中国一向幅员辽阔，四方的区域性差别大，同一区域内的地方性差异也不小，所以自古便有所谓"百里不同风"的认识，再加上时代的不同，政治要求的不一，凡是行于地方上的制度，尤其社会制度和礼俗制度，其内容多没有可能是全国一致或古今一样。多样并存是这些制度的常态。但在文字相同和儒家国家意识形态独尊的时代，派生多样情态的思想和理想却是一元的。所以在风俗各异的情形下，一方面国家并不过于担心这种情形的存在，因而容许相当程度上的地域差异，不强求清一色的统一。但另一方面，在统一意识形态中出身的士大夫们，却因理想所在、社会价值观所在、利益所在等原因，往往期望甚至企图使具有地方特色的社会行为或价值取向，能向上一层的主流文化或国家主张的正统文化认同，因而发出一道德、同风俗的呼吁或要求，于是既会出现在官主政者所提倡的上以风化下情形，也会出现无官居乡者所主动倡导的维风佐治情形。

这可算是一种推行文化一体化的共识现象。乡约在明代中叶趋于流行，也可以说是这种共识加强了的结果。乡约能够同时获得在任官员和休致缙绅的欢迎和采用，是因为作为一个地方制度，它具有组织架构基本相似而实际内容可不必尽同的方便。这种弹性使得个别基层社会和整体社会同时进行文化整合变成可能。从这个角度看，我们可以说，一方面是士大夫阶层共同对于社会文化一体化的留心和致力促进了乡约的发展，另一方面则是乡约制度的精神和特点给从事文化一体化工作的士大夫阶层提供了希望和工具。

十二、结　语

本文析述了沙堤乡约的原委和内容，也评估和解释了它的成效情况，同时又在相关的脉络内，讨论了明代中叶乡约在性质与功效等各方面的异同情形以及乡约流行的时代意义。现在再将这两大方面所呈现的要点撮述如下。

沙堤乡约嘉靖二十三年（1544）成立于广东增城县的沙贝村。它的发起人和五人主持人团的领导是著名的理学家和教育家、当时的致仕乡官湛若水，成员包括了称为"乡约宾"的该村十多个宗族的父老之辈，经费则由湛氏家族提供。沙贝村的当时户口应该超过二百五十户，包括了宗族聚居人户和散居的保甲人户。当时的增城，经济上土地拥有不均和贫富悬殊情况严重，富豪地主和佃民之间，存在一定的紧张关系；见诸记载的冲突虽然没有，但兼并所引起的赋役不均和户口逃亡，已经引起了同时代县志修纂者的注意。社会上存在着信风水、健讼、病尚巫鬼、死修佛事、好酒糜谷之类风习，而赌博盛于有产之家、火葬盛于贫民之家之风，更加普遍。这样的社会风习在沙贝村也明显存在。

沙堤乡约的原则性目的是，透过宗族父老对子弟的训诲以及透过包括缙绅乡老在内的乡约主持人对保甲组织人户的督察，体现以明太祖《六谕》为纲领的善俗。它预期欲达到的共同目的是禁赌，而禁火葬则是湛若水个人的特别目的。此约每月都有活动，包括每季一次的乡饮酒式成员聚会，以及此外月份的主持人团每月下乡巡省保甲活动。

从整体看，沙堤乡约是一个预防性的教化乡约；它的出现是乡居士大夫展现善俗理想和佐治抱负的结果，也是乡村宗族团结自保的意愿所致。它体现了老人当道、宗族平等参与、聚居宗族和散居保甲人户区分管理、先事预防等特色。它的非官方色彩特别清晰，既未经官核准成立，事前也没向官府报备，更不预期官府的干涉。它的相应自限性也很强，除了巡察保甲住户之外，不涉及像社仓、社学、里社祭祀之类的乡里公事，也不涉及庙宇、赋役、词讼等有关宗教和法律之事。它也不设对犯过者的处罚，只把犯罪者送官办治。但它强调以二十五户为一聚居单位的团结互助，抵抗外来诬害和吏役的入乡骚扰。

沙堤乡约之得以创行，领导人湛若水的个人声望以及湛家的财富和在地方上的声誉，都是最重要的动因；而乡中宗族父老的期待和湛氏门人的鼓励推动，则是重要的助缘。但此约看来并不持久，难说如期成功。原因除了领导人才不继，经费未得保障之外，主要是保甲住户的划分方案未必能付诸实行，以及乡约提供的配套服务不足。

从沙堤乡约和与它同时代已经研究过的各地乡约的比较中，我们看到不同乡约有着社区自治共性以外的明显个性。这些个性反映了乡约在性质上、在用途上、在效能上各方面都有不能统一概论的差异情形。在确实推行过的乡约还没有足够个案研究的情况之下，我们对明代乡约制度的认识还不足使我们对它作整体性的概括。就本文的分析所及，我们能够概括的只是：乡约的形式在最宽的标准下是相似的，它的内容则是因应时地人事因素而不尽相同也不能相同的；乡约成立有源于政府命令的，也有源于民间自行推动的，但在两种情况之下，乡绅的参与都是常态，并且是它得以成立的重要因素；乡约的成效与它的内容和品质以及宗族和乡绅的参与程度是成正比的；多数官办的乡约寿命只有数年之短，少数民办乡约的寿命可以有数十年之长；个别乡约的条规之或宽或严，视乎条规所获的官方授权多少而定。除了这些有限的概括之外，我们还可以看出，在明代中叶地方社会上里甲制度与保甲制度并存的情况下，乡约制度之趋于流行，是一种想在保甲组织内恢复明初里甲组织所原有的社区活动和社区精神的努力的结果。当时的士大夫阶层，不论在官或不在官，都呈现了一种使社会文化一体化的共识，并且致力于将这个共识付诸实行。保甲制度体现了严厉的社会控制，乡约制度却在有限度自治机制上给它提出了替换或缓和手段。观念上，士大夫阶层是认为风俗是可以透过教化而改良和加以维持的，并且这样做的成功机会比起用严厉的人身控制会来得大。

附：《明代嘉靖年间的增城沙堤乡约》书后

乡约从谱牒发展演变而来，均以保护家族规约、治安、教诲为主旨。乡约与谱牒的史料参考和史料研究之价值，前人论之详矣。宋郑渔仲《通志》以及清钱大昕、章学诚辈莫不概之以"谱系之学，即史学也"。近代梁启超则进而提出"尽集全国之家谱（包括乡约）于国立大图书馆，俾学者分科研究，实不朽之盛业也"。后来如潘光旦专著《明清两代嘉兴的望族》和杨殿珣所著《中国家谱通论》，其重视家谱、族谱之史料价值与史料研究则一，然或失之偏颇，或失之求全，固不可苛责于前人也。

顷者朱鸿林教授著有《明代嘉靖年间的增城沙堤乡约》一文，不耻下问，希提意见。翰不学无文，何敢饶舌？然又不敢有违雅命，只得略陈一二。朱教授以明嘉靖二十三年（1544）广东增城县沙贝村退休乡官湛若水与其门人伍克刚创立的沙堤乡约（又名沙堤圣训约）为主，据目前乡约文献中的珍稀原本的《圣训约》作勘比，从而得知沙堤乡约与同时代的其他乡约有明显不同之处。而当代学者对其一些基本问题，如时、空因素与乡约的共性与个性的本质厘正问题、时空差异与个别乡约施行久暂的事实认清问题等，均未作出详细探讨，尤以遗存的乡约数量有限，往往流于以偏概全的误断。而朱教授读书细心，思维深入，乃以最具权威性第一手资料《圣训约》为主，再配合《增城县志》（明嘉靖十七年本与清嘉庆二十五年本两种）及其他有关资料，全面地细致地深入地分析了沙堤乡约的时空人事背景和具体内容，尽量指出它与同时代已经研究过的乡约异同之处，实事求是地提出自己的不同前人的看法。朱教授十分谦虚地认为自己的这一研究只能算作是一次个案研究，期望许许多多的个案研究，最后能解决明朝一代乡约的共性与个性全部问题。其治学严谨，分析入木三分，而虚怀若谷，不失大家手笔！

王锺翰　一九九九年十月于北京中央民族大学

20 世纪初越南北宁省的村社俗例

一、前　言

　　本文所拟讨论的，是见于 19 世纪末 20 世纪初修订的越南北部村社的成文乡规民约（券例）中的村社社会民俗，以及这些民俗所反映的一些时代问题。越南的村社繁多，民俗的范围广大，本文论及的，只是越南北部北宁省内 8 个社村的券例中所见的部分现象而已。

　　越南北部的传统村社组织，到了越南统一后民俗学家作田野调查时，仍有很多遗迹可见。民俗学家 Nguyen Tu Chi 利用 19 世纪末年法国行政官的记载，1953—1956 年的土地改革资料，以及自己的广泛田野调查发现，详细论述了越南北部（即法属时期的北圻东京地方）山区和平原的传统村社组织，以及这些组织所呈现的问题。[1]阮氏认为，越南北部的乡村内部组织，数目繁多而

〔 1 〕　Nguyen Tu Chi, "The Traditional Viet Village in Bac Bo: Its Organizational
　　　　Structure and Problems."（越南北部的传统越族乡村的组织与问题）in Phan
　　　　Huy Le, et al., *The Traditional Village in Vietnam*（Hanoi: The Gioi Publishers,
　　　　1993）, pp. 44-142.

行动各自独立，但乡村社区却仍是整合一体的，从他的田野工作经验得来的合理解释，之所以能够这样，就是"乡约"（俗例）所扮演的角色所致。他认为这些保存于村社或存放于档案馆的乡约文件值得汇聚起来，做长期的研究。在慨叹当前这方面的研究仍然缺乏之余，他强调乡约研究肯定能够加深对当前村社的知识，以及对古代农村公社遗迹的认识。而要了解村社组织及其（社会学、政治学、民俗学的）问题，历史学者所用的王朝编年记载和古文献，以及民俗学者的田野调查，正好互补。本文可以说是此一建议的响应，但将尽量论述一些阮氏论文还未触及或深入论述的方面。

19世纪末20世纪初，越南北部地区以行政区域的等级划分是：省—府—县—总—社。本文研究的区域，正是整个行政系统的末端或基层的"社"。政府的直接控制，到社为止。社之下还可以有村（如本文所举的一个社中，便有三个村），由社直接管辖。每社实际管辖到的，则是村落内的"甲"。甲同时是祭祀组织和赋役组织，是在那里出生或成长的男子的权责属地。成年的丁男（丁壮），在甲内享有参加乡饮的资格时，同时可获分授属于本社公产的耕种田地，但同时也要纳办本甲的各项祭祀活动的费用以及国家征收的赋税、徭役，甚至兵役。"甲"的内容及其在村社组织中的重要性，阮氏的论文已有详细论述，本文因此仍以探讨"社"的情况为主。

二、本文所用的北宁省俗例

现存的越南地方乡规民约文本，约有1700个，称为乡约、俗例、券例等不一，分别属于北部16省和中部2省的府州县地方村、社。[1] 其中北部平原上的北宁省——越南文化的发源地和发达区——所留存的 19 世纪末至 20 世纪初的俗例，至少还存有三十多个，是探讨当南部交趾支那已成为法国殖民地、中部安南已成为法国保护国的时候，北部东京地区的村社管治和民间风俗的重要资料。

北宁省的现存俗例，多数是属于慈山府仙游县各社的。仙游县现存的俗例约有 20 个（分别属于四个总［内圆总、芝泥总、内裔总、东山总］内的 14 个社和一个社内的 3 个村），最早的订立于成泰五年（1893），最晚的订立于维新九年（1915），相距只有 22 年，而其中有 15 个订立于 1900 年以后，当中又有 10 个订立于 1907 年（成泰十九年或维新元年）。

本文直接研究的文献，是河内汉喃研究院收藏的北宁省慈山府僊游县内圆总内的 5 个社和 1 个社内的 3 个村的券例。[2] 选择内圆总这 8 个村社作为考察对象，除了因为文件集中、地域差异少之外，还有两个理由：（1）时间差异不大；各个券例订立的最大时间距离是 14 年，但从 1900 年起有 6 个相距只有七年，且有 5 个同在 1907 年。（2）除了社的券例外，还有独特的 3 个村的券

---

[1] 这些文件统称 Tuc le（俗例），藏于越南社会与人文科学国家中心汉喃研究院，共 647 册。各件著录见该院 Tran Ngia（陈义）编，Di San Han Nom Viet Nam: Thu Muc De Yeu, Bodi I Quyen Thurong, Quyen Ha（《越南汉喃遗产目录补遗》上下卷）（Ha Noi: Nha Xuat Ban Khoa Hoc Xa Hoi, 2002）。文件的中文提要，见刘春银、林庆彰、陈义主编，《越南汉喃文献目录提要补遗》上册（台北："中研院"人文社会科学研究中心、亚太研究专题中心，2004）。册数见此书所载汉译陈义撰原越南版序。各省俗例所有册数，见同书《收录资料统计表》。

[2] 内圆总各社村券例著录，见上引 Tran Ngia 编，Di San Han Nom Viet Nam: Thu Muc De Yeu, Bodi I Quyen Thurong, Quyen Ha，页 731—732；各券例中文提要，见上引刘春银等编，《越南汉喃文献目录提要补遗》上册，页 275—276。

例，可以看到基层村社组织的更为内部情形（其中1个村还有8年内的2次增补，可以看到比较细微的社会变化）。

内圆总这8个券例的所属社村和券例订立的年代（年、月、日）如下：

内圆社：成泰5、8、15（1893）

香云社：成泰12、1、17（1900）

仙舍社：维新1、10、初?（1907）

护卫社：维新1、9、拾?（1907）

春会社：维新1、10、初?（1907）

仪卫社陈村a：成泰11、6、26（1899）

       b：成泰14、6、1（1902）

       c：维新4、5、15（1910）

仪卫社乙村：维新1、10、初?（1907）

仪卫社山村：成泰19、6、10（1907）

这些券例的订立时间，值得注意。越南最后一个王朝—阮氏王朝（1802—1945）自1802年阮福映称帝，改元嘉隆，建都富春（顺化）时开始，次年（1803）为清仁宗嘉庆八年，改安南国为越南国。到了阮翼宗的嗣德年代（1848—1883），国势开始衰微。朝廷大臣多是守旧儒者，奉行排外禁教政策，不愿革新，却又不敢法国殖民势力的军事打击。社会仍以小农的自然经济为主，商品经济和手工业生产都落后。国力弱，政治不振，人民生活恶化，历经多次农民起事之后，更无法抵挡法国势力的入侵。

从1862年法国强迫阮朝签订第一次《西贡条约》，割让南方地方和让军舰来往于湄公河上之后，法国势力不断向北扩张，越南不断失地。1884年第二次《顺化条约》签订后，南部全部的财政权、税收权、司法权、立法权和行政权都转让给了法国；中部地方法国有权代顺化朝廷征收各种租税、口岸税和关税；北部地区的租税，也由法国和安南籍人共同征收。1885 年（清朝光绪十一年）6 月在天津签订的、作为结束上一年开始的中法战争的《中法会订越南条约》，让中国清政府放弃了对越南的宗主权，承认越南是法国的保护国。越南自此正式丧国。

法国控制了越南全境之后，对越南采取"分而治之"的政策，将越南分为南、北、中"三圻"，实行不同的政治制度。南圻为"交趾支那"，是法国的殖民地；中圻安南，是法国保护下的阮氏王国；北圻东京，在 1887 年后也是法国统治下的殖民地。1887 年法国把越南三部和柬埔寨以及老挝组成"法属印度支那联邦"。"联邦"的一切军、政、法大权均由法国总督掌管。从这个时期起直到 1945 年止，越南没有自己的国名。

1889 年 8 月，顺化朝廷又将沱瀼、河内、海防三个重镇割让给法国。但此外的整个辖区内各省的管理权，阮朝政府皆可交给越南官员管理，虽然必须由法国人指挥和督查。本文所研究的券例，多数修订于这个法国政府和顺化朝廷并治的时期，文献上出现的"西官"、"南官"称号，分别指的便是这两个政府的官员。

1895 至 1902 年间，法国政府的三个全权总督，都对越南的教育制度、财政制度、税收制度（丁税、田税、土税、酒税、盐税、鸦片税、进出口税等等）进行了调整，还整顿了顺化朝廷，使之更为法国化。内圆总各村社券例的修订，便是在这样的背景下完成的。

饶有意思的是，成泰帝（1889—1907 年在位）和维新帝（1907—1916 年在位）父子，都因不甘臣服法国势力，谋求反抗而遭到被法国统治者放逐出国的命运。成泰帝 1907 年 9 月（成泰十九年）被迫退位，维新帝继位，马上改元维新元年。从多数券例定于成泰十九年或维新元年来看，法国统治者对于乡规民约的实行，是态度坚定而政策稳定的。

三、内圆总各券例的起源和制定意义

内圆总8个村社的券例，除了内圆社的没有说明制定缘起的文字（弁言）之外，其他都有或长或短的前言。从这些文字看，内圆总各个村社的券例之起于何时，不得而知，但有的看来由来已久，却已早成具文，有的则久已失传，因而乡规民约只在口头上流传，成了一种习惯法。总的现象是，20世纪初的法国政府及其保护之下的安南政府，都在透过成文的乡规民约的订立，加强对地方社会的控制。

各村社订定券例的原因可分为两类。一类是村社因自己的需要而自定的；一类是村社奉政府命令修订，而需经政府批准然后生效的。这两类券例的关注中心都是村社的社会风俗，包括遵守乡规国法的风俗。这种券例的整份，有时径称"风俗簿"；管理风俗正是社村券例的共性。

第一类起因的券例，包括内圆社的，定于1893年；香云社的，定于1900年；仪卫社陈村的，定于1899年。第二类起因的券例，包括其余的仙舍社、护卫社、春会社、仪卫社乙村、仪卫社山村五处的，都定于1907年的维新元年。

第一类中香云社1900年修订的券例弁言见如下：

> ……香云社乡老、官员、村长，全（民）上下等，为有修写券例事，由旧簿从来经久颓散，切念风俗易流，人心易弛，间或视为具文，仍此会议亭中，照依旧例条，精写成额，永为常法，俾人人据遵券例如一。

仪卫社陈村1899年修订的券例弁言如下：

……耆老、乡役等，为立乡券事。缘本村前古券例，尚存遗缺，如里副长之例未定；本村某人为里副长，今日在职，仍有免徭，来日解职，即与民丁同。这是徒劳虚望耳。近来本社里长悬缺，节承饰保，人人推诿，以致正副总引派，亲就本村，抑保田户者有之，或保别村，误置非人，消失公税，责据本村记保诸人分赔，本村费损更甚有之。仍此会合，重修券例。

这两份券例之中，香云社的并非重修，而是重写，故不知券中诸例起源何时。重新书写立券，一方面反映了券例岁久多被视为具文；另一方面反映了俗例需要见于簿册，成为具有里役乡耆署名盖章的正式文件，才能生效。

仪卫社陈村的，明显是本村因事自行修订的。这个券例的反面显示了，此村旧日所定券例，还在有效运行，故此里长副里长遗缺所产生的问题得以存在，而重修券例也成了必要之事。这个券例的背景说明了：（1）社这个地方基层组织，因为与兵税赋役有关，县或总的政府是不会放过的，所以必要时会强行委派里长副里长。（2）因为社村以上政府会强行自己的意愿，所以社村为了自保，仍会选择自定自己可以接受，或者害处较少的俗例。

第二类（奉命修订的）的代表性弁言是1907年仙舍社和仪卫社乙村的。仙舍社的弁言如下：

……里耆役全民上下等承礼会合，整修该治风俗簿。且夫民之有俗，犹国之有法，风俗美则事事日隆，风俗漓则事事日下，譬犹表正影端，表邪影曲，不可不拟整也。奉今贵公使大臣，与省堂大人阁下，于拟将风俗一事，常尤加意焉。凡见于札文所饰者，一字一句，无非劝戒人民敦美风俗，而乡村得及见闻者，莫不腹咏而心歌者也。兹民社会合，一一妥济，整修一簿，以敦风化之原，留为万年永照。

由这个弁言可见，这份券例的载体，就是可以拿出来做根据的"风俗簿"。此时的东京为法国殖民地，安南为法国保护国，而东京原为越南北圻，故此两属，两处受命（于"公使大臣"及"省堂大人"）。这份承官府命令修订的券例所含内容，应该合乎法国统治者与安南统治者所要求的。由此可见，"乡村自治"也是法国人的政策。

这个弁言也反映了越南人的思维。他们的地方完整性观念很强：民社与国家都是独立的司法单位，各有法制；民社有俗例，国家有法律，而社村的居民，同时得接受双重的规范、管治。

仪卫社乙村的弁言如下：

……里乡耆役等，奉编新旧风俗券例，递禀候承审照。《乡券弁言》（旧抄）：夫乡之有券，犹国之有律，所以一视听，敦风俗也。我乡民风淳朴，从前先达诸公，间有随事申约，世远言湮，事无可考。近来风俗渐不如前，事无成规，各逞胸臆，弊端所由起也。辄此会合，择便照随国律，酌以人情，严立条例，连名记结，永为乡券，俾之临事有所持循，而民风庶乎粹美。

从弁言中注明的"旧抄"这个词语，可知这个（甚至此类）乡券经过一段时期，就会重修。乙村此时的旧券多与时代脱节，也得不到认真执行。重新修订的这份券例（文件），其内容是以国法为依归的。因此，这券例是认真想作为有法律权力支撑的社区公众活动的指导和赏罚依据（对于研究者而言，这份券例的内容是新的，由此用来与其他社村的比较，便可见到村社民俗规范中变与不变之所在）。

这些券例的弁言反映了这样的事实：（1）成泰和维新时代，法国殖民地政府力图透过乡规民约的重新修订，尽量确定政府对村社的控制——从思想习惯到赋役、兵役征收的控制。（2）内圆总的各社村，从前是有成文俗例的，但此时其中一些社村并未存在可作依据的券例，而奉命修订的新券例，既要不越国家法律，也要参考传统规训。

这些券例也反映了这样的政府与社村组织的关系问题：仪卫社山村之所以多年无人愿意充当里长，是因为里长是酬劳不足的剥削役项。这种剥削情况之能长期维持不变，反映了"有力者"在支配着、统治着社村里的规例。必须等到政府下令"修例"，才能做出改变。民社的人民一般并不容易自行推行修例，故此旧券"具文"和文据不存的情况得以存在。修例要有政府的授权，修订出来的券例才能有效。政府之授权修例，自然是对政府本身有利之事。社村俗例的推行，可以看作政府增加对民社的直接控制，而这至少在征收赋役和维持治安两方面，都对政府有利。

由此关系引申出来的，则是微妙而复杂的"地方自治"问题：社村的职役组织（非祭祀、非社交组织），是政府强迫民间组织运作的，民社在不得不供役（"自治"也是一种"役"）的情况下，则宁愿自行组织供役的机构，自选执行供役的队伍。总的结果是政府的管治费用降低，而社村亦可以保存不少自己的风俗、规例。这是"双赢"的局面，但也使得社区不能急剧变化。

四、内圆总各社村券例的内容

内圆总8个社、村券例的条数，从最多的香云社的63条，到最少的护卫社的22条不等；仪卫社3个村的券例条数是，陈村30条，乙村30条，山村20条。这些券例涵盖的事项，很多是相同的，差异之处主要是法则和费用的数量。但也有一些事项是此社有而别社没有的，其有无因而足以反映出一时一地的独特民俗。多数社村所见的券例内容，可以分为下列各类：

1. "事神"和"饮酒"的各种仪节。包括祭祀社神（城隍）、后神、后佛等的仪节；神庙（城隍庙）的维持；春秋丁祭、乡饮和下田、尝先、尝新、腊节等节庆日的人力组织、物料和费用征收；这些节庆的内容、基本礼仪，以及违规者的惩罚法则。

2. 维持社村治安的事情。包括守护公私种植、器物，巡防社内和乡野田地，维持治安的人力组织，对于服役者工作表现的赏罚（尤其因不力导致损失时的赔偿与惩罚）。

3. 身份及其所属权责的认定事情。丁男"成丁"和"登老"的义务与权利，乡饮与入乡、入甲的规定，役务开始和结束（割役、化役）的时间与仪式规定。

4. 社村的职役组织。公职人员的举任方法，各种职役内容（登记丁田、生死、嫁娶和收税、征兵等官家公务，巡防、水利等本社公务，守庙、办祭等事神公务）及其权责赏罚。

5. 本社的公务事情。如修筑劝农、迎神道路等。

6. 人家四礼（冠婚丧祭）与社村公众有关的礼节规定。

7. 违反乡规民俗的惩罚。如争讼不服本社判决（越诉、外诉），伤伦事情，赌博，造卖私酒、鸦片，殴骂，聚会喧哗无礼，男女私奸等的惩处。

8. 破坏公物、私物的惩罚。公物包括道路、水利设施、寺庙，私物如田地、禾谷等。

综括言之，这些券例是社区生活的规范：包括社交礼仪和宗教礼仪的规则，社区管理和宗教活动的组织，社区宗教活动费用和国家赋役义务的供应原则。

五、券例中的社村职役名称和人数

内圆总 6 个社的管理人员（职役）的职称和人数，都不尽相同。完整的职称和人数，因为职役们在各份券例后面的署名和盖章而得知。8 个券例一共出现了 13 个职称，但并非各社村都同样具有这些职称。各社除了都有里长（承认实里长）一人之外，副里长（里副）只见于两社；重要的耆老项，有一社没有，耆役项有二社没有，乡老项和乡长项各有三社没有。实际上，除了里长之外，几乎没有两个社有完全相同的职役。令人奇怪的是，理论上或习惯上都应该有的、专责村社治安的社巡，也只见于春会社一社（如果香云社的社兵也能算在内，也只有两处）。

各社职役项目，最多的一社有 9 个，最少的 2 社各有 4 个。各项职役总人数，最多的是由 3 个村组成的仪卫社，共有 31 人（陈村 13 人、乙村 9 人、山村 9 人），其次是春会社的 23 人和内圆社的 21 人，它们和只有 11 人的香云社、9 人的护卫社和 8 人的仙舍社比较起来，人数相差超过一倍至两倍。这看来应该是社与社间的面积和户口数量差异的表现。

这个情形，一方面体现了村社的独立性，同时也反映了这些职役的现实性，它们的存在，显示出制定券例时的该地状况。

执役者本身是券例的制定者，而实际上也是国家权力的行使者。由于他们多是曾经服务过村社本身的本籍人，对于本村社有过贡献，对它有认识，所以就村社管理而言，他们具有一定的民众基础和认受能量。

六、小地区内的村社管理差异

内圆总这些券例显示了，即使在一个地域界限分明的小地区内，村社管理的法则及民众的权利义务，也会存在明显的差异，显示了社区的个性。本文从各社村对于职役的权责赏罚，以及对于丁男"登老"脱役的处理方面，给予反映。

（一）里长的职责与待遇

内圆总8个村社的券例中，除了内圆社和香云社没有写定里长的任命方法及其权责待遇等事外，其他都有，但都不完全相同。各处里长职役的内容异同如下：

1. 在被选人的资格方面，各处比较一致。除了需要是丁男之外，仙舍、护卫、春会三社写明要"物力、勤干（或敏干）、识字"，仪卫社的三个村中，乙村和山村写明要"物力、识字"，陈村没有写明，但说"若有物力，兼行搜税"。由于此时的陈村里长，同时也是整个仪卫社的里长，所以他的资格，也不会与其他村社差异太大。里长需要"物力"，是因为社中多项开支的费用，都需要由他先行垫支；需要"识字"，是因为他需要签收公文和到县府作报告。

2. 在选举、保举任职方面，各处有些出入。仙舍、护卫、春会三社是"民社上下会合亭中"或"耆老、全民就亭"选出的；仪卫社的陈村没有写明，乙村和山村都是"通达三村耆役会保"的，没有"全民"参加，社众的代表性有所减少。

3. 在职责方面，内容基本上相同。仙舍、护卫、春会三社基本上要"认守乡中丁田簿、生死嫁娶簿,主兵、粮、税例,应行诸公务"(春会社券文);仪卫社陈村没有写明,乙村和山村同是负责"兵、粮、堤条杂役,生死嫁娶簿,督办巡防内乡外野。"

4. 在服役期限上,各处有所不同。仙舍社和春会社都是6年一课,护卫社和仪卫社的3个村则是3年一课。

5. 在待遇方面,各处大致相同,但也有例外。课满者,仙舍社"除杂役半率",春会社"酌除杂役",仪卫社陈村"免除杂役终身";护卫社"预在耆役项",仪卫社山村也"预耆役项",亦即有资格及机会成为课满后也可以免除杂役的耆役;乙村则"入斯文会应祭亭中",没有免役优待,并且写明"及解役后,搜差杂役与民丁壮同受"。这是因为里长每年收税时期,本村会付给他"杂役银每月三十元",里长接受酬劳,故此再没有优免。这课满随即免役、给予免役资格和不予免役的不同做法,是乡规民约独立性的最明显表现。不能课满的,或要赔偿余下时间的额数,或不能获得免役优待,不能预入耆役项。

(二)登老的义务和权利

"登老"是指男子到了某个年岁时,正式在社中举行或大或小的礼仪(包括宴请全体男性丁壮社民或社中的职役、文人等)后,获得本社给予的优待。

内圆总各村社的券例显示:18岁至55岁的男子为丁壮,55岁起变成"老项",免除给国家负担的杂役。在给村社祭祀组织的负担上,香云社1900年修的券例显示,丁男15岁那年的正月初一日,便得经过"殿亭谒礼"的仪式,成为乡饮成员,亦即该社的正式充分成员,开始分担各种祭祀和酬神活动的工作和经费。超过岁数才入乡饮的,要追补从15岁开始的费用。从10岁开始到17岁,丁男需要为"事神"而服役,服役开始称为割役,服役结束称为化役。

内圆总各村社的登老礼节和待遇，各处券例所载不尽相同。春会社的券例则没有任何相关的记载。最重要的是 55 岁的登老，称为望老例、登老饶、登乡老、登老项不一。优待内容：内圆社"杂役酌免"；香云社"饶免均补乡饮各节及搜差各项"，但写明"整作奉事器物及修理殿寺内者不免"（可见免的主要是国家所征的役务）；仙舍社"酌除杂役搜税"；仪卫社陈村"免除杂役"，但"外人始入乡饮，未成三代，不得为祭主、会长，系年到六十，得登着老乡簿，免除（杂役）"（这点别处也有，但内圆总其他各村社并没注明）；乙村"搜差杂役，一皆免除"；山村"免除杂役"。此项最大的例外是，护卫社没有 55 岁的登老专项，只有 75 岁、80 岁、85 岁的专项。

各处 55 岁登老的差异之处，主要是礼节性的，具体见于"请社"、请文会的内容不同，这或者反映了各处经济状况的不同。

60 岁获得村社祭祀宴会时多给祭物的待遇，只见于香云社一处，券文写明"正月十二日，（加）俵一具"。

70 岁的待遇，有四处村社列明：登者请客，通常请及全村或全社。此礼香云社称之为"登老老饶"，待遇是此后"周年各节，置一席，俵一具，正月十二日加俵"；仪卫社山村是此后"凡冠婚丧祭，别坐一席，敬一盘；元旦节，别敬翰音粢盛一具"。此处最特别的是内圆社，只说在办礼敬祭社神后，"请乡里役诸员"，没有优待；但在另一条例中，写明四辰八节的祭品中"牛牢猪等，其何员写文者，本社顺俵，每例一首，颈俵七十岁以上"，似乎这"七十岁"者，可以包括所有这个年岁的长者。若然，便没有例外可言。

75 岁、80 岁和 85 岁的优待，只见于没有写明 55 岁登老的护卫社。75 岁的，用芙留加俵；80 岁的，俵例与俵先纸同；85 岁的，令"男子或众孙一人，顺除差役，俾其奉养"，另外节日有俵。

Nguyen Tu Chi 的研究立论认为，乡村的"甲"中，年龄是人人平等的一项重要保证，丁男到了一定年龄（阮氏的田野调查显示多数是 50 岁），便可获得免役的待遇，作为一生服务国家的回馈。他的数据涵盖 19 世纪末和 20 世纪初，和本文处理的时段相同，地方也是越南北部省份。内圆总的各个村社券例则显示了，这种免役优待还是因地而异的，并且在同一时期内，同一上层行政区辖下的附近村社，优待老人的做法，仍然存在明显的差异，地方的独立性至为明显。

七、民俗举例

内圆总各社村的券例，反映了越南北部民俗的包容性和独立性。包容性见于村社原居民对"外人"的态度。

对于外人寄葬的事情，1889 年修订的仪卫社陈村券例写明：

> 何人祭葬在地分本村，或山或田者，整办芙酒、翰音具礼，青钱六贯六百，就呈祭主员，通达耆老、职役、长会，就亭行礼认例。这钱别待耆老二贯，职役二贯，开亭门三百，请洒扫亭宇三百，存本村以为公用。

1893 年修订的内圆社券例写明：

> 或有他社人，择行吉地在本社地方，就请寄葬坟墓，应卜鸡枕二具，先敬事神，后俵全民；并芙留三盘（每盘或干榔百口，或槟榔五十果），一盘呈全民，二盘呈里副长；并

钱二贯三百，交全民一贯，交乡长一贯，许铎夫三百。

对于老人除役事情，1902 年修订的仪卫社陈村券例写明：

> 何人年到五十五者，登乡老。……外人始入乡饮者，未
> 成三代，不得为祭主、会长；系年到六十，得登耆老乡簿，
> 免除（杂役），以分内外。

对于新居民在节庆活动中的社区服务事情，1907 年修订的春
会社券例写明：

> 有外人以妻乡母贯，与何社人投为养子，因便顺情，愿
> 入乡者，亦如之。（小字）向例，三代成祖，方得预祭，未
> 成祖者，据入席日，奉执伞盖。

这些俗例反映了越南村社社会有一定的包容性甚至开放性，外
人可以入住和入籍某地，只是在一定时间之内（三代），要给先入
籍的原居民提供增加的公共服务。这些服务包括给国家的杂役，给
村社祭祀活动的劳动。这种待遇，有一定程度的歧视性，但却不是
永久的。三代之后，便可有资格当耆老，享受平等权利。此外，在
社内出生而卒于他处者，可以还乡归葬，经济有问题时，还有可能
得到本社的帮助。村社公地，甚至坟地，也是可以让别处人利用，
甚至永久利用。这也体现了社会的开放性和包容性。

村社民俗的独立性，则体现于村社对于执行券例规条的坚
持。这点从券例对于社众不服本社民事判决的惩罚可见。有这样
惩罚券例的村社，共有 5 个。最大的过失是不服判决和越诉，最
严重的处罚是将犯者"斥为外人"。

1907 年修订的护卫社和仪卫社山村券例，辞简意赅，分别显示了较轻和较重的处罚。护卫社的券例如下：

> 何人有何事，理该就详先纸、里长，就亭分处；事不谐，全民分处。若向省向县，承催者役凭贫损费干，该名所受。如望援何理，弗遵民俗，本社不许预入斯文会；如该名已在斯文会，不许预入乡长；若已在乡长，不得预议乡事。其这费干及会合费干，据该名所受。

仪卫社山村的券例如下：

> 乡党以和为贵，倘何人有事不平，先详先纸、里役、文会分处。系何人擅自越控，与文会、里役分处曲直分明，而不肯受理，投控他所，明究亦然，其民费损干，伊等甘赔。如有生情何理，本村全受，斥为外人，以除顽梗，以止讼端。

这种惩罚之所以严重，是因本社为了维护自己的权威。这里可以看到村社势力与国家权力的角力——彼此在主持裁判和执行处罚方面的角力；但同样也可以看到村社管治的独立性。

八、与道德和治安有关的俗例

村社组织的权威，也见于对社众违反道德性和治安性俗例的惩罚。明显地违反事项及其法则如下。

（一）男女犯奸

此条 1907 年修订的仙舍社、仪卫社乙村、仪卫社山村券例都有明文，男女并罚。妇女方面，仙舍社只说"孀妇"，仪卫社乙村说"处女及孀妇，并有夫有子之妇"，山村只说"男女奸私"。处罚和罚则方面，仙舍社"委枥人通报全民会合，酌定券钱；向例三十六贯"；仪卫社乙村只说"听由里副长会齐耆役，酌定罚例"；山村则说"罚钱三十贯，交由里役以为公用。"山村并且明文规定："何人不遵，全村会齐，照从国律，严拟解呈，以敦风化。"仪卫社则规定"男子私奸者，罚如之，不得预祭"。

这个钱财罚则是重的，但犯者如果服输，还可免去国法的惩罚；犯者免了双重惩罚，村社也得以家丑不得外扬，保存社区颜面。另一方面，女性犯者也罪不至死，不至于遭受中国同时代某些地方还存在的私刑。总之，重点是村社的俗例要得以执行。

（二）伤伦

1907 年修订的春会社和仪卫社乙村券例，都有伤伦过犯的罚则。仪卫社乙村的券文如下：

> 乡中何人不孝，子不事父母，妇不敬舅姑；不睦：侵渎兄长，轻骂尊族，及人家夫妇大声相骂，与夫凌骂祖先者，听由里副长通报耆役，会齐在亭，催来伊人责罚示惩，以重风化。若狃咎者，罚钱一贯，芙榔十果致谢，编（其过咎于）公簿留照。

春会社的券例措辞基本相同，罚则则是三贯六百，重了两倍有多。

（三）自残

1907 年修订的仪卫社乙村券例，对于"污辱身名，残疾不具"的，罚以"不得应祭亭中"。

（四）斗殴、凌骂、喧闹、混杂、冒充

这些在私人场合或公众场合犯上的过失，或罚钱一贯，或拽出示警；人家丧事喜事，不请自来，托辞助事而随便饮食者，（仪卫社乙村券例）罚钱三贯，芙留致谢，还要"着入乡簿"。

（五）治安

1907 年修订的春会社券例，对于"设坛诵炼，日夜连延香灯铙鼓，聚集男妇老（幼）以相狂惑，听由里副长及巡番捉出，在店责罚示警"。社民让陌生外人投住而不通知里役，发觉提出时也有责罚。

（六）阻坏公事

1907 年修订的春会社和仪卫社乙村券例，都有明文规定，"乡中凡有公事，着役公在亭中"处置时，出席的壮项人等，如有喧闹，或回话时辞色不逊，或"梗化别生情意"，都会以严重的"不顺乡党例"论罚。

九、内圆总社村券例所反映的越南北部的民俗和社会状况

内圆总 8 社村的券例规条，包括那些本文没有立项讨论的在内，整体上反映了 19 世纪末 20 世纪初越南北部如下的明显民俗和社会状况。

此时此地的社会里，公开的生活上人们重视礼仪，宗教气氛浓厚，有功名者和文人获得社会优待，老人也获得优待，女性的

社会参与少、条文上的社会地位低，壮年男子除了需要给国家服徭役之外，还要服务于社区的事神活动。

社区的"成员"资格同时具有自愿性和强迫性；社级（行政村）的乡饮参与，不全由财富和地位决定，具有较大的公开性；村级（自然村）社会生活以齿序为主而社级社会生活以爵序为主，人家和社方同样重视丧礼祭礼，都反映了儒家礼教的影响。

内圆总6社3村的券例，都没有关于"社仓"、"社学"等社区设施的规条，只有内圆社的提及"义仓"的存在。这些券例没有提及任何学校，也没有提到对高等科举成功者（进士、举人）的待遇。这是否反映此地文教不算兴盛，也从未出过科举精英以成先例？或是反映这类精英一般不会住在乡村，不愿在乡村受到乡规的约束？都还有待研究。

社村订立俗例的自主性，并不强烈；对于争取成文券例的事情，也不积极；乡规民约多仍以口头流传为主，人治胜于法治。但从政府命令修订券例的事情看，国家权力的扩大趋势正在加强。

此外，时间愈晚，役事愈多。这反映了新统治者的劳务需求正在增加。时间愈晚，村社礼仪用品（费用）的缴交，用钱代替实物的情形愈见普遍，这反映了农村经济也在逐渐改变。

文章出处

本书文章曾发表于以下书刊或学术会议，但已做不同程度的修改订正，文中不再一一注明：

《儒者从祀孔庙的学术与政治问题》，原载清华大学历史系、三联书店编辑部合编：《清华历史讲堂续编》，北京：生活·读书·新知三联书店，2008年，页336—355。

《元儒熊禾的传记问题》，原载《庆祝杨向奎先生教研六十年论文集》，石家庄：河北教育出版社，1998年，页344—354。

《元儒熊禾的学术思想问题及其从祀孔庙议案》，原载《史薮》第3卷，香港中文大学历史系，1998年12月，页173—209。

《元儒吴澄从祀孔庙的历程与时代意涵》，原载《亚洲研究》第23期，1997年，页269—320。

《〈王文成公全书〉刊行与王阳明从祀争议的意义》，原载杨联陞、全汉昇、刘广京编：《国史释论：陶希圣先生九秩荣庆祝寿论文集》下册，台北：食货出版社，1988年。

《阳明从祀典礼的争议和挫折》，曾于"中国贵州王阳明国际学术讨论会"（贵阳，1996年7月20日至25日）上宣读，刊于《中国文化研究所学报》新5期，1996年，页167—181。

《王阳明从祀孔庙的史料问题》，原载《史学集刊》2008年第6期（总119期），2008年11月，页35—44。

《国家与礼仪：元明二代祀孔典礼的仪节变化》，是1999年2月25

日受聘为中山大学客座教授演讲的讲稿修订本，题目配合科大卫教授所讲的《国家与礼仪：宋至清中叶珠江三角洲地方社会的国家认同》而定；刊于《中山大学学报》（社会科学版）第 39 卷第 5 期（总 166 期），1999 年，页 73—84。

《中国近世乡约的性质、有效性及其现代意义略论》，原题为 "The Community Compact in Late Imperial China：Notes on Its Nature, Effectiveness and Modern Relevance." 原载 *The Woodrow Wilson Center Asia Program Occasional Paper* 52（1993），页 1—11，郭锦洲译，朱鸿林审定。

《二十世纪的明清乡约研究》，初稿曾在 2000 年 7 月新加坡国立大学中文系主办"明清研究：现状的探讨与方法的反思"国际学术会议上宣读，原题为《明清乡约研究的若干反思》，刊于《历史人类学学刊》第 2 卷第 1 期，2004 年 4 月，页 175—196。

《明代中期地方社区治安重建理想之展现——山西、河南地区所行乡约之例》，原载（韩国）《中国学报》32，1992 年，页 87—100。

《明代嘉靖年间的增城沙堤乡约》附：《〈明代嘉靖年间的增城沙堤乡约〉书后》，原载《燕京学报》新 8 期，2000 年 5 月，页 107—159。

《20 世纪初越南北宁省的村社俗例》，初稿曾在中正大学人文研究中心召开"东亚民俗与汉文化国际学术研讨会"（台湾嘉义，2003 年 11 月 1 至 2 日）上宣读，刊于《广西民族大学学报》（哲学社会科学版）第 29 卷第 3 期，2007 年 5 月，页 47—53。

【朱鸿林明史研究系列】

◎ 明太祖与经筵
◎ 孔庙从祀与乡约
◎ 儒者思想与出处
◎ 文献与书刻研究
◎ 《明儒学案》研究及论学杂著

朱鸿林 毕业于香港珠海书院中国文史学系及中国文学研究所，1984年获得美国普林斯顿大学东亚学博士学位。历任普林斯顿大学东亚系研究员、美国威尔逊国际学者中心研究员、台湾"中研院"历史语言研究所研究员、香港中文大学历史系教授、香港理工大学中国文化学系创系系主任，现为香港理工大学人文学院院长暨讲座教授、香港孔子学院院长，教育部长江学者讲座教授，香港人文学院创院院士。专攻中国近世历史与文化，包括中国近世尤其明代的思想、社会及政治历史、宋明理学经典、明人文集等。

"朱鸿林明史研究系列"为他此前专题研究的系统结集，完整地呈现了其在明史领域深造多年所取得的杰出成就。